弘毅学堂教育教学丛书

武汉大学
弘毅学堂优秀学年论文集
（2018/2019文科）

主　编　苏德超

副主编　易　栋　方　萍　王亚莉

学生编辑组（以姓氏拼音为序）

谌　诺　陈子扬　高梓皓　吕诗佳　　马赫阳（副组长）

孙成诚　王立平　曾侯胤　张刘宸湘　张欣然（组　长）

钟　誉

武汉大学出版社

图书在版编目（CIP）数据

武汉大学弘毅学堂优秀学年论文集.2018/2019.文科/苏德超主编.—武汉:武汉大学出版社,2024.1
弘毅学堂教育教学丛书
ISBN 978-7-307-23868-8

Ⅰ.武… Ⅱ.苏… Ⅲ.社会科学—文集 Ⅳ.C53

中国国家版本馆 CIP 数据核字（2023）第 146962 号

责任编辑:林 莉　　责任校对:李孟潇　　版式设计:马 佳

出版发行：**武汉大学出版社**　（430072　武昌　珞珈山）
　　　　　（电子邮箱：cbs22@whu.edu.cn　网址：www.wdp.com.cn）
印刷:武汉邮科印务有限公司
开本:787×1092　1/16　印张:21.25　字数:504 千字　插页:2
版次:2024 年 1 月第 1 版　2024 年 1 月第 1 次印刷
ISBN 978-7-307-23868-8　　定价:88.00 元

弘毅学堂教育教学丛书编委会

序

    中国高等教育从诞生到发展已有 120 余年，新中国高等教育发展已有 70 余年，改革开放以来高等教育发展也有 40 余年，成就无疑是巨大的，在高校数量、学生数量、大专学历人数等方面，我国已经是世界第一大国。在推动中国经济社会发展、国家强盛方面，中国高等教育起到了不可估量的作用。但我们也应该清醒地看到，中国高等教育发展也有其不均衡性。清华大学前经济管理学院院长钱颖一指出，中国大学均分高，均方差小，即我们大学生的平均水平在世界各国中是比较高的，但特别优秀的杰出人才却比较少。杨振宁先生比较中西教育各自长短后指出，中国高等教育比较适合中等水平的人才。钱学森先生更是尖锐发问：为什么近几十年来我们的大学难以培养出一流人文社会科学和科学与技术方面的大师级人才？

    培育拔尖创新人才既是国家战略发展的需求，也是高校发展新阶段的必然趋势。为了响应和贯彻国家基础学科拔尖人才计划，2010 年，武汉大学弘毅学堂应运而生，成为学校优质本科生培养的一个基地。十几年来，弘毅学堂一直在努力探索和实践，希望逐步建立起满足国家战略需求、符合学科发展规律和教育发展规律的拔尖创新人才培育体系和优良环境，致力于将学生培养成为人格健全、知识宽厚、能力全面、意志坚定，具有坚定民族精神、开阔国际视野、强烈责任感与使命感，富有探索精神和创新意识，能够参与国际竞争的研究型人才，为后续成长为所在研究领域的领军人才打下坚实的基础。

    围绕上述学堂建设目标和学生培养目标，我们虚心学习和努力借鉴中国和世界高等教育的成功经验和优秀遗产，一方面走访学习国内北京大学、清华大学、中国科学技术大学、复旦大学、浙江大学、南京大学等高校在拔尖创新人才培养方面的先进经验；另一方面，积极了解和学习哈佛大学、斯坦福大学、加州大学伯克利分校、牛津大学、剑桥大学、东京大学、香港大学、香港科技大学等世界一流大学的本科人才培养理念、办学模式、课程体系以及规章制度，逐步形成弘毅学堂的办学指导思想和行动纲领。

    大学生本科阶段如何培养，说到底就是解决学什么以及如何学的问题。

    在学什么方面，我们认真吸取国内高校本科生专业设置面狭窄，过早专业化，甚至职业化的教训，贯彻博雅教育的理念，坚持厚基础、宽口径的方针。越是优秀的学生，越是拔尖领军人才的种苗，越是需要注重在本科期间打下厚重的博雅通识基础。在专业设置上，在文、理工科尝试大类招生和培养。特别是文科生，不急于过早选定专业，鼓励学生通过大学文、史、哲等基础课程的学习，在对学科有了一些基本了解之后，慢慢厘清自己的兴趣、能力与抱负后再选定自己的发展方向。在知识学习和课程体系的设置上，除安排各学科的基础核心课程外，也探索开设学科间的融合类课程，特别是鼓励文科学生选修一些自然科学和技术的基础课程，理工科学生选修一些人文社会科学的基础课程甚至经典文献选读课程。我们希望走扎实与宽广相结合的一条培养途径，培养出有哲学底蕴的管理者、有科学常识的文化人、有文化修养的科学家以及有艺术品位的工程师。

在如何学方面，弘毅学堂坚持世界一流大学集体倡导的 21 世纪"研究型学习（research-based learning）"的行动纲领。在课程等知识学习过程中，探索以问题为导向的多种探究式的学习方式，在已经学习了大学专业和通识基础课程的基础上，规定了科研训练的 4 个必修学分，鼓励和要求学生进入教师的课题组，直观地了解、学习和体验科学研究过程和方法。这类形成甚至创造新论点、新知识的过程，对文科生来说就是通过二、三年级期间学年论文的写作来实现的。对于从小学到中学，习惯于被动学习已有知识的学生来说，对书本知识进行探究式的学习，易于接受，但大学二、三年开始进入一个新论点和新思想的形成和创造过程，无疑是有一定困难和挑战的。一开始，绝大多数同学不是很适应，甚至是茫然的。这个时候学分的要求、学堂的坚持、教师的指导、同学间的相互帮助和激励无疑十分重要。从已经完成学年论文写作的两个年级的情况来看，大家真正进入了研究状态，所有参与该活动的同学都通过了结题论文答辩。而且令人欣喜的是，在文学、文字学、历史、哲学、国学和英语语言等方面涌现出来不少优秀论文，本论文集展现的是其中一些代表作。

上述大类培养和研究性学习，包括学年论文等举措，实际上武汉大学早在 20 世纪 90 年代初期创办的人文科学试验班就开始了尝试，并积累了一些经验，弘毅学堂成立后只是将拔尖创新人才培养的范式加以完善，并更加系统和规范化。

20 世纪中国杰出教育家陶行知先生说，教育是农业，人才培养不能像工业产品那样千篇一律。在探索过程中，我们体会到教育更应该是林业：相比于农业每年都需要收获，林业是十年树木。而教育呢，大家都知道是百年树人，是一个慢变量、长周期的过程。所以，无论是前期的试验班还是现在的弘毅学堂，这类本科拔尖创新人才培养模式的探索才仅仅 20 余年。我们任重道远，永远在路上！

石 锐

武汉大学弘毅学堂院长

2023 年 4 月

目　录

《沉沦的土地》《黑坟》中的矿工形象分析

李嘉然

（武汉大学　弘毅学堂，湖北　武汉　430072）

【摘要】　在周梅森的煤矿小说中，《沉沦的土地》及《黑坟》是他影响最大的两部作品，可以作为其代表作分析。基于原始文本，采用文本细读和比较研究的方法，概括两部小说中的矿工形象特征、精神内核，以及形象塑造背后的价值探寻。首先，作者塑造了颇具特色的矿工形象：一方面，灾难叙事下的描写手法突出了矿工的野蛮特质和病态心理，展现出他们落后、愚昧的生存状态；另一方面，在某些方面矿工们又显示出冲破桎梏的勇气，有一定的进步意义。接着，由形象特征为起点进行深入分析，发现作者赋予笔下的矿工以三种特性：一是工具性，可以通过分析乡绅、军阀、资本家的行为得出结论；二是奴隶性，这一特点被置于乡绅、知识分子构建的两套权力系统之间，通过变异的乡土情结展现出来；三是麻木性，小说中的矿工在工作和抗争中显示出暴虐与冷漠并存的矛盾态度，其本质是对他人命运无动于衷的劣根性，这也是反抗最终失败的重要原因之一。同时，这种形象塑造的目的实际上体现了作者对煤矿和历史的二重想象，以预设路线的形式构成了时间与思路上的双重呼应。最后，将两部作品置入文学史体系中进行纵向对比，从而探讨这种形象塑造方法的合理性和必然性。周梅森继承了郭沫若、朱自清等初代煤矿文学作家"劳工神圣"的观念，力图通过描写矿工群体展开对社会问题的思考。除此之外，他摒弃了郭沫若等人的"光明使者"叙事，转向更贴近现实的"地狱鬼影"模式，这与龚冰庐、毕奂午、萧军等人有共通之处。但是周梅森并未停留于塑造悲惨的矿工形象，而是进一步揭示了悲剧命运的原因，在路翎的基础上探究出一条"高潮后再次被缚"的道路：打破矿工单一的"受难者"面具，予以解放自我的希望，最后再使幻想破灭，呈现出一幅史诗般的矿工抗争图景。最终发现，作者塑造的矿工形象在文学史上有据可依，他在前代作家的基础上进一步深化思想境界，显示出悲剧般的命运走向，昭示了他悲观的历史观和人生观。

【关键词】　周梅森；《沉沦的土地》；《黑坟》；煤矿工人形象

【作者简介】　李嘉然，武汉大学弘毅学堂人文科学试验班汉语言文学方向 2019 级本科生。

绪　论

（一）现当代中国煤矿小说研究概况

《中国煤矿文学发展综述》将现当代煤矿文学创作分为"肇始期、发展期、繁荣期、多元分化期"① 四个阶段。其中，20 世纪二三十年代以郭沫若《炉中煤》（1920）、朱自清《煤》（1920）等诗歌，以及龚冰庐《炭矿夫》（1929）、毕奂午《金雨集》（1936）、萧军《四条腿的人》（1936）等小说为代表，成为了中国现代煤矿文学的肇始期。[1]此后，四五十年代的煤矿文学在"延安精神"的照耀下进一步发展起来，并形成一个小高潮：苗培时、康濯、萧军三人并称煤矿文学之祖[2]，其作品《矿工起义》（1946）、《黑石坡煤窑演义》（1949）、《五月的矿山》（1956）具有重要意义。②再到八十年代后期，煤矿文学创作进入了黄金时期，涌现出包括刘庆邦、孙少山、谭谈、蒋法武、周梅森等人在内的一大批优秀煤矿文学作家。[3]然而，尽管煤矿文学发展历史悠久且成就斐然，但学术界对于这些文学作品的研究却一直处于相对空白和狭窄的状态中。现有关于煤矿文学的研究主要集中在以下几个方面：

（1）对煤矿文学发展情况的研究。赵蕾、郝江波《中国煤矿文学发展综述》《新背景下煤矿文学遭遇的困境与冲击》就是对整个文学类型的总体概括。[1]此外，还有史修永的《煤矿文学，敢问路在何方》，对煤矿文学的历史进行回溯，并对它的未来走向提出了自己的观点。

（2）对煤矿文学"乌金奖"的社会性研究。例如，赵蕾《"乌金文学奖"社会价值论》《"乌金文学奖"社会影响调查分析报告》，就以调查报告的形式阐述了"煤矿文学现象"对社会的影响。

（3）对煤矿文学作品文本的研究。例如，史修永《生态批评视域下的中国当代煤矿小说》，张明盼《生态批评视域下的新时期煤矿小说研究》，朱云霞《被表述的"她"：解读煤矿书写中的女性形象》，就从生态学、女性主义的视角对一些煤矿文学文本进行研究。[3]

（4）对文本中的煤矿工人形象的研究。例如苗苗《中国现代文学的"普罗米修斯"——现代文学中的煤矿工人形象研究》，李茜《新时期小说中矿工形象研究》，史修永《底层的道德回响——20 世纪 80 年代以来小说中的矿工形象解析》等论文。其中，史修永从英雄形象、爱情观念和道德标准三个维度解析 80 年代以来的矿工形象，虽然不尽全面，但还是为本研究的展开提供了有益的参考。[5]其余的作品则注重特定作家笔下的矿工形象解析，如周李帅《刘庆邦煤矿文学的文化阐释》，就是对刘庆邦笔下矿工的形象研究；[6]刘洁《论刘庆邦小说的煤矿空间书写》，结合具体文本，从煤矿下的地理空间、人与人之间的心理空间等角度探讨了刘庆邦小说中的煤矿形象塑造。[7]此外，还有王惠《孙

---

① 赵蕾，郝江波. 中国煤矿文学发展综述 [J]. 飞天，2010 (2)：32-33.

② 一丁. 反映煤矿工人的第一篇小说，《矿工起义》在长治市发现 [J]. 文史月刊，2008 (5)：40-41.

友田煤矿诗歌的美学研究》，通过关注孙友田的十部煤矿诗歌，解释了文本中透露的精神内涵，对本文意图将作品与作家相联系提供了借鉴。[8] 当然，尽管数目较少，学术界还有一些关注其他煤矿作家的研究。这包括钟敏《煤矿工人的道德回响——论六盘水作家金永福小说中的矿工形象》[9]，杨婉《劳伦斯文学作品中的矿工形象分析》[10] 等。

由上，关于煤矿工人的形象学研究一直是学术界关注的重点。通过分析概括不同作家笔下的矿工形象，可以窥探某一作家在具体时期的创作风格和主体思想，因此本文也将形象研究作为主题。

（二）周梅森煤矿小说研究概况

相对于同时代其他煤矿小说作家，周梅森受学界关注较少，是"被忽略的煤矿作家"。在"中国知网"上搜索关键词"周梅森"，发现相关研究更多集中于对周后期政治小说的分析上，而鲜少关注他早期的煤矿主题作品。[11]

从20世纪80年代开始，周梅森陆续创作了一系列煤矿小说，如《小镇》（1981）《荒郊的凭吊》（1982）《沉沦的土地》（1983）《庄严的毁灭》（1984）《崛起的群山》（1984）《喧嚣的旷野》（1984）等。相应地，学术界关于周梅森的煤矿文学研究也有一定成果。李庆西在《〈沉沦的土地〉的悲剧观——兼谈小说的本体象征》一文中，就对周梅森煤矿小说中透露的悲观主义色彩进行了阐发。[12] 值得注意的是，这些研究不仅着眼于文本中的工人形象，还往往跳出文本局限，站在更高的角度评判作家群体形象。相关论文有钱晓宇《一座待挖的富矿：中国当代煤矿文学的类型研究初探》，赵爱华《煤矿作家群现象研究》等。[3] 而在《In Whose Name？"Anti-corruption Dramas" and Their Ideological Implications》中，作者通过解析周的政治小说，简要提及了他的创作观，即关注历史关照下的普通人，这与矿工"边缘人"的形象塑造有共同点。[13]

虽然如此，但目前学术界对具体煤矿小说的研究还是主要集中在刘庆邦、孙友田两位作家及其作品上，对周梅森的系统探讨相对较少。以周梅森代表作《沉沦的土地》和《黑坟》为例，学术界虽已有一些研究，但远达不成气候。苗苗《中国现代文学的"普罗米修斯"——现代文学中的煤矿工人形象研究》仅在第三章第二节末尾简要提及了周梅森的《黑坟》以及《沉沦的土地》，且只描述了作品的共性："还原了煤矿工人被侮辱被损害的真实处境"①，并没有对这两部作品进行细致分析。[3] 此外，邱昭山《献给土地的一曲挽歌——评周梅森中篇小说〈沉沦的土地〉》、庄汉新《崛起的〈黑坟〉》等作，都是从语言风格和文本结构等表层特征进行分析，未能触及深层历史观、价值观的塑造。[14][15] 而在较为深刻的研究中，朱丹《现实反思的历史诉求——论周梅森历史小说》又将关注点转向作品中的国民性和人性探讨，依旧没有触及历史观和相关内容。[16] 在探讨周梅森煤矿小说历史观的研究中，樊星《从历史走向永恒——论周梅森》从大体上概括了周梅森的历史观，其中还提到了"命运""冷峻"的主题。[17] 与之类似，周政保在《〈黑坟〉：新写实小说的卓越探索》中以"历史观"为中心，将文本中"地区的"和"个人的"悲剧上升到了"国家的"和"民族的"悲剧上来，但却缺少了有力的文本证

---

① 苗苗. 中国现代文学的"普罗米修斯"[D]. 海口：海南师范大学，2017：43.

明。[18]魏希夷则在《再说周梅森——读〈革命时代〉〈黑坟〉〈军歌〉》中声明《黑坟》力图展示的独特历史观，却没有进一步说明细节。[19]房利芳在《历史的关注和反思——论周梅森"煤矿系列"小说》中则主要从历史观产生的动因进行分析，从而忽略了对造成20年代矿工悲剧的原因探讨，未能进行由浅入深的推理。[20]值得注意的是，20世纪80年代末的一批评论家已经对周梅森矿工小说中的"悲剧性"作了阐释，此外，汪政、晓华在《周梅森小说读白》里试图从周的个人思想和经历出发探讨小说历史性的成因，也是一个有突破性的成就。[21]

由此可见，学术界对周梅森矿工小说的研究主要聚焦在对其历史观的阐述和分析上，并没有从文本分析出发进行进一步推理，也没有将作品置入现代文学史中进行思考，因此不够完整、充分。所以，一个由基础文本出发，通过横纵向对比分析人物形象、产生原因，以及作品背后历史观和文学史梳理的补充是非常有必要的。

（三）周梅森煤矿小说中矿工形象的研究意义

周梅森笔下的矿工形象分析有学术和现实的双重意义。

首先，关于特定时期煤矿小说的研究将会助力对某一时期文学史特征的了解。中国现当代文学作品中的煤矿工人形象研究一直是学术界热点话题。《中国煤矿文学发展综述》显示，尽管从20世纪20年代开始，就一直不乏作家着力于描写煤矿工人的生活和形象，然而，在中国当代文学的发展过程中，却鲜少出现权威和成规模的对煤矿文学作品本身的研究。[1]在这些论文中，对作者在特定时间段里借描写矿工表达出的价值观研究更是少之又少。因此，从"黄金时代"中的具体年份入手，讨论一位作家的两部煤矿题材作品，进而发掘出其背后与时代相关的创作观。就对作家本人的研究而言，关注周梅森的早期作品有助于厘清其创作初期的写作特色。

此外，通过分析周梅森笔下的矿工形象和地主、资本家活动，有可能揭示出他悲观和宿命化的历史观念。且通过纵向对比矿工形象在文学史不同阶段的表现，将有利于揭示周梅森创作观的递进性，进而挖掘其背后的时代价值，将文学作品与时代发展紧密结合，因此拥有现实意义。

根据以上研究综述，周梅森煤矿小说研究是一个被涉颇少又颇具意义的领域。煤矿工人是一个本身就很复杂的群体。他们为国家建设作出贡献，却往往离日常生活十分遥远。在各类煤矿文学中，周梅森又是一位值得研究却少有人关注的作家。所以，周笔下的工人们在作品中是如何存在的，这两部煤矿小说中又怎样通过描绘煤矿之外的世界表达煤矿之内的矛盾冲突，他们的活动与作家想要表达的历史观、命运观有怎样的联系，且周梅森笔下的煤矿工人形象在文学史中与其他作家的创作有怎样承前启后的关联，这正是本文要研究的内容。

一、小说中的矿工形象概述

（一）千疮百孔的生活境况

沉重悲怆往往是周梅森煤矿小说的底色。在《沉沦的土地》和《黑坟》中，他描绘了矿工们压抑且粗糙的生活状态，呈现出他们千疮百孔、穷困不堪的生活境况，以此作为体现煤矿工人形象的第一个侧面。

1. 悲怆的灾难叙事

首先，周梅森通过描写矿工们的生存环境来为整个故事渲染沉重的底色。这里所说的生存环境，更多的是指对大环境的描述，包括灾难、时局等。在《沉沦的土地》中，作者不止一次提到了刘家洼的旱灾，并频繁使用"贫瘠""龟裂"等词语进行形容：

> 暖暖的太阳当顶照着，阳光下，极目望去，大片、大片的土地因严重的干旱而龟裂了，地里的麦苗枯黄干瘦，象老人下巴上的胡须。这枯黄中又套着醒目的白色——那是浮在土表上的盐碱，使人不由得想起没有洗干净的尿布。①

如果说严重龟裂的土地、浮在土表的盐碱从正面突出了刘家洼的贫瘠，那么作者还通过描述庄稼的濒死状态，从侧面强调了这一特征。而且，无论是"老人下巴上的胡须"还是"没有洗干净的尿布"，这两个意象都带给人缺乏生机和肮脏落后的体验。此外，作者更用叠词"大片、大片的土地"反复强调这一特性。千百户刘家洼人依赖如此贫瘠的土地存活，于是他们的贫穷和困境也就是显而易见的了。在这样的背景下，贫困促使人们进入煤矿工作，也为后来悲剧的发生埋下了伏笔。

与《沉沦的土地》不同，《黑坟》没有在故事开始之前进行大环境描写，相反，它在故事的尾声描绘了一场声势浩大的洪水，这同样给田家铺人带来了死伤和哀恸：

> 黄水是在一日之间排山倒海般地扑进田家铺的。黄水来临前，宁阳境内下了一场暴雨，田家铺的天空都变了颜色，风骤然刮了起来，把许多碗口粗的树木都连根拔倒了，把一些茅屋的屋盖整个地掀掉了，紧接着，黄水裹着流经土地上的漂浮物轰轰然扑了过来，其规模，其气势，其声威都远远超过了文宗咸丰元年的那次黄河决口……大约四分之三的田家铺人在黄水第一次扑来时便送掉了性命。②

这里的描写手法与上文所举例子类似，同样是正侧结合。先以一连串动词"扑""刮""拔""掀"营造出洪水袭来的宏大气势，再从损失和伤亡下笔，侧写洪水的威力之大。这一场洪水，比历史上导致田家铺"化为汪洋一片，无异泽国"的洪灾更为过甚，它不仅使先前大费周章得来的所谓"赔偿""解放"化为泡影，更预示着新的悲剧即将上演。洪水过后，新的煤矿再次开张，新的爆炸又在酝酿。一场灾害，带走了本就脆弱的希望，预示着不幸的历史终将重演。

与此同时，两部小说都是对20世纪20年代中国煤矿的描写，因此其中都融入了很多与时局有关的讲述：虽然"收回利权运动"带动了民族企业家们实业救国的野心，但

---

① 周梅森. 沉沦的土地［M］. 南京：江苏凤凰文艺出版社，2018：119.
② 周梅森. 黑坟［M］. 武汉：长江文艺出版社，1998：427.

"军阀混战，劳资纠纷，捐税索勒"①，乃至国外资本倾轧，都让这本就微薄的工业基础更显赢弱。这同样为两本书中人物的结局定下了悲剧的主调。在这样混乱的时局中，弱小的民族企业和劳动人民是注定要被黑暗吞噬的。因此，无论是描绘庞大的灾难场景还是穿插真实的时代背景，都是大环境描写的一部分，都渲染了矿工们压抑的生活状态。而无论将大环境描写置于卷首还是末尾，其实都是对将要到来的另一场大灾难的预言。

2. 恶劣的生存条件

如果说灾难叙事为矿工的整体形象定下悲凉的基调，那么复杂的生活条件则从正面直观地展现了矿工们粗糙的生活状态。在两部小说中，作者习惯通过描写矿工的工作场景来体现这一点，从而为塑造矿工形象服务。

《沉沦的土地》集中描写"民变"，涉及矿工真实生活的篇幅较少，唯有"二哥"刘广田下矿的一幕描写较为详细。他穿着"补得看不清本色的破窑衣"，窑里闷热异常，后来索性赤身裸体，"迎头的窑工们半数以上是光着屁股，无遮无拦的"②。不仅如此，在作业时，煤灰直接倾泻在矿工们光裸的身体上，"像野人身上长了一层毛"③。这些词句生动地勾勒了当时在井下工作的矿工形象，环境的污浊和脏乱衬托出人物贫苦且落后的生活状态。

其实上述描写在煤矿小说中并不罕见，作者往往通过描写矿工生活、工作的场景以突出其艰辛。例如，刘庆邦就在《卧底》中借一位假扮成窑工的记者之口，描述了矿区的场景："窑洞里浊气逼人""揉眼睛，一揉，头发里面的存煤和脸上的煤皮子就掉了下来""巷道又窄又低，上面和两边的石头龇牙咧嘴，支护很少""窑下的空气是死滞的，腐朽的，且闷热难耐"④，在这样的环境里工作生活，人也相应地发生了变态："人人的表情都有些恼怒，个个的脸都有些变形""窑工之间好像互相仇视似的，恨不得你咬我一口，我咬你一口""一开口就是骂，骂得都很恶毒"。⑤

相比于《沉沦的土地》和《卧底》中较为"正常"的矿井生活，《黑坟》则从矿难起笔，描写了大规模脏气爆炸后的矿井。它是危险的："四处都是危机、四处都是陷阱，只要他稍微不慎，马上就有可能被冒落的矸石或倒塌的煤帮砸死。"是逼仄的："整个巷道完全被冒落下来的矸石渣堵住了，这堆矸石渣堆得严严实实的，像山一样挡在面前，根本没有任何缝隙。"也是黑暗的："自己的肉体已经不存在了，已经被这地层深处无所不在的黑暗融化了。"⑥ 这种使人极端痛苦的灾难叙事不仅将煤矿狭窄、暗沉的环境描写得淋漓尽致，同时还将死亡作为达摩克利斯之剑，时刻悬在矿工的头顶，写出矿工在灾难中表现出的诸多人性特征。

在《卧底》中，矿工的形象比较单一，是丑恶的、落后的，而《黑坟》里求生中的

---

① 周梅森.沉沦的土地 [M].南京：江苏凤凰文艺出版社，2018：118.
② 周梅森.沉沦的土地 [M].南京：江苏凤凰文艺出版社，2018：132.
③ 周梅森.沉沦的土地 [M].南京：江苏凤凰文艺出版社，2018：132.
④ 刘庆邦.卧底 [M].成都：四川文艺出版社，2007：49，51，65.
⑤ 刘庆邦.卧底 [M].成都：四川文艺出版社，2007：68-69.
⑥ 周梅森.黑坟 [M].武汉：长江文艺出版社，1998：71，75，82.

人们迸发出了更多样的个性。在矿井下，他们的思想在很短的时间内便从"多一个活人便多一份力量"转变到为了一块肉互相欺瞒，乃至自相残杀。在这里，人本质的复杂性被呈现出来。矿工们有时自私，有时慷慨；有时只希望自己能得救，有时又能合作获取食物。在这样的环境里，每个人都是矛盾、疯狂的——与其说是"被这漫长的黑暗折磨疯了"①，不如说是被人性逼疯的。然而，尽管淳朴的"庄稼汉"和单纯的孩子也会耍出层层心机，但到了危急关头，他们又互相可怜，长者甚至决定"要像个真正的兄长一样"②对待幼小的同胞，这时，人情味又回到了人们的理智中。这样，文章中充满了自相矛盾的叙述，将灾难面前的人性拉扯展现得淋漓尽致。由此可见，《黑坟》通过对人们在黑暗矿井中求生的描写，将人性的丑恶暴露无遗，但同时也揭示了这样一个事实：矿工们是复杂的，灾难给予了他们重新认识自己的机会。

尽管两部小说表现上述主题的方式不尽相同，但它们在对矿工特性的描述上则呈现出惊人的共性。例如，矿工均具有农人和窑工的双重身份：一方面，"农闲时，有地种的农民也成了窑工"，借矿井赚上几个钱；另一方面，"农忙时，没地的窑工却成了农民"，他们宁愿去侍候贫瘠土地里的庄稼，也不愿意回到矿井中工作。③这体现了中国矿工与农民之间的奇特关系：你中有我，我中有你。哪怕土地给予刘家洼人的财富极其有限，他们最后都要回归那一亩三分地，"他们最终的希冀还在于脚下的土地"④。正如《黑坟》中总结的那样，"土地是根本，矿井是希望，希望是为了根本而存在的。"⑤土地是这些传统农民的根。然而，正是这种对土地近乎变态的渴求使他们幻想"明天想必会比今天更好"⑥，结果却只剩下悲惨的、被压迫的一生。这一点，本文会在第二章进行详细说明。

上文这种对生活状态的描述还扩展到对窑工家庭的书写里，这在《黑坟》中尤其明显。首先，这些家庭是贫穷落后的。据统计，《黑坟》中共出现了103个"破"字，其中有"破败"义的就有50处。书中以记者刘易华的视角对矿工田大闹的屋子进行了一段环境描写：

> 这是一个半地穴式的茅屋，总共两间，两间屋子中间没有门，也没有布帘遮掩；屋里除了一个炕，几乎一无所有，而且潮湿阴暗，空气中散发着浓重的霉味。靠近大门口，砌着一个土灶，灶上搁着一只破锅，放着几只大黑碗，灶旁是一个盛粮食的蓝花布口袋，口袋里装了大半袋子高粱。这便是他的全部家产了。⑦

这段环境描写富有逻辑，非常细致。首先从房屋整体结构着眼，指出它阴暗狭小的特点，再从陈设入手，霉变、破烂的家具更凸显了矿工的贫穷。之后，田大闹自嘲说自己是

---

① 周梅森. 黑坟 [M]. 武汉：长江文艺出版社，1998：183.
② 周梅森. 黑坟 [M]. 武汉：长江文艺出版社，1998：257.
③ 周梅森. 沉沦的土地 [M]. 南京：江苏凤凰文艺出版社，2018：130.
④ 周梅森. 沉沦的土地 [M]. 南京：江苏凤凰文艺出版社，2018：129.
⑤ 周梅森. 黑坟 [M]. 武汉：长江文艺出版社，1998：110.
⑥ 周梅森. 黑坟 [M]. 武汉：长江文艺出版社，1998：110.
⑦ 周梅森. 黑坟 [M]. 武汉：长江文艺出版社，1998：153.

"窑花子"，这种沉重的贫穷使他们逐渐相信命运，将自己"苦"的原因归咎到"命不好"上，从而更显得麻木，加深了命运的悲惨程度。

3. 病态的心理状况

要想立体刻画一类人，不仅需要描述他们的生存空间，还要深入他们的精神世界。因此，在定基调与直观印象之外，侧写矿工们压抑的精神生活，展现出其麻木的心理状态显得尤为重要。如果说矿工们工作生活的艰辛与贫穷尚可以通过环境描写展示，那么深埋在表象之下的心理侧写则显得更加难以表达。为了达到这种效果，作者通过对"吃"的描述，一窥矿工们深埋在表象下的精神王国。

民以食为天，矿工同样需要食物的支撑。在《黑坟》中，地面上的矿工们吃的是烙煎饼、烧咸汤，这是生命的支撑，也是罢工得以延续的基础，因此，这里的"吃"是象征着生命的。然而，它也有另一面，后文中有小五子给情人田大闹送食物的一段描写：

> 小五子也看见了他，挺着高高鼓起的肚子，勇气十足地向他走来，脸上带着讨好的笑：
> "大闹！"
> "五子，你来干什么？"
> 小五子极殷勤地将遮住篮子的布揭开：
> "给你送点吃的！看，我还给你煮了鸡蛋……"①

在故事刚开始的时候，周梅森就用插叙的手法暗示了这桩爱情的结局。田大闹对小五子没有任何感情，却出于兽性在田间强奸了小五子。因此，小五子对田大闹的"爱情"完全是害怕受旁人"不贞"指点的被迫迎合，而田大闹对小五子的感情则更多是愧疚和敷衍。二人的出发点就使他们永远不可能对彼此产生爱意，更何况二人所在的家族世代为敌，社会因素更注定了双方地位的不对等。

在这里，作者以"送吃的"为契机，巧妙地写出了两者的关系：小五子是"讨好的"，而田大闹则是"不耐烦"的。"吃"不仅联系起了一对并不般配的恋人，还体现了以田大闹为代表的矿工的心境变化。在没有得到食物之前，大闹已经厌倦了罢工，他当时的理想是"混上一顿吃的，然后，找个地方眯他一觉，如果能有个女人那就更好了"，然而随着食物的抵达，他真正见到了能让他解甲归田的小五子，反而又烦躁起来，"倒觉着和大伙儿一起闹腾、闹腾，要比蹲在家里守着这破女人强"。② 这说明田大闹罢工的意志并不坚定，在家庭与事业间摇摆不定，也折射出以他为代表的广大窑工们矛盾的心理。他们的首要目的是讨碗饭吃，而不是为了推翻什么，打倒什么，更不是为了自由与权力。寥寥数语，就勾勒出当时矿工的愚昧和落后，以及整个罢工事件的荒诞性。

在这里，女人与粮食联系起来，田大闹再次参加罢工，并不是因为他的理想被点燃，而是因为他急需甩开小五子，这个由于他的强暴而失去一切的女人。在《黑坟》中，小

---

① 周梅森. 黑坟 [M]. 武汉：长江文艺出版社，1998：178.
② 周梅森. 黑坟 [M]. 武汉：长江文艺出版社，1998：176，179.

五子作为旧社会女人的象征，在给当初强奸自己的罪犯送完食物后仍不免被抛弃的结局：一个"吃"的场景将食物与女人联系在一起，表现了女人们在黑暗现实前悲惨的命运，以及矿工们冥顽不灵、迂腐可笑的特征。

其实将食物与女人相联系，在当代小说中有不少例子，但是明显表达出了完全不同的内涵。莫言在《红高粱家族》里描写了这样一个极悲剧但也极美丽的场景：

> 奶奶欢快地叫了一声，就一头栽倒，扁担落地，压在她的背上。两笸斗抃饼，一笸斗滚到堤南，一笸斗滚到堤北。那些雪白的大饼，葱绿的大葱，揉碎的鸡蛋，散在绿茵茵的草坡上……她挑来的那担绿豆汤，一桶倾倒，另一桶也倾倒，汤汁淋漓，如同英雄血。①

奶奶在为游击队伍送抃饼的路上中弹，抃饼四散落下，就象征着她生命的终结。"这一担沉重的抃饼，把她柔嫩的肩膀压出了一道深深紫印，这紫印伴随着她离开了人世，升到了天国。这道紫印，是我奶奶英勇抗日的光荣的标志"②。"吃"是奶奶坚强意志的象征；出嫁时，因为一群"吃抃饼的"，奶奶结识了余占鳌，死亡时，也是因为一群需要吃抃饼的，奶奶将自己的生命献给了高粱地，"吃"是她和余占鳌充满传奇色彩的爱情的象征。在粮食的映衬下，奶奶的生命无比高尚。这是战争中一个女人的傲骨，也是一个中国人的信仰。后文里，"父亲又捡来一张抃饼，狠狠地咬了一口"，不仅因为这是来之不易的粮食，更因为"这是俺娘擀的抃饼"，这是奶奶生命的延续，也是另一场伟大斗争的养料。③在这里，"吃"同样是生命的延续，但不再像《黑坟》一样为揭示人性的丑恶和抗争的无意义做嫁衣，而是为歌颂生命、揭开抗战史诗的序幕做好了准备。

相比之下，《黑坟》中的"吃"作为一个引子，使读者看清了所谓"罢工"的本质，和矿工们无比单纯且无可救药的心境。整个环境依靠"吃"的描写而更凸显出其压抑性和无意义性，矿工们即便是在"抗争"，也维持着极其愚昧和懵懂的心态。

《沉沦的土地》中关于"吃"的描写也很独到，它把食物与政治相联系起来，从更宏观的角度道出了矿工抗争背后的驱动力：

> 姑娘、媳妇、老太婆，用古老的木轮手推车，用油亮的扁担，为前方勇士运送着煎饼、咸汤、稀粥。她们自己，却把裤腰带勒了又勒。她们知道，男人们是在为她们的温饱，为她们的家庭而战，她们是自豪的，是骄傲的，她们和她们的男人们一样，毫不怀疑这场战争的正义性，也就是说，毫不怀疑三先生的伟大政治。④

在这段文字中，"吃"更像是一个工具，用来展示制造食物的人们的心理。显而易

---

① 莫言. 红高粱家族［M］. 上海：上海文艺出版社，2012：59.
② 莫言. 红高粱家族［M］. 上海：上海文艺出版社，2012：59.
③ 莫言. 红高粱家族［M］. 上海：上海文艺出版社，2012：76.
④ 周梅森. 沉沦的土地［M］. 南京：江苏凤凰文艺出版社，2018：168.

见，矿工们没有自己的主张，他们将自己的命运完全交给"三先生"之流。正如小说所揭示的那样，"脖子上不骑个领袖，谁给你领路？人们就要惶恐不安了。"① 这是无产阶级千年以来"伏低做小"的传统造成的，是矿工们不幸且不争的悲剧命运的源头。然而民众终于被蒙骗了，就像迷途的羔羊，任人宰割而不知。

当然，两部小说中都不乏有觉醒之流：《沉沦的土地》里，刘广田在生命的尽头忽然醒悟，"他再也不会成为任何人手里的枪，再也不会为一些古老的破烂去拼命流血！他将只属于自己，只属于自己找到的真理和信仰……"②《黑坟》里，郑富"既不姓田，也不姓胡，根本不必瞧着这二位老爷的眼色行事"，"他不能上这当，不能被这两位老爷当枪使"③。可悲的是，即便他们都有了"为自己而活"的思想雏形，但不久之后纷纷死去。然而，这亦不能不被视作矿工们思想尚有进步可能的希望。

由此可见，周梅森在《沉沦的土地》和《黑坟》中从三个角度摹写了窑工们压抑且粗糙的生活状态。首先，荒凉贫瘠且充满危机的大环境为矿工的命运奠定悲凉的主调；其次，矿井工作的描写和村庄的破败道出中国窑民特有的双重身份及井下变态的性格，反映出矿工们粗糙的生活状态；最后，以"吃"为意象，深挖窑民们压抑愚昧的精神特征。

（二）野性与野蛮并存的行为逻辑

除了描述矿工生活的苦涩和麻木，周梅森还从矿工力量和最终效果方面对这一阶层的真实体量进行了评估。总的来看，矿工在压抑的环境下敢于在某些方面作出突破，散发人性的野性。同时，他们生理力量强、活动规模大，又呈现出野蛮的特征。

1. 身心压抑下的野性迸发

由上一节，无论是从社会背景、工作环境，还是从生活水平、心理状态等角度来看，周梅森笔下的矿工形象都是粗糙且压抑的。但是这种压抑并不是一成不变的，在某些情况下，它可以转化为生命的野性。这是一种"不驯顺"的特质，既有返祖的现象，又有突破传统的力量。

《沉沦的土地》里，柜头周洪礼不顾矿工生命安全，被以刘广田为首的窑工群殴。"众窑工也一拥而上，你一拳，我一脚，发泄怨气。不一会儿工夫，好端端一个周洪礼躺在鼻涕、口水、血泊里，成了一堆瘫软的烂肉。"④，这说明在某些情况下，即便是被欺压惯了的矿工也会反击。更深层次地，在《沉沦的土地》中，这种反抗又有限度，无论是被揍得半死的柜头，还是与刘家洼人争斗的外籍窑民，其实都不是矛盾的主要方面，而是命运捉弄的对象。可悲的是，矿工们完全没有意识到这一点，甚至还以贿赂的形式笼络军阀，如："那些大兵都是贱货，谁发饷银他们为谁卖命！你们不是出了两万么？我刘某人出三万！"⑤ 这虽然使他们赢得了暂时的胜利，但最终并未能与真正的敌人交锋，反而与

① 周梅森. 沉沦的土地 [M]. 南京：江苏凤凰文艺出版社，2018：169.
② 周梅森. 沉沦的土地 [M]. 南京：江苏凤凰文艺出版社，2018：177.
③ 周梅森. 黑坟 [M]. 武汉：长江文艺出版社，1998：278-279.
④ 周梅森. 沉沦的土地 [M]. 南京：江苏凤凰文艺出版社，2018：133.
⑤ 周梅森. 沉沦的土地 [M]. 南京：江苏凤凰文艺出版社，2018：173.

之同流合污，这不能不说是矿工们野性的迷失。

不仅是男人，女人也有在压抑中反叛的表现。《黑坟》里，"大洋马"就是一个绝佳的例子。一方面，她有着开放的性爱观，厌恶自家丈夫及大兵的"无用"；另一方面，她在某种程度上打破了贞节牌坊，"咱们女人自己得硬着点，得想开点，那女人的福分，能偷点就偷点，能占点就占点"，还反对一味的悲观，"咱们得和窑上的男人们一起，想法儿救他们才是"①。在那个社会，这无疑是对传统的极大反叛，也彰显了矿工家庭的另一面：逆来顺受的背后也有热烈的反抗。由此可见，矿工生活的压抑积累到一定程度会变成反抗的动力，显示出矿工的另一面形象，即生命的野性。尽管这些反抗并不能显现出摧毁厄运的力量，但其挑战传统和权威的尝试仍然值得赞赏。

2. 纯粹力量的野蛮特质

如果说"野性"是对矿工突破常规的某种欣赏，那么他们在更多场合下表现出的"野蛮"特质则更多是负面的。"野蛮"不同于"野性"，后者是人性的释放，而前者指的是"未开化"和"蛮横"，主要表现为兽欲，体现在对力量的描述上。

不可否认的是，周梅森在两部小说中描绘的矿工形象具有明显的力量感。首先，他从个人特写出发，表现出单个矿工彪悍的作风和顽强的生命力。《沉沦的土地》主要就前一个方面作出了较为完整的叙述，对包括刘广田在内的"矿工代表"进行了人物特写。故事一开头，就出现了一位"武乡"的汉子，"一口黑黄的大牙，满脸短须，熊掌似的手里攥着根锄柄，浑身上下透着杀机。"在这样原始力量的威慑下，资本家代表的脸上露出了"一丝掩饰不住的恐惧"。②两者一对比，就生动地突出了矿工生理力量的强大。同样地，尽管在井下经历了受伤、断水、断粮以及无数次的碰壁，矿工们最终还是逃出了坍塌的矿井，从而展现出他们令人吃惊的生命力。

古斯塔夫·勒庞在《乌合之众》中对"群体"下了这样的定义："聚集起来的人群表现出来的新特征与组成人群的个人特征截然不同"，"受群体心理同一律的支配"③。当观察两部小说中的矿工团体时，不难发现，他们都是由于某场巨大意外聚集在一起的，也拥有一致的目标和信念，因此形成了群体。而"群体只具有强大的破坏力量"④，个人的力量已经如此剽悍，那么当个体集结为团体，其力量在直观上一定是巨大的。

第一，周梅森在两部小说中以"民变"为线索，通过大场景描写展示矿工运动的规模。在两部小说中，多次出现矿工集结的大场景，且往往用数字表示其规模之大，如"广银已带着七八百名窑工怒吼着顺着铁道扑了过来""千余名窑工一拥而上""四千窑工，万余乡民，从四面八方涌来"等，"百""千""万"等概数的出现，从直观上肯定了窑民数量之多。⑤当然，除了用数字表明人数之众，小说还对场景进行了细致

① 周梅森．黑坟［M］．武汉：长江文艺出版社，1998：118，119.
② 周梅森．沉沦的土地［M］．南京：江苏凤凰文艺出版社，2018：121.
③ ［法］古斯塔夫·勒庞．乌合之众：群体时代的大众心理［M］．杨献军，译．北京：台海出版社，2018：15.
④ ［法］古斯塔夫·勒庞．乌合之众：群体时代的大众心理［M］．杨献军，译．北京：台海出版社，2018：7.
⑤ 周梅森．黑坟［M］．武汉：长江文艺出版社，1998：27.

的描写，如：

> 刘家洼陷入一片混乱中。井架上的天轮停止了转动，昼夜不息的喧嚣声中断了。往日轮番生活在深暗地下的窑工们，一股脑涌上了地面，把刘家洼所有街巷塞得满满登登，使刘家洼显得空前地狭小。①

一句"塞得满满登登"不仅可以显示出窑工数量之多，更能体现其罢工规模之大。后文也多次渲染的声势之浩大，如"欢呼、吼叫，混杂的声浪把空气震撼地发热、发烫。"②

两部作品都集中描写了械斗。开战前的阵势是宏伟的："三里长的街面上塞满了武装的民众"；战时的场面是血腥的："刀枪的撞击声、窑工和大兵们的呐喊声、惨死者的嚎叫声响成了一片……"③ 矿工的集体力量无比强势："攘子、短刀胡飞乱舞"，"捅倒了十几个。"④ 有时，他们的行事逻辑甚至是近乎原始的暴力：

> 随着那矿师变了腔的惨叫，两个汉子像扔一段枯木头似的，将瘦小如鸡的矿师扔进了没有被遮挡物遮严的、黑乌乌的井口。⑤

一旦参与到不负责的群体中，个人的责任感也会消失。⑥ 这种特质使矿工成为"被审判"的对象，促成其悲剧命运成型。因此，作家通过对矿工悲剧命运的刻画，表达了他对人性与兽性、命运与偶然的深入思考。

二、矿工形象的精神内核

上一章较为详细地阐述了周梅森在《沉沦的土地》和《黑坟》中塑造的矿工整体形象。然而在粗糙和野蛮的生活状态之外，矿工形象的塑造还包括深埋在表面之下的精神内核。相比于外表的粗犷，矿工的精神世界显得十分扭曲。他们在被其他势力当成工具的同时，又有奴性与恶劣的人性，呈现出外强中干的特征。

（一）工具性：被随意抛弃的棋子

康德在《实践理性批判》中说，"唯有人，以及与他一起，每一个理性的创造物，才

---

① 周梅森. 沉沦的土地 [M]. 南京：江苏凤凰文艺出版社，2018：147.
② 周梅森. 沉沦的土地 [M]. 南京：江苏凤凰文艺出版社，2018：170.
③ 周梅森. 黑坟 [M]. 武汉：长江文艺出版社，1998：274.
④ 周梅森. 沉沦的土地 [M]. 南京：江苏凤凰文艺出版社，2018：155，171.
⑤ 周梅森. 黑坟 [M]. 武汉：长江文艺出版社，1998：34.
⑥ ［法］古斯塔夫·勒庞. 乌合之众：群体时代的大众心理 [M]. 杨献军，译. 北京：台海出版社，2018：60.

是目的本身"，因此，"决不把这个主体单纯用作手段，若非同时把它用作目的。"① 这说明，人本身就是目的，而不是供领袖和权威任意利用的工具。然而，在周梅森的笔下，矿工却常常成为军阀和地主们达成自身利益的手段，被当作他人前进路上的垫脚石。矿工精神内核的扭曲，首先就体现在工具性这一方面。

第一，矿工是被军阀利用的工具。《黑坟》里借宁阳镇守使张贵新之口，说明了这个道理：

> 他马上意识到，如此严重的矿井灾难，势必要造成窑民暴乱，而一发生暴乱，他占据的这个地盘就不牢靠了，一些同样掌握着武装的别有用心的家伙就会借口弹压暴乱，闯进宁阳。②
> 在战争没有开始，政局不明朗时，他是不能表态的，他只能以守代攻、以退代进，按住自己屁股下面那块肉，不让别人抢去。③

不难看出，张贵新之所以出面调停，并不是为了百姓的福祉，而是出于对自身利益的考量。他真正害怕的是其他军阀趁乱入驻他的地盘，"自己屁股下面那块肉"被别人抢去。在前文中，张贵新对窑民暴动还持观望态度。那时，他认为"独独不可得罪当地的穷人"④，安抚好了这次暴乱，他就会免于引火烧身，甚至可以获得更多人的支持。然而，民国的形势瞬息万变，一场"直皖大战"在所难免。所以，一方面，他希望民国政治家们的战争"就是打，也不要在河南打"；另一方面，面对自己领地内窑民的暴动，他在忍耐后决定出击，"否则，即便没有什么战争，他也得被这帮暴民闹倒台"⑤。于是，矿工们的斗争在张贵新等军阀的眼里，是谋取私利的手段，也是威胁统治的因素。因此，矿工们的活动被军阀当成了利用的工具，失去了应有的价值。

如果换一个角度来看，张贵新在把矿工看作仕途的垫脚石的同时，他自己同样也成为了别人眼中的工具："这仅仅是他的希望，可决定战争的却不是他的希望，而是那些民国政治家的利益，他的希望在那些民国政治家的眼里一钱不值。"⑥ 张贵新只是一个小小的地方镇守使，相比于吴佩孚等人，他的力量也很有限。然而，就算如此，他也可以"挥刀向更弱者"："对宁阳地方民众来讲，他的希望就是命令"⑦。于是，强者向弱者施压，弱者转而向更弱者发泄。归根到底，他们都是各级权力的工具和垫脚石，彼此间的倾轧只能是一场零和博弈。

第二，矿工还是地主维持封建统治的工具。在这两部小说中，地主可以被分成两种类型：一种是以三先生、田二老爷等人为代表的地方首领，另一种是其他乡绅富户。前一种

---

① ［德］伊曼努尔·康德. 实践理性批判［M］. 韩水法，译. 北京：商务印书馆，1999：95.
② 周梅森. 黑坟［M］. 武汉：长江文艺出版社，1998：92.
③ 周梅森. 黑坟［M］. 武汉：长江文艺出版社，1998：93.
④ 周梅森. 黑坟［M］. 武汉：长江文艺出版社，1998：93.
⑤ 周梅森. 黑坟［M］. 武汉：长江文艺出版社，1998：262，263.
⑥ 周梅森. 黑坟［M］. 武汉：长江文艺出版社，1998：262.
⑦ 周梅森. 黑坟［M］. 武汉：长江文艺出版社，1998：262.

人往往是封建秩序的保卫者，他们无意适应这片土地上的新变化，竭力维持传统的格局。正如《黑坟》中刘易华所披露的那样，"胡贡爷、田二老爷们并不是真正要主持公道，要为窑工们谋权利，他们积极参与这场斗争是有各自的卑鄙目的的。"①《沉沦的土地》中，三先生面对引进近代技术的刘家洼，产生了"莫大的恐慌"。他认为，"自己的尊严、权威、名声，将成为明日黄花，一文不值了"②。因此他需要重整旗鼓，让矿工把他当成最高权威，从而维护传统秩序。为了达成这一目的，三先生们不惜大费周章，将肮脏的欲望包裹上"宗法"的外壳，鼓动矿工拿起武器造反：

> "可他们是我们地方上的名人，又是我们田、胡两家的长辈；我们田、胡两姓有事，就是他们有事，我操，他们……他们当然要出头喽！"③
>
> 这个民国政府委实不咋的，有点不是玩意儿！早年拦御驾，皇上老子也不是这样对付黎民百姓的，民国政府简直不如大清皇上！其实，民国也是在反了大清之后坐镇京师的。民国可以反叛大清，他们为何不能反一反民国？如若是造反有罪，第一罪魁就是中华民国！④

首先，田二老爷为了合法化自己的行为，将自己积极参与窑工活动的目的说成"为田、胡二家出头"。他们是地主，其利益与无产阶级本不相同，但一旦裹上"宗法"的外衣，窑工们就会心悦诚服，就连反叛者都会在临死前悔恨，埋怨自己"错怪了一个多好的人"⑤。其次，他们巧妙地转移了矛盾，说服矿工们"反一反民国"，这与刘易华的说法看上去相似，实际上完全不同。刘易华企图从思想上改造劳工，虽然最后失败了，但总归是一次有益的尝试。但田二老爷只是把矿工当成工具，打碎他们一直厌恶的现代文明，借以重新确立起自己熟悉的封建秩序。至于如何"造反"，以及"造反"后会有怎样的结果，他们不负任何责任，只是不断煽动无辜的群众，让他们为自己流血牺牲。

如果说三先生之流是将矿工们当成维持封建秩序的工具，那么后一种人则将窑工们视作报私仇的手段。在《黑坟》中，三县绅商大力支持窑工暴动，理由是想要报复张贵新当年"吊打三县绅耆的暴虐行径"⑥：

> 现在，机会总算来了，他们要借窑工们的鲜血来书写张贵新的暴行！然后，再以合法的手段将张贵新逐出宁阳！
>
> 因此，窑民们必须坚决打，必须好好打，必须打个血流成河，否则，便太对不起绅耆老爷们的一片苦心了。⑦

① 周梅森.黑坟［M］.武汉：长江文艺出版社，1998：221-222.
② 周梅森.沉沦的土地［M］.南京：江苏凤凰文艺出版社，2018：140.
③ 周梅森.黑坟［M］.武汉：长江文艺出版社，1998：223.
④ 周梅森.黑坟［M］.武汉：长江文艺出版社，1998：264.
⑤ 周梅森.黑坟［M］.武汉：长江文艺出版社，1998：334.
⑥ 周梅森.黑坟［M］.武汉：长江文艺出版社，1998：265.
⑦ 周梅森.黑坟［M］.武汉：长江文艺出版社，1998：266.

乡绅们并没有真正地把矿工当成"人"来看待。在他们眼中，窑工只是用来攻讦军阀的工具，是维护自身利益的手段。

人自身的存在与发展，就是人的最高目的和终极意义。但是纵观田家铺与刘家洼的窑民战争，各方势力都只为自身利益着想，从来没有考虑过矿工的生命和价值。也就是说，矿工们的斗争都不是在利己目的的指引下进行的。他们懵懂地服从别人的命令，参加一场又一场连自己都不理解的战争，毫无理由地献祭出鲜活的生命。与此同时，矿工们还认为自己在为了土地和自身利益而战，丝毫没有意识到自身的工具性，这是非常可悲的事实。当然，这也从侧面反映出周梅森笔下矿工阶层精神世界的茫然。

由此可见，矿工实际上是各方势力博弈时使用的棋子，没有人权和尊严。在政客、军阀和地主们的推动下，这场窑工战争注定是一场悲剧，而最后成为牺牲品的也只可能是位于社会底层的矿工们。

（二）奴隶性：对土地和权力的迷信

除了被军阀、地主与资本家等势力当成实现其目的的工具外，矿工本身也表现出愚昧的特质。这主要体现在他们的奴性上。

1. 变异的乡土情结：被土地绑架的无味人生

矿工们的奴性首先表现在他们的日常生活中。《黑坟》里对二牲口的生活有这样一段描述：

> 似乎为了报答他，又仿佛是为了惩罚他，那女人开始卖力地替他生孩子，一年一个，十二年中生了八个；其中，一个儿子，一个女儿，没满月便死了，活着的六个孩子像六只狼羔子，一睁眼就要吃。他只得没黑没夜地干，累弯了腰，累驼了背，累得只剩下一张松弛的老皮和一把僵硬的骨头……①

前文里，"二牲口年轻时据说是很英俊的，腰杆决不像如今这么弯驼，脸上也没有这么多的伤疤、皱纹"，正是生活使他变得如此落魄、憔悴，以至于自己的"生命不是属于他个人，而是属于那六个孩子的"②。只要矿工与家庭捆绑，就得不断地为之付出，哪怕这种付出是以自己的生命健康为代价的。二牲口如同生活的奴隶，只知道一刻不停地向前走，却在这个过程中逐渐麻木，把最初的梦想一点点忘光了。

在上一章里，本文提到，"对土地近乎变态的渴求"是矿工们悲剧命运的又一来源。正是土地这种传统农民最看重的人生要素，让他们自己跌入了生活的泥沼。从这个层面来看，土地似乎是一切罪恶的开端。因为田地塌陷、歉收，矿工不得不与资本家抗争；因为要在地里刨生活，"二牲口"们成了麻木的奴隶；因为需要保护自家的土地，无数人死在了械斗和谋杀之中……

---

① 周梅森. 黑坟 [M]. 武汉：长江文艺出版社，1998：76.
② 周梅森. 黑坟 [M]. 武汉：长江文艺出版社，1998：76，79.

费孝通在《乡土中国》中说，中国乡村里的人口似乎是"附着在土上的"①，土地是他们立身的根本，对他们来说是一种极其稳定的经济基础。因此，中国人，尤其是农民，对土地的感情尤其深厚，产生了浓厚的乡土情结。其实，眷恋故土本无罪，但问题在于，在历史发展中，人们给这片土地附加了太多的意义，以至于早已忘记自己究竟爱的是这片生养他们的土地，还是盘踞在这片土地之上的矿山和地主。自然而然地，在中国社会千百年来形成的稳定文化传统下，中国乡土社会的权力结构中就产生了一种有别于"横暴权力"和"同意权力"的"教化权力"，即"长老统治"。② 这种"既非民主又异于不民主的专制"③ 受到了矿工们的热烈追捧。例如，《沉沦的土地》里矿工们就将"三先生"视作"真理"，因此要处死刺杀他的祁六爷："六爷杀死了真理，自然是死有余辜。"④ 而《黑坟》在开篇就提及田、胡二家持续百年的土地战争，两个家族的人在各自长老的带领下世代为敌，就连被困井下时都牢记着家族间的矛盾，"要找这个该死的混蛋报仇"⑤。矿工们自发地拥护地方长老，将其指示奉为圭臬，把他们对土地的热爱转移到了乡绅地主的身上。这种"移情"实际上体现了一种变味的乡土情结。在它的指引下，矿工们不再以自主形式参与斗争，而是匍匐在代表强权的地主脚下；他们不是为了自己而战，而是为偶像和宗法献出生命。正如《黑坟》中的三骡子在死前领悟的那样，"人和人是应该像亲兄弟、亲姐妹一样和睦相处的啊！"⑥ 乡土眷恋本不应导致家族世仇，但矿工对土地的盲目崇拜已经让他们迷失了方向和理性。只可惜，大多数矿工并未察觉到这一点，三骡子和他的新思想最终"死在他的伙伴们中间"⑦，他们还是无可阻挡地走向了被土地绑架的万丈深渊。

这种狂热崇拜土地的变态乡土情结，不仅将矿工变为土地的俘虏，还戏弄了每一个想要真正掌控它的人，从而促成了一段黑暗的历史叙事。《沉沦的土地》中，三先生在赶走秦振宇后，庆幸土地"再也不会沦落、塌陷了"，然而周梅森却在后记中写道，"是年大旱，庄稼无收，饿殍遍野"，"饥民暴动……四乡绅士均遭劫难，三先生府第也未幸免。"⑧ 不管之前三先生如何庆幸土地的暂存，历史的车轮还是无情地碾压了这片充满罪恶的土地。这就把土地的"罪"提升到了一个新的层次。这里的"罪"，不单单指愚昧的矿工们被土地绑架，而是指每一个生活在这片土地上的人都会被历史戏弄。正如《黑坟》中的李士诚在死前感叹的那样，"偌大的世界原来是个令人恐怖的大肉案子呀！""这块土地，这块苦难的土地上是不可能、也不会出现几十个强大的煤矿公司的！"⑨ 这片土地耍弄了每一个希望在它身上干出一番事业的人，将他们最初的欲望碾压得粉碎，裹挟着悲苦

---

① 费孝通．乡土中国［M］．北京：北京大学出版社，2012：21-22.
② 费孝通．乡土中国［M］．北京：北京大学出版社，2012：138-139.
③ 费孝通．乡土中国［M］．北京：北京大学出版社，2012：139.
④ 周梅森．沉沦的土地［M］．南京：江苏凤凰文艺出版社，2018：162.
⑤ 周梅森．黑坟［M］．武汉：长江文艺出版社，1998：409.
⑥ 周梅森．黑坟［M］．武汉：长江文艺出版社，1998：410.
⑦ 周梅森．黑坟［M］．武汉：长江文艺出版社，1998：410.
⑧ 周梅森．沉沦的土地［M］．南京：江苏凤凰文艺出版社，2018：180.
⑨ 周梅森．黑坟［M］．武汉：长江文艺出版社，1998：349.

的命运反馈给所有人。《沉沦的土地》中，王子非曾警告三先生："可我要提醒你：总有那么一天，这块土地上的人们，会像今日对待公司一样对待你！"① 这句话无疑是对此主题的最好阐释。真正有罪的是土地吗？其实不是。真正有罪的是奴隶性的人，无论是被土地绑架的矿工，还是寄希望于实业的资本家，他们只要将执念种在土地之上，只要将自己的欲望与土地联系在一起，就不可避免地会经历更灰暗的绝望感。只要有各种肮脏的欲望存在，土地便会成为各方利益争斗的目标。这也就是为什么"三先生"之辈终究会受到欲望的反噬，而土地最终的沉沦也势不可挡了。

因此，人们对于土地的变态渴求反而使他们最终成为了"被绑架"的对象。无论是底层矿工，还是希望征服这片土地的资本家、地主，都在变异的乡土情结下体味着悲凉而无味的人生。

2. 两种权力视域下的愚民战争

在上一章中，本文以"吃"为切入点，简要提及了矿工们骨子里对"三先生"等地方权威的迷信。这种盲目的信任"是封建的宗法观念和地域思想在作祟"②，并且最终导致了反抗斗争的失败。同时，福柯认为，权力和知识是相互指涉的，"不相应地建构一种知识领域就不可能有权力关系"③。因此，这种"崇拜"也可以被解释为对"新知识"的认同：知识分子作为"传话筒"进入矿工生活，试图以重新建构知识模式和话语体系的方式拯救矿工。但这种尝试最终却未能像"三先生"等地方权威一般吸纳信徒，从而以另一种形式表现出窑民战争的愚昧本质。

首先，矿工斗争的愚昧性表现为对政治偶像的崇拜。《沉沦的土地》中，作者以一位武乡汉子为例子，当这个外表剽悍的男人遇见代表权威的三先生后，竟"顺从地垂下头"，最后"扑通一声跪下了"，将其骨子里的奴性表露得干干净净。④ 这种刻在骨头里的顺从意识不仅是个人的特质，更是群体的特征。《沉沦的土地》里，周梅森在窑民与矿警展开最后的决斗前，集中描写了矿工们的心理状态：

> 在乡民百姓们看来，领袖这玩意，是万万不可缺少的。生活中没有领袖，那还成其为生活?! 从古到今，他们一贯把三先生这种领袖看得比柴米油盐贵重得多。领袖是上帝，是神灵，是主心骨，人们早已习惯于把它祭奠在心灵最深处最神圣的地方。脖子上不骑个领袖，谁给你领路? 人们就要惶恐不安了。⑤

这一段话极尽讽刺之语，准确地描绘了矿工们甘愿受"三先生"等权威奴役的心理。在他们眼中，单凭自己无法行动，必须要让人指引，且必须自觉主动地做这个人的奴隶，

① 周梅森. 沉沦的土地 [M]. 南京：江苏凤凰文艺出版社，2018：173.
② 周梅森. 黑坟 [M]. 武汉：长江文艺出版社，1998：223-224.
③ 马新国. 西方文论史 [M]. 北京：高等教育出版社，2008：495.
④ 周梅森. 沉沦的土地 [M]. 南京：江苏凤凰文艺出版社，2018：121.
⑤ 周梅森. 沉沦的土地 [M]. 南京：江苏凤凰文艺出版社，2018：168-169.

"决不至于幻想与其平起平坐"①。在上一节中，本文提到外界因素使得矿工阶层被迫成为实现他人利益的工具，然而相应地，被当作工具的矿工也鬼使神差地受人摆布。他们非但感受不到做奴隶的屈辱，还引以为傲，把这件事视作自己"最神圣"的权利。

勒庞断言，"群体就是一群奴性十足的人"，并且"只要有一定数量的生物聚集在一起，不论是人还是动物，都会本能地使自己处于首领的领导之下。"② 因此，在罢工运动中，即便矿工人数众多、声势浩大，他们中的大多数没有否认权威的意识，其思想本质并没有变化，而是一直心甘情愿地受人驱使，任人宰割。这恰恰表明了作者笔下矿工群体的一大特点，即愚昧无知，不可能当家作主。

如果说上文所涉"权威"是指一种由明确领袖组成的等级制度，那么新知识则可以作为权力的另一种表达形式，以重构矿工价值体系的方式暗中操纵着他们的行为。在《黑坟》中，作者就以加入知识分子元素为方式揭示了这一道理。相比《沉沦的土地》，这部小说中出现了一位有进步思想的"正义使者"：省城记者刘易华。他在目睹资本家的阴谋后，自觉"有义务把这里已经发生的一切披露出去"，"竭毕生之精力来为劳苦民众疾呼，打破资本阶级对舆论的垄断"，因此将李士诚准备封闭矿井的消息传递给了毫不知情的矿工们。③ 这确实一度推动了矿工运动的发展，起到了启发民智的积极作用。

一般来说，知识分子能用新思想武装人民，带领他们摆脱愚昧的生活状态。这类正面形象在现代小说中颇为常见。[30]例如，孔厥在《一个女人翻身的故事》中，借知识分子池莲花之口，向身份低微的童养媳宣传新思想，"常言道，再好的女子锅台边转；女人在窑里是没好地位的。做做饭，生生蛋，挨打受骂，委屈一辈子。革命可就要把她们解放呀"。在这里，知识分子向农民揭示其悲惨的命运，呼吁他们起来反抗，使他们"不再受折磨"。④ 知识分子在基层工作中同样讲究方法。如，赵树理《李有才板话》中的知识分子老杨同志，坚决摒弃之前章工作员的工作模式，利用群众喜闻乐见的歌谣来号召大家参加农会，从而使人们的生活焕然一新。相同地，在《传家宝》中，作者也安排进步分子金桂对婆婆晓之以理、动之以情，以理性的方式劝导民众接受新生活与新思想。所以，知识分子为群众普及新知识、播种新理想，给人民带来生的希望。这也是人们从黑暗走向光明的转折点。

一些作家在文字里大力颂扬了知识分子启发民智的正面作用，而周梅森却站在另一个角度描述了知识分子参与的"民变"。从一个角度上看，刘易华确实一直试图给矿工们灌输新思想，以便建立一套新的话语体系，进而产生新的权力。在这中"知识建构"的过程中，田大闹懵懂地了解了社会矛盾，郑富则得到了初步的觉醒。但遗憾的是，知识分子并没有有力地发挥推动社会进步的作用，反而进一步佐证了矿工生活的无望和黑暗。造成

---

① 周梅森. 沉沦的土地 [M]. 南京：江苏凤凰文艺出版社，2018：142.

② [法] 古斯塔夫·勒庞. 乌合之众：群体时代的大众心理 [M]. 杨献军，译. 北京：台海出版社，2018：139.

③ 周梅森. 黑坟 [M]. 武汉：长江文艺出版社，1998：144.

④ 转引自：李永东. 中国现代文学中的"解放"书写 [J]. 中国社会科学，2021（7）：63-87，205-206.

这一悲剧性结局的原因有二：刘易华的理论本身就游离于社会现实之外；且现有群众基础也不允许他大展身手。

当看到田大闹等矿工赤贫的家庭环境后，刘易华感受到了这世界极大的不公道，以至于发出"中华民国不是民众之国么？何以将民众引入如此之绝境"的悲叹。① 这两段话同样也揭示出知识分子结局的无奈：

> 政府究竟算是什么东西?！政府，归根到底不是好东西！设若没有什么鸟政府，真正让民众自己来管理国家，国家当不致糟糕至此，民众亦不会赤贫如斯！
>
> 让"国家利益"见他妈的鬼去吧！中华民国只有民众的利益才是至高无上的！在田家铺来说，只有赤贫窑工的利益才是最最重要的！他要亲眼看着这些窑工们拿起大刀、操起矿斧，和那帮祸国殃民的达官显贵、和政府豢养的军阀、和万恶的资本阶级拼个你死我活！他要在舆论上、在行动上声援他们！他相信，新世界的希望在他们身上！②

刘易华的内心独白实际上揭露了一种"无政府主义"的倾向，这是20世纪初一大批知识分子的共识。[31] 在他的思想中，政府是无用的，他反对国家形态的压迫，提倡个人权力的争取。应该看到，他的思想是不能扎根于当时中国的土地上的。正如德里克所说，"在一个认为社会和政治的一体化必须以霸权主义为前提的文化背景下，思考、探讨和研究与无政府主义有关的问题并不是一件容易的事情"③。在当时无处不在的霸权压迫下，知识分子单凭自己的力量是难以推翻整个政府的，所谓"安那其主义"也将注定成为空想。

同样的话题，巴金在《雾·雨·电》中也曾提到。面对生存空间的被挤压，20世纪初的无政府主义者们提倡"忍耐"，认为革命是不能速成的。然而，迎接他们的只是同志的不断牺牲，事业的不断缩水，以致于最后不得不关停报馆、取消演讲。针对这种情况，吴仁民"以为出十部、百部全集也并不是什么了不起的大事，中国依然不会因此得救"，坚信"只有行为才能创造出力量"，但在黑暗和专制下又不知从何下手，只能从饮酒中获取暂时的热和力。④ 更有如敏者，认为"抵抗暴力的武器就只有暴力"，进而将这份狂热转化为恐怖主义行动，但最终也归于失败。⑤ 这种挫败与刘易华经历的失败异曲同工，同样都说明在当时的中国，安那其主义无异于空想，它的理论与现实注定是难以结合的。

其次，刘易华的想法陷入了知识分子与矿工之间的关系怪圈，即就算理论上可行，但知识分子并不一定会领导矿工走向现实的胜利。勒庞认为，"一个种族最稳定的莫过于继

① 周梅森.黑坟 [M].武汉：长江文艺出版社，1998：153.
② 周梅森.黑坟 [M].武汉：长江文艺出版社，1998：153-154.
③ [美] 阿里夫·德里克.中国革命中的无政府主义 [M].孙宜学，译.桂林：广西师范大学出版社，2006：1.
④ 巴金.爱情的三部曲：雾·雨·电 [M].北京：人民文学出版社，2017：130.
⑤ 巴金.爱情的三部曲：雾·雨·电 [M].北京：人民文学出版社，2017：320.

承而来的思想根基"①，而控制田家铺这些窑民的思想根基，就是延续了几千年的传统思想。传统的力量是强大的，正如上文所述，中国底层人民在漫漫历史中已经习惯受到压迫和驱使，要想扭转矿工的心理是很困难的。刘易华的理论与实际之所以脱节，不仅是因为大环境的压迫，更是由于矿工们难以更改的奴性。这就引出了一个令人深思的话题：知识分子如何动员民众、推动社会的变革。

在周梅森看来，知识分子的行动在某种程度上是难以奏效的。刘易华劝说田大闹"争取尽快使窑工代表团独立起来，摆脱胡贡爷、田二老爷的控制"②，然而这种先进思想首先被窑工自己禀报给了胡贡爷，最后失败。后来，刘易华甚至死在他想要维护和唤醒的矿工手上，仅仅是因为窑民的贫穷迫使他抢劫财物，"不杀了你，我赎不回地，还不了账"。③ 知识分子原本想要解放的矿工不理解自己的做法，乃至自行放弃了向光明进发的希望。相同的心境，周作人在《沉默》中也有吐露：

> 我是喜翻筋斗的人，虽然自己知道翻得不好。但这也只是不巧妙罢了，未必有什么害处，足为世道人心之忧。不过自己的评语总是不大靠得住的，所以在许多知识阶级的道学家看来，我的筋斗都翻得有点不道德，不是这种姿势足以坏乱风俗，便是这个主意近于妨害治安。这种情形在中国可以说是意表之内的事，我们也并不想因此而变更态度，但如民间这种倾向到了某一程度，翻筋斗的人至少也应有想到省力的时候了。④

作为启蒙者的知识分子，面向的观众理应是大众，是广大的矿工。只要他的话能对启发民智有一丝作用，那么其他的批评亦是可以忍受的。然而，如果"民间这种倾向到了某一程度"，甚至连矿工们都无法理解知识分子的初衷，那么知识分子的工作便是无意义的，需要"省力"了。这种深切的悲哀，正如鲁迅所说，"叫喊于生人中，而生人并无反应，既非赞同，也无反对，如置身毫无边际的荒原，无可措手"⑤，难免使人思考在这两部小说中知识分子对于矿工的意义。简而言之，在极端的奴性和被操纵的命运下，矿工无法理解知识分子，知识分子的疾呼在"隔膜"中显得毫无意义。

甚至，知识分子还会给他们想要解放的民众带来压抑，将他们推入死亡的火坑。《黑坟》中，郑富坚定地相信刘易华的主义：

> 他又一次想到了刘先生，他觉着这位来自省城的、有学问的先生就像这油灯一样，把田家铺镇上的茫茫黑夜照亮了，使他一下子看清了这个丑恶世界的真实面目，

---

① [法] 古斯塔夫·勒庞. 乌合之众：群体时代的大众心理 [M]. 杨献军，译. 北京：台海出版社，2018：3.

② 周梅森. 黑坟 [M]. 武汉：长江文艺出版社，1998：224.

③ 周梅森. 黑坟 [M]. 武汉：长江文艺出版社，1998：306.

④ 周作人. 知堂文集 [M]. 北京：民主与建设出版社，2019：16.

⑤ 鲁迅. 呐喊 [M]. 天津：天津人民出版社，2016：3.

使他认清了那些绅耆老爷们的险恶用心！他真诚地想：假如他是土生土长的田家铺人，假如他也像三骡子胡福祥、工头王东岭那样有很大的号召力，那他一定会制止这场没有实际意义的窑民战争的！

现在他却做不到。没多少人听他的。窑工们被这一声爆炸炸昏了头，炸进了二老爷们的怀抱里脱不开身了！

他的心不由得一阵阵紧缩。

他有了一种忧伤的孤独感。①

虽然郑富被刘易华从黑暗中唤醒，但更多的矿工仍然"被这一声爆炸炸昏了头"，其奴性又被激发出来，投向权威，进一步沉沦。于是郑富随即又陷入了"忧伤的孤独感"。正如"洞喻理论"中那位率先爬出洞穴的奴隶一样，在了解光明之后，郑富除了更加痛恨黑暗外，无力改变现状，只能徒增烦恼。也正是由于这种新思想的指引，原本打算放弃的郑富执意回到井下救人，最后死在了一场爆炸中。周梅森用这样悲剧性的命运向读者展示了摆在知识分子面前的冷酷现实：即便他们唤醒了一部分人，这些人还是在将新思想付诸实施之前，就与愚昧者一同长眠。

与周梅森类似，丁玲在《阿毛姑娘》里道出了同样的隐忧：

她想起昨夜的挨打，她不知这打是找不到偿还的。她很恨，又不知道恨谁，似乎那男人也不好。

她又无理由的去恨那男人，她为他忍受了许多沉重的拳头，清脆的巴掌，并且在清晨，冒着夜来的寒气，满山满谷的乱跑，跑得头昏脚肿，而他，他却不知正在什么地方睡觉呢。既然他并不喜欢她，为什么他又要去捉弄她？现在她是不知怎样来处置自己了。②

男人的本意是要带阿毛到更广阔的城市去生活，却遭到了阿毛家人的反对，因此只好作罢。于是，这种爱而不得的心理迫使阿毛的思想进行了转变。在她心中，男人不再是一颗给予她希望的火种，而是更多地遭到了她的怨恨。这种在希望破灭后对知识分子的埋怨，也与鲁迅所说"打破铁屋子"有共通之处。在无尽的昏睡中，知识分子纵然惊起了几个较为清醒的人，然而大多数人因为其自身的愚昧和难以洗刷的奴性，依旧在昏睡，最终将连同那些业已清醒的人一起坠入死灭。这时，知识分子不止"无意义"，更令人压抑。在这样一个处处受限制的环境中，他们在黑暗的屋子里疾呼，带给人们的不是解放，而是更加痛苦的死亡。

由此，知识分子与底层民众间的拉扯不再仅仅局限于两个社会群体间，而演变为两种权力系统间的斗争：以"田二老爷"为代表的旧秩序一直向人们施以封建文化体系的重压，而以"刘易华"为首的新思想则试图用民主的知识体系挽大厦之将倾。最终，政治

① 周梅森. 黑坟 [M]. 武汉：长江文艺出版社，1998：299.

② 丁玲. 丁玲全集 [M]. 石家庄：河北人民出版社，2002：237-238.

偶像还是战胜了新兴势力，这代表着新话语体系的彻底破产。不仅如此，还可以从郑富和阿毛的悲剧人生中，看到底层人民在这场权力争斗里所处的尴尬位置。无论是旧思想还是新势力，矿工们始终是被支配的存在。他们没有自己的思想，因此不可避免地成为了两套话语体系共同的奴隶。

由此可见，周梅森主要以两种权力视角表达了矿工的奴性：一方面，在政治偶像的牵引下，他们甘愿受人驱使，自然成为奴隶；另一方面，记者等知识分子的启蒙对于这些奴隶性的人来说没有任何作用，因此重构知识体系的行动宣告破产，这从侧面展示出矿工群体的愚昧与奴性。

（三）麻木性：暴虐与冷漠的杂糅

在前两节中，本文主要论述了导致矿工盲目精神生活的两个原因：第一是被迫成为各方势力的工具；第二是自身的奴性逼迫自己走向更深的泥潭。最后，除了二者之外，矿工们在极端情况下展现出的恶劣人性也可以被看作是窑工运动注定失败、底层人民命运注定悲惨的原因之一。他们在群体行动中展现的暴力倾向，与围观死刑时流露出的冷漠态度交相错杂，使他们对生命的逝去毫无感触，成为了一群没有感情，近乎麻木的非理性者。

首先，两部小说都通过大量的战斗描写，突出了矿工群体暴虐的特质。就以上一章举的例子来说，《黑坟》里暴怒的矿工们竟然将手无寸铁的矿师扔进了矿井中，这无异于一场集体谋杀。在暴怒之中，矿师的建议被当成了对真理的挑战，矿工们瞬间展示出了野蛮的人性。《沉沦的土地》中也有类似描写：

> 失去了优势的矿警们，四处奔逃着，躲藏着，他们逃到哪里，躲到哪里，刀枪便追到哪里。举手、交枪是没有用的，乡民、窑工们不吃那一套，他们只懂得一个道理：杀人偿命，欠债还钱。既然矿警们杀了他们的人，他们理所当然地要让他们抵命。[1]

窑工们在原始欲望的驱使下已经完全变成了野蛮人，将这场惊心动魄的杀戮进行到底。而且，他们不仅对敌人展现出暴虐和嗜血的本质，还将己方的牺牲看作是理所当然的付出。在最后的决战中，矿工们"转身看着脚下倒地的父老乡亲，征战的勇气重被复仇的烈火点燃"[2]，他们不畏惧死亡，甚至以牺牲为荣。就这样，非理性的狂热感染了矿工，蔓延到群体中的每一个人身上，转化为更加野蛮的行为。

当然，矿工们的暴虐人性不仅体现在战争中，更表现在个人斗争中。周梅森在《黑坟》中通过描写井下难民的求生表现出了这一点。在井下，二牲口与胡德斋为了有限的食物大打出手，场面非常暴力、血腥：

> 二牲口的脸被愤怒和痛苦扭得变了形，他深凹在眼眶里的两只眼睛里放射出狼一

---

① 周梅森. 沉沦的土地 [M]. 南京：江苏凤凰文艺出版社，2018：172.
② 周梅森. 沉沦的土地 [M]. 南京：江苏凤凰文艺出版社，2018：171.

般的凶光，牙齿咬得咯咯响。

二牲口猛地扑过去，对准胡德斋的脸就是一拳，拳头落下，胡德斋立即杀猪一般地叫了起来：

"哎哟，二哥，饶命！饶命！"

二牲口又给了胡德斋一拳，胡德斋挨了这一拳之后，已顾不得讨饶，野兽一般地哀号着，滚到了煤帮一侧的水沟沟沿上。①

在有限的生存资料面前，人们已经失去了平日里的"礼"，而显示出暴力的一面。人性与兽性在此刻没有任何区别，甚至在"当他们的生命受到威胁的时候，他们会比任何野兽都更凶残"②。所以，矿工个人在被逼入绝境后也会展现出平时难得一见的暴虐人性，而当这样的人组合成群体，他们会更加无理性地行动，展现出更多令人匪夷所思的恶劣性格。

其次，矿工还有一处非常明显的人性弱点，即冷漠。这正是所谓的"看客心理"[38]。在两部小说中，"看客"都是不可或缺的一类人。他们对他人的苦难漠不关心，甚至有幸灾乐祸的心理。如在《沉沦的土地》中，矿工们面对行刑的整体反应是平淡的，"人们的热情全在这场旷日持久的械斗中消磨殆尽了"③，从激情四射的战士，又变回了任人差遣的羔羊。

文中还细致地描写了民众在两种人死前的反应。刘广田在死前看着木然的群众，突然醒悟，"觉着自己的死并不值得，他上当了，受骗了，被人当枪使了"，进而对即将到来的死亡感到恐惧。结果，面对这样一个在死前决心"再也不会为一些古老的破烂去拼命流血"的觉醒者，群众的反应却是"这一个熊了"。④ 而相反地，刘四爷直到最后都不知道自己为什么要死，像阿Q一样懵懂地走上了断头台，却只因那毫无用处的壮烈唱词，就受到了群众的敬佩。所以，大多数矿工都具备"看客"的性格：他们冷漠、麻木，不会辨明是非对错，与"被看者"之间缺乏任何感情上的联系。同样的场景在《黑坟》中也上演过。在田老八被沉河后，人们不仅没有对这场屠杀感到悲哀与厌恶，甚至还觉得有些"不过瘾"：

那些对看杀人有着极大兴趣的人们，无不感到极大的失望，他们原来以为大名鼎鼎的"背石沉河"十分地好看，现在看了一回，也不过如此！

他们一致认为，"背石沉河"还不如杀猪更耐看。⑤

木然的矿工们居然将这场惨无人道的处决看作一台并不尽兴的戏，在他们眼中，"仅

① 周梅森．黑坟［M]．武汉：长江文艺出版社，1998：188.
② 周梅森．黑坟［M]．武汉：长江文艺出版社，1998：189.
③ 周梅森．沉沦的土地［M]．南京：江苏凤凰文艺出版社，2018：176.
④ 周梅森．沉沦的土地［M]．南京：江苏凤凰文艺出版社，2018：176-177.
⑤ 周梅森．黑坟［M]．武汉：长江文艺出版社，1998：335.

仅是死了一个应该死去的人"①，田老八的痛苦与他们毫无关系。这体现了矿工们人性深处令人吃惊的冷漠——在集体无意识中，他们不为他者动心，麻木地旁观层出不穷的悲剧。

矿工们之所以会产生这样的心理，一是骨子里的暴戾，让他们可以如此轻视一条生命的逝去；二是自身的愚昧和冷漠，让他们极度自私，无法产生同理心。梁启超曾说，中国"全国人之性质"就是"旁观"："如立于东岸，观西岸之火灾，而望其红光以为乐；如立于此船，观彼船之沉溺，而睹其凫浴以为欢。"② 正是由于长期愚昧环境的压迫，人们早已丧失了"唇亡齿寒"的意识，在压抑中逐渐沉沦，变成了如石头般冷漠的"看客"。

当然，矿工们并不一直对同伴的处境保持冷漠。在某些时候，他们也能团结一致，甚至牺牲个人利益以保全集体。《沉沦的土地》中，刘四爷就以自残的方式为他人壮胆：

> 四爷并没扑过去，却用攘子在自个儿袒露的胸肌上划了一刀，鲜红的血立时涌了出来，顺着黑毛丛生的肚皮流到腰际，把老蓝布腰带浸湿了……
>
> ……今天，四爷是为了缠住矿警拖延时间，血是为窑工弟兄流的，尽管无耻，却也透着几分伟大。③

在这个时候，矿工们力往一处使，显示出互相理解、互相帮助的思想境界。所以，这种冷漠是相对的，并不是绝对的。但需要说明的是，这种牺牲是群体行为的产物，并不是窑工与生俱来的特性。试想，如果刘四爷是单人作战，他还会这样英勇无畏吗？"四爷素来十分爱惜自己的皮肉，不到万不得已，决不轻易放血"④，答案显然是否定的。只有当他处于群体中时，这种"牺牲自我"的思想感情才能出现，并转化为行动，从而显示出刘四爷个人并不具备的品质。这同样也佐证了矿工群体缺乏理性的特点。

以上，矿工深层形象可被概括成"工具性、奴隶性、麻木性"三种特质。而当深入思考周梅森塑造如此矿工形象的原因时，就不得不将其叙事视角与想象方法纳入考虑之中。

作为一名从事跨代写作的作家，周梅森在书写矿工的同时也在抒发自己对五四时期的文学想象："以一个年轻人逆反的思维审视历史，以身临其境的假设演绎历史，以人性深处的本能阐解历史。"⑤ 因此，通过近乎绝望化的形象摹写，在文本中隐匿的作者向读者传达出他对于这段历史的灰暗印象——这不仅是对过往人民苦难的强调和重写，似乎也是20 世纪 80 年代的某些社会问题在历史中的变装与重现。之所以进行这样的猜想，不仅是因为艺术与生活之间的紧密联系，更源自周梅森在煤矿生活中的独特思考。岩层的深沉与博大让他认识到人类的渺小，而时间的残忍则震颤着他的心灵，使其感受到历史的宏大与

---

① 周梅森. 黑坟 [M]. 武汉：长江文艺出版社，1998：335.
② 任公. 本馆论说：呵旁观者文 [N]. 清议报，1900（36）：2313-2321.
③ 周梅森. 沉沦的土地 [M]. 南京：江苏凤凰文艺出版社，2018：155.
④ 周梅森. 沉沦的土地 [M]. 南京：江苏凤凰文艺出版社，2018：155.
⑤ 周梅森. 文学回望 [J]. 扬子江评论，2012（2）：1-2.

不可逆转。[62]同时，改革开放的社会契机又时刻挑动着作者敏感的心弦。于是，从现实生活推至历史，周梅森进行了一次"逆流而上"的文学实验，将对煤矿的想象和现实生活中的不合理因素埋在想象中的历史叙事里，以预设路线的形式构成了时间与思路上的双重呼应。这也恰恰解释了读者在阅读文本时发现的矿工特性与现实之间令人惊讶的共通之处：被塑造的矿工再一次成为反观现实的镜子，而历史本身则退居幕后，更多地作为停靠这种文学想象的港湾存在。

这样就引出了一个问题，即同样是针对 20 世纪 20 年代矿工群体的描写，周梅森等进行跨代想象的作家与真正处于 20 年代进行写作的作家之间存在着怎样的联系和区别？更进一步地，文学想象是否可以超越时间维度，同时存在于两个群体之间？想象塑造对矿工文学形象发展有何助益？

为此，可以选取几位前代作家进行对比。例如，1919 年，郭沫若发表《地球，我的母亲！》，中间有这样几行诗：

> 我羡慕的是你的孝子，／那炭坑里的工人，／他们是全人类的 Prometheus／你是时常地怀抱着他们。／地球，我的母亲！"①

作家在诗行中竭力赞美煤矿工人的品性，甚至把他们喻作"普罗米修斯"，这就与周梅森笔下的矿工形象大相径庭。与此相似，周梅森与左翼文学、"七月派"文学等流派也同样拥有着关联紧密的形象塑造法。关于他们之间的差异和共通之处，本文将会在第四章重点讨论。

因此，周梅森从工具性、奴性和人性三个方面着笔，更加深入地描绘了矿工群体扭曲的精神世界。不仅如此，这些描述还引发了更多关于知识分子前途以及人性弱点的深层思考。

三、矿工形象背后的价值探寻

上两章从生活境况和精神内核两方面探讨了周梅森在这两部小说中塑造的矿工形象。现在，可以通过人物形象分析进一步深挖作者的创作思想，以及这类形象背后体现的价值观。

（一）荒诞的叙事特色

荒诞指的是一种情感体验，大体上与情理不合，与意义无关，是"人的意图与现实之间残酷紧张的较量"②。周梅森在《沉沦的土地》和《黑坟》中以人物为珠，战争为线，串联起了一部"由旧中国各派反动政治势力、诸种矛盾淤积和国民劣根性而共同酿

---

① 郭沫若. 地球，我的母亲！[N]. 时事新报·学灯，1920-01-06.
② 张学成. 论荒诞与荒诞性文学 [D]. 桂林：广西师范大学，2005.

造和促成的社会悲剧"①，在这场悲剧中，无论是人物的命运，还是战争的进程，都像是在被一双无形的大手操控着：人们愈是挣扎，就愈是不可避免地滑向与各自愿望相背离的结局。这与"善恶报应"的传统显然是相违背的，并且越深究就越能体会到整个故事中弥漫的"无意义性"。因此，周梅森的煤矿文学叙事在塑造矿工形象的同时显示出反常规的特性和荒谬怪诞的特色。下面，将从人物命运的荒诞性和战争进程的荒诞性这两个方面来谈小说中表现出的荒诞叙事。

1. 人物命运的荒诞性

作者在这两部小说中描写了很多人物，其中大部分人的命运都是悲惨的，结局都是黯淡的。他们在活着的时候充满生机，甚至有时还会展望未来，如李士诚、秦振宇等企业家雄心勃勃，不仅"要为暮气沉沉的中国民族工业锻造一轮崭新的太阳"②，还要"将世界踩在脚下"③；窑工们"无不企盼靠一双乌黑的手从深深的矿井下刨出自己的地契"④，就连在被困矿井下时都坚持"还是要拼拼看"⑤。然而，命运始终是残酷的，人物的结局与他们的初衷和幻想相悖，最终走向毁灭，体现出一种荒诞的情节走向。

首先，民族企业家的命运结局是荒诞的，他们的远大志向与实际的幻灭结局形成强烈对比，展示出特定环境下独有的矛盾和困境。《黑坟》中，民族企业家李士诚是一个极为复杂的形象。一方面，他压榨窑工，还提倡封井，有玩忽职守、草菅人命之嫌，这是不可否认的事实；但在另一方面，他也为办独立实业"几乎压上了身家性命"⑥，希望中国民族实业发扬光大，这对民国经济的发展不可谓没有进步意义。因此，李士诚与煤矿、矿工紧密联系在一起，他的行动与矿工密不可分，并受到后者的极大影响。

然而，作者并没有一味强调劳资矛盾，刻画资本家对底层民众的剥削，而是通过叙述他跌宕的创业经历，展现出对这个人物寄予的一丝同情。小说中以大量笔墨描述了李士诚的创业经历，说他"天生是个实业家"，可却一直经历着失败和破产，到这次煤矿出事之前，他已经"失败过十二次"⑦。在这些失败中，有的是因为天灾，也有的是因为经营不善，但更多的则是由于旧势力的抵制和洋货的倾轧：他发明的"磨墨机"结局惨淡，"文人骚客们根本不予理睬"；创办的洋火制造厂和造布厂抵抗不住外国商品，终于"没法与对手竞争"⑧……在故事刚开始时，作者就已经为这个人物定下了悲凉的命运基调。不仅如此，随着故事的进展，李士诚从最初寄希望于政府，到后来寻求地方乡绅庇护，再到最终孤立无援，都反映出一个现实，即无人在意民族企业家的困境，他们的痛苦是不被人理解的。由此，作者隐晦地指出，像李士诚这样的民族实业家，在当时的社会中必定举步维艰。

---

① 庄汉新．崛起的《黑坟》[J]．徐州师范学院学报，1987（4）：70-74.
② 周梅森．沉沦的土地 [M]．南京：江苏凤凰文艺出版社，2018：128.
③ 周梅森．黑坟 [M]．武汉：长江文艺出版社，1998：50.
④ 周梅森．沉沦的土地 [M]．南京：江苏凤凰文艺出版社，2018：129.
⑤ 周梅森．黑坟 [M]．武汉：长江文艺出版社，1998：81.
⑥ 周梅森．黑坟 [M]．武汉：长江文艺出版社，1998：49.
⑦ 周梅森．黑坟 [M]．武汉：长江文艺出版社，1998：49.
⑧ 周梅森．黑坟 [M]．武汉：长江文艺出版社，1998：49.

如果说关于李士诚创业经历的描写尚显隐晦，不能清晰地展示出作者的同情，那么文中关于他结局的描述则更为明显地展示出了作者的情感倾向。李士诚最后离开了大华公司，但仍然有东山再起的梦想："在腥风血雨的人世间，他还能拳打脚踢地去开拓一个新世界"①。然而，正当他打算离开田家铺时，却被乡民发现，最后惨死在群殴中。文章有意渲染了李士诚遇害的血腥场面和悲剧气氛，写出了他临终的感叹：

> 这块土地，这块苦难的土地是不可能、也不会出现几十个强大的煤矿公司的！在这块古老而广阔的土地面前，中国实业家太年轻、太渺小了！②

在黑暗现实的压迫下，李士诚最终无法逃脱悲剧的命运。即使他生前有雄心壮志，还颇有民族骨气地拒绝与外商勾结，但最终还是葬身在了这片他梦想征服的土地上。这与他的志向完全相反的现实看上去像是一个荒诞的玩笑，但它其实是有必然性的。表面上，作者似乎只是在描写李士诚的个人悲剧，但实际上，这是以他为代表的一批民族企业家必然的命运悲剧。不仅是李士诚，他的后辈如陈向宇等无论如何野心勃勃，苦心孤诣，也只可能落得一个"白茫茫大地真干净"的结局。③ 他们力图发展实业，与外商抢夺经济话语权，但一方面不被世人理解，一方面又受到外力的压迫，最终难逃覆灭的结局。这其实也为矿工形象的塑造提供了新的素材，进而折射出整场斗争的荒诞性，这一点会在后文详细说明。

由此，不难让人联想到茅盾《子夜》中的吴荪甫。他也是一个以实业报国为己任的民族企业家，渴望通过自己的努力，抵抗外国资本与买办的联合钳制，使中国逐渐强大。这样的思想从历史上看是进步的，也是符合历史发展趋势的。然而，尽管他的目标是合理的，但这个时代却将它变成了不合理的幻梦。在那个时代，由于中国特有的社会矛盾，民族资本主义根本无法得到支持和发展。哪怕资本家中确实有"如法兰西资产阶级性格的人"，"但是因为1930年半殖民地半封建的中国不同于18世纪的法国，因此，中国资产阶级的前途是非常暗淡的。"④ 再加上资产阶级固有的软弱性和国民特有的劣根性，吴荪甫只能不断妥协。正是由于这种特性，他既不能控制工人的罢工运动，也不能维持产业的稳定，最终必然地迎来了失败。[45] 所以，作者似乎一直在暗示，"吴荪甫"之辈永远无法实现真正的成功，最终必将会成为"一个在无可抗拒的命运或环境下受到打击的一个传统的悲剧主角"⑤。因为在这个时代，民族资产阶级在与封建势力、外国资本的较量中依旧处于明显的劣势。所以，这不仅仅是"李士诚"和"吴荪甫"的个人惨剧，也是一曲中国民族企业家的命运挽歌，更是一出关于民族未来的时代悲剧。由此看来，他们的命运是注定的悲剧，透露出一种深深的无力感。

---

① 周梅森 . 黑坟 [M]．武汉：长江文艺出版社，1998：343.
② 周梅森 . 黑坟 [M]．武汉：长江文艺出版社，1998：349.
③ 周梅森 . 好的文学应该影响世道人心甚至影响世界 [N]．青年报，2017-08-22.
④ 茅盾 .《子夜》是怎样写的 [N]．新疆日报（副刊）：绿洲，1939-06-01.
⑤ 夏志清 . 中国现代小说史 [M]．杭州：浙江人民出版社，2016：172.

其次，矿工们也展示出现实与愿望相违背的情况。第一，他们中的大部分人渴望回归土地、用汗水灌溉土地，但最后仍未得到土地的报答。《沉沦的土地》中，矿工"放着窑不下，宁可在烈日下曝晒一天，挣半斗几升的新麦、红高粱，也借此机会和久违的乡土亲近一下"①，就算土地因为办矿大规模塌陷，他们也"只要赔偿，不能卖地"②，因为土地就是他们的命，是他们赖以生存的根源。作者在《黑坟》中描写了这样一个场景，矿工们在去"请愿"的路上经过了一片成熟的麦田，顿时忘记了自己行动的目的，将注意力完全转向土地："他们仿佛在这短短的一瞬间又成了地地道道的庄稼人"，并感叹"若有钱，再也不下窑了，非弄上几亩地种种不可"③。诸如此类的描述还有很多，无不强调了这群矿工眼中土地的重要性。然而，这片土地却没能满足他们的愿望。第二章提及，这片土地是贫瘠、荒凉的，《黑坟》末尾的洪水淹没了矿工们赖以生存的土地，而在《沉沦的土地》的后记中，尽管矿工们"战胜"了资本家，但也难逃"庄稼无收，饿殍遍野"④的结局。作家仅用寥寥数笔，就将之前大篇幅描绘的幻想和计划击得粉碎，使矿工们的命运呈现出荒诞的色彩。

第二，矿工们对"活着"的渴望与他们纷纷逝去的结局产生强烈冲突。《黑坟》中，被埋在矿井下的二牲口渴望"活着"，并为了"活着"付出了重大的牺牲。然而，当他历经磨难，终于走出矿井时，却被张贵新击杀。文中记录了张贵新的一句话："混账！没有幸存者！没有！井下的人都死绝了！窑民们是在借井下遇难者的名义要挟政府、武装暴乱！"⑤ 就这样，二牲口从一个"人"，被迫变成了一颗被军阀用以粉饰太平、维持镇压正义性的棋子。这是矿工艰难生存与轻易死亡的矛盾，也体现出他们挣扎的无意义性。

所以，作者从人物结局的安排上，体现出了他们荒诞的命运走向。李士诚等民族企业家难逃被黑暗势力扼杀的终局，而矿工们也最终未能继续在土地上生存下去，沦为了别人的工具和棋子。这与他们最初的梦想显然是相违背的。"悲剧将人生的有价值的东西毁灭给人看"⑥，作者就这样把他们美好的幻想撕碎了，这更加凸显出小说的悲剧性和荒诞意味。

2. 窑民战争的荒诞性

在第一部分，本文选取了民族企业家与矿工两个特定群体的人物形象进行分析，得出了人物命运走向的荒诞性特质。更进一步，这种荒诞性可以拓展到整场斗争中。也就是说，不仅特定群体的命运是荒诞的，这些人参与的战争本身也具有极强的荒诞性和讽刺意味。

首先，战争的过程是非理性的、无方向的。本文在第二章曾经提到，窑工们被当作他人的工具和棋子，他们自己却对此毫无察觉，甘愿任人驱使。这里还是举《黑坟》中李

---

① 周梅森. 沉沦的土地［M］. 南京：江苏凤凰文艺出版社，2018：130.
② 周梅森. 沉沦的土地［M］. 南京：江苏凤凰文艺出版社，2018：122.
③ 周梅森. 黑坟［M］. 武汉：长江文艺出版社，1998：241.
④ 周梅森. 沉沦的土地［M］. 南京：江苏凤凰文艺出版社，2018：180.
⑤ 周梅森. 黑坟［M］. 武汉：长江文艺出版社，1998：414-415.
⑥ 鲁迅. 再论雷峰塔的倒掉［N］. 语丝周刊，1925（15）.

士诚惨死的情节为例：

> 完了，一切都完了，由于生命道路上的这么一点小小的错差，他竟被这些迟早要
> 被别人送上肉案子的人们先送上了肉案子！
> 偌大的世界原来是个令人恐怖的大肉案子呀！①

作者对李士诚展现出的同情，主要基于他惨死的方式。李士诚是被愤怒的窑工活活打死的，被同样"迟早要被别人送上肉案子"的矿工们送上了这块同样害人性命的"肉案子"。上文早就论述过矿工作为群体出现时，其行为的无理性特质，在这里，他们更是"只服从于自己执拗的感情"②，对李士诚施加了残酷的暴行。

不仅如此，他们的行径更是无方向的，是出于蒙昧的本性而非理性的。这些矿工们坚信"血债血偿"，他们的复仇情绪在此时已经达到了顶峰，但却一直得不到发泄。他们不知道在幕后进行屠杀和镇压的军阀，更无法看透田二老爷之辈的虚伪嘴脸，因此只能将怒火发泄在李士诚的身上，"他们认定害死了那一千多名窑工的，是他，而不是别人"③。实际上，虽然说李士诚是此次矿难的主要责任人，但问题的根源并不在他身上，而来自于封建制度和腐朽政府。但是，由于思想的局限性，矿工们无法认识到这一点，只是将自己命运的悲剧归结于西方的先进技术，用极其荒谬的方式维护着自己几千年来一成不变的生活传统，天真地认为只要扼杀这种技术，自己就能回到原来的平静生活中。就这样，他们错误地将斗争的矛头指向了李士诚，而不是更为黑暗的所在。李士诚的死亡并不能说明和解决任何问题，反而让本就羸弱的民族工业更加弱不禁风，将本就愚昧落后的矿工变得愈加绝望、疯狂，使本就腐朽黑暗的社会更无挽救的希望。这场矿工与民族资本家之间的厮杀，实际上是一场弱者对弱者的屠杀，虽然看上去结束了一切，但实际上并未触及根本分毫。封建统治阶级终于利用国民性使新兴实业死无葬身之地，而这场矿难也让本就穷困愚昧的国民更加落后。这是被压迫者的自相残杀，是一场毫无意义的荒诞斗争。

其次，战争的荒诞性还体现在它虚无的结局上。无论是在《沉沦的土地》还是在《黑坟》中，窑工战争都是一场毫无意义的闹剧。《沉沦的土地》中，先后登场的各方人物最后都难逃悲剧性的结局：矿工代表刘广田、刘四爷被枪决；"绿林好汉"祁天心被斩首示众；矿业公司代表王子非被矿工击毙；民族企业家秦振宇最终破产；广大窑工被迫失业，流离失所……看上去，貌似所有人都没有捞着好处。作者借秦振宇之口发出了这样的疑问：

> 他知道个"能量守恒定律"：能量不灭。那么，这能量上哪去了？为什么看不
> 见？④

---

① 周梅森. 黑坟 [M]. 武汉：长江文艺出版社，1998：349.
② 周梅森. 黑坟 [M]. 武汉：长江文艺出版社，1998：348.
③ 周梅森. 黑坟 [M]. 武汉：长江文艺出版社，1998：347.
④ 周梅森. 沉沦的土地 [M]. 南京：江苏凤凰文艺出版社，2018：179.

诚然，大家所能见到的都是利益和能量的损耗。那么真正的获利者是谁？这些应该被补偿回来的能量究竟身处何方？有学者认为，"历史在这个特定时期释放的能量，恰恰被它自身的运转所消耗"①。这是一种看法。笔者认为，这些能量还有一个出口，即像文中所描绘的那样，"强大的外界作用力，将它们压成了几万年后的薄薄的煤层"，这些能量只是在表面上消失，但却能在日后被人发掘出来，"以火的形式再次出现"②。人们参与的战争本身就是历史的戏弄，而他们还依旧在自己制造出的"辉煌的梦想"中逐渐沉沦：他们既无法阻止历史，也无法预测历史，只好继续不自知地以"局外人"的身份卷入一场又一场纷争。就这样，历史"用惊天动地的力，完成了一个不可逆转的伟大过程"③。在《黑坟》文末，"人们又在这片土地上发现了煤，这块土地又像民国九年五月二十一日以前那样，红红火火，热热闹闹了"④，至于这热闹的背后，究竟是另一场悲剧的序幕，还是进步的能量迸发的前奏，这一切都将交给变幻莫测的历史评判。

毫无疑问的是，发生在当下的战争都是无意义的。它既不能帮助毁灭旧的东西，也不能带来新的能量，而只是将所有人物的悲剧汇聚在一起，生成了一场更大的悲剧。它类似于《万历十五年》中所描绘的"一个大失败的总记录"，"断非个人的原因所得以解释"⑤，也类似于《红楼梦》中"好一似食尽鸟投林，落了片白茫茫大地真干净"⑥的谶语，更是象征着社会沦丧和民族危亡的历史性悲剧。

（二）悲观的历史书写

由此可见，作者在小说中披露了人物的悲剧命运，以及战争的虚无特质。进一步，周梅森将这样荒诞的情节设置上升到了历史观上，进而展示出由矿工命运展开的悲观史观书写。

1. 偶然与必然

首先，周梅森眼中的历史是复杂的，夹杂着偶然的导火索，与必然的终极命运。两部小说中所呈现的"偶然"事件数不胜数。故事的起点，都是一次难以预料的灾难：《沉沦的土地》中，由于公司的误操作，大片土地坍陷；《黑坟》中，一场空前的瓦斯爆炸，是"决定田家铺历史命运的一瞬间"⑦。在这样极为偶然的灾难的推动下，无数角色开始参与到这场混乱的战争中，期间又产生了无数"意外"。例如，《黑坟》中，田家铺人组织起抗日自卫团，但"他们万万想不到，就在他们为这块古老的土地大显身手的时候，战争带来的又一场巨大的灾难悄悄向他们逼近了"⑧，花园口泄洪使田家铺人保卫土地的决心成为泡影。为了躲避灾祸，那座为纪念牺牲窑工的"黑坟"成了"一条在茫茫大水中

① 李庆西.《沉沦的土地》的悲剧观——兼谈小说的本体象征 [J]. 读书, 1985 (5)：48-54.
② 周梅森. 沉沦的土地 [M]. 南京：江苏凤凰文艺出版社, 2018：179.
③ 周梅森. 那是个辉煌的梦想 [J]. 文学评论, 1987 (5)：77.
④ 周梅森. 黑坟 [M]. 武汉：长江文艺出版社, 1998：428.
⑤ [美] 黄仁宇. 万历十五年 [M]. 北京：生活·读书·新知三联书店, 2006：5.
⑥ (清) 曹雪芹, 高鹗. 红楼梦 [M]. 北京：中华书局, 2014：102.
⑦ 周梅森. 黑坟 [M]. 武汉：长江文艺出版社, 1998：14-15.
⑧ 周梅森. 黑坟 [M]. 武汉：长江文艺出版社, 1998：426-427.

的救生之船"①，是田家铺人得以存活的关键。正如文中所述，无论是十几年前惨死的矿工，还是主持修坟的田二老爷，"他们谁也没有料到，象征着死亡的坟，也能给人们带来新生"②。这一系列偶然事件接连发生，就像历史开的一个残酷的玩笑。这恰恰说明，历史充满了偶然性和戏剧性，是难以捉摸、难以预测的。

然而在同时，作者又试图揭示历史的必然特质，即"偶然"必须要在"必然"的制约下产生，无数"偶然"事件实际上正不可避免地推动历史向既定方向行进，无可阻挡。有学者将这样的创作观概括为"从喧嚣到毁灭"的定律③，即无论之前的偶然事件将局面搅得如何纷繁错杂，历史最后都将会走向悲剧的定局。《沉沦的土地》中，祁天心的刺杀不可谓不"偶然"，甚至肩负着杀死以三先生为代表的封建势力的责任。但是，在奴性本质和腐朽观念的作用下，祁天心最终"归顺"三先生，死寂又重新成为了刘家洼的主调，一切重回"必然"结局。不仅如此，《黑坟》中反复被提及的知识分子刘易华，也曾经给窑工灌输新思想，甚至短暂地感动过矿工领袖，也不可谓不是"偶然"的成就。但这场思想改革如无根之木，无法在积弊已久的中国乡土社会存活，不仅新思想很快被人抛之脑后，就连先驱本人也被他所想要解放的窑民杀死在旅馆中，历史又一次滑向了令人绝望的深渊。

莎士比亚在《麦克白》中写道，人生"是一个愚人所讲的故事，充满着喧哗和骚动，却找不到一点意义"④。无数偶然事件确实造成了短暂的喧哗，甚至在某些时候给人以解放和自由的希望，然而，这些骚动背后有一架更为稳重的齿轮缓缓运行，将所有的"偶然"都吞噬了，加工成指向"必然"的路标。

那么，这架使矿工"从喧嚣到毁灭"的齿轮究竟是什么？小说中，无论是人物还是思想的死灭都不能被单纯地归因为某一个或某一些群体的争斗。他们的死亡固然与其愚昧与残忍有关，但其中还沉积了一种"只能使他们这样行动而无法作出其他选择"的必然因素。这种因素就是人们心中的落后思想，甚至是一种"遥远的体现了人的某些天性冲动的神秘内容"⑤。以上文窑工打死李士诚为例，诚然，李士诚的确代表着剥削压迫底层人民的资产阶级，但他毕竟只是一个符号，一个由更黑暗的现实所制造出的符号。矿工们花费心思，打倒了这个"木偶"，并不能改变什么。只要他们内心深处的观念不被颠覆，世界上必然会出现更多的"田家铺"，而那些由千千万万国人的思想制造出来的猛兽，更要比"李士诚"凶残千倍万倍。

2. 绝望与希望

在描写历史必然趋势的同时，周梅森还在文字背后突出了他对历史的总态度，即绝望与希望并存。

首先，他习惯于用冷峻的笔调叙事，体现出对历史的绝望感。相比于其他煤矿作家如

---

① 周梅森．黑坟［M］．武汉：长江文艺出版社，1998：427.

② 周梅森．黑坟［M］．武汉：长江文艺出版社，1998：428.

③ 樊星．从历史走向永恒——论周梅森［J］．文艺评论，1988（4）：94-98.

④ ［英］莎士比亚．麦克白［M］．朱生豪，译．北京：人民文学出版社，2012：155.

⑤ 周政保．《黑坟》：新写实小说的卓越探索［J］．当代作家评论，1987（4）：45-49.

刘庆邦，周梅森的一大特点，就是在本应极其愤慨或激动时，压抑个人情感，展现出令人惊讶的冷峻笔法：

> 他就这样倒在了他所挚爱的阳光中。
> 他就这样被他所挚爱的阳光击毙了。①

当"小兔子"历经千辛万苦终于爬出矿井后，却因为陡然见光而暴毙了。在这样令人叹惋的时刻，周梅森甚至吝惜使用叹词，只是用近似平铺直叙的语气告诉读者这样一个事实，随后盖棺定论，为小兔子的一生作了最后总结。再看《沉沦的土地》：

> 然而，倒下了一个伟人，必然地结束了一个时代，这片土地的命运将不是三先生之类可以主宰的了。过去的，永远过去了，不管是悲惨的，还是悲壮的，无论是渺小的，还是伟大的，后人们一概把它叫做历史。②

就这样，"这段历史的最后一个标点，冠冕堂皇地打了下来"③。无论之前发生过多少骇人听闻的事件，"过去的，永远过去了"，都只能在史书中成为一个无足轻重的字符，而"历史依然在发展，星球依然在运行，天体依然在旋转"④，这些曾经轰轰烈烈的事件，其实对漫长的历史来说，渺小得如同微尘。无尽的远方，无数的人们，都将与这段历史无关。

在两部小说中，周梅森习惯给人物安排悲惨的命运，以旁观者的视角记叙故事。但是，从一些细节来看，作者在冷峻笔调下仍然显示出若有若无的希望感，整体呈现出二者错杂的氛围。

《黑坟》中关于"神灵"的思考，就恰如其分地展示出了这种希望与绝望交织的叙述手法。一方面，在遭受矿难后，地上的人们自觉地聚集在窑神庙前祷告，"草地上四处跪满了人，几乎没有插脚的空子"⑤。文章以"小八子"这个孩子的视角评价了奇特的拜神场景：

> 他磕得糊里糊涂。
> 他不知道为什么要磕头？为什么这么多人都给窑神爷磕头？他想：他长大以后，也要当窑神爷，也要坐在窑神庙的大门正中，让许许多多人给他磕头、给他烧香。
> 他也开始祷告，可他祷告什么呢？他突然想起看守庙宇的老瘸子，这老头打过他

---

① 周梅森. 黑坟［M］. 武汉：长江文艺出版社，1998：408.
② 周梅森. 沉沦的土地［M］. 南京：江苏凤凰文艺出版社，2018：180.
③ 周梅森. 沉沦的土地［M］. 南京：江苏凤凰文艺出版社，2018：174.
④ 周梅森. 黑坟［M］. 武汉：长江文艺出版社，1998：420.
⑤ 周梅森. 黑坟［M］. 武汉：长江文艺出版社，1998：121.

的耳光，他就祷告：让这老瘸子出门被西瓜皮滑倒！这挺有意思！①

作者代入孩子的心理，展示出一种看待"神灵"的方式。小八子无法理解"神"的作用和地位，把它当作泄私愤的工具，甚至自己也想成为被人顶礼膜拜的神。由此，作者消解了"神"的神圣意味。而大人们不去积极营救矿工，反而在这里拜"无用"的神灵，更是愚昧的另一种展现形式，也是他们悲惨命运的伏笔。不仅如此，作者在文中还对这种现象进行了辛辣的讽刺：

> 既然头痛，为什么还要磕头呢？大人们真傻！这么多大人竟然给一个泥像磕头。他知道窑神爷是泥像，他在窑神爷的肩头上抠下过一小块带金粉的泥巴。②

当然，大人们也知道这只是一尊泥塑的神像，但他们仍然心甘情愿地匍匐在它之前。这难道不是一种对现实的逃避吗？人们在遭遇灾难后，不敢直接面对黑暗的事实，于是就转向"神像"寻求心理寄托，实则是毫无意义的。就像小八子所疑惑的那样，"这么多大人竟然给一个泥像磕头"，其实矿工们膜拜的又何止是窑神爷？自始至终，他们都跟在"偶像"身后，盲目地将信任和性命交付给这些"金粉泥胎"的"神灵"。真正的神，存在于人们的心里。就算毁坏了这一间窑神庙，还会有更多无形的庙宇在田家铺人的心里建造起来，供奉着"田二老爷"这类无用的"偶像"。

除了地面上的"拜神"，地下也有关于"神灵"的崇拜。在幽黑的矿井中，矿工们眼中象征着生存和希望的"窑神爷"一共出现了四次，每一次都给人们带来不同的感受。首先，作者从外貌描写下手，塑造了一个有悖于传统"端庄肃穆"形象的窑神爷："须臾，这面孔似乎变了，变成了一个活生生的人"，在井下，人与神无异，这在一定程度上消解了神灵的神秘性。更进一步地，神甚至变成了比人更丑陋的存在："这人脑袋硕大，眼睛小小的，鼻子歪到一边，额上嵌着疤痕"③。就这样，作者彻底消解了传统意义上"神灵"的崇高性，似乎暗示着"拜神"行为的最终破产。

此外，一方面，神灵的出现的确给予了矿工们生的希望："他认定，有这么一个确凿存在的活窑神的保护，他是能够凭借自己的力量走出这座地狱、回到充满阳光的地面上的"④；然而在另一方面，窑神爷并没有如矿工们所愿，将他们带离苦海，反而将他们引入万劫不复的深渊。尤其是在第三次看见窑神爷时，大家虽然坚信"神灵在保佑着他们"⑤，然而谨遵"神启"扒开的路最终坍塌，而他们自己也受到了来自另一群矿工的攻击，几近丧命。因此，矿井下的窑神爷并没有起到它应有的庇护作用，反而将它的忠实信徒引向死亡。这是作者在作品中对神灵提出的又一次质疑。

---

① 周梅森．黑坟［M］．武汉：长江文艺出版社，1998：121-122.

② 周梅森．黑坟［M］．武汉：长江文艺出版社，1998：121.

③ 周梅森．黑坟［M］．武汉：长江文艺出版社，1998：73.

④ 周梅森．黑坟［M］．武汉：长江文艺出版社，1998：73.

⑤ 周梅森．黑坟［M］．武汉：长江文艺出版社，1998：314.

矿井中，愚昧的矿工们仍然坚信这是窑神爷给予他们的考验，"窑神爷叫他死，他随时得死"①，冥顽不灵地匍匐在无用的偶像前，难以独立。然而，作者将以上的质疑交由孩子提出，这也未尝不是一种希望的展示：

> 他断定供奉在庙里的这个金粉泥胎不是个好东西！他骗了人们的香火，骗了人们的眼泪，却没有给人们造什么福，今天，他还差一点把命送掉！
>
> 他想：总有一天，他要把这窑神爷的泥脑袋拧下来当球儿踢。②

由此，作者借孩子之口，将"神灵"打倒，表达了将来"灭神"的可能。其实，何止是这一尊神像，只要是将窑工们当成工具的势力，都该被永远打倒。而其中最应该被推翻的，则是深埋在人们心里的腐朽思想。因为正是由于这种思想，矿工们才会相信并膜拜这些被造出来迷惑众生的"神灵"。

进一步地，矿工们将希望系在窑神爷身上，甚至要处死亵渎神灵的小八子，这说明他们活着的目的就是感谢神的施舍，任何力量都难以将他们的灵魂与"神"分离。因此在某些时候，这凶神恶煞的神灵就是矿工本身。而且，这颗封建毒瘤不仅毒害他们自身，还代代相传，影响到他们的后代，例如跟随着大人磕头的等孩子。他们深受传统荼毒，不仅差点"自己被人吃了"，还依旧是"吃人的人的兄弟"③，绝望感扑面而来。然而，正如鲁迅在《狂人日记》中所疾呼的那样，"没有吃过人的孩子，或许还有？救救孩子……"④ 小八子便有可能是这"没有吃过人的孩子"，作者借他之口道出所谓"神灵"的真面目，或许也正是与前辈一样，渴望拯救民族的新希望。

关于在"绝望"中掺杂的隐晦"希望"，《沉沦的土地》里也有实例。[50] 作者在记述矿工们最后的决战时，写道：

> 炮声响了。西河寨前清铸就的土炮，向新生的矿井重重地轰了头一炮。这一炮点响的时候，俄国阿芙乐尔号巡洋舰攻打东宫的炮声已静寂了两年……⑤

与《黑坟》一样，这同样展示出了双重境界。首先，"前清"的炮轰向了"新生"的矿井，暗示旧势力将要摧残新兴力量，秦振宇等人的努力终成泡影。其次，文章有意将这场"无意义"的窑民战争与俄国的十月革命相提并论，实际暗示了战争的最后结果。矿工们被当作封建阶级的工具，到死也没有认识到"战争是那些需要战争的人们强加给她们的"⑥。所以，这场战争无组织、无纪律，毫无进步性可言。相反，十月革命是科学

---

① 周梅森. 黑坟 [M]. 武汉：长江文艺出版社，1998：72.
② 周梅森. 黑坟 [M]. 武汉：长江文艺出版社，1998：124.
③ 鲁迅. 狂人日记. 呐喊 [M]. 天津：天津人民出版社，2016：13.
④ 鲁迅. 狂人日记. 呐喊 [M]. 天津：天津人民出版社，2016：13.
⑤ 周梅森. 沉沦的土地 [M]. 南京：江苏凤凰文艺出版社，2018：170.
⑥ 周梅森. 黑坟 [M]. 武汉：长江文艺出版社，1998：385.

的、民主的，顺应了历史的潮流。这种落差在对比中尤为明显，展示出作者辛辣的讽刺和深刻的绝望感。

但在同时，作者也在字里行间表达出一丝希望。尽管这场战争归于失败，但几千里外，有一群人正在向正确的方向前进，创造进步的事业。而在攻打冬宫的号角"沉寂了两年"后，在中国，也有一批人正在践行共产主义，新的浪潮即将出现。这恰如其分地展示出了作者独特的历史观：旧的抗争结束了，还有新的抗争不断涌现。中国的未来，仍然不能说是永远停留在黑暗中的。

作者从偶然与必然、绝望与希望的角度展开对比，在输出整体悲观的历史观时，展现出作品背后独特的价值导向：于偶然中见必然，在绝望中寻希望。而正如上章末尾所述，这很大程度上体现了作者对这个时代的想象和思考。通过观照历史中的微尘，读者必会发现"田二老爷""李士诚"等人的"现代性"：不是指其进步性，而是指在现代社会中的某些投影。同样地，田家铺、刘家洼中上演的荒诞悲剧，依旧对现实有镜鉴的意义，这也许正是作者想要曲笔点明的一点。

四、矿工形象的文学谱系

结束了对文本的思考，可以将目光投向小说本身。周梅森在 20 世纪 80 年代创作出的《沉沦的土地》和《黑坟》描写了 20 世纪 20 年代的矿工生活，跨时代的叙述令人印象深刻。实际上，中国现代文学中的煤矿主题发迹已久，从 20 世纪 20 年代开始，就不停地有作家将目光聚焦在煤矿和矿工身上，创作出了一些经典作品。因此，如果将这两部作品与真正诞生于现代的作品比较，就会发现一个有趣的现象：面对同一个主体"矿工"，异时异域的作家们有着不尽相同的感情。然而，无论是讴歌还是同情，抑或是强烈的批判，以文学书写煤矿，以作家的视角描写矿工，本质上都是作家发掘现象、表达诉求的某种方式。因此，文学在煤矿中的交汇，实际上展现了异时异域的作家对矿工形象的进一步思考，展现出不同时期的思想特色。

在由煤矿向外延伸的思想射线中，除本文主要论述的周梅森外，郭沫若、龚冰庐、毕奂午、萧军、路翎等人，也是几束值得反复揣摩的光。这些作家通过剖辨"矿工"这一人物形象，体现出随时代发展逐步加深的思想境界。循着这一条线索，以一场关于矿工形象书写的文学旅行，去观照错位时空中作家思想的相异与相似，感受时代洪流中文学思想的起伏。

所以，本章将把《沉沦的土地》与《黑坟》置于中国现代文学史的洪流中，从共时和历时的角度梳理矿工形象的文学谱系，从而更好地分析周梅森煤矿作品的文学价值。

（一）矿工的不同面貌："普罗米修斯"和"残余的生命"

早在 1920 年，郭沫若就在诗歌《地球，我的母亲》中塑造了"矿工"这一文学形象。此后，它在文学作品中反复出现，承载着作家们对时代和社会的思考。不过，相比于郭沫若的早期创作，后来的作家在他们的文本中所展示出的矿工形象与之前截然不同：在《地球，我的母亲》中，矿工被誉为"全人类的普罗米修斯"，是光明和希望的代表者，而到了龚冰庐、毕免午、路翎等人笔下，矿工则成为了"残余的生命"，其生活充满着悲剧和痛苦。尽管这些作家们将"矿工"置于完全不同的社会位置，进而呈现出对这一形象迥异的文学印象，然而，他们最终都体现出相同的社会诉求，奔向解放与发展的终极目标。

1. 被理想化的"光明使者"

1920 年，郭沫若发表《地球，我的母亲》，大力赞颂了当时的矿工：

> 地球，我的母亲！/我美慕的是你的孝子，/那炭坑里的工人，/他们是全人类的 Prometheus/你是时常地怀抱着他们。/地球，我的母亲！/我想除了农工而外，/一切的人都是不肖的儿孙，/我也是你不肖的子孙。"①

首先，作者将煤矿工人比作地球的"孝子"。"工人"作为人类的一份子，此刻直接属于"地球"，而不属于更高级的"神灵"。这就把人看作是自然的创造物，进一步打破了对"神"的崇拜。"我们都是空桑中生出的伊尹，我不相信那缥缈的天上，还有位什么父亲"②，他强调了人的价值和尊严，这与五四运动时期要求破除偶像崇拜的思潮是一致的。

然而，作者似乎并不满足于阐述"天赋人权"的思想，而是将关注点拉回到"工人"身上，把他们比作"全人类的 Prometheus"。普罗米修斯是西方神话中为人类盗取火种的神，为了造福人类，他敢于反抗权威，甘愿受苦，是一个十足的英雄人物。在这里，作者将煤矿工人比作"普罗米修斯"，就是指煤矿工人在为全社会谋福利，尽管这些福利是以他们的牺牲为代价的，他们也甘之如饴。这样，煤矿工人的形象显得极为高大、光明和无私。这是从正面描写煤矿工人的伟大形象。接下来，诗人笔锋一转，将关注点移到了"他者"上。在农工的衬托下，其余人都只能是"不肖的子孙"，这从侧面表现了矿工的高尚品格。

郭沫若注意到煤炭工人的光明一面，与当时的社会背景是分不开的。第一次世界大战中，中国派遣十几万劳工为协约国修筑战壕，极大地彰显了工人阶级的力量和气魄。于是，蔡元培在 1918 年发表的《劳工神圣》中表示，"我们要认识劳工的价值"，且"此后的世界，全是劳工的世界"，号召全社会认清"劳工神圣"的现状。③ 在这里，他所指的"劳工"其实并不完全指出卖体力的工人，还指"用自己的劳力作成有益他人的事业"的人，是除去"凭借遗产纨绔""卖国营私的官吏""操纵票价的商人""领干脩的顾问咨议""出售选举票的议员"之外的自食其力的人。④ 也就是说，在蔡元培的思想中，他渴

---

① 郭沫若. 地球，我的母亲！[N]. 时事新报·学灯，1920-01-06.
② 郭沫若. 地球，我的母亲！[N]. 时事新报·学灯，1920-01-06.
③ 蔡元培. 劳工神圣——在庆祝协约国胜利大会上的演说词 [A] //中国蔡元培研究会. 蔡元培全集第三卷（1917—1919）. 杭州：浙江教育出版社，1998：464.
④ 蔡元培. 劳工神圣——在庆祝协约国胜利大会上的演说词 [A] //中国蔡元培研究会. 蔡元培全集第三卷（1917—1919）. 杭州：浙江教育出版社，1998：464.

望所有的劳动人民，无论他们从事的是体力劳动还是脑力劳动，全部团结起来，推翻剥削阶级，进而建立大同社会。[52]

对于"劳工神圣"四字的解读，当时的文坛有很多种说法，而郭沫若采取了最直接的一种，即歌颂工人阶级。[53] "除了手工，其余都不是劳工，都不算得神圣。从今以后，惟挑夫担夫东洋车夫等乃是真正神圣人，他们的工作乃是真正神圣的事业。"① 全诗通过大量的重复和咏叹，反复强调矿工的优秀品质，号召全社会向诗中描绘的"普罗米修斯"学习。正如前文所述，"普罗米修斯"代表了不屈不挠、敢为人先的崇高精神，所以诗人将矿工比作这位人类的"光明使者"，实际上就是将他们化作了革命和奋斗的先锋。

在这个阶段，作者以煤矿工人入诗，正面赞颂这类群体。后来，这种对劳工的崇敬感延伸到了煤矿本身。同年，朱自清也在《煤》中描写了虽然"腌臜"、"黑暗"，饱受人的憎恨，但实际上"一阵阵透出赤和热"的煤炭。② 这样极具反差感的煤，充满着动感与生命力，并且甘愿燃烧自己，给人们带来了美丽和光明。这就把作者对煤矿工人的一部分想象移到了他们工作的处所，即"煤矿"上，进而将火热的感情倾注在"煤"这个意象上，将"煤"和"煤矿工人"视作同样光明和有力的象征。

如果说朱诗注重客观描述，强调物我有别，把"我"之情感倾注在"物"的身上，那么郭沫若的《炉中煤——眷恋祖国的情绪》就呈现出了另一重更浪漫的境界。在这首诗中，作者将自己比喻成一块"活埋在地底多年"的煤炭，尽管外表"卤莽"，但内心"有火一样的心肠"，可以为祖国献出自己的力量。③ 这种物我一体、浑然天成的写作手法，将煤的感情与"我"的感情完全糅合到了一起，体现出作者对煤矿感情的进一步加深。所以，通过研究这一阶段的诗歌，不难发现作家们出现了"移情"的现象。他们转向赞誉煤炭，以借喻的手法表达出对"矿工"这类劳动群体的敬仰和称赞。

通过阅读郭沫若的这首诗，很容易能感受到浪漫主义的写作手法。然而当时的社会现状使得这种瑰丽的文学描写只能暂时停留在想象中。20世纪初，中国爆发了极为严重的通货膨胀，而固有的劳资冲突进一步白热化，"增加工作时间，减低工资，大批开除工人，成为普遍现象"④。而对比飞速上涨的物价和日渐明显的压迫，矿工的收入不增反减，许多人家入不敷出，食不果腹。⑤ 李大钊在《唐山煤厂的工人生活》中描述当时的矿工"仿佛是一群饿鬼"。他们得冒着生命危险挖矿，"人世间的空气阳光，他们都不能十分享受"⑥。这样羸弱的形象和危险的处境与郭沫若等人描绘的"光明使者"显然是大相径庭的。不仅如此，在这样恶劣的环境中，矿工们还被逐渐同化成了落后和颓废的象征，他们"除嫖赌酒肉外，不知道有比较的稍为高尚的娱乐方法"，是一群"太无智识"的社会底层人。⑦ 这样的品质，无论如何也不能与诗歌中讴歌的"普罗米修斯"相联系。

① 梁云池. 劳工神圣的真义 [N]. 太平洋（上海），1921（2）.
② 朱自清，俞平伯，周作人等. 雪朝 [M]. 北京：商务印书馆，1922：77.
③ 郭沫若. 炉中煤——眷恋祖国的情绪 [N]. 时事新报·学灯，1920-02-03.
④ 沈雁冰. 茅盾选集 [M]. 成都：四川文艺出版社，1994：420.
⑤ 石绍敏. 山东煤矿工人运动史 [M]. 北京：煤炭工业出版社，1995：21.
⑥ 明明（李大钊）. 唐山煤厂的工人生活 [J]. 每周评论，1919（12）.
⑦ 明明（李大钊）. 唐山煤厂的工人生活 [J]. 每周评论，1919（12）.

显然，在早期的煤矿文学中，作者没有真实了解矿工的生活工作状况，而只是将他们作为宣扬崇高精神的工具，期望读者能在这种"被制造"的理想化形象的指引下勇于革新、建设国家。这实际上是把"矿工"这一群体理想化了，将他们变成了较为扁平的人物。这种理解虽然与"劳工神圣"的原意有一些偏差，但其根本目的仍是希望通过推动人们关注劳工，进而注重人的价值，进一步解除劳动人民身上的重担，从而实现社会进步和民族复兴。

这一目标与周梅森写作《沉沦的土地》和《黑坟》时的心态有所契合。首先，周梅森青年时期在煤矿中的工作和生活经历使他对"矿工"群体有较强的亲切感。[60]与早期作家较为相似的是，他也对这一群体怀有诚挚的信仰：

> 当我独自一人把一只沉重的刨煤机链轮运达井下采煤工作面时，第一次感受到了那种沉重感，也第一次生出了一个劳动者的自豪感。我突然觉得自己是有力量的，只要努力，只要不怕付出汗水和气力，一些看起来无法做的事，实际上都是可以做到的。
>
> 矿区劳动生涯赐予我的信仰一直维系到今天，它促使我雄心勃勃地向前走，以一个矿工的生命质量去迎接命运的挑战，用劳动去创造世界。①

在这里，周梅森觉得自己身为一名劳动者，"是有力量的"，认为只要肯付出力量，一切皆有可能。[62]这实际上是从个人角度出发，表达了对整个矿工群体力量的信任，与之前郭沫若等人对"劳工神圣"的阐释有很大的共通之处。这也解释了为什么周梅森在这两部小说中塑造的矿工形象不仅仅是负面的，更有其"真挚"的一面：《黑坟》中的"大洋马"有打破贞节牌坊、敢作敢当的泼辣性格；《沉沦的土地》里的刘广田在临死前顿悟自由的真谛，作为"一个崭新的思想"② 逝去；就连被深埋在矿井下的工人，也在生死关头显现出人性的光芒，不仅怜惜弱者，还在自身难保的情况下帮助他人，"背负起一个受了伤的老窑工，就像背起了人的尊严"③。可以发现，无论作者在两本小说中揭露了多少矿工的缺点，他始终对这一群体保留着一丝希望。哪怕是在无尽黑暗的矿井中，也仍然存在着一抹动容的人性微光。这或许正是他与前代作者的思想一脉相承的体现：劳工神圣，矿工也有其生命的重量。

其次，周梅森的煤矿文学创作也有其社会契机。郭沫若、朱自清等人在"劳工神圣"的光芒下讴歌矿工的伟大，而作者则是在改革的浪潮中沉淀出对矿井的深层书写。从社会层面来看，当时中国的煤矿业正在经历"缩水"的过程。作者在他的回忆录中描述，"徐州东部矿区，包括韩桥煤矿，因为地下煤炭资源的枯竭正在陆续关闭，数量惊人的矿工下了岗或即将下岗，他们的生活已陷入了极度贫困之中"④。改革的伤痛引发了他对市场经

---

① 周梅森. 永远是矿工 [N]. 工人日报，1995-05-01.
② 周梅森. 沉沦的土地 [M]. 南京：江苏凤凰文艺出版社，2018：177.
③ 周梅森. 黑坟 [M]. 武汉：长江文艺出版社，1998：139.
④ 周梅森. 永远是矿工 [N]. 工人日报，1995-05-01.

济的反思，因而将目光投向了煤矿和矿工。从文学史角度来说，这种深究历史的文学叙述模式实际上是对"反思文学"的延续。作者继承了"文革"以来对社会现实的深刻反思，开始"把探求的目光投向了历史深处"，试图以"矿工叙事"来进行对国民性的反思：人民真的是历史的主人吗？同时，还对传统价值观念提出了质疑："善恶终有报"的处世哲学真的是正确的吗？这种质疑传统、反思"国民性"的尝试，不是为了逃避现实问题，更不是单纯地还原苦难，而是希望从历史中发掘出更多发人深省的事实，以当代之笔写去日之事，来唤醒今世之人。正因如此，作家才会选择将目光投向底层人民，跨时代地描写他们身上的某些特质。这与21世纪初兴起的"底层叙事"有相通之处[63]，但周梅森并没有将情绪局限于对底层人民的怜悯和同情，而是将改革的困惑与苦痛沉淀到真实的历史中，进而"审视历史""演绎历史""阐解历史"①，使叙事更具纵深感。他笔下的矿工也因此具有了双重意义上的"底层性"：一方面，他们是社会底层人士，生活在水深火热之中；另一方面，他们位于历史的底层，其话语权被知识分子和其他权威势力剥夺。正如作家本人所说，他"一开始就投奔了现实主义，野心勃勃地想写出时代的某种气魄和面貌"②，因此，作者对于底层矿工的书写和评判，在表达同情与理解之外，更体现了他对于人性和历史的深刻反思。这种独特的阐释加上了历史的渲染，更显沧桑而深刻的魅力。

所以，尽管郭沫若、朱自清等人笔下的矿工与周梅森所塑造的"贫穷""愚昧"的人物形象相差甚远，但都同样体现出对矿工的希冀，反映了同样的社会期望。他们的文学创作，无一例外都是基于各自时代的社会现状的。第一，他们都以矿工为切入点，希望社会关注到这一群体，进而观察、学习他们身上特有的品质，为社会发展作出贡献。第二，他们也都把"矿工"作为一种标志，希望通过这样的文学创作，反映并解决现实社会中存在的问题。

由此看来，这两类看似相隔甚远的作家，在两批跨越近70年光阴的文学作品中，不约而同地进行了对人性和精神的探索。他们选择了截然不同的表现手法，但是其改造社会、促进反思的根本目的都是一致的，因此殊途同归，成为了不同道路上的"同志"。由此，周梅森的作品在文学史上有其存在的合理性：他所塑造的矿工形象的思想内核其实是对早期煤矿文学作品的一个隔代的历史呼应。

2. 接近现实的"地狱鬼影"

在早期煤矿文学作品中，矿工被视为光明和希望的代表。这样固然有激励时人奉献社会的用意，但究其根本，他们的创作依旧脱离矿工的实际生活，依旧是不成熟的。随着时间的流逝，这一类作品逐渐受到质疑，一批新的煤矿作家开始贴近矿工生活进行创作。苗苗在《中国现代文学的"普罗米修斯"》一文中指出，20世纪在二三十年代的作家笔下，矿工往往生活艰辛、饱受压迫，就像"地狱里的鬼影"，与之前顶天立地的"普罗米修斯"形象形成鲜明对比。③ 正如毕奂午在《溃败》中说的那样，煤矿抓取了矿工"残

---

① 周梅森. 文学回望 [J]. 扬子江评论，2012（2）：1-2.

② 周梅森，何平.《花城》四十年，文学潮流执着的敏感者 [J]. 花城，2019（4）：197-200.

③ 苗苗. 中国现代文学的"普罗米修斯" [D]. 海口：海南师范大学，2017.

余的生命"①，在利用殆尽后，使他们沦为被抛弃的工具。

在这个阶段，为了突出矿工的悲惨形象，作家们主要从个人和社会两个角度来体现这个主题。在此选取龚冰庐、毕奂午、萧军三位作家，在分析其作品的基础上，对以上观点进行详细论述。

首先，这批作家着重描述了矿工们悲惨的命运。萧军在《四条腿的人》里提到了王才、常青两位煤矿工人。他们因遭遇矿难而残疾，一位失去了两条腿，一位成为了盲人。尽管他们之前在煤矿公司卖力气，为资本家创造了无数财富，但仍然在残疾后被迅速抛弃，在矿山外乞讨度日，直至最终死亡。同样地，龚冰庐在《矿山祭》中描写的矿工阿茂也经历了悲剧的人生。他在劳累繁杂的工作中赚取微薄的工钱，回到家后却只能看见挨饿的家人。在这个穷困潦倒的家庭里，除了阿茂，他十一岁的儿子也被迫下井赚钱，继续这暗无天日的非人劳动。这就像一个诅咒，矿工们无论再怎样努力，都永远逃脱不出命运的掌心："命运呢，我们都是这样的呀！"②

更可怕的是，这种宿命并不满足于只支配一代人，而是延续下去，毒害更多的少年。在《炭矿夫》中，尽管矿工老人对外孙子的未来曾充满希望：

　　——不要悲伤啊！我们守着罢，看这多么聪明的孩子，他总不会和我们一样的。守着罢，守着我们的将来罢，看这多聪明的孩子……③

然而，这终究只能成为他不可及的幻想。随着阿根的长大，他的生活并没有变得更好，而是如被命运戏弄般地丧失了父亲，家里更加贫苦。于是，哪怕只有八岁，他也必须要下窑赚钱，最后死在了地下。这与他祖父的希望正好相反，显示出矿工们不可逃脱的命运悲剧。

毕奂午在《下班后》中也借苏保之口，对他年幼的儿子道出了同样的事实：

　　——你，他妈的，呆着没事，往老苏家里混；纵然能够长大，还不是得提安全灯，背拖钩……钻黑洞去。④

这说明，这些煤矿作家已经开始关注矿工的悲惨命运。这种写法在周梅森的作品中有更加突出的显示，即如上一章所述，矿工们永远逃不出命运和历史的掌控。而且，上一代人的悲惨命运还将转移到更小的孩子身上，无穷无尽的"鬼影"在"地狱"中徘徊，而这黑暗的处所将制造出更多悲惨的人物，这让悲剧显得无边无尽。

第二，矿工的生存环境也衬托出他们"地狱鬼影"的形象。为了体现矿工的悲惨，作家们常用灰暗的意象来描述他们的住所。例如，龚冰庐在《炭矿夫》中描写窑工的家

---

①　毕奂午．金雨集［M］．武汉：武汉大学出版社，1988：36.
②　龚冰庐．炭矿夫［M］．北京：北京联合出版公司，2021：70.
③　龚冰庐．炭矿夫［M］．北京：北京联合出版公司，2021：10.
④　毕奂午．金雨集［M］．武汉：武汉大学出版社，1988：32.

"好像是久湮的古墓"①，将一切新鲜的气息排除在外。这里，作家将住所比喻成古墓，一方面与房屋"低矮而且狭小"的真实形态相契合，另一方面也展示出了生活的压抑和绝望。在这样的地方生存，不仅要遭受贫穷的折磨，还要忍受心理的压力，正如文中所说，"异常地灰暗而且萧条"②。同样的意象还出现在毕奂午《下班后》中。文中描述矿工苏保的家，"活象一个由塌毁而显露于地面的千年古墓一般"③，充斥着烦躁和痛苦的心绪。矿工们不仅生活在"古墓"里，甚至也在"墓"中工作：挖煤的坑道里暗无天日，"在这种地方走着，真会使人联想到死去"，这是"废墟里的墓道"④。这不禁让人联想到左拉在《萌芽》中对矿工工作环境的描写。[69]在煤矿中，矿工像"一个被夹在两页书里的小甲虫一样"，"仿佛沉重的矿层把他的四肢都压碎了"，简直"是在地狱里"⑤。无论中外，死寂的"古墓"和"地狱"都是矿工们贫穷生活的表现，也是他们贫瘠精神的彰显。同样的写作手法也体现在《沉沦的土地》与《黑坟》中：作者不止一次地描写了矿工们穷困潦倒的生活，甚至还进一步以宏大的灾难叙事来凸显环境的恶劣。

不仅如此，这些作品中还反复用"黑"来形容环境，表达出压抑、绝望的氛围。龚冰庐《炭矿夫》中有这样一段环境描写：

> 每间茅草房的芦壁间，从狭狭的小窗口中透出些黯淡微红的煤油灯光，这些灯光并不能照耀出一点光线出来帮助人们的视力，只是更形显出了整个的环境中的黑暗。这茫茫的夜的恐怖，尤其会使人联想到这宇宙的浩森与深秘。⑥

渺小的希望不能冲破巨大的绝望，正如微弱的灯光不能驱散永恒的长夜。黑暗带给人们的不仅仅是生理上的痛苦，更是心理上的压抑。这种绝望的感受犹如猛兽，吞尽了世界上所有的希望，仿佛暗示了矿工们的未来。"夜的恐怖"，不仅是黑暗带给人的压抑感，更是不知前路在何方的茫然感。这也正是黑色叙事带给人的真实感受，即痛苦、恐怖和抑郁。例如，曹禺在《原野》中写道：

> 森林黑幽幽，两丈外望见灰漾漾的细雾自野地升起，是一层阴暗的面纱，罩住森林里原始的残酷。森林是神秘的，在中间深邃的林丛中隐匿着乌黑的池沼，阴森森在林间透出一片郯郯的水光，怪异如夜半一个惨白女人的脸。⑦

在这里，作者用"黑幽幽""阴暗""乌黑""阴森森"等词语，反复渲染环境的幽黑，营造了一种恐怖的氛围。身处这样的环境，仇虎和金子的命运似乎是注定了的：他们

---

① 龚冰庐. 炭矿夫 [M]. 北京：北京联合出版公司，2021：4.
② 龚冰庐. 炭矿夫 [M]. 北京：北京联合出版公司，2021：6.
③ 毕奂午. 金雨集 [M]. 武汉：武汉大学出版社，1988：29.
④ 龚冰庐. 炭矿夫 [M]. 北京：北京联合出版公司，2021：112.
⑤ [法] 左拉. 萌芽 [M]. 黎柯，译. 北京：人民文学出版社，1982：37，40.
⑥ 龚冰庐. 炭矿夫 [M]. 北京：北京联合出版公司，2021：4.
⑦ 曹禺. 原野 [M]. 郑州：河南人民出版社，1995.

会遇见更多可怖的事情，甚至在这片神秘而危险的森林中丧失性命。这同样也适用于黑暗叙事中的矿工们，其前途同样已被作者预言：他们将永远生活在绝望之中，看不见任何希望的火光。《沉沦的土地》里，"这一夜夜色极浓，偌大的世界黑实了心，三五步外便看不见人影了"①，是在向读者暗示，那场声势浩大的矿工战争终将归于失败；《黑坟》中，"能使人发疯"② 的黑暗矿井和拥有 "令人毛骨悚然的黑暗"③ 的矿工村，表明在这样的环境下苟延残喘的，必定不可能是充满活力的青年，而只能是落后、穷苦的 "残余的生命"。

所以，相较于郭沫若等人笔下的 "光明使者"，这种 "地狱鬼影" 的形象塑造从个人和社会现实出发，显然更贴近实际，也因此更具有感染力，并一直延伸到当代。另外，这些作品也不可避免地受到了 30 年代左翼文学思潮的影响，展现出个性与时代性两相融合的特征。而作为当代作家，周梅森继承了之前作家塑造的矿工 "受难像"，这说明他的创作不是空中楼阁，而是植根于深厚的现代文学传统之中的。

（二）矿工受难形象的相承变异：受难、挣脱与再次被缚

20 世纪 20 年代矿工的真实面貌是贫苦、落后的。从龚冰庐开始，作家们逐渐转向对矿工受难形象的描摹，而在这一形象的塑造中，矿工受难的形象并不是一成不变的：从单纯的苦难叙事，到挣脱苦难的尝试，再到归于沉默的结局，矿工受难像经历了一条曲折反复的道路。

1. 脸谱化的受难者

在上一节中提到，龚冰庐、毕奂午等作家在 20 世纪 20 至 30 年代创作出了一批以 "地狱鬼影" 为特征的矿工形象，这是符合当时的社会现实的。然而，如果细究作者的文学创造，不难发现，这些被反复描摹的矿工，其 "悲惨" 是浅层的，是被刻意 "脸谱化" 的。

首先，作者注重渲染矿工悲惨的生活状态，而缺乏对造成这一现状的原因分析。这种问题在毕奂午的小说中表现得尤为突出。《人市》中，作者用近乎白描的手法描绘了劳力市场的环境："涂着象狞恶的假面一般的黑脸" 的孩子、"好象什么巨魔的触角" 的炼焦厂、"疲倦得弯腰驼背" 的矿工……④这些人物之间彼此孤立，没有明显的情节联系，因此，这更像是一幅饱浸着劳动者血泪的速写，而不能算作对苦难的具体书写。[71]同样的情况还出现在《下班后》《溃败》以及《幸运》中。作者仿佛一位称职的 "战地记者"，将他在田野中、矿工间的见闻记录下来。因此，他所涉及的，往往是矿工 "苦" 的现象，至于为什么 "苦"，以及受 "苦" 后怎么办，则很少提及。即便涉及，作家也只是简单地将这种痛苦发泄在煤矿上，如《溃败》中的老人 "痛恨那索道把农民从农田里拖曳出来，

---

① 周梅森. 沉沦的土地 [M]. 南京：江苏凤凰文艺出版社，2018：161.
② 周梅森. 黑坟 [M]. 武汉：长江文艺出版社，1998：82.
③ 周梅森. 黑坟 [M]. 武汉：长江文艺出版社，1998：15.
④ 毕奂午. 金雨集 [M]. 武汉：武汉大学出版社，1988：23-24.

让那张着大口的煤井吞咽"，甚至咒骂矿井"妖魔，妖魔，简直是妖魔"。① 一处更有力的证据是文中作者引用俄国作家果戈里的小说 *Taras Bulba* 中的句子："'Oh, old age, old age!' he exclaimed; and the stout old Cossack wept."② 来描述老人的精神状态："最后这老战士急出泪来了"③。而果戈里的原文后还有一句："But his age was not to blame; nearly thirty men were clinging to his arms and legs."④，即老人之所以遭遇此等悲剧，完全不是出于他自身的原因，而是因为被别人"紧紧抓住他的胳膊和腿。"所以，毕奂午暗示，矿工之所以会流离失所、受尽压迫，是由于煤矿和资本主义的压榨。同样，在《幸运》中，作者对矿井也抱有极大的敌意：

> 烟囱巍巍的站立着，它是人间同地狱的一个界标，它的足跟即是那二千尺深的煤井张开的大口，无昼无夜吞噬着儿童的鲜嫩的血液，以及一切壮夫的筋肉。⑤

一座煤矿不可能有如此强大的力量，能让方圆几十里的人民都沦为它的奴隶，作者将这种痛苦归因于"煤矿"是缺乏说服力的。当然，作家也许只是借矿井来代表所有的落后势力，但在全文的其他部分，他并未作出更深层次的揭示。因此，这种激烈的情感抒发也只能看作是矿工对自己命运发出的悲号，而不是对社会现象的深刻剖析。

其次，作家对于矿工悲剧命运的分析流于表面。对于毕奂午在写作中展现出的问题，龚冰庐作了另一种有益的尝试。他在《裁判》中，将矛头直指资本家，直言："你们的钱不都是我们工人的汗血吗？你们才惭愧呢，我来教训你们一下！"⑥ 这样，就将矿工悲剧命运的根源指向了"劳资矛盾"，号召群众站起来，打倒压榨他们的资产阶级。同样地，萧军也在《四条腿的人》中疾呼："等着罢……等着我们的国家收回来也许就好了……他们究竟是外国人……外国人待别的国人总是不一样的……锯去我们的脚——你姓什么呢？"⑦ 这又将自己悲惨的命运归结于外国资本的碾压，体现了一种反抗资本压迫的愿望。

但这里仍然存在一个问题，即作者没有厘清矛盾的主次。本文在前一章论述过，诚然，资本家的压迫是导致矿工贫困的一大原因，但这并不是所有矛盾的根源所在。正如周梅森笔下的田家铺一样，它的悲剧来源于封建势力的压迫、国民性的无能，以及外国资本的倾轧，而民族资本的压榨仅仅是其中的一部分。将矛头对准"劳资矛盾"，是将复杂的问题简单化了，最终必然像李士诚一样"被这些迟早要被别人送上肉案子的人们先送上了肉案子"⑧，导致另一场"弱者屠杀弱者"的历史悲剧。

20 世纪在二三十年代，作家逐渐接近真实的煤矿工人，他们为了唤醒民众的反抗意

---

① 毕奂午. 金雨集 [M]. 武汉：武汉大学出版社，1988：34.
② Nikolai Gogol, Peter Constantine. Taras Bulba [M]. Modern Library, 2003：110.
③ 毕奂午. 金雨集 [M]. 武汉：武汉大学出版社，1988：37.
④ Nikolai Gogol, Peter Constantine. Taras Bulba [M]. Modern Library, 2003：110.
⑤ 毕奂午. 金雨集 [M]. 武汉：武汉大学出版社，1988：41.
⑥ 龚冰庐. 炭矿夫 [M]. 北京：北京联合出版公司，2021：82.
⑦ 萧军. 十月十五日 [M]. 上海：文化生活出版社，1948：190.
⑧ 周梅森. 黑坟 [M]. 武汉：长江文艺出版社，1998：349.

愿，极力描写煤矿工人的悲惨境遇，而不注重分析现象背后的历史根源，从而缺乏应有的深度。于是，这一时期作家笔下的矿工，多是"脸谱化"的。作家只突出了他们"悲惨"的共性，却没有描写出他们的个性，更没有展示出其背后真正的动因。这就导致这一时期文学作品中的矿工形象如同生活在地狱中的鬼影，缺乏了"人"的特性。因此，他们所表现出的痛苦也是单薄的，相对而言缺乏发人深省的精神力量。

2. 挣脱苦难的尝试

20 世纪二三十年代，作家们着重描写矿工的悲惨生活。这种"惨"积累到一定程度，必然地引发了矿工们渴望解放的思想。于是，从略显生硬的呼号到发自内心的反抗，这种挣脱苦难的尝试使矿工的形象在 40 年代左右再一次得到了发展和完善。

在第一阶段，这种挣脱苦难的尝试表现为无产阶级情绪的强烈抒发。这主要是通过两种方法实现的。首先，作家们惯用诗歌般的语言，在小说中穿插进抒情语句，表达出人物的反抗欲望。例如，毕奂午在《溃败》中为了突出老人对矿井的极度厌恶，让他反复说出"妖魔，妖魔，简直是妖魔"这句话，用几近神经质般的重复和咏叹来突出人物内心的反抗情绪。同样地，《矿山祭》的阿茂也在不停重复"死路一条，死路一条"①，这样的重复看上去是无产阶级情绪的爆发，实际上也只能看作是纯粹的个人情绪输出，老人和阿茂因此都只能算是"肤浅的叫嚣者"②。

不仅如此，在老人即将死去时，毕奂午还插入了一段旁白，具有极其明显的浪漫主义风格：

> ——啊，啊，老了。
> 最后这老战士急出泪来了。③

在这里，作家以反复的喟叹直接加重了矿工命运的悲惨程度，同时，又从侧面写出了他的悲苦。他将行将就木的老人比作"老战士"，然而这位无产阶级的战士却终究还是"晕倒在翻车底下"④，被煤矿打倒，即将面临死亡。这种强有力的对比更像是作者有意营造的戏剧冲突，具有极强的张力，但不免使人产生一种主体与情绪分离的割裂感。这主要是因为作者在大段的叙述后，插入了一段极具感染力的议论，初看能调动情绪，但它实际上是与矿工的集体情绪割裂开的，因此在整体上显得有些突兀。

同样的问题也出现在龚冰庐的《炭矿夫》中。作者为了加强文章结尾的悲剧力度，进行了三段感叹：

> 还有这些矿坑里的勤谨的工友们，他们还蜷伏在好几百米达深的矿道里做着几世传下来的职业，过着他们传统的运命！

---

① 龚冰庐. 炭矿夫 [M]. 北京：北京联合出版公司，2021：96.
② 苗苗. 中国现代文学的"普罗米修斯" [D]. 海口：海南师范大学，2017.
③ 毕奂午. 金雨集 [M]. 武汉：武汉大学出版社，1988：37.
④ 毕奂午. 金雨集 [M]. 武汉：武汉大学出版社，1988：37.

升降机不能再上下了，矿坑里成千的勤谨的工友们没有再见太阳的时候了！

就是在我们一开始就讲到的小阿根，虽则他仅仅有八岁，但他也没有出逃这命运的圈套！①

这里，作者接连使用感叹号，描绘了矿难后的悲惨世界，仿佛正向读者慷慨地控诉着矿工们的悲剧命运。初看这些文字，读者会发现它们有撼动人心的震撼力，但这种情感的表达过于强烈，以至于悲愤的情绪快速升华，成为作品的主调，进而掩盖了其他的情绪。[74]这显然是片面的。也就是说，尽管这种诗歌般的咏叹调易于表达情绪，但它所展示的是作为旁观者和叙述者的作者的情绪，而不是矿工本人的真实感受。这样的语言虽然有冲击力，但仍然缺乏现实的深度。这也是上述矿工题材文学作品缺乏经典性的症结所在。

其次，除去语言风格上的不合适，作家们在思想的表达上也存在着"移花接木"的误区。这些作家笔下的矿工都是贫穷、落后的，这与他们在某些时刻展现出的深刻革命思想产生了尖锐的冲突。文中的矿工们不仅生活贫困，而且思想贫瘠，他们满足于生活的现状，只要有东西吃，就会"变了平常的冷淡的，漠不相关的态度而热烈地融洽起来"②。他们为了守住这微小的权益，甘愿为资本家做牛做马，在还过得下去时认为"这个世界还很和平，还很幽雅"③，在走投无路时不敢反抗，即便有了一丝冲动，也"人人都似就刑的囚犯，畏缩地等待着责罚的到来"④，没有丝毫革命的决心。这样看来，这些矿工不过是安于做奴隶的庸人，这与他们后来表现出的高涨革命情绪产生了巨大的矛盾。龚冰庐在《裁判》中写过几段矿工陈兆老伯的话：

——我犯了什么法呢，法是恶鬼们定出来的，他们因为要杀人，要吃血，所以这样做的。假使我能够定法律的话，就老实不客气只要一句话"不做工的没得吃"，其余一概都不要的。

——还不是一样吗？他们不过要我的命，要我的力，要我的血罢了！我的力已给他们用竭了，血已流尽了，仅仅就是这一条老命了！

我的力尽了，我的泪干了，我的血涸了！我现在只有你了！你给与我希望，你给与我梦想。你等候我死后再死吧，听我呀，狗儿！⑤

第一，这几段话的感情色彩非常丰富，尤其是最后一句，"尽""干""涸"等形容词的连用，有极强的冲击力和表达力。不仅如此，这位矿工说的话都带有明显的戏剧效果，仿佛更应该出现在戏台上，而不是出于在贫困和死亡中挣扎的矿工之口。第二，作者在这些文字中表达了太多与矿工真实文化水平不符的思想。如第一句，"不做工的没得

① 龚冰庐. 炭矿夫 [M]. 北京：北京联合出版公司，2021：49.
② 龚冰庐. 炭矿夫 [M]. 北京：北京联合出版公司，2021：14.
③ 龚冰庐. 炭矿夫 [M]. 北京：北京联合出版公司，2021：16.
④ 龚冰庐. 炭矿夫 [M]. 北京：北京联合出版公司，2021：62.
⑤ 龚冰庐. 炭矿夫 [M]. 北京：北京联合出版公司，2021：77，89.

吃"，是平实生活态度的体现，而"还不是一样吗?"这句则精准道破劳资矛盾的不可调和性，揭示苦难必须通过暴力革命解决。这两者间的跨越太大，给人不真实之感，即这些思想虽然先进，但明显与矿工的人物形象不符。显然，这是打上了那个年代左翼文学的烙印的。[75]

这种煤矿工人的扭曲塑造和作家忙于表达个人革命情绪而缺乏深入刻画不无关系。为了激发读者的革命情绪，作者在前半段中凸显矿工的悲惨，树立了穷困且落后的形象，且在没有过多铺垫的情况下强行把先进思想嵌入矿工的大脑，想要展示"穷人翻身做主人"的主题。这种做法的初衷，是想要让矿工在贫苦的生活中迸发出反抗的火光，但显然，作者在人物形象的发展上处理得过于粗糙，使矿工们实际上成为了粗笨四肢与激进思想的结合物，显得怪异且不切实际。所以，这一阶段的煤矿工人虽然有了接近真实的外壳，但本质上仍是粗糙的。知识分子仍然在想象和塑造着符合时代要求的矿工形象，矿工本人却无法述说自己的真实感受。这一时期，尽管有人希望煤矿工人能够站出来书写自己的命运，"要求那些站在人生战阵的前锋者的文学"，"要求提着锄头在绿野里耕种的农民诗人"①，但在生产力极度落后的时代，这样的煤矿工人是不可能存在的。此外，受高昂革命情绪的影响，很多作品都显示出概念化、公式化的缺点。这是这一时期左翼文学探索的不足之处，同样也是文本走向成熟的必经之路。于是，在本时期非本人书写的文本中，煤矿工人再一次被视作单纯的符号，成为了强调革命情绪的工具。

时间来到 20 世纪 40 年代。在这一时期，矿工们的生活条件仍然没有得到较大的改善。"假使有饭好吃，决勿跑来打朋"②，下井挖煤依旧是底层人民走投无路时的选择。这时，煤矿文学进入了形象书写的第二个阶段，即矿工反抗意识开始逐步被唤醒。这不同于龚冰庐、毕奂午等人笔下"被赋予"的思想觉醒，而是一股真正从矿工内心深处迸发出来的革命力量。这一时期，代表作家路翎在小说《饥饿的郭素娥》中塑造了一群充满原始野性的矿工，他们在沿袭之前小说中贫苦、落后形象的基础上拥有了彻底反叛的个性。这种个性完全脱胎自他们贫困的生活，是人类野性的产物，也是矿工生活方式的结果，因而是自然的。在本性的驱使下，矿工们用野蛮到近乎下流的方式反抗着命运强加在自己身上的枷锁，讴歌着生命的蛮力。

在这里，本文主要选取"张振山"这一人物来分析路翎笔下的矿工内心涌动的革命情绪。张振山是一位身世坎坷的煤矿工人。他自幼失去双亲，"不能记清楚在整个的少年时期他曾经干过多少种职业，遭遇过多少险恶的事"③，显露出悲凉的人生基调。但是，这样悲惨的生活并没有将他变成《裁判》中那样懦弱迂腐的民众，而是锻炼了他的野性，让他成为了一个"充满着盲目的兽欲和复仇的决心"④ 的人。文中对他的外貌有这样一段描写：

---

① 中国社会科学院文学研究所现代文学研究室. 革命文学论争资料选编 [M]. 北京：人民文学出版社，1981：30.
② 卖油郎. 洋泾浜小唱：掘金记 [N]. 海星（上海），1946（26）：6.
③ 路翎. 饥饿的郭素娥 [M]. 沈阳：春风文艺出版社，2018：9.
④ 路翎. 饥饿的郭素娥 [M]. 沈阳：春风文艺出版社，2018：9.

> 张振山，有着一副紫褐色的，在紧张的颊肉上散布着几大粒红色酒刺的宽阔的脸，它的轮廓是粗笨而呆板的，但这粗笨与呆板在加上了一只上端尖削的大鼻翼的鼻子，和一对深灰色的明亮而又阴暗的眼睛之后，就变成了刚愎和狞猛。①

这段描写恰如其分地展示了张振山的复杂性格。一方面，他是粗糙的，这也就暗示，这样"粗笨"的人是不可能如《裁判》中的陈兆老伯一样得出真知灼见的；另一方面，他并不愚钝麻木，而是拥有凶猛的天性，一旦得到释放，就会迸发出强大的力量："恶毒的藐视，严冷的憎恨"② 有时会烧尽所有的障碍。

这种对矿工原始野性的描写并非路翎独创。早在 19 世纪，法国作家左拉就在《萌芽》中塑造了这样一群具有原始"兽性"的矿工。他们常年在地下挖煤，沉重的工作使他们在劳动中异化成了"非人"的生物。首先，矿工们或多或少都带着原始的面容。如，让兰"苍白的、满是皱纹的猴子脸上，长着一对绿眼睛，配着一双大耳朵，脸盘显得很宽"③，这使他一出场就具有了某种野兽的生理特质。而这种蜕变也在他被煤层压断双腿后正式完成，于是，让兰变成了真正意义上的"非人"。其次，矿工的生活充满着疯狂的性爱。"几乎每走一步，都可能踢着草地里的情人"④，他们对于性的变态渴求让他们失去了作为人类最基本的礼节和自制。在这种文化的影响下，甚至连小孩子都悄悄模仿大人，"把这种耍闹叫做'当爸爸妈妈'"，因为"他们听到和看到的就是这些，要使他们守规矩，只有把他们捆起来"⑤。最后，这种"兽性"一旦得到释放，就会变成可怕的暴力。在劳工暴乱中，矿工们已经完全丧失了理智，宛如"松了绑的野人"⑥，能够干出一切匪夷所思的残忍之事。在这里，连向来屈服于"祖辈相传的从属观念和顺从思想"的女人们，也迸发出骇人的野蛮特性，"心里燃烧着杀人的怒火，张牙舞爪，像母狗般狂吠"，几乎毫无保留地宣泄着内心的痛苦。⑦ 事实上，这种"野蛮性"是左拉对暴动矿工的一种自然主义书写，他笔下的矿工在野蛮之余又充满着愚昧落后的思想，这也使得反抗的底色呈现出悲壮的特点。因此，作家的写作目的并不是鼓励矿工以暴力推翻黑暗政权，而是想说明造成矿工们非理性的"兽欲"的原因。正如有学者指出的那样，作者之所以花大量笔墨描写矿工的"非人性"，是因为他想揭示，这是由黑暗的社会环境和矿工的遗传特性共同造成的，"万恶的资本主义制度和不人道的劳动、生活环境是矿工们异化的主要根源。"⑧[80]

相比于左拉，路翎虽然也描写了张振山身上"野性"的一面，但这种"离经叛道"的特质更多是正面的，而非腐朽的。张振山面对压迫，向来"以牙还牙"，用自己独有的

① 路翎. 饥饿的郭素娥 [M]. 沈阳：春风文艺出版社，2018：9.
② 路翎. 饥饿的郭素娥 [M]. 沈阳：春风文艺出版社，2018：9.
③ [法] 左拉. 萌芽 [M]. 黎柯，译. 北京：人民文学出版社，1982：17.
④ [法] 左拉. 萌芽 [M]. 黎柯，译. 北京：人民文学出版社，1982：132.
⑤ [法] 左拉. 萌芽 [M]. 黎柯，译. 北京：人民文学出版社，1982：130.
⑥ [法] 左拉. 萌芽 [M]. 黎柯，译. 北京：人民文学出版社，1982：372.
⑦ [法] 左拉. 萌芽 [M]. 黎柯，译. 北京：人民文学出版社，1982：46，372.
⑧ 朱湘莲. 试论《萌芽》中矿工群像的动物性特征 [J]. 理论观察，2007（6）：139-140.

粗鲁方式，将自己受到的苦痛原样奉还给这个社会。他坚定地痛恨着资本家们，"我恨这些畜生，恨得错吗？你会杀人，我不会吗？"① 这样简单的逻辑，实际上支撑了张振山的人生哲学：在黑暗中近乎鲁莽地拳打脚踢，为自己撕开一片天地。因此，这种令人吃惊的生命力使他拥有了反抗现状的可能性。

更令人惊喜的是，张振山并没有像之前文学作品中的矿工们一样地把心绪停留在"恨"上，而是继续前人的道路，为寻求解放和自由而努力：

> 张振山屹立在电灯底下，手插在裤袋里，眼睛眯细地望着石灰剥落，露出竹片的骨骼来的墙壁，继续大步地，野蛮地踏到自己的思想上去。踏烂一切枯草和吹散一切烟雾，让它露出闪着冷然的光辉的本体来！②

在这里，作者将张振山的人物性格描绘得淋漓尽致。在他眼中，一切障碍都是可以被跨越的，而他只需要走好自己的路，哪怕"不懂手段，也不懂策略"③，也能用生命的原始强力推倒一切腐朽的建筑。另外，这种生命的强力也说明，张振山的行为都是遵从本心的，他的这份觉悟不是作者强加给他的。正如文中所述：

> 但性格又怎样解释呢？张振山何以成为张振山呢？我已经忍不住了！谁都在毁坏我们，我们还多么不自知……哼，打击给他们看，社会造成了我，负责不在我！……我就是这样呀，滚你妈的蛋，什么反省不反省吧。④

"我就是我自己"，张振山不是任何人的工具，所以他才有可能驳斥："规矩？养胖的奴才最规矩！"，才有可能怒吼："我在这世界上从无亲人，谁是我的长辈！"也才有可能一把火烧尽了那象征着压迫和阴暗的小屋。⑤ 在这个阶段，张振山成了更先进的"普罗米修斯"：他有底层人的面貌，又有反抗苦痛的力量，是一个称职的"盗火者"。"我要大步踏过去，要敲碎，要踢翻，要杀人"⑥，张振山将这样热烈的反抗火种投向了人间。

"火焰从树丛里涌出来，昂奋地舞踊着"⑦，张振山以最暴力、最原始的力量，将崭新的希望给了剩余的民众。路翎借张振山这个"另类"的矿工形象，构建了一个崭新的矿工社会，一个能够以生命力打碎黑暗的社会。在小说的结尾，张振山毅然出走，他的生命依旧在延续，因此也就依旧有希望能够追求到真正的光明。

3. 高潮后的再次被缚

据前文，矿工形象的整体趋势是向悲惨的方向发展的，同时，作家们也逐步摸索矿工

---

① 路翎. 饥饿的郭素娥 [M]. 沈阳：春风文艺出版社，2018：13.
② 路翎. 饥饿的郭素娥 [M]. 沈阳：春风文艺出版社，2018：17.
③ 路翎. 饥饿的郭素娥 [M]. 沈阳：春风文艺出版社，2018：13.
④ 路翎. 饥饿的郭素娥 [M]. 沈阳：春风文艺出版社，2018：34.
⑤ 路翎. 饥饿的郭素娥 [M]. 沈阳：春风文艺出版社，2018：13，63，64.
⑥ 路翎. 饥饿的郭素娥 [M]. 沈阳：春风文艺出版社，2018：34.
⑦ 路翎. 饥饿的郭素娥 [M]. 沈阳：春风文艺出版社，2018：82.

解放的路径。从龚冰庐、毕奂午等人略显生硬的呼吁，到路翎笔下具有生命强力的矿工，对于矿工的未来，煤矿小说家们整体上呈现出希望大过绝望的态度。抗战胜利后，矿工更被塑造为无产阶级模范，被当成抗日英雄来加以宣扬。他们"不知疲倦，没有病痛，没有忧愁"①，未来充满光明。这时，矿工们解放的希望来到了高潮。但是，这类单纯讴歌光明的文学描述似乎又脱离了现实，矿工再次成为作家们进行政治想象、寄托美好理想的工具。

在诸如此类的曲折发展中，随着改革开放的进行，一批作家逐渐开始反思煤矿文学中出现的问题，并试图重新书写70年前的矿工形象。在周梅森的笔下，20世纪20年代的矿工不再是"普罗米修斯"，而仅仅是一批穷困潦倒且颇具奴性的"庸人"：他们没有远大的革命理想，只想买一亩三分地，至于革命与否，则是无所谓的；他们没有张振山般的生命力，虽然从面貌上看五大三粗，但骨子里还是温顺的绵羊，根本无法掀起革命的惊涛骇浪。

在这一时期，这种对于矿工形象的书写尝试并不是个例。例如，刘庆邦就在《卧底》中塑造了一群肮脏落后的矿工。他们对同类怀有极大的恶意，甚至暗地里与资本家沆瀣一气，欺压新来的窑工。这无疑辜负了前代作家对矿工们寄予的反抗资本家的厚望。不仅如此，这一时期的作家还将"性"描写纳入了自己的小说中。比如，刘庆邦就在《走窑汉》中提到，矿工马海洲的妻子被领导张清诱奸却未反抗，因为张清承诺她会以帮助迁移户口为报偿。这场权色交易与《饥饿的郭素娥》中张振山和郭素娥间生命的碰撞大相径庭。在这里，作者进一步挤压了矿工的生存空间，他们被迫屈服于强权而无法反抗，40年前张振山式的"生命强力"已经离他们远去了。

就这样，被理想化的矿工在这一时期再次走向"被缚"的结局。类似地，左拉在《萌芽》中塑造了一群近乎野兽的"野蛮人"形象，也表达了相近的悲观思绪，但若将周梅森的两部小说与之相比，则二者间仍存在差距。《萌芽》并未局限于某一家或某一人的生活，而是描述了无数有特色的人物，从而在文字中构建出一座完整的矿工村：马赫一家的十位成员、矿坑里的工友、村庄中的邻居、酒馆老板等全都有名有姓，性格鲜明。同时，自然主义的写作手法提供了冷静客观的文学观察，使得小说中人物繁杂但不冗余，使叙事更具史诗感。相反，周梅森则往往从一场灾难起笔，通过一个极小的切口观察众多人物。因此，在展现宏大主题时，由于人物塑造不全面，整部作品很容易显得心有余而力不足。以《沉沦的土地》为例，作者为了顾全故事情节，只好使用大量旁白进行补充，这显然忽略了对次要情节的描述。比如，祁六爷的出场渲染十足，但最后的结局只存在于他人的对话中："先生，祁老六要不要敲掉？""切记：事情要做得干净，万不可留任何蛛丝马迹！"② 未免显得头重脚轻。虽然两种写作风格都有可取之处，但正如亚里士多德所说，一个美的事物"体积也应有一定的大小"，在保证整一性的前提下，体量更大的叙事往往更具有更震撼人心的力量。③ 这显然需要更多人物的支撑，否则叙事将会失去应有的作

① 苗苗. 中国现代文学的"普罗米修斯"[D]. 海口：海南师范大学，2017.

② 周梅森. 沉沦的土地 [M]. 南京：江苏凤凰文艺出版社，2018：242，246.

③ 马新国. 西方文论史 [M]. 北京：高等教育出版社，2008：31.

用，影响叙事深度。纵观中国现当代煤矿文学史，很多作品受中短篇体量的限制，各种人物塑造和情节展开必定不会达到史诗式的广阔与深厚。这是《沉沦的土地》《黑坟》之类文学作品与《萌芽》等长篇煤矿小说之间的差距，更是中国煤矿文学与世界一流作品间的差距：中国现代文学仍需要一部能够体现一段矿工生活史的鸿篇巨制，以便更加全面地塑造某个时期的矿工形象。

周梅森的书写虽然与世界一流作品间存在不小差距，但仍有其优点。在"劳工神圣"的号角声中，周梅森站在历史的角度，阐释了革命和反抗的"无意义性"。一方面，这种悲观的历史观是"承前"的。例如，龚冰庐在《裁判》中提及，"觉醒者"陈兆老伯号召大家起来反抗，却不被矿工们理解，甚至被认为是他的"激烈"害了他们，"事情都是你弄僵的呢！"而毕奂午也在《村庄》中预言，"我们脊背上那干枯的汗浆，已闪耀着来日的饥荒"，表明此刻的劳动和觉醒，仍然无法挽回大多数人既有的悲剧命运。这说明，窑工们的悲剧结局是不同时代作家们的共识。但在另一方面，周梅森的文学实验不单纯是对前代作家作品的复刻，更体现了进步性。龚冰庐、毕奂午等人只是揭示了矿工及其子女一望无际的悲剧人生；而周梅森则进一步放大了这种命运的虚无感，向读者揭示了整个矿工群体，乃至整部斗争史的无意义性。这使他笔下矿工的未来显得更加荒凉。所以，这样的矿工形象不仅综合了前代主体形象的特征，且达到了新的高度。

更进一步地，在两部小说中，所有参与斗争的势力均遭遇了失败。这实际上打压了前代作品传递出的"希望感"。周梅森站在历史的角度，深挖人物背后的行事逻辑，俯视窑民战争的整部历史，然后得出了这样的结论：枪响之后，没有赢家。正如他在《黑坟》中说的那样，这些矿工、地主、资本家与军阀之间的博弈，其"存在既没有加重历史本身的分量，也没有加重我们这颗星球的分量，历史依然在发展，星球依然在运行，天体依然在旋转……"① 所以，这些曾经喧嚣过的往事，最后终究会像那座"黑坟"一样被人们遗忘。历史本身的苍凉感，会抹杀一切曾以为会存在的希望。

"文艺是对现实世界的摹仿"②，任何形式的文学，无论有多么接近现实，其本质都是对真实世界的某种重构和想象。如果说郭沫若、朱自清等讴歌"普罗米修斯"的早期煤矿文学作家是脱离现实的，龚冰庐、毕奂午等建造矿工"受难像"的作家是正在接近现实的，路翎等以生命强力争取矿工解放的作家是试图重新构造现实的，那么周梅森则站在历史的制高点，用独特的眼光反思人性悲剧。于是，矿工从喧嚣走向了沉默。这里的"沉默"具有三重意义：首先，作家们对矿工的态度经历了从热烈赞颂到悲怆记录的大致过程，在文字形式方面，矿工形象"沉默"下来；其次，喧嚣的解放浪潮逐渐沉寂，被周梅森以冷峻的笔法书写成一出必然的悲剧，在精神世界中，矿工命运经历了彻底的"沉默"；最后，随着作为现实镜鉴的矿工逐渐沉默，读者也能触摸到文本之外的思想迷局——历史在观照中呈现出的镜像内外的双重寂寞，更具警醒意义。而这三重沉默恰恰体现了作家们文学思想的成熟：思辨后的沉默，显然比喧嚣更有力量。

因此，周梅森的煤矿文学并不是孤立存在的，不难从中看到前代作家的思想遗迹：它

---

① 周梅森. 黑坟 [M]. 武汉：长江文艺出版社，1998：420.
② 马新国. 西方文论史 [M]. 北京：高等教育出版社，2008：31.

们不仅在以郭沫若、毕奂午、路翎等人为代表的文学遗产中寻找到了自己的精神资源，也在此基础上力求创新，以一种全新的眼光看待历史，塑造出一群更加"沉默"，但更有力量的矿工。以上所有论述也在说明：从整体上看，一个群体的文学形象在演变过程中是逐渐清晰化、立体化的，而其背后展现出的作家思想当然也经历了不断的深化。

结　　论

在当代煤矿作家中，周梅森并没有被评论界给予充分的讨论，但就几种文学题材的关系来看，周梅森的后期创作是以煤矿文学为思想资源的。因此，将周梅森作为一个煤矿文学作家进行研究是有必要的。此外，现有研究也很少将周梅森的作品置于现代文学史中进行溯源探究，所以往往局限于一人作品，缺乏历时与共时比较，未能展现出文学史中矿工形象的多元性书写。

首先，在《沉沦的土地》及《黑坟》中，矿工们整体上是野蛮、病态、麻木的，充满着暴虐、冷漠与落后的行为逻辑。在形象塑造层面，两部小说以悲凉为主调，进一步强调了龚冰庐、毕奂午等人作品中的矿工悲剧色彩，且以鲁迅式的讽刺笔法道出了矿工的工具性、奴隶性和麻木性，不仅丰富了矿工的形象，更加大了其生活的悲剧力度。第二，作者通过赋予小说荒诞的叙事手法，提出了对历史和命运的独特思考，展现出悲观与希望共存的价值观念。他将对煤矿和现实的想象埋藏于二重想象中的历史叙事里，以预设路线的形式构成了时间与思路上的双重呼应。最后，如果将两部小说置于文学史中进行考察，就会发现周梅森秉持中国现代文学中煤矿文学创作的初心，以煤矿工人形象折射社会现状，表达自己的思考。他在以往的悲惨叙述之外更进一步，站在历史的制高点思考人类命运，向传统价值观念提出质疑和挑战。

在"周梅森煤矿文学作品中的煤矿工人形象"这一主题之下，依然有更多的讨论空间。本人受限于个人能力不足、所读有限和文章体量的限制，只能做以肤浅的探究。具体来说，本文只涉及《沉沦的土地》以及《黑坟》两部作品，但作者还创作了《庄严的毁灭》《喧嚣的旷野》《崛起的群山》等煤矿小说，对民族资本家的多重面孔等问题作出了更深刻的探讨。如果按照这样的顺序进行细化分析，可能会更加详尽地了解作家写作思想的演变过程。第二，论文的文本比较大多数集中于与文学史不同时代作家作品间的纵向对比，而较少将当代作家的煤矿文学作品纳入讨论范围，这可能会对研究视野产生一定程度的限制。如果能在后期研究中将这些因素全部纳入讨论，则有可能还原出作者眼中一个更为立体的矿工形象。除此之外，尽管本文大致梳理了中国现代文学史中矿工形象的变革史，但更为具体的演变步骤还需要参考更多的作品，进行更全面的文本分析。这些问题有待在未来的研究中加以解决。

◎ **参考文献**

[1] 赵蕾，郝江波. 中国煤矿文学发展综述 [J]. 飞天，2010（2）.
[2] 一丁. 反映煤矿工人的第一篇小说，《矿工起义》在长治市发现 [J]. 文史月刊，2008（5）.

［3］ 苗苗．中国现代文学的"普罗米修斯"［D］．海口：海南师范大学，2017（5）．

［4］ 李茜．新时期小说中矿工形象研究［D］．徐州：中国矿业大学，2016.

［5］ 史修永．底层的道德回响——20 世纪 80 年代以来小说中的矿工形象解析［J］．山东师范大学学报（人文社会科学版），2016，61（5）．

［6］ 周李帅．刘庆邦煤矿文学的文化阐释［D］．徐州：中国矿业大学，2014.

［7］ 刘洁．论刘庆邦小说的煤矿空间书写［D］．长沙：湖南师范大学，2019.

［8］ 王惠．孙友田煤矿诗歌的美学研究［D］．徐州：中国矿业大学，2015.

［9］ 钟敏．煤矿工人的道德回响——论六盘水作家金永福小说中的矿工形象［J］．科教文汇（上旬刊），2020（9）．

［10］ 杨婉．劳伦斯文学作品中的矿工形象分析［J］．文学教育（上），2018（8）．

［11］ Gansen. U, Miller. M, et al. 人民的名义（Im Namen Des Volkes ）versus House of Cards：Polit-Serien Als Legitimierungsinstrument Aktueller Chinesischer Reformpolitik ［M］. Politik in Fernsehserien：Analysen Und Fallstudien Zu House of Cards，Borgen & Co.，edited by Niko Switek，Transcript Verlag，2018.

［12］ 李庆西．《沉沦的土地》的悲剧观——兼谈小说的本体象征［J］．读书，1985（5）．

［13］ Zhong, X.P. In Whose Name? ："Anticorruption Dramas" and Their Ideological Implications ［M］. Mainstream Culture Refocused：Television Drama，Society，and the Production of Meaning in Reform-Era China，University of Hawai'i Press，2010.

［14］ 邱昭山．献给土地的一曲挽歌——评周梅森中篇小说《沉沦的土地》［J］．齐鲁师范学院学报，2018，33（1）．

［15］ 庄汉新．崛起的《黑坟》［J］．徐州师范学院学报，1987（4）．

［16］ 朱丹．现实反思的历史诉求——论周梅森历史小说［J］．沙洋师范高等专科学校学报，2008，9（6）．

［17］ 樊星．从历史走向永恒——论周梅森［J］．文艺评论，1988（4）．

［18］ 周政保．《黑坟》：新写实小说的卓越探索［J］．当代作家评论，1987（4）．

［19］ 魏希夷．再说周梅森——读《革命时代》、《黑坟》、《军歌》［J］．当代作家评论，1987（4）．

［20］ 房利芳．历史的关注和反思——论周梅森"煤矿系列"小说［J］．钦州学院学报，2007（4）．

［21］ 汪政，晓华．周梅森小说读白［J］．小说评论，1989（4）．

［22］ 周梅森．沉沦的土地［M］．南京：江苏凤凰文艺出版社，2018.

［23］ 周梅森．黑坟［M］．武汉：长江文艺出版社，1998.

［24］ 刘庆邦．卧底［M］．成都：四川文艺出版社，2007.

［25］ 莫言．红高粱家族［M］．上海：上海文艺出版社，2012.

［26］ ［法］古斯塔夫·勒庞．乌合之众：群体时代的大众心理［M］．杨献军，译．北京：台海出版社，2018.

［27］ ［德］伊曼努尔·康德．实践理性批判［M］．韩水法，译．北京：商务印书馆，1999.

［28］费孝通．乡土中国［M］．北京：北京大学出版社，2012.

［29］马新国．西方文论史［M］．北京：高等教育出版社，2008.

［30］李永东．中国现代文学中的"解放"书写［J］．中国社会科学，2021（7）．

［31］陈思和．中国现当代文学名篇十五讲［M］．北京：北京大学出版社，2013.

［32］［美］阿里夫·德里克．中国革命中的无政府主义［M］．孙宜学，译．桂林：广西师范大学出版社，2006.

［33］万树平．美国学术界对中国无政府主义和巴金的研究［C］//陈思和，周立民．解读巴金．沈阳：春风文艺出版社，2002.

［34］巴金．爱情的三部曲：雾·雨·电［M］．北京：人民文学出版社，2017.

［35］周作人．知堂文集［M］．北京：民主与建设出版社，2019.

［36］鲁迅．呐喊［M］．天津：天津人民出版社，2016.

［37］丁玲．丁玲全集［M］．石家庄：河北人民出版社，2002.

［38］缪军荣．看客论——试论鲁迅对于另一种"国民劣根性"的批判［J］．华东师范大学学报（哲学社会科学版），2000（5）．

［39］任公．本馆论说：呵旁观者文［N］．清议报，1900（36）．

［40］郭沫若．地球，我的母亲！［N］．时事新报·学灯，1920.1.6.

［41］张学成．论荒诞与荒诞性文学［D］．桂林：广西师范大学，2005.

［42］周梅森．好的文学应该影响世道人心甚至影响世界［N］．青年报，2017.8.22.

［43］茅盾．《子夜》是怎样写的［N］．新疆日报（副刊）：绿洲，1939.6.1.

［44］夏志清．中国现代小说史［M］．杭州：浙江人民出版社，2016.

［45］梁吉星，刘朝霞．吴荪甫形象的悲剧性分析［J］．科教文汇（上旬刊），2017（3）．

［46］鲁迅．再论雷峰塔的倒掉［N］．语丝周刊，1925（15）．

［47］［美］黄仁宇．万历十五年［M］．北京：生活·读书·新知三联书店，2006.

［48］（清）曹雪芹，高鹗．红楼梦［M］．北京：中华书局，2014.

［49］［英］莎士比亚．麦克白［M］．朱生豪，译．北京：人民文学出版社，2012.

［50］蔡翔．历史：悲剧中永恒的乐观运动——评周梅森《沉沦的土地》［J］．小说评论，1985（3）．

［51］蔡元培．劳工神圣——在庆祝协约国胜利大会上的演说词［A］//中国蔡元培研究会．蔡元培全集第三卷（1917—1919）．杭州：浙江教育出版社，1998.

［52］马学军．自食其力与合群互助：蔡元培"劳工神圣"思想释义［J］．社会学研究，2020，35（3）．

［53］熊秋良．五四知识分子对"劳工神圣"的认知与实践［J］．马克思主义研究，2019（4）．

［54］梁云池．劳工神圣的真义［N］．太平洋（上海），1921（2）．

［55］朱自清，俞平伯，周作人等．雪朝［M］．北京：商务印书馆，1922.

［56］郭沫若．炉中煤——眷恋祖国的情绪［N］．时事新报·学灯，1920.2.3.

［57］沈雁冰．茅盾选集［M］．成都：四川文艺出版社，1994.

［58］石绍敏．山东煤矿工人运动史［M］．北京：煤炭工业出版社，1995.

[59] 明明（李大钊）．唐山煤厂的工人生活 [N]．每周评论，1919（12）．

[60] 周梅森．关于我 [J]．江苏师范大学学报（哲学社会科学版），1987（4）：75.

[61] 周梅森．永远是矿工 [N]．工人日报，1995. 5. 1.

[62] 周梅森．那是个辉煌的梦想 [J]．文学评论，1987（5）．

[63] 孙卫华．新世纪之初的底层叙事：维度、视角与意义 [J]．天津师范大学学报（社会科学版），2020（5）．

[64] 周梅森．文学回望 [J]．扬子江评论，2012（2）．

[65] 周梅森，何平．《花城》四十年，文学潮流执着的敏感者 [J]．花城，2019（4）．

[66] 毕奂午．金雨集 [M]．武汉：武汉大学出版社，1988.

[67] 龚冰庐．炭矿夫 [M]．北京：北京联合出版公司，2021.

[68] [法] 左拉．萌芽 [M]．黎柯，译．北京：人民文学出版社，1982.

[69] 张慧捷，史修永．左拉与劳伦斯小说中的煤矿书写 [J]．中国矿业大学学报（社会科学版），2015，17（1）．

[70] 曹禺．原野 [M]．郑州：河南人民出版社，1995.

[71] 皮远长，易竹贤．不应遗忘的诗人和诗作——《金雨集》（重印《掘金记》《雨夕》）读后 [J]．武汉大学学报（社会科学版），1987（2）．

[72] Gogol. N, Constantine. P. Taras Bulba [M]. Modern Library，2003.

[73] 萧军．十月十五日 [M]．上海：文化生活出版社，1948.

[74] 张全之．反抗地狱的绝叫——论龚冰庐对山东煤矿工人斗争的书写 [J]．区域文化与文学研究集刊，2020（1）．

[75] 唐海宏．"左联"发起人之一龚冰庐生平、著述考 [J]．江西科技师范大学学报，2019（5）．

[76] 中国社会科学院文学研究所现代文学研究室．革命文学论争资料选编 [M]．北京：人民文学出版社，1981.

[77] 卖油郎．洋泾浜小唱：掘金记 [N]．海星（上海），1946（26）．

[78] 路翎．饥饿的郭素娥 [M]．沈阳：春风文艺出版社，2018.

[79] 朱湘莲．试论《萌芽》中矿工群像的动物性特征 [J]．理论观察，2007（6）．

[80] 陈穗湘．试论《萌芽》人物的兽性化描写 [J]．广东外语外贸大学学报，2005（1）．

《诗经》渔文化研究

刘语晗

（武汉大学　弘毅学堂，湖北　武汉　430072）

【摘要】论文以《诗经》的渔文化为研究范围，采用文献考据法、文化研究法、历史比较法，梳理了先秦渔业发展概貌、《诗经》中渔业名物的含义及文本功用、渔意象的文化内涵及《诗经》对后世渔文学的影响。首先，依托出土文献与《尚书》《周礼》等传世文献，勾勒先秦渔业的社会角色及人们对渔业的基本认识。其次，以武英殿十三经注疏本《毛诗正义》为主，《诗三家义集疏》等版本为辅，析出《诗经》文献中所出现的渔业相关的篇目，并运用传统训诂学的方法对其中名物进行考据，疏解文本内涵。在此基础上，分析渔意象的文本功用，并从文化人类学的角度剖析先秦渔业所反映的文化心理和制度规约。最后，整体考察《诗经》渔诗的文学特色，从历史发展的角度梳理历代渔文学主旨的流变，以丰富《诗经》的渔文化研究。本文得出以下结论：第一，先秦渔业不仅是民众的生活资料来源，同时具有图腾信物和祭祀依附的文化功能。第二，《诗经》渔诗数量众多、内涵丰富，具有营造和谐氛围、暗示婚配性爱、比兴求贤治国、教示民众礼政四方面作用。第三，《诗经》渔诗反映了先秦人民的生态和谐观、生育崇拜观，同时承载着宗周社会的祭祀信仰、礼制规约和圣王明德。第四，《诗经》渔诗采用比兴手法，用直观的渔业场景暗示求贤或婚恋。后世渔文学继承《诗经》以渔求贤的传统，发展为隐逸书写中的"渔父"意象；而渔意象的婚恋暗示功能却趋于衰微。

【关键词】《诗经》；渔意象；文化内涵

【作者简介】刘语晗，武汉大学弘毅学堂人文科学试验班汉语言文学方向2019级本科生。

绪　　论

（一）选题背景

《诗经》作为中国第一部诗歌总集，为我们描绘了一幅生动鲜活的先民生活画卷。在这幅画卷中，有不小尺幅被水域占据。川流纵横、湖泊广布、州丘如星、山隰相连……水是生命之源，先民傍水流而居，和天地阴阳而生成化育，得天之赐以充庖厨，自然少不了与湖畔泽陂的虫鱼鸟兽打交道。周代的地理生态环境，规定了农、渔、猎并举的生活方式，这样的生活方式必然影响了中华民族传统文化观念的生成。随着气候变化及自然生态环境的演变，中原地带逐渐固定为以农业为主的生产方式，古老的渔猎文化趋于边缘化。

渔与猎往往并称，这是因为它们相较于农业而言，都是一种直接从自然中获取生活资源的方式。事实上，渔与猎属于不同的范畴，猎包括陆地猛兽的围猎和飞禽的捕射，随后通过圈养和驯化向畜牧业转变。猎在漫长的历史发展中逐渐退出社会经济的舞台，越到后世它的仪式性越强，生产性越弱，因此没有发展为"猎业"一说。而渔则始终作为一种重要的物质资料获取方式，在人类文明演化的各个阶段占据着程度不等的地位。

现代渔业已经发展为一个涵盖捕捞、养殖、加工的社会产业部门，它涉及生物学、海洋学、经济学、管理学、甚至水产机械和水产品加工等方面，在我们的经济结构和日常生活中扮演着重要角色。渔和水与人文科学也有着密不可分的联系，比如"占天""占云""占风"等海上占验习俗、"二八好行舟"等渔业农谚、妈祖庙等海上宗教信仰，以及当前祖国遍地开花的水乡渔村风情文化体验项目等。渔与水也是孕育文学作品的摇篮，远如诗中的"渔夫"意象、词中的"渔歌子"词牌、《水浒传》里的渔民阮氏三雄、近如金庸笔下"桃花影落飞神剑，碧海潮声按玉箫"的桃花岛、沈从文的湘西水世界、张炜的海洋生态诗学……渔文化，是历代文人墨客的情思所系，文心所在，这一传统最早可追溯至《诗经》。因此，笔者拟因枝振叶，沿波讨源，探索中国文学中渔文化的原始生成，追析其所反映的先秦文化心理和社会结构。

（二）研究综述

《诗经》始终是中国学者的关注焦点，古来学者多从审美角度挖掘《诗经》的文学价值，而现代科学的发展则为跨学科、跨视角研究《诗经》提供了基础。民国时期，一些学者开始尝试以文化人类学的方式研究《诗经》，如闻一多的《诗经通义》尝试从民俗学入手解读《诗经》、郑振铎的《汤祷篇》从巫术文化的角度还原上古生活。20 世纪 90 年代，在"文化研究"的热潮中，大批学者投入《诗经》的文化解读，其中叶舒宪先生的《诗经的文化阐释》① 颇受好评。本世纪对《诗经》的文化研究方兴未艾，其中与渔文化相关的，有王廷洽的《〈诗经〉与渔猎文化》②，他基于《诗经》中与渔猎相关的诗篇，联系《周易》《周礼》《左传》等经典，勾画了西周春秋社会渔猎活动的基本情况；陈朝鲜的《〈诗经〉中的渔文化研究》③ 着重从科技层面阐释诗篇中提到的捕鱼方法、工具及所捕获的鱼类；陈波的《〈诗经〉中所见垂钓、捕鱼器具及鱼获种类》④ 则与前者略同。

此外有不少学者以鱼意象为焦点展开研究。闻一多先生曾借民俗、民谣材料解释"鱼"在古代承担着配偶、求偶的隐语作用，认为《诗经》中有关鱼的篇章皆是隐喻男女欢配。后来王政的《〈诗经·鱼丽〉与先秦生态观念略说》⑤ 从毛亨的传文入手，旁及

① 叶舒宪. 诗经的文化阐释 [M]. 西安：陕西人民出版社，2018.
② 王廷洽.《诗经》与渔猎文化 [J]. 中国史研究，1995 (1)：3.
③ 陈朝鲜.《诗经》中的渔文化研究 [J]. 农业考古，2010 (1)：275.
④ 陈波.《诗经》中所见垂钓、捕鱼器具及鱼获种类 [J]. 中国钓鱼，1996 (10)：43.
⑤ 王政.《诗经·鱼丽》与先秦生态观念略说 [J]. 文献，2002 (2)：21.

《周礼》、《国语》等经典文献，论述先秦人的物产保护意识，得出"养""生物链""时""礼"四种生态观念倾向。吕华亮的《〈诗经〉鱼意象新论——兼辨〈豳风·九罭〉题旨》① 探究"鳟鲂"意象的含义，从而对《豳风·九罭》的诗旨提出新论。汪慧琪的《论〈诗经〉鱼意象与交感巫术》② 则把鱼意象与原始巫灵信仰相联系，认为人们食鱼与用鱼祭祀可以获得鱼的灵性。刘美洁的《〈诗经〉鱼意象研究》③ 详细地探讨了鱼意象的不同内涵与诗歌主题的联系。

（三）研究创新点

纵观当前《诗经》渔文化研究现状，可以发现多数学者聚焦"鱼"这一单一意象进行文学阐释，而着眼渔意象的学者相对较少。事实上，鱼仅仅是渔业的对象，仅就此展开论述显然是不充分的。《诗经》的渔文化研究还需要借助跨学科知识及二重证据法，从捕捞方法、捕捞工具、从事渔业活动的主体、渔业资源的利用、渔业制度规范等方面加以补充。

基于当前《诗经》文化研究的发展趋势，笔者选择《诗经》中的渔文化作为研究对象，依托《诗经》中与渔业活动相关的篇目，结合先秦出土文献和传世文献，探究《诗经》所处时代的渔业发展概貌，包括渔业在社会生产结构中所占比重、渔业资源获取的途径和工具使用，渔业资源的利用、渔业相关的制度规约等。在系统了解渔文化的物质内涵、民俗内涵、礼制内涵的基础上，分析渔文化之于先秦人思维方式、审美趣味、道德礼制形成的意义。

一、先秦社会渔业

（一）"海物惟错"——生活资料来源

自上古起，华夏祖先便一直与水文环境相生相依，河流对人类文明的发展起着至关重要的作用，不仅提供水源和便于获得的生存物资，且为人类迁徙和长距离运输开辟了通道。在《尚书·禹贡》篇中，九州河川通达、湖泽广布、水产丰沛，渤海和泰山之间的青州"海滨广斥""海物惟错"④，还有大片的盐碱地产盐；黄海、淮河和泰山之间的徐州"泗滨浮磬，淮夷蠙珠暨鱼"⑤，盛产蚌珠和鱼类，云梦泽一带的荆州则"厥篚玄纁玑组，九江纳锡大龟"⑥，可以进贡珍珠和大龟。《逸周书·职方解》中也记载，青州和兖

---

① 吕华亮.《诗经》鱼意象新论——兼辨《豳风·九罭》题旨 [J]. 唐山学院学报，2008（5）：73.

② 汪慧琪. 论《诗经》鱼意象与交感巫术 [J]. 北方文学，2009（12）：23.

③ 刘美洁.《诗经》鱼意象研究 [D]. 济南：山东师范大学，2013.

④ （汉）孔安国传，（唐）孔颖达疏. 尚书正义（卷三）[M]. 武英殿十三经注疏本：69-70.

⑤ （汉）孔安国传，（唐）孔颖达疏. 尚书正义（卷三）[M]. 武英殿十三经注疏本：73.

⑥ （汉）孔安国传，（唐）孔颖达疏. 尚书正义（卷三）[M]. 武英殿十三经注疏本：86.

州"其利蒲鱼"，幽州"其利鱼盐"①。这两篇文献都是先秦水文地理的重要篇目，其中特别提到了青、徐、兖、幽四州丰富的水产资源，以此得见，先秦时期渔业扮演着重要的社会角色。

1. 民食鱼鳖蚌蛤

首先，水产是先民日常食物的来源。

《韩非子·五蠹》中记载，上古之世"民食果蓏蚌蛤"②，这在出土文献中也有佐证。在距今 50000 年—18000 年的山顶洞人遗址中，发现了大量的鱼骨和蚌壳动物化石。位于长江中下游的公元前 5000—公元前 4000 年的河姆渡文化遗址中，出土有青鱼、鲤鱼、鲫鱼、鲶鱼、黄颡鱼、乌鳢的鱼骨和中华鳖、乌龟、无齿蚌等。在安阳殷墟小屯村的灰坑中发掘出数十件鱼骨，与其他鸟兽之骨相混杂，经鉴定是鲻鱼、黄桑鱼、鲤鱼、青鱼、草鱼及赤眼鳟，大概可以推断为庖厨之弃物③。《尔雅·释鱼》中提到的鱼名有二十多种，经历上万年捕食水产的过程，人们已对鱼类积累了丰富的知识。

关于捕鱼工具和相关活动的记载也展现了渔业在先秦时期的持续发展。

先秦时期，人们因地、因时制宜发明出了各式各样的渔具，单《庄子·胠箧》"钩饵罔罟罾笱之知多，则鱼乱于水矣"④ 一句就提到了鱼钩、网坠、竹笼三种。甲骨文的"渔"字有三种写法，一种指示人在水里捞鱼；一种象手持鱼竿钓鱼；一种象手持网捕鱼。春秋时期《楚王孙鱼戈》铭文中的"渔"字则象一人持三叉戟在水里叉鱼。鱼叉、鱼镖、鱼枪是比较原始的捕鱼工具，这在石器时代的多处遗址中均有发掘。《周礼·鳖人》："掌取互物。以时籍鱼、鳖、龟、蜃，凡狸物。"⑤ 其中"籍"为用权刺泥中鱼鳖。人们选用细长的兽骨、石头或树枝，将其打磨尖锐，这便是最早的渔业工具。较晚的镖枪更为精巧实用，镖体有倒刺以防鱼体脱落，镖尾则穿孔作为系索之用。

我国很早就掌握了垂钓技术。日本学者渡边诚著有《中国古代的鱼钩》⑥，文中考察了 40 处遗址出土的 140 件鱼钩，分析其形态、尺寸、材质、制作技术的特点，指出中国已知的最早的鱼钩为半坡遗址出土的骨制鱼钩。随着青铜时代的到来，鱼钩在数量和质量上也有了变化，二里头文化遗址出土的青铜鱼钩是我国目前发现的最早的金属鱼钩，青铜器的出现还加速了鱼钩的大型化趋势。虽然与日本、朝鲜两地相比，中国在石器时代的渔业在社会经济中所占比重较小，但它始终陪伴着华夏先祖，见证了文明的每一次飞跃。在经典文献中，也有大量关于垂钓的记录。《庄子·秋水》有"庄子钓于濮水"⑦；《战国

---

① （西晋）孔晁注，章樵校．逸周书［M］．四部丛刊初编第 250 册．景江阴缪氏艺风堂藏明嘉靖癸卯刊本：194-195.

② （战国）韩非．韩非子（卷三）［M］．四部丛刊初编第 350~352 册．景上海涵芬楼藏景宋钞校本：88.

③ 伍献文．记殷墟出土之鱼骨［J］．考古学报，1949（4）：139.

④ （战国）庄子．南华真经（卷二）［M］．续古逸丛书第 8~12 册．景上海涵芬楼本：79.

⑤ （汉）郑玄注，（唐）陆德明音义．周礼（卷一）［M］．四部丛刊初编第 9~14 册．景长沙叶氏观古堂藏明翻宋岳氏刊本：80.

⑥ ［日］渡边诚．中国古代的鱼钩［J］．熊海堂，译．农业考古，1987（1）：249.

⑦ （战国）庄子．南华真经（卷三）［M］．续古逸丛书第 8~12 册．景上海涵芬楼本：106.

策·魏策四》载"魏王与龙阳君共船而钓"①；《吕氏春秋·功名》曰"善钓者出鱼乎十仞之下，饵香也。②"

比叉鱼、钓鱼更隆重的捕鱼方式是射鱼，这在先秦的贵族生活里较为常见。甲骨文中有"王弜鱼"的记载，"弜"从二弓，《说文》解为"彊也"，而"彊"又解为"弓有力也"，因此，"王弜鱼"就是王用弓箭射鱼。国家博物馆收藏着一件晚商青铜器"作册般青铜鼋"，其形状是一个爬行的鼋，鼋的颈侧和背壳上插有四支箭的箭羽。鼋背甲中部有铭文："丙申，王弋于洹，获。王一射，般射三，率亡（无）废矢。王令（命）寝（馗）兄（贶）于作册般，曰：'奏于庸，作女（汝）宝。'"③ 是说丙申日商王行至洹水，射鼋，商王射一箭，作册般射三箭，全都命中没有浪费箭矢，商王于是将射得的鼋赠给作册般。这件文物证实了先秦贵族用弓箭射龟的情况。《春秋·隐公》："五年，春，公矢鱼于棠。"④ 记载隐公在棠地射鱼一事。据上述材料推断，在当时，贵族射鱼或射龟的活动在获取食物资源的功用之外，或许还有着彰显等级权威的意义。《周易·井卦》第二爻的爻辞曰"井谷射鲋，瓮敝漏"⑤，是说投射井水中的小鱼，瓦罐碰破而漏水。到了汉代之后，射鱼的方式不复常见，如《焦氏易林·艮之姤》中有"操笱搏狸，荷弓射鱼"⑥ 一句，把用弓箭射鱼看作是不符合常理的事情。

除此之外，网捕法也是重要的捕鱼方式。《周易·系辞下》曰："（包牺氏）作结绳而为罔罟，以佃以渔，盖取诸离。"罔、罟都是用来捕鱼的网。《诗经》"九罭之鱼鳟鲂"中的"罭"为捕小鱼的密眼网；"施罛濊濊"中的"罛"为大的渔网。西安半坡遗址出土了石制网坠实物，证明我国最晚在新石器时代就已经掌握了网捕的技术。在考古发掘的早期人类生活遗址中，所见鱼骨层有许多大鱼残骸，可能是网捕所得。

文献中还有一类竹子和荆条编制的渔具。比如《庄子·外物》中"筌者所以在鱼，得鱼而忘筌"的"筌"；《诗经·敝笱》篇的"笱"、《南有嘉鱼》篇的"罩"、《鱼丽》篇"罶"等。此类渔具材质易腐，故缺少出土材料。

种类繁多的渔具证明了捕鱼活动的繁盛，此外，人工养鱼在我国也有悠久的源头。现藏美国旧金山亚洲艺术博物馆的一件西周中期的青铜器"公姞鬲"上有铭文曰："隹（唯）十又二月既生霸，子中渔（池）。天君蔑公姞曆，吏易公姞鱼三百……"⑦ 记叙了天子从池中捞取三百条鱼赐给公姞的事情。这里的"池"就是王室苑囿中专门蓄水养鱼的鱼池。《诗经·大雅·灵台》曰："王在灵沼，于牣鱼跃。""灵沼"是周王室的人工水池，池中蓄养鱼鳖。《孟子·万章上》"昔者有馈生鱼于郑子产，子产使校人畜之池"⑧，

---

① （汉）刘向. 战国策（卷四）［M］. 士礼居丛书第 14~19 册. 重刻剡川姚氏本：165.

② （汉）高诱注. 吕氏春秋（卷一）［M］. 四部丛刊初编第 420~424 册. 景上海涵芬楼藏明刊本：66.

③ 中国社会科学院考古研究所编. 殷周金文集成［M］. 北京：中华书局，1992.

④ （晋）杜预注，（唐）孔颖达疏. 春秋左传正义（卷二）［M］. 武英殿十三经注疏本：42.

⑤ （宋）朱熹. 原本周易本义（卷一~卷二）［M］. 钦定四库全书·经部一·易类：123.

⑥ （汉）焦赣. 焦氏易林（卷三）［M］. 士礼居丛书第 30~32 册：72.

⑦ 唐兰. 西周青铜器铭文分代史徵下［M］. 上海：上海古籍出版社，2016：521.

⑧ （汉）赵岐注，（宋）孙奭疏. 孟子注疏（卷六）［M］. 武英殿十三经注疏本：14.

亦明确记述了子产将买来的鱼蓄养在池中一事。人工养鱼在春秋时已较为普遍，越国的范蠡更以善养鱼著称，相传他曾著写《养鱼经》，记述了鱼苗选用、鱼池规格、养鱼收益方面的经验。"养鱼"被范蠡看作是"治生之法"之首，反映了渔业在当时社会经济中的重要地位。

除却捕鱼、养鱼外，更有烹鱼、食鱼、买卖水产，相关记载不计其数，如《左传·昭公二十年》"水火醯醢盐梅，以烹鱼肉"①；《礼记·月令》"天子亲往，乃尝鱼"②；《庄子·外物》的"枯鱼之肆"等。可以说，渔业在春秋时期已经发展为一条从捕捞、养殖到出售的产业链，成为关系着国计民生的重要产业。

2. 贝饰及贝币

水产不仅作为食物为人类提供丰富的蛋白质，补充人体能量，还被制造成工具和装饰物装点着先秦人民的日常生活。

原始社会时期，我国漫长的海岸线沿岸居住着不少以海为生的居民，它们留下了大量贝丘、贝冢遗址，里面有蛤蜊、鲍鱼、海螺、长蛎、玉螺、海蛏、魁蛤等各式各样的贝类化石。过量富余的贝壳为早期人类制造非实用的手工艺品提供了条件。在山顶洞人遗址中，出土了三件经过磨制的海蚌壳，据鉴定来自东南沿海，③ 这一方面表明旧石器晚期人类具备远距离运输的能力，另一方面也证实了贝壳在原始社会中的装饰价值。山顶洞人遗址中还出土了一件用青鱼的鱼眶上骨制成的装饰品，上面有穿孔和红色染料的痕迹。此外还有九件鲤科大胸锥和尾锥，可能被做成串珠佩戴使用。④

进入王朝国家以来，由于生产水平的提高和社会分工的细化，人们已经产生了物品交换的需求。在很长一段时间里，贝壳承担着一般等价物的功能。

《史记·平准书》论及货币的产生，说"虞夏之币，金为三品，或黄，或白，或赤；或钱，或布，或刀，或龟贝。"⑤ 《盐铁轮·错币篇》也说"夏后以玄贝，周人以紫石，后世或金钱刀布。"⑥ 目前虽未有出土材料证实夏朝贝币的存在，但殷墟遗址却出土了大量的海贝和海产螺类。1953 年发掘的大司空村车马坑中有五十余枚货贝堆放在车舆里，贝壳并非粮食产物，却被大量存放，因其为物物交换的凭证。一些墓主人、甚至奴隶坑的奴隶嘴里含着货贝，这是丧葬"口含"制度的早期证明。《周礼·玉府》载："大丧共含玉"，是说天子死后嘴里要含玉。在殷商时期，人们物资缺乏，入殓前死者嘴里含贝。周代贵族的"口含"往往选用玉石，而平民百姓则用粮食代替，称"饭含"。周朝以后礼制完备，不同等级的人死后口含之物也有区分，《公羊传》载："孝子所以实亲口也，缘生

---

① （晋）杜预注，（唐）孔颖达疏. 春秋左传正义（卷二十五）[M]. 武英殿十三经注疏本：32.

② （汉）郑玄注，（唐）孔颖达疏. 礼记正义（卷九）[M]. 武英殿十三经注疏本：51.

③ 贾兰坡. 山顶洞人 [M]. 龙门联合书局，1951：70.

④ 马青. 中国旧石器时代个人装饰品研究 [D]. 石家庄：河北师范大学，2016.

⑤ （汉）司马迁. 史记（卷二十七~卷三十）[M]. 武英殿二十四史本：244.

⑥ （汉）桓宽. 盐铁论（卷一）[M]. 四部丛刊初编第 323~324 册，景长沙叶氏观古堂藏明刊本：36.

以事死，不忍虚其口。天子以珠，诸侯以玉，大夫以碧，士以贝，春秋之制也。"① "口含"文化上启殷商，时至今日仍有人沿循。此外，妇好墓发掘出近七千枚背部有大穿孔的殉贝；在后冈祭祀坑中还有"十贝为朋，联成一组"的现象②；"朋"在甲骨文中象两串相连的贝，最早被用来指示计量贝的单位。《诗经》中"赐我百朋"里的"朋"就是贝币。殷墟的考古发现足以说明海贝在殷商时期已经作为一种实物货币，是人们日常生活的必需品。作为货币的贝壳，自然也是财富的象征，因此作为随葬品被带入墓中。

作为一般等价物的贝壳由于本身花纹绚丽，具有神秘气息，故被人们当作通灵之物用于宗教仪式中。此外，品相上乘的贝壳还凭借其稀缺属性被当作祭品供奉神明和先祖。"贝"字在后世衍生出了货物、珍宝、礼物的含义，这在先秦已有迹可循。除了贝类之外，鱼在原始社会的一些族群中也带有神圣含义，被当作图腾来崇拜，它们在王朝国家的祭祀中扮演着重要角色，下面论述水产品的图腾和祭祀功用。

（二）"人面鱼身"——图腾和祭祀功用

1. 鱼意象的图腾内涵

在旧石器时代中晚期，人类出现了图腾文化。图腾是神的灵魂的载体，被原始部落用作本氏族的徽号或象征。世界上不少氏族部落都曾以鱼为图腾，如澳大利亚土著民族、美洲印第安人、非洲土著民族等。中国的石器时代也存在鱼图腾的现象。在仰韶文化的半坡遗址（公元前4800—前4300年）中，出土了一件颇受瞩目的人面鱼纹彩陶；在姜寨遗址（公元前4600—前4400年）中，同样出土了一些绘有鱼纹、人面鱼纹、鱼蛙纹、鸟鱼纹的彩陶。这些鱼纹陶盆有些出自于儿童墓棺，有些出自成人墓葬，多以随葬品的形式被发掘。原始社会的随葬品往往带有特殊内涵，反映了当时社会的风俗和文化观念。这些鱼纹虽然形态各异，但都离不开"鱼"的形象，由此可以推断，"鱼"在黄河流域的仰韶文化圈中可能扮演着图腾的角色。而鱼纹与其他纹路的结合，也许正反映着部落与部落之间同姓异氏的亲缘关系。

在巫山大溪文化遗址（公元前4400—前3300）中，有用鱼随葬的现象，"鱼有的放在身上，有的在脚旁，有的在双臂下，有的含于口中。"③ 关于这一考古发现，有三种解释：一是鱼为当地的信仰图腾；二是鱼乃施展巫术的祭物；三是鱼作为丧葬仪式的祭品。无论哪种猜测，都肯定了鱼在当地人的精神世界中具有神圣内涵，作为一种灵物依据特定的信仰、仪式或习俗随葬。考古研究表明，捕鱼是大溪先民获取食物的重要谋生手段，鱼在日常生活中发挥举足轻重的作用，这是"鱼"发展成为图腾崇拜或仪式祭物的基础所在。除却随葬物外，大溪遗址还发掘出了许多大型的动物坑，其中鱼骨坑的数量极多。这或许也反映出，大溪先民将鱼看作有灵之物，并不随意抛弃遗骸，而是在进行特定仪式后将其郑重地集体掩埋。

---

① （汉）何休. 春秋公羊传注疏（卷十三~卷十四）[M]. 景摛澡堂四库全书荟要·经部·春秋类：35.

② 戴志强. 安阳殷墟出土贝化初探 [J]. 文物，1981（3）：72.

③ 范桂杰，胡昌钰. 巫山大溪遗址第三次发掘 [J]. 考古学报，1981（4）：462.

在相隔不远的蜀地，流传着鱼人国的传说。李白《蜀道难》云："蚕丛及鱼凫，开国何茫然。"蚕丛和鱼凫都与蜀地上古世系传说有关。旧题扬雄所撰《蜀本纪》曰："蜀始王曰蚕丛，次曰伯雍，次曰鱼凫。"① 《华阳国志·蜀志》与此记载相合。关于"鱼凫"名称的来源，历来有争议：一种认为是以"鱼"为祖神的氏族和以"凫"为祖神的氏族的结合②，但关于"凫"又有水鸟、凤凰、燕子三种解读；另一种将"鱼凫"统一认定为善捕鱼的鸬鹚③；还有学者认为"鱼凫"国就是《山海经》所载的"鱼妇"之国。《山海经·海内南经》云："氐人国在建木西，其为人面而鱼身，无足。"郭璞注："尽胷以上人，胷以下鱼也。"④清人校《大荒西经》的"互人之国"同"氐人国"，其子民皆人面鱼身，"能上下于天"。紧接着"互人之国"记载的是鱼妇之国："有鱼偏枯，名曰鱼妇。颛顼死即复苏。风道北来，天乃大水泉，蛇乃化为鱼，是为鱼妇。颛顼死即复苏。"即颛顼从一个半人半鱼的"鱼妇"身体里复生。类似记载还存于《淮南子·墬形训》："后稷壠在建木西，其人死复苏，其半鱼，在其间。"⑤ 这两个传说模型极为相似，其关键因子即"人死复苏"与"半人半鱼"或"人面鱼身"，它们还指向了同一地点"建木西"。"建木"相传为上古时期沟通天地的巨型神树，三星堆遗址出土的青铜神树可能就是它的艺术表现。有学者指出，"建木西"在岷山地区⑥，是古蜀国的重要发源地。鱼凫族可能为颛顼的后裔，他们崇拜《南山经》中位于"柢山"上能"冬死而夏生"的"鲹鱼"。在他们眼中，鱼蕴含着生命轮回的奥秘，是掌管繁衍生息的神祇。后世生成的"化鱼""人面鱼身"的传说虽不足信，但反映了蜀地先民异于中原文化圈的信仰系统。

2. 鱼祭习俗的礼制解释

在原始宗教形成之前，人们已经对物质世界产生了"万物有灵"的观念，比如把日常捕捞之鱼看作是水之灵物、把海滩捡拾到的光洁亮丽的贝壳当作是自然魔力的造物。除却朴素的神秘色彩外，人们又基于生存需求赋予这些灵物以功用含义，比如观察到鱼多籽而从中提取出生育的神力，由此加深崇拜之情，久而久之将某一特定灵物固化为图腾，作为部落祖神给予仪式化、定期性地祭拜。随着生产水平的提高和社会组织的发展，各部落渐渐都发展出一套辅助神灵信仰的仪式系统，其中涵盖了话语、用具、动作等各种约定俗成的符号。原先的图腾在此时就转化为仪式中具体可观的符号，可能表现为祭品、咒语、甚至是一段巫术舞蹈的核心思想。随着部落合并，这些原始的仪式系统也经历了衰变。不同地域人们的交流融合促进了信仰的融合与归化，比如前面提到的"鱼蛙""鱼鸟"的意象可能就隶属这一转变过程。经历漫长的文明演化，王朝国家逐渐形成，人与人之间社会关系的强化一定程度上削弱了自然本身的神力。人们的信仰系统也脱离了原始朴素的灵物

---

① （唐）欧阳询等. 艺文类聚（益州卷）[M]. 景宋绍兴本：197.

② 孙华. 蜀人渊源考（续）[J]. 四川文物，1990（5）：15.

③ 蒙默等. 四川古代史稿 [M]. 成都：四川人民出版社，1988：13，17.

④ （晋）郭璞传. 山海经（卷二）[M]. 四部丛刊初编第 465～466 册. 景江安傅氏双鉴楼藏明成化庚寅刊本：101.

⑤ （汉）刘安撰，（汉）许慎注. 淮南鸿烈解（卷一）[M]. 四部丛刊初编第 425～428 册. 景上海涵芬楼藏景钞北宋本：120.

⑥ 文鹤. 鱼凫考 [J]. 社会科学研究，2009（5）：142.

崇拜，转化为更高级的神灵信仰，除却自然神、动物神外，最贴合社会关系的祖先神信仰成为主流。虽然信仰主体发生了迁移，但早期仪式系统中的一些因子却得到了承袭，比如跪拜动作、以畜牧水产为祭品等。周公为祭祀制礼作乐，采集各处仪式系统的因子，将其整合重构，并建立一套新的话语系统，归入"礼"的范畴。由此，仪式的神秘性逐渐让位于社会性，发展成统一文化身份的表征。以上过程可以概括为三个阶段：图腾—神灵—礼制。渔业的身影贯穿了祭祀系统的每一阶段。濮阳西水坡的仰韶文化遗存（公元前4500年）中，出土了三件用蚌壳摆塑的龙虎图案，学者推测它描绘的是祭祀场面，为我国龙图腾文化的早期形态。这一考古发现反映出渔业经济很早就浸入了人们的信仰系统。同属仰韶文化的鱼纹彩陶也很可能与祭祀有关。半坡遗址的人面鱼纹彩陶盆是一种特殊的葬具，专为覆盖儿童棺椁。它的图案很讲究：两个人面鱼纹和两个单体鱼纹相间排列，围成一个头尾相接的圆圈。联系《山海经》中人死后借鱼体复生的神话，笔者推测这一图案背后的信仰观念：鱼是这一部落的图腾，掌管轮回和繁衍。族人在经历成年仪式后会带有图腾印迹，死后魂魄便能再次轮回降生到这一部族之中。然而夭折而死的小孩子尚未经历成年仪式，族人为防其亡魂找不到鱼神而无法顺利转世到本族，便在陶盆上绘制鱼神附身到死者身上以施法转世的图案，作为一种祭器用在招魂仪式上，随后把陶盆覆盖在儿童的棺椁上一同入葬。有些陶盆底部钻孔，可能象征着魂魄升天的通道。猜想虽不足信，但人面鱼纹彩陶盆这一文物，反映出鱼图腾兼有功用符号意义，在祭祀仪式中传达特定祈愿。

商周以后，祭祀的社会性愈加凸显，贵族借此表达自己对权力的掌握。殷墟卜辞有"辛卯卜，殻贞，王勿征鱼，不若？辛卯卜，殻贞，王往征鱼，若？""王弜鱼，其兽（狩猎）。"[1] 王亲自捕鱼，是为了获取祭祀所用的祭品。距《礼记·月令》载，季春之月天子需要乘坐舟牧官制备的船亲往捕鱼，把捕获的鲔鱼荐于寝庙。荐于寝庙的目的一方面是告慰祖宗，另一方面也为祈求来年物产富发。《礼记·曲礼下》："凡祭宗庙之礼……槁鱼曰商祭，鲜鱼曰脡祭"[2]，根据所用鱼的新鲜程度不同，礼的名称也有区分，这表现出鱼祭已经融入当时一整套完备的祭祀系统中，鱼已成为祭祀之礼的重要物质依存。

二、《诗经》渔诗的意象谱系与文化功能

（一）"鸢飞鱼跃"——和谐自然的渔业场景

孔乐韩土、川泽吁吁、鲂鱮甫甫、麀鹿噳噳、有熊有罴、有猫有虎。——《荡之什·韩奕》

欲览《诗经》风物之盛貌，不妨从《韩奕》此句着眼。
在湖畔水边，以及泽薮之地，生长着大片的草木，高处禽鸟唱和，低处螟蛉奏响，水

① 董作宾主编. 小屯殷墟文字乙编 [M]. 南京：国立中央研究院历史语言研究所，1948.
② （汉）郑玄注，（唐）孔颖达疏. 礼记正义（卷三）[M]. 武英殿十三经注疏本：110.

中藻荇交横、鱼虾蟹贝自在遨游，湖畔有大量水鸟云集，悠然漫步，岸边的芦苇荡里窸窸窣窣，那是野猪熊罴穿林打叶的声音。《诗经》为我们描绘了一幅生机勃勃的原始自然画卷，先民生活于其中，摄取周围草木虫鱼鸟兽等意象入诗，体现出他们对自然世界的主动关怀。

研究《诗经》的渔文化，先要考察《诗经》中有关鱼类生活环境的诗句：

> 鱼在于沼、亦匪克乐。潜虽伏矣，亦孔之炤。——《祈父之什·正月》
> 王在灵沼、于牣鱼跃。——《文王之什·灵台》

"沼"，毛公解为"池也"，其本义是小片积水的洼地，此处指王室里人工修建的蓄水池，池中养有鱼鳖，为祭祀提供祭品。《正月》里"鱼在于沼"的解读是消极的"匪克乐"，是一种不自由受拘束的状态，池中鱼即使能潜伏在池底，仍然清晰可见。用此比喻贤者在朝廷中如果不能推行道义，则心情不能舒畅，即使退居避隐仍然会为国事忧心戚戚。《灵台》篇"鱼在于沼"的意象则传达积极意味。文王在灵台修建池沼，蓄养鸟兽鱼鳖，各种生物在此各得其所、欣欣向荣。用"于牣鱼跃"的生动场面来彰显文王德行深厚，政通人和，民众皆沐浴德化、纷纷归附，一派和乐气象。

> 鸢飞戾天、鱼跃于渊。——《文王之什·旱麓》

同为渲染德化的还有《旱麓》，鸢是恶鸟，高飞于天，喻恶人远离国家；鱼跃的意象传达欢欣、自由之意，以喻百姓各得其所，欢喜和乐。抛开文本功用不谈，"鸢飞鱼跃"可以看做是先秦捕鱼场景的真实还原。鸢属鹰科，能捕食鱼类。当渔人捕鱼时，鸢鸟也盘旋水上，等待时机捕获跃出水面的鱼。人在这幅生态画卷中和鸢地位平等，共为自然之子，享有河流母亲赐予的水产资源。"鸢飞鱼跃"在后世成为万物各得其所的象征，本自此篇。

> 鱼在在藻、有颁其首。
> 鱼在在藻、有莘其尾。
> 鱼在在藻、依于其蒲。——《桑扈之什·鱼藻》

"藻"据郑笺、"蒲"据《说文》，都释为"水草也"。鱼依附水草是得其自然之貌，水草间寄居着充足的微生物供鱼类吸吮，故而鱼体态肥美，其首丰盈、其尾硕长。"在藻"与"在渊"类似，都为鱼得其所之态，以此推及天下，喻万物各得其所，泰然和乐。

鱼在水中有各种状态，或欢腾游跃、或娴静安息，诗人在描绘鱼的状态时寄寓了主体性情感。《毛诗序》云"情动于中而形于言，言之不足故嗟叹之，嗟叹之不足故永歌之，永歌之不足，不知手之舞之，足之蹈之也。"[①] 人的情感受到触动便会不自觉地摆动身体，

---

① （汉）毛亨传，（汉）郑玄笺，（唐）孔颖达疏. 毛诗正义（卷一）[M].武英殿十三经注疏本：7.

借助身体的律动将内心波动荡漾开来。当渔民观察到游鱼跃出水面的情景时，便会主观地将人的情感模式投射到鱼身上，认为这是鱼在表达欢欣之意。庄子就曾在濠梁之上赞叹："鲦鱼出游从容，是鱼乐也。"① 事实上，鱼跃本是一种生物反应，当阴雨天水中氧气不足时鱼会跃出水面以获取氧气，并非情感表示。鱼有时静止于水中休息，渔民便从中提取出安闲的意味。鱼游于水不受任何拘束，则被认为是自得其乐的状态。久而久之，鱼在水中固化为一种意象模式，以兴万物各得其所的和谐场面。"于牣鱼跃""鱼跃于渊""鱼在在藻"均为这一模式的具体例证，它们体现了先民与自然万物同在同乐的观念。

（二）"潜有多鱼"——渔意象的求贤联想

1. 大鱼潜藏喻贤者隐遁

施罛濊濊、鳣鲔发发、葭菼揭揭。——《卫风·硕人》

罛，《尔雅》曰"鱼罟谓之罛"，郭注"最大罟也"。罟即网，可以捕鱼和鸟兽。罛是一种大眼网，用于捕鳣、鲔等大鱼。"濊"，呼活反。濊濊状鱼网投入水中的声音。此处可能是渔人在黄河上乘船撒网捕鱼，场景盛大，所得皆为大鱼。

"鳣"，一本作"鳝"。毛传云"鲤也"，郑笺云"陟连反，大鱼，口在颔下，长二三丈，江南呼黄鱼，与鲤全异"。"鳣"有两种读音，音善时与"鳝"同，即今日所谓黄鳝，是一种形状像蛇、光滑无鳞、身体黄色有黑斑的鱼。音遭时应为鳇鱼的古称。《尔雅》郭璞注"大鱼。似鳣而短鼻，口在颔下，体有邪行甲，无鳞，肉黄，大者长二三丈，江东呼为黄鱼。"② 与郑笺相合。"黄""鳇"音同，且《潜》中同时出现"鲤"和"鳝"，因此笔者认为毛传释鳣为鲤有失偏颇，应从郑笺解为今鳇鱼。

"鲔"，毛传解为"鲔也"，"鲔"在《说文》里解为"叔鲔"也，叔即小意，《尔雅》说鲔鱼"大者名王鲔，小者名鲵鲔。"③ 鲔鱼应该和鳣鱼类似，是今鳇鱼和鲟鱼的古称。鲟鱼和鳇鱼体长无鳞，是栖息在河道中的大型洄游鱼类。陆玑指出："鲔出江海，三月中，从河下头来上。"④ 值得注意的是，如今鲟鳇鱼的分布范围大大缩小。陆玑云"今于盟津东石碛上钓取之，大者千余斤"，盟津在今河南孟县西南黄河上；《尔雅翼》载"淮水亦有之"⑤；陆德明《音义》云"江南呼为黄鱼"⑥；《本草纲目》云"鳣出江、淮、黄河、辽海深处"⑦，可见，古时候在黄河、淮水、长江、辽海都有鲟鳇鱼的身影。然而今天鲟鳇鱼仅在黑龙江水域出产，被列为世界濒危灭绝物种。

---

① （战国）庄子. 南华真经（卷三）[M]. 续古逸丛书第8~12册. 景上海涵芬楼印本：108.
② （晋）郭璞注. 尔雅 [M]. 四部丛刊初编第42册. 景常熟瞿氏铁琴铜剑楼藏宋刊本：94.
③ （晋）郭璞注. 尔雅 [M]. 四部丛刊初编第42册. 景常熟瞿氏铁琴铜剑楼藏宋刊本：94.
④ （三国）陆玑. 毛诗草木鸟兽虫鱼疏 [M]. 景钦定四库全书·经部三·诗类：61.
⑤ （宋）罗愿著，洪焱祖释. 尔雅翼 [M]. 北京：商务印书馆，1985：299.
⑥ （唐）陆德明. 经典释文 [M]. 上海：上海古籍出版社，1985：239.
⑦ （明）李时珍. 本草纲目（卷四十三~卷四十四）[M]. 景钦定四库全书·子部五·医家类：176.

鳣、鲔不仅体型庞大，而且食用价值极高，"可蒸可臛，又可作鲊，子可为酱"①，鲟鳇鱼卵所制的黑鱼子酱被誉为"黑珍珠"。《本草纲目》还记载了它们不同部位的药用价值。鳣、鲔价值极高，即使在古代也作为一种象征着地位身份的鱼类用于祭献。《礼记·月令》载季春之月，"天子始乘舟。荐鲔于寝庙，乃为麦祈实。"② 为何要用鲔供奉？《大戴礼记·夏小正》指出"鲔之至有时，美物也"，季春三月，河流解冻，鲔鱼洄游，是"鱼之先至者也"③，天子祭鲔标志着禁鱼令的解除。《红楼梦》乌进孝进献给贾府的年货清单里也有"鲟鳇鱼二个"。

在《四月》中也出现鳣鲔的身影：

> 匪鳣匪鲔、潜逃于渊。——《小旻之什·四月》

这里出现了"鱼潜"的意象，可与《鹤鸣》篇并看：

> 鱼潜在渊、或在于渚。——《彤弓之什·鹤鸣》

"渊"，《说文》解作"回水"，观其字形：外面的框象水岸，中间则象水打旋之貌，表示水深回流。"渚"，《尔雅》注云"小洲也"，指水中的小块陆地。

大鱼潜藏于深渊，小鱼则悠游于浅水。鱼为嘉善之物，大鱼尤其可以用来象征贤能大德。以其大象征贤者的广博学识和敦厚德行，以其深潜水中象征贤者隐遁于世，不受外界喧嚣。因此这一类"鱼潜"的意象能引发人们的求贤联想。

《鹤鸣》和《四月》中的这两句便是劝谏在位者应该广纳贤士充任于朝堂。《鹤鸣》篇以此来比喻贤者避居深隐，在位者应该积极发掘贤士。《四月》篇鳣、鲔都是大鱼，其本性喜居深渊，同样喻贤人大德遁隐避世，不得在位者所用，从而表达对当时混乱社会的怨愤之情。

在《汝坟》篇的传注中，毛公将鲂鱼与君子联系在了一起：

> 鲂鱼赪尾、王室如毁。——《周南·汝坟》

"鲂"，《说文》解为"赤尾鱼"，是从此处注解。赪，毛公解为"赤"也，郭璞注《尔雅》曰"浅赤也"。为何鲂鱼尾赤？毛亨和郑玄看法各异。毛以为，鲂鱼尾巴本非赤色，辛劳才会发红，以此比喻君子劳苦、容貌憔悴，从而反映出王室政治酷烈，起到讽的作用。郑玄在解《左传》"如鱼赪尾，衡流而彷徉"一句时认为，鱼肥尾巴就会发红，因此鲂鱼本来就有尾巴泛红的现象。"赤尾鱼"只是形貌特点的描述，而非种属的判定依据。

---

① （三国）陆玑. 毛诗草木鸟兽虫鱼疏 [M]. 钦定四库全书·经部三：61.
② （汉）郑玄注，（唐）孔颖达疏. 礼记正义（卷八）[M]. 武英殿十三经注疏本：24.
③ （汉）戴德撰，（北周）卢辩注. 大戴礼记（卷一）[M]. 四部丛刊初编第48~49册. 景无锡孙氏小绿天藏明袁氏嘉趣堂刊本：39.

将鱼与贤者系联在一起的原因不难解释。《诗经》常借光洁灿烂之物兴美好高洁之人。如"桃之夭夭，灼灼其华"，以桃花的光鲜兴出嫁女子的美貌；《何彼襛矣》用唐棣的华美兴王姬之美盛。相反会用粗鄙之物兴龌龊之人，如用"籧篨不鲜"讽刺卫宣公年老体衰、品行卑劣。统观《诗经》中所用到的鱼意象，"于牣鱼跃"突出鱼态度自然纯真、"炰鳖鲜鱼"突出其味道鲜美、"匪鳣匪鲔"暗示体格庞大、"鲦鳢鰋鲤"表明品类丰富，都传达着积极的感情色彩，所以先秦人们大致视鱼为美物，用它比兴贤者合乎情理。

2. 渔具捕鱼兴以礼纳贤

九罭之鱼、鳟鲂。——《豳风·九罭》

罭，郭注"今之百囊罟"，是一种密眼网。朱熹解"九罭"为"九囊之网"，九可能并非实指，只是表示囊袋很多。

"鳟"，《说文》曰"赤目鱼"，鳟鱼似鲤鱼，但鳞片更细，眼睛是红的。《尔雅》谓鮅鱼同鳟鱼。《九罭》诗旨为"美周公"，以此句起兴，传笺解释略有差异。在毛亨看来，鳟鲂是大鱼，罭是一种细眼网，鳟鲂在小网中非其所宜，以兴周公久处东方小邑非其所宜，劝王应该尽早迎周公。郑玄看来，此句传达的意思是捕鱼需用专门的器物，以兴迎接周公应以特定的礼节。当捕鱼具与鱼同时出现时，往往暗示求贤要依照一定礼节。事实上，以器示礼是《诗经》的一个传统，如《宾之初筵》里"笾豆有楚，肴核维旅"表示宴会刚开始礼器具备，秩序井然。

捕鱼活动本身蕴含着主体对客体的欲求。捕鱼活动的主体为渔人，客体为鱼，主要动作为捕获。渔人首先有捕鱼的需要，还要有识鱼的本领。在捕鱼时，他们要在河畔巧妙布置，选用上乘的工具，时刻关注水面才能捕获善鱼。同时，捕鱼活动是他们持之以恒的事业，不可一日荒废。对于在位者来说，求贤也是同样的道理。在位者首先要有招纳贤才的观念，更要有慧眼识珠的能力。在访贤时要有"三顾茅庐"的精神，以诚待人、礼贤下士。同时要把任贤举能当作统治国家恒常不变的纲领，如此才符合上位者的品格。正因为二者之间逻辑如此相像，捕鱼才逐渐固化为一种意象模式，以兴上位者求取贤能大德。

南有嘉鱼、烝然罩罩。——《白华之什·南有嘉鱼》

"嘉鱼"是指嘉善之鱼，并非鱼种名称。"罩罩"据毛传解为"篧也"，是用竹子编制的捕鱼器。此句讲南方江汉之间有好鱼，人们想要用罩去捕捉，以兴君子应该广招贤才、纳于朝堂。在此句的意象模式中，鱼在前、渔具在后，有一种客体对主体的等待意味，强调主体要对客体主动出击。鱼久处水中等待捕捞，比喻贤者等待在位者的发掘赏识，因此它的作用是暗示求贤。

3. 烹鱼之能喻治国之才

《诗经》里多提及鱼的鲜美：

岂其食鱼、必河之鲂。

岂其食鱼、必河之鲤。——《陈风·衡门》

其下郑笺云"此言何必河之鲂然后可食，取其口美而已。"鲂在其他早期文献中也被普遍认为鲜美可口。如《礼记·内则》提到大夫燕食烹调胜物时有"鲂鱮炙"①，炙食最能保留食材本身的鲜味，而鱼类用"鲂鱮"指代，足可见二者在当时餐桌上的地位。

"鲤"，《说文》与"鳢"互训，是一种体肥味美的淡水鱼。鲤鱼很早就成为百姓餐桌上的佳肴，《盐铁论》谈及民间酒食有"臑鳖脍鲤"；《六月》篇提到"炰鳖脍鲤"；《焦氏易林》解卦时多出现"买鲤"；陶朱公所撰《养鱼经》也把鲤鱼看作池鱼的首选，因为"鲤不相食，易长又贵"②。鲤鱼还是一种赠物，《孔子家语》中载，孔子的儿子出生时，鲁昭公赐了一条鲤鱼，于是新生儿被名鲤字伯鱼。鲤鱼不仅味美，而且品貌嘉善，因此在后世发展出了丰富的文化内涵。所谓"鱼传尺素"，源自东汉乐府诗《饮马长城窟行》的"客从远方来，遗我双鲤鱼。呼儿烹鲤鱼，中有尺素书。"鲤鱼腹裹书信，寄予了远方丈夫对家中妻子的殷殷思念和关怀。鲤鱼在先秦两汉典籍中被赋予了祥瑞通灵的特性，《列仙传》中有"赤鲤投符"和"乘鲤飞升"的故事；《淮南子》里有"千岁之鲤"；《东观汉记》里有"姜诗孝亲，涌泉跃鲤"的故事；《山海经》里奇异的鳐鱼、鳞鱼、鲐鲐、鳝鱼、鳖鱼都状如鲤鱼。中华民族的图腾"龙"相传就是鲤鱼所化，《埤雅·释鱼》："俗说鱼跃龙门，过而为龙，唯鲤或然。"③ 千百年来，鲤鱼在中国人的文化世界中扮演着不可或缺的角色，寄寓在鲤鱼身上的美好想象经久不衰。《衡门》篇后二章重言，用食鱼意象比喻任贤。鲁僖公有美好的心愿却无行动之志，故国人作此诗劝诱他发愤图强。"岂其食鱼，必河之鲂？""岂其食鱼，必河之鲤？"鲂鲤都是鱼中鲜美者，用吃鱼不必挑鲂鲤比喻任用贤才不必非圣人不可，只要对国家有帮助的都应该予以招纳，即使国家小也要发愤图强、兴致政化。

鱼作为一种天然赐予的物产，为人们提供丰富的蛋白质和能量。《诗经》讲到鱼的烹饪：

谁能亨鱼、溉之釜鬵。——《桧风·匪风》

《匪风》旨为"思周道"。桧国国小且失政教，君子为国家忧虑，追慕周朝教化。《庄子》有言"治大国若烹小鲜"，烹鱼之事虽小，其中却蕴含大道。如果烹饪手段过于繁琐，鱼就会碎掉，不合礼的要求。治理国家同样如此，如果政令苛杂，就会扰乱民众的正常活动，容易招致祸患。桧国君子深谙这一道理，可惜在位者没有能够恢复周道的人。"谁能烹鱼？""谁将西归？"既是一种失道的痛惜，也是一种对贤者的呼唤。"釜鬵"这一器物则可以看做是治理国家所需之道法。不再用鱼代表贤者，而是用烹鱼师傅比喻贤者，把治大国和烹小鲜联系起来，将抽象笼统的概念化为日常生活中具体可观的小事，体

---

① （汉）郑玄注，（唐）孔颖达疏.礼记正义（卷十四）[M].武英殿十三经注疏本：49-50.

② （春秋）范蠡著，中国水产学会中国渔业史研究会编.范蠡养鱼经中、英、俄、西文[M].北京：农业出版社，1986.

③ （宋）陆佃著，王敏红校注.埤雅[M].杭州：浙江大学出版社，2008.

现出先民的修辞智慧。

总结与求贤相关的篇目，可以归纳出三种意象模式：鱼潜在渊兴贤者遁隐；渔具捕鱼兴以礼纳贤；烹鱼之能喻治国之才。

（三）"敝笱在梁"——渔意象的婚恋性爱隐喻

《诗经》中有许多涉及情爱的篇目，顾颉刚先生云："一切诗歌的出发点是性爱。这是天地间的正气，宝爱之不暇，何所用其惭怍。"① 笔者认为，对于《诗经》的情爱诗，正确解读非常关键。我们很难大言不惭地说还原诗歌原貌，因为这其中必然带有现代人的眼光，容易把诗解读成一种自以为是的想象。更好的做法是回到《诗经》生成的年代，借助先儒的解经文字，理解这些情爱诗为什么被编入儒家经典，在此基础上探究先秦人的婚恋性爱观念。

笔者根据意指作用的不同，将涉及渔业意象的婚恋诗分为三类：赞美类有《何彼襛矣》《竹竿》《采绿》《硕人》；讽劝类有《新台》《敝笱》《衡门》；幽愤类有《谷风》《小弁》《何人斯》《采绿》。

1. 善钓嘉鱼比和美婚配

施罛濊濊、鳣鲔发发、葭菼揭揭。——《卫风·硕人》

《硕人》篇旨在"闵庄姜"，全诗描写了庄姜尊贵的身世、姣好的容貌以及出嫁时候的盛况。此句描写齐地广饶，河中游鳣鲔、岸边长葭菼，以兴庄姜的陪嫁队伍盛大、礼仪兼备。庄姜是齐庄公的女儿，嫁给卫庄公作夫人。她姿容曼妙、品德贤惠，然而卫庄公惑于嬖妾，不与正妻恩爱，卫人故作此诗怜悯庄姜。

末章写到黄河滂洋恣肆，北流入海。这种水流入海的意象起着暗示作用，寓女子往适他国，夫妻二人将要合为一家。后文进一步用渔业意象加深暗示意味："施罛濊濊、鳣鲔发发、葭菼揭揭。"大渔网横陈河上，鳣鱼鲔鱼这些大鱼穿梭其中。首先渔具捕鱼这类意象在上一节已提到，意味着主体求取客体，但此处它的意象模式略有改变。当渔具在前，鱼在后时，其内涵不再是客体对主体的等待，而是一种主体对客体的欲望，强调客体要顺遂依附主体。河上陈设渔网等待鱼儿，比喻男子等待配偶到来合成室家，因此它的作用是暗示性爱婚配。庄姜其人如此美好，她的出嫁队伍如此盛大，马上就要到达卫国国境与卫庄公结为婚姻了。此句蕴含了两种意象模式，除却渔具捕鱼外，鳣鲔这种大鱼本身就可以象征美好女子，即庄姜。鱼喻美女的模式和鱼喻贤者的模式相似，都是从鱼意象本身所带有的祥瑞美好之义得来的。

籊籊竹竿、以钓于淇。——《卫风·竹竿》

《竹竿》篇，同样出现了渔具捕鱼的意象组合模式。竹竿为竹子作的钓鱼竿，"籊籊"

---

① 顾颉刚著，钱小柏编. 史迹俗辨 [M]. 上海：上海文艺出版社，1997：183.

传解为"长而杀"，形容鱼竿修长直挺，质量上乘，用它在淇水上垂钓，必得鱼。用钓以得鱼兴女子以礼嫁人乃结为室家。《竹竿》旨为"卫女思归"，和《硕人》有异曲同工之妙。卫国女子出嫁他国，礼仪完备，应该得到男方符合礼制的迎接。但是男方却一直没有回应，这使得卫女怀愤在心，不得不返回娘家。这首诗以女子的口吻创作，首章以竹竿垂钓的意象，暗示出嫁女子希望和男子结为室家。强调"竹竿"为以器示礼，表示女子具有美好的品格，且按照妇礼出嫁他国。然而无奈"远莫致之"，男方疏远自己，迟迟不给回复。于是女子进一步用水文意象暗示："泉源在左，淇水在右"，两条水源互不干涉意味着男子故意疏远女子。小水流汇入大水是自然之道，象征女子嫁给男子符合夫妇之道，诗人以此委婉地表达希望男方回应的急切心情。末章再举水文意象隐喻婚配："淇水滺滺，桧楫松舟。"楫用来棹舟，寓意女子辅佐男子，可惜男方最终没有答复，诗人无限怅惘，只得归乡。在这首诗中，反复出现婚配的隐语，无论是竹竿钓鱼、还是两水相汇、楫以棹舟，都是取自然相配之物暗示男女之合符合天道。同时水流本身绵绵不绝，特别适合寄托幽思。

> 其钓维何、维丝伊缗。——《召南·何彼襛矣》

《何彼襛矣》同为描写女子出嫁场面，旨在赞美王姬。全诗描绘了王姬下嫁齐侯之子的场面。"缗"字解为"纶"，和丝一样都是钓鱼绳的材质。此句在自问自答中传达钓鱼应该用上乘钓具的意思，同为以器示礼，钓鱼用好的丝缗作绳，暗示王姬和齐侯之子的婚配符合善道，齐侯之子以礼迎娶王姬。

> 之子于狩，言韔其弓。之子于钓，言纶之绳。
> 其钓维何，维鲂及鱮。维鲂及鱮，薄言观者。——《都人士之什·采绿》

"鱮"，《敝笱》下郑笺云"似鲂而弱鳞"，毛亨注"鲂鱮"为大鱼。《广雅》云"鲢也"。陆玑称"鱮似鲂，厚而头大，鱼之不美者。"[1]《毛诗义疏》同意其观点，并补充俗语云"买鱼得鱮，不如啖茹。"[2]"鱮"与"鲂"类似，都属于经常被捕捞烹饪的鱼，相较之下，鱮味道可能次于鲂，因此有些地方记为"不美"。

《采绿》篇中"鲂鱮"代表众鱼，意在表现君子垂钓技艺之高超。此诗为怨妇口吻所作，诗中回忆了曾经随所爱之人外出钓鱼一事。第三章为虚写，记叙男女配合进行渔猎活动。君子外出打猎，我（妇人）当跟从，在他打猎结束后帮他弛弓收纳入弓袋中；君子外出钓鱼，我也当跟从，帮他整理鱼竿上的丝绳。末章"其钓维何，维鲂及鱮"记录钓得之鱼有鲂和鱮，旨在赞美君子钓鱼技术高超，实则用善钓暗示君子风度不凡，俘获"我"的芳心，使"我"思慕不绝。此诗诗旨为"刺怨旷也"。通过写妇人思念役夫以欲

---

① （三国）陆玑. 毛诗草木鸟兽虫鱼疏［M］. 景钦定四库全书·经部三·诗类：63.
② 转引自（宋）李昉编纂，孙雍长，熊毓兰校点. 太平御览（第8卷）［M］. 石家庄：河北教育出版社，1994：515.

同往，一方面讥讽这种做法不符礼节，另一方面反映战事旷日持久，民不聊生。

总结这四篇诗中渔业意象，可以发现，鱼以比出嫁女子容貌鲜洁；善钓者比喻获得女子青睐的男子。渔具捕鱼可以暗示男女婚配，强调捕鱼工具实为突出男女之结合应符合纲常伦理，且依照昏礼进行。值得注意的是，这类婚配诗往往借用多种水文意象反复暗示，语言隐而不显，营造出一种庄雅的氛围。

2. 敝笱坏梁刺男女淫奔

前文提到，渔具在前鱼在后的意象组合模式常用来暗示男女之事，这在讽劝诗中仍旧适用，最典型的例子莫如《敝笱》：

敝笱在梁、其鱼鲂鳏。——《齐风·敝笱》

"鳏"，毛亨曰"大鱼"，《尔雅·释名》曰："鳏，昆也。昆，明也。愁悒不寐，目恒鳏鳏然也。故其字从鱼，鱼目恒不闭者也。""鳏"字的金文为一条鱼，上面画着一只大眼睛，即鱼目恒不闭之意。鳏鱼在《庄子》中同鲲鱼，也是一种大鱼。然而郑笺和《尔雅·释鱼疏》都把"鳏"解释为鱼子，为易得者。《孔丛子·抗志》："子思居卫。卫人钓于河，得鳏鱼焉，其大盈车。子思问之，曰：'鳏鱼，鱼之难得者也。子如何得之？'对曰：'吾始下钓，垂一鲂之饵，鳏过而弗视也。更以豚之半体，则吞之矣。'子思喟然曰：'鳏虽难得，贪以死饵；士虽怀道，贪以死禄矣。'"① 这条记载讲鳏是一种贪食的大鱼，以喻士人贪禄。《本草纲目》也说鳏鱼"食而无厌""大者三四十斤"②。鳏又因为喜好独行的习性被假借为老而无妻之人，文献中例证繁多，不予列举。

敝笱在梁、其鱼唯唯。——《齐风·敝笱》

梁，是以土石为材料、架在水上用来拦鱼的坝，因此毛传称"鱼梁"，并非是人行走的桥梁。关于梁的形制，郑玄云："梁，水堰，堰水而为关空，以笱承其空。"石梁上会有一段空隙，缺口内放置笱。"笱，曲竹捕鱼笱也"③，是一种竹制的捕鱼工具，大口小颈，颈部有逆向的细竹片。鱼受堰的阻隔，顺水流游进笱中不能出，以此起到捕鱼的作用。另外，一些水禽经常栖息在梁上。先秦文献中梁笱随处可见，《礼记·月令》"季冬，命渔师为梁。"渔师是周代专门掌管鱼的官吏，又称"渔人"；与渔业相关的职官还有"鳖人""虞人""舟牧""川衡""川师""泽虞"等。《周礼·天官》对渔人有记载："春献王鲔。辨鱼物，为鲜槁，以共王膳羞。凡祭祀、宾客、丧纪，共其鱼之鲜槁。"④ 可见，渔

---

① （战国）旧题孔鲋撰．孔丛子（卷一）［M］．四部丛刊初编第318~319册．景杭州叶氏藏明翻宋本：108-109.

② （明）李时珍．本草纲目（卷四十三-四十四）［M］．景钦定四库全书·子部五·医家类：130.

③ （清）段玉裁．说文解字注［M］．清嘉庆二十年经韵楼刻本：362.

④ （汉）郑玄注，（唐）陆德明音义．周礼（卷一）［M］．四部丛刊初编第9~14册．景长沙叶氏观古堂藏明翻宋岳氏刊本：79.

人的主要职责就是在特定时令为祭祀准备鱼类贡品，祭祀为国之大事，许多职官的设立都与此相关。在季冬之时，渔人需要修缮河上的鱼梁，以保障来年的捕鱼事务。鱼梁这种器物千百年来一直沿用，《庄子》有"濠梁之上"的故事；《世说新语》载陶侃曾作"鱼梁吏"，是一种主管河道渔业的官吏；今襄阳市存有地名"鱼梁洲"，足见《诗经》时代渔文化印记对后世的影响。

《敝笱》篇取破鱼笼的意象，因其破，鱼便可以自由出入不受阻碍。此诗旨在"刺文姜"，为何用捕鱼事起兴？仔细品读，可以体会到诗含蓄曲折的妙意。据《左传·桓公十八年》，齐襄公的妹妹文姜嫁给了鲁桓公作夫人。然而文姜未出嫁时已与兄长齐襄公淫乱。嫁至鲁国后，文姜继续频繁往来齐鲁之间，私下与襄公通奸。鲁桓公视若无睹，对其夫人的荒淫之事不加劝阻，"齐人恶鲁桓公微弱，不能防闲文姜，使至淫乱，为二国患焉"①，故而创作此诗。笱的作用本在拦截捕鱼，破了之后鱼可自由出入，以兴鲁桓公没有起到劝阻妨碍的作用，使得文姜和齐襄公继续荒淫无度。

对于《敝笱》篇"敝笱"意象的含义，闻一多先生在《说鱼》里发新见，认为敝笱象征失掉节操的女性，任由众鱼出入象征她和多名男子有染。笔者认为这种说法有道理。出嫁诗的渔具捕鱼意象模式中，捕鱼者往往代表男子，而被捕之鱼代表女子，用合适的器物捕鱼寓意男女循善道结为婚姻。但在违背伦理的媾合情境中，主客对调，渔具可用来代表女子，而鱼则表示男子。笔者认为这种转换可能反映了"女主内"的观念。当女子嫁到夫家之后，她便成了主持家室的女主人，是一种家庭伦理的象征。如果女主人失掉节操，则意味着这个家的风气不正，成为外人指斥的对象。比起竹竿，梁和笱不只是捕鱼工具，还是一种场所环境的表示。梁是水上石坝，为不可动的捕鱼设施，象征女主人的住所。安设在各家门外河上的鱼梁有着"门风"的意味。正常的梁笱意味着这户人家守持正道，没有出格之事。而破笱坏梁则意味着这户人家门风败坏，而门风败坏的根源在于女主人失德。因此便用敝笱象征失掉节操的已婚妇女。"其鱼唯唯"，频繁出入敝笱的鱼暗示常有外男出入这户人家，与女主人行不轨之事。本诗的后几章还出现了"云""雨""水"的意象，它们都是典型的男女性爱的隐语。《敝笱》反复使用此类意象，委婉地揭露鲁桓公之妻文姜与齐襄公的淫乱丑事，达到讽刺的目的。

> 鱼网之设，鸿则离之。——《邶风·新台》

秦汉时期，渔网多作"鱼网"，或单用"网"字。第一章已经提到了我国网捕法的悠久起源，不多赘述。"网"，《说文》曰"庖牺所结绳以渔"，其甲骨字形象两个木棍间用绳子交叉打结。后世加"亡"的声旁后演变为"罔"，又叠加"糸"部为"網"，简化字回归了原始字形。绳线易腐，故缺少出土材料说明早期鱼网的结构。当今网坠多为金属或铅块质地，而早期居民大概沿河取材，以石制坠。

《新台》刺的对象是卫宣公，他在黄河上建造新台来拦截儿媳宣姜，欲据为己有。这

---

① （汉）毛亨传，（汉）郑玄笺，（唐）孔颖达疏．毛诗正义（卷六）[M]．武英殿十三经注疏本：46．

同为违背情理的男女媾合。末章言"鱼网之设，鸿则离之。"齐宣姜来嫁卫国，本欲求与公子伋结为婚姻却惨遭公公拦娶，正如撒渔网是为了捕鱼却飞来了鸿鸟，"所得非所求也"，这是传笺对经文的解法。笔者认为，此句还可有另一种解法。前文已指出，设置渔具喻求取配偶，因此鱼网之设的主语是在卫国等待未婚妻的公子伋。鸿鸟善捕鱼，它来到鱼网之上则有盗鱼的动机，以此喻卫宣公在卫国边境建新台欲夺走儿子的未婚妻。对渔民来说，鸿、鹤、鹈、鸳鸯等善捕鱼的水禽是他们的竞食者，在用鱼网鱼梁捕鱼时要注意防备。《诗经》常有水鸟栖息梁上的诗句，如"维鹈在梁、不濡其翼"，其中鹈鹕喻在朝小人。当捕鱼具与水鸟相组合时，水鸟可能象征卑鄙无道之人。

值得一提的是，《衡门》一诗中将"食鱼"与"娶妻"并列，传笺将其统一理解为任臣治国之喻，却并未解释二者间的逻辑关联。后世学者多解此诗为隐者自述安贫乐道之词，闻一多先生则创造性地把它当作情诗解读。据他所言，"衡门之下"和"俟我于城隅"如出一辙，都是古代男女秘密幽会的地方，"乐饥"为疗慰性饥渴，而"食鱼"则暗示男女"合欢或结配"。陈风确实多为淫奔之作，在编入《诗经》时往往加以"刺"之纲领。笔者以为，还原诗歌本意时应持谨慎态度，故暂无法判断闻先生的推测有几分真实性，不过他确为解读渔意象的性爱隐喻提供了启发。

3. 逝梁发笱诉弃妇悲情

《诗经》中梁笱还以另外一种模式出现，即逝我梁、发我笱，这在《邶风·谷风》《小弁》《何人斯》中均有例证，三首诗虽旨意不同，但都表达幽愤之情。

毋逝我梁、毋发我笱。——《邶风·谷风》

"无+v.+我+n."的句式在《诗经》中多有出现，除却《皇矣》的"无矢我陵"、"无饮我泉"外，"无"都意为"不要"，可替换为"毋"或"莫"；"我"有时替换为其他第一人称指代词，如"朕"。这种句式传达主人公对某个对象的劝阻之意，根据对象是否在诗中有明示，可分为两组。第一组明示对象：《将仲子》的"无逾我里，无折我树杞""无逾我墙，无折我树桑""无逾我园，无折我树檀"；《硕鼠》的"无食我黍""无食我麦""无食我苗"；《鸱鸮》的"无毁我室"；《黄鸟》的"无啄我粟""无啄我粱""无啄我黍"；《大田》的"无害我田穉"。对象常安设于本句式的前面，如"将仲子兮""硕鼠硕鼠"等，整体给人一种作诗者在对象面前呼号劝告的感觉。第二组未明示对象，有《野有死麕》的"无感我帨"和《谷风》《小弁》中"无逝我梁"类句子。这一组诗均和男女关系有关。《野有死麕》"恶无礼也"，揭露当时强暴淫乱之风。"无感我帨"是贞女祈求吉士不要动她的配饰，不要无礼侵犯。

《谷风》是一首弃妇诗。男子变心，抛弃糟糠之妻喜迎新妇。弃妇心中苦闷不绝，对新妇说"毋逝我梁、毋发我笱"。"逝"释为"之"，是到、往的意思。梁是捕鱼场所、笱是捕鱼工具，到我梁上、动我鱼笱，则必然有盗鱼的动机，以此来喻新人意将取代旧人。弃妇因以痛陈：不要来我家门、不要夺我治理家室的专权。之所以选用梁笱意象，一来可能因为弃妇家住水畔，梁笱为其居所实物；二来男女之爱如鱼水之欢，插足别人的家庭关系犹如取用别人家的捕鱼工具。

> 无逝我梁、无发我笱。——《小旻之什·小弁》

《小弁》同为忧愤诗，旨在"刺幽王"。周幽王听信谗言，驱逐太子，太子之傅怜悯其遭遇，便为其代言作此诗。"毋逝我梁、毋发我笱"是大子对幽王宠妃褒姒的控诉。以盗鱼来比喻褒姒盗窃幽王对大子及其母亲的宠爱。梁、笱之意象同样和不正当男女关系联系了起来。

> 胡逝我梁、不入我门。
> 胡逝我梁、不入唁我。
> 胡逝我梁，祇搅我心？——《小旻之什·何人斯》

《何人斯》据旧说是一首绝交诗，主旨为"苏公刺暴公"。暴公为周天子的卿士，向王进献苏公的谗言，苏公因而被王放逐，故作诗与暴公绝交。然而全诗内容并非苏公对暴公的控告，而是对暴公一位随从（"何人"）的不停发问。孔疏为弥合经文和毛传系统的差异，解释为"疑暴公之侣穷极其情，欲与之绝，明暴公绝矣，故序专云刺暴公而绝之也。""胡逝我梁"句是苏公对"何人"的追问：你为什么来到我的鱼梁上，却不入门见我，一直搅乱我的心思？表现出苏公对"何人"谗谮自己的怀疑。

统观此意象模式在三首诗中的文本功用可以发现，"梁"常用来指代主人公的居处或家室；"笱"以比喻主人公自身所珍视的、不愿被剥夺的东西。"逝我梁""发我笱"则有盗鱼的动机，以喻他者将要或已然来到了主人公所据有的势力范围，欲取而代之。主人公因为他者入侵了自我的领地，产生一种怨愤之情，故而激情控诉：不要来我的梁上，不要动我的鱼笼。读者从中可以品味到一种企图挽救自我地位而不得的无力感。更具体地讲，这一类主人公常为弃妇。前文解"敝笱"时已经提到，鱼梁是居所的代言，往往为女主人的象征。在正常状态下，梁笱安设河上，发挥着拦截捕鱼的作用。鱼在笱内以象征着家庭秩序正常，夫妻恩爱和谐。而一旦有他人近我之梁、发我之笱，则意味着夫妻关系中有第三者插足，家庭失序被打破重组。女主人的地位受到威胁，丧失掉丈夫的恩爱以及治家之权，沦为不得不离开家园的弃妇。比如在《谷风》中，弃妇就用"毋逝我梁、毋发我笱"控告新妇、其辞激厉、其情悲切，读来令人闵惜。

在《小弁》里，梁笱作用类似。此诗以周幽王太子宜咎的口吻，控告幽王听信褒姒谗言驱逐太子一事。褒姒是幽王宠妃，她的到来冲击了周幽王与其王后的关系，使得夫妻失和，日渐疏远，褒姒的谗言最终使幽王放逐宜咎母子。从全诗来看，"逝我梁，发我笱"的内涵不仅局限于夫妻关系受损，更有一种国家失序、政教失和的意味。所谓"家齐而后国治"，夫妻伦常为政教之本，如果一个家庭中的不安定因素未被及时制止，久而久之人心被腐蚀，建立在政教基础上的国家终会土崩瓦解。何况天子之家起着示范效应，天子与其夫人更应敬睦亲善，一举一动本于天道，合于礼法。然而幽王不顾夫妇之道，任宠褒姒，公元前 774 年更是凭借一纸休书将原配妻子、一国皇后，赶回娘家申国。褒姒的"逝梁发笱"不仅祸害宜咎母子，更将本就颓圮的周王室推入深渊。申国国君岂能轻易咽下女儿被退还的耻辱，不久后便联合犬戎向镐京大肆进攻，幽王在这场变故中被乱刀砍死，褒姒跳崖，自此西周灭亡。诗人悲慨的不只是失家之痛，更是失国之痛。

"无逝我梁，无发我笱"，一个"无（毋）"字，蕴含多少酸辛悲苦。

对于《何人斯》的诗旨，笔者认为传统理解未免过于曲折，从字面上看，此诗可能单纯是一首弃妇诗。此诗问句叠贯，具有强烈的指斥意味。三处"胡逝我梁"层层递进，像是对变心人的步步紧逼。"梁"在此诗中实指女子住所，"逝我梁"即男子来到了"我"的门前。薄情男屡次过"我"门前，却不愿意入门见"我"，搅乱"我"的心思。男女二人可能本为俦侣或夫妇，无奈男子变心、弃女不顾。女子因而反侧难眠，怀愤在心。

总结讽劝、幽愤诗中的渔业意象：鱼梁单独出现可以表示女子居处；正常的梁笱象征夫妇恩爱和谐；敝笱坏梁象征已婚妇女失去节操；他者到我梁上、动我鱼笱意味着有第三者插足家庭，伦理失序。

（四）"南有嘉鱼"——仪式性渔诗承载教化功能

宗周社会政治与礼制规范是《诗经》产生的背景，《诗经》反过来又参与了礼乐文明的建构。作为儒家经典的《诗经》，本身承担着示礼、示德的教化功能，依托于仪式、乐歌等可观形式渗透入日常生活，成为礼乐文明的重要组成部分。

1.《潜》与王室鱼祭之礼

猗与漆沮、潜有多鱼、有鳣有鲔、鲦鲿鰋鲤。——《臣工之什·潜》

"潜"，传解为"糁也"，"糁"为饭粒，难以疏解。郭景纯据《小尔雅》改为"椮"。《释器》曰："椮谓之涔，与罧同"，"罧"在《说文》里解为"积柴水中，聚鱼也"，是一种把木柴堆在水中用来围鱼的捕鱼具。据段注，鱼在寒冷的时候会藏匿于椮中，趁机可以捕获。至于"糁"字，有人解释为养鱼时向水中投放饭粒，因以从"米"。笔者认为本字应为"椮"字，其古字作"罧"。"罧"的甲骨字形为网中堆放两捆木柴，应该兼有聚鱼和捞鱼的功能。《潜》专写用鱼类作祭祀贡品，因而这些鱼应该平常蓄养在王室灵沼之中，沼中有椮，鱼可以自由出入，当需要祭祀时，就把藏匿在椮中的鱼捕捞上来，"以享以祀，以介景福"[1]。

"鲦"为白鲦，是一种性活泼的淡水鱼；"鲿"，《玉篇》云"黄鲿鱼"，陆玑疏云"黄颊鱼"，即今黄颡鱼；"鰋"为鮀鱼，是一种身体浑圆、额头色白的鱼。《潜》诗旨为"季冬荐鱼，春献鲔也"，两次祭祀所供之鱼不同，季冬会到灵沼中捕捞各种鱼类，而季春应荐天子亲自乘船捕获之鲔鱼。

《潜》是一首祭鱼的乐歌，古者春秋冬都有献鱼的礼制。据典籍记载，孟春天子派虞人入泽梁，修治河道，为全年的渔业活动做准备。季春天子命舟牧覆舟，然后乘舟亲往视

---

① （汉）毛亨传，（汉）郑玄笺，（唐）孔颖达疏. 毛诗正义（卷十九）[M].武英殿十三经注疏本：38.

察，渔人捕获王鲔献诸宗庙，整场活动包含祭天、祭祖及宴饮三方面。凡有祭祀、宴饮、丧纪之需，渔人便需根据礼制提供鲜鱼或干鱼。此外鳖人则要在春天献上鳖、蜃。"夏三月川泽不入网罟，以成鱼鳖之长"①，夏季实行休渔政策，以等待渔业资源的充实。秋季鳖人献鱼、龟。季冬之月的"命渔师始渔"该作何解？笔者认为此非云入泽梁捕鱼也，而是在灵沼中取鱼。季冬大寒之时，川泽结冰，天子不可能亲往河上视察渔师捕鱼。春秋两季，天子组织大型捕鱼活动，在祭祀宴饮完毕后，一部分鱼蓄养在灵沼之中，以供平时祭祀、宴饮、丧纪之用。"王在灵沼"则描绘了天子在这些特殊活动之前到灵沼上视察渔人取鱼的场景。季冬之月，灵沼中的鱼鳖均已长成，体性安定、隐藏于椮中，其肉质最为肥美，故特荐之于宗庙。借此告诉祖先神：感谢这一年的庇佑，使得国家物产丰足、百姓安康和乐。祈求来年也能受此恩惠，福泽深远。

2.《六月》、《韩奕》与待客之道

> 饮御诸友、炰鳖脍鲤。——《彤弓之什·六月》
> 其淆维何、炰鳖鲜鱼。——《荡之什·韩奕》

在《六月》和《韩奕》的两场政治宴饮中，鱼鳖充任着重要角色。古时"鼈""鼇"与"鳖"同，篆、隶书从"黾"，楷书从"鱼"，是一种像蛙一样生活在水中的爬行动物，形状和龟类似，今人所谓"甲鱼"是也。这些食材可能来自周王室的灵沼，每当需要设宴款待重要人物时，便从中取用。它们的制作方式也很值得关注，"炰"释为"以火熟之"，这个解释略微模糊。《诗经》中出现了烹、炮、燔、炙四种烹饪方式：烹即煮；炮是"用烂泥涂裹食物在火中煨烤"，肉不去毛；"燔"是把食物直接投入火中烧烤；"炙"指用东西把食物穿起来放在火上烤。②"炰"有两种读音，读薄交反时同"炮"；读甫九反时为蒸煮，这里应取后者。"脍鲤"和"鲜鱼"都突出了鱼的鲜嫩。用简单的烹饪方式最大可能保留食材本身的鲜味，体现内敛、谦和的气度，符合礼的内在要求。

《六月》"言周室微而复兴，美宣王之北伐也"。周宣王在位时，命尹吉甫北伐猃狁，胜利归来后，宣王设宴款待主帅尹吉甫及其将士。诗歌站在周王室的角度对此次战争的始末作了一个全景式的记述。全诗六章，首章追述六月时猃狁来犯、紧急出兵；二、三章称赞军队训练有素、及时应变；四、五章写尹吉甫带领将士抵抗住敌兵的汹涌来势，稳健防御、猛烈出击、大获全胜；终章写将士得胜归来，天子摆宴重赏，共庆凯旋。在庆功宴上，有美酒佳肴，其中代表便是蒸鳖脍鲤。燕礼用的牺牲应为牢牲，鳖和鲤都是难得的鲜味，以此待客，体现馈食格外珍美，足见天子对功臣的尊重和赏识。

《韩奕》诗旨"尹吉甫美宣王也"。周宣王力图复兴没落的周王室，封韩侯以加强北方防务。此诗详细记述了韩侯入朝受封、觐见、迎亲、归国和归国后的活动。第三章中，韩侯觐见结束后准备回国，先进行祖祭，然后在屠地作短暂留宿。这时候周的卿士受周宣

---

① （西晋）孔晁注，章檗校. 逸周书［M］. 四部丛刊初编第 250 册. 景江阴缪氏艺风堂藏明嘉靖癸卯刊本：97.

② 肖莉.《诗经》宴饮诗与周代宴饮礼俗［J］. 黄冈师范学院学报，2017（4）：54.

王之命来为韩侯用清酒设宴送行。后面连用三个设问句说明饯行的规格：荤菜有炖煮的鳖肉和细嫩的鱼肉，蔬菜有嫩笋和香蒲，此外还赠送车马。宴席丰盛、礼器具备，一切按礼制进行，表现出周天子对韩侯的厚待。

3.《鱼丽》教民取物之法

> 鱼丽于罶、鱨鲨。君子有酒、旨且多。
> 鱼丽于罶、鲂鳢。君子有酒、多且旨。
> 鱼丽于罶、鰋鲤。君子有酒、旨且有。
> 物其多矣、维其嘉矣。
> 物其旨矣、维其偕矣。
> 物其有矣、维其时矣。 ——《白华之什·鱼丽》

罶，毛传解为"曲梁"；《说文》云"曲梁寡妇之笱，鱼所留也"；《尔雅》云"嫠妇之笱"。寡妇之笱也是捕鱼竹籠，只是形制次于凡笱，人们区分二者，便为其取名曰"罶"，取鱼留于此之意。寡妇之笱重在表明鱼笱之破旧，用破鱼篓都能捕捉到许多鱼，以赞美河中物产丰富。

"鲨"的含义发生了古今异变。《释鱼》曰"鲨，鮀"，郭璞注"今吹沙小鱼。"《说文》收录有"魦"字，或为"鲨"的异体字。从字形看，小鱼的解释说得通。然而后世"鲨"字含义转变，被用来指代凶猛的海鲨。最晚成书于北宋的《广韵》中仅记录了"吹沙小鱼"的意思，而南宋的《六书故》和明代的《正字通》已收录了"海鲨"的含义，明清后的文献中"海鲨"的用法愈多，发展到今天已经成了"鲨"的主要义项。至于含义迁移的最初根据，可能来自《说文》对"魦"字的解释："出樂浪潘國"，是说魦来自远方藩国的海域；"鲨"可训为"鮀"，而"鮀"在《说文》里用"鮎"训，鮎鱼是一种凶猛的肉食性鱼类。戴侗等人可能据此用"鲨"字表示产自藩国海域的肉食性海鲨。段玉裁在注《说文》时溯本清源，指出"盖诗自作沙字，吹鲨小鱼也"。笔者赞同此说法，《潜》在用"鲨"字时并不专门表示某一特定的鱼种，而是笼统地指代河滩上的小鱼，其能指和所指的联系较弱。随着后世关于鱼类的语言知识愈加丰富，名称愈发细化和固化，"鲨"字能指与所指间的链条断裂，才衍生出了其他内涵。

"鳢"，传解为鲩鱼，许慎解为鰊鱼；郭璞解为鮦鱼；《正字通》解为今乌鱼；《本草纲目》解为蠡鱼。一个字有如此多的解释，侧面反映出当时鱼类知识的丰富和混杂。《汉语大词典》注解为："身体圆筒形，青褐色，头扁，性凶猛，捕食其他鱼类，为淡水养殖业的害鱼。肉可食，亦称'黑鱼'、'乌鳢'。"[1] 鳢在不同时空的内涵各异，《鱼丽》中的鳢究竟为何种鱼类，尚待考证。

《鱼丽》"美万物盛多，能备礼也"。前三章用鱼类的丰富，暗示其他佳肴的丰盛；用酒的多且甘美，暗示宴饮之欢。后三章反复赞颂宴席上的食物，既多又善、既美又齐、既有又得其时令。《南有嘉鱼》《鱼藻》和《鱼丽》篇语言风格相似，都为口语，且重铺

---

① 王建堂编著. 通用规范汉字正音字典 [M]. 上海：上海辞书出版社，2016：786.

陈、用复沓，有种典雅醇厚的味道。它们所表达的主题也相似，即通过赞鱼引出对宴会的颂赞。这类诗可能是周代贵族飨宴上通用的乐歌，甚至会有一些祝酒的仪式配乐而行。乐师先演唱鱼的自然状态或捕鱼的活动，以表示主人精心准备了这场宴会，并用鱼游于水的意象衬托宴席和乐的氛围。然后主宾伴随着"君子有酒"的歌声互相敬酒，一切有条不紊的进行。诗歌作为一种有节度的背景音，保证宴会乐而不淫，表现出典雅的审美情趣。在宴会接近尾声时，嘉宾共同合唱，以品物之丰盛赞颂宴会之品格，在颂宴中兼颂主人的高尚德化，以示答谢和敬慕之意。鱼不仅是一种嘉善之物，而且合于时令和礼法，因此广泛地用于宴飨饯酬。

《鱼丽》篇不仅是一首燕飨宾客的乐歌，还和祭祀有关。《毛诗序》云"故美万物盛多，可以告于神明矣。"① 此篇暗含先秦用鱼祭祀的习俗。《礼记·王制》云："獭祭鱼，然后虞人入泽梁。豺祭兽，然后田猎。"② 是说渔猎活动应符合时令。据《月令》獭祭鱼的时间是孟春之月。水獭在捕鱼后会将鱼陈列水边，如同陈列供品祭祀，因此獭祭鱼一方面点出始渔的时间，另一方面也暗示要先进行祭祀再开始捕鱼。《月令》明确载季冬之月"（天子）命渔师始渔，天子亲往。乃尝鱼，先荐寝庙。"③ 这里天子亲往视鱼、尝鱼后，将捕捞所得之鱼先供奉给宗庙，是以鱼祭祖之意。然而为何要强调天子亲自去到捕捞现场视鱼？视鱼是否伴随有仪式？尝鱼该如何解？尝鱼和以鱼祭祖间有何逻辑关联？《鱼丽》篇也许提供了线索。从"鱼丽于罶"看，其场景应在捕鱼现场。列举鱼名"鱨鲨""鲂鳢""鰋鲤"，像是一种祭祀时念唱的祝词，语言的规整往复也符合祭词特点，据此推断此篇可能描绘的是在捕鱼现场进行的一种祭祀之礼。在先秦人们的观念里，川泽林野中的物产皆为天赐之物，因此在取用时要怀着庄敬之情，并借助特定仪式向上天传达谢意，所谓"告于神明"是也。渔业是社会经济的重要组成，其丰歉要仰仗上天，因此以鱼祭天、或祭川泽的现象在先秦极有可能存在。然而为何从鱼祭突转到"君子有酒"的宴饮场面？这需要《月令》配合来解。尝，"口味之也"，则必有烹鱼设宴之举。但烹鱼设宴之前还要"先荐寝庙"。"古人在祭祀之后，饮祭神所余之酒，食祭神所余之肉，认为是接受神所赐之福。"④ 在以鱼祭祖之后，天子用所余之鱼燕飨宾客，以"美万物之盛多"也。故《鱼丽》篇兼含以鱼祭天、以鱼祭祖、祭毕宴饮三方面内容。

《鱼丽》篇是以渔示礼的代表。根据郑玄《诗谱·小大雅谱》，《鹿鸣之什》九篇为文王诗，从《鹿鸣》到《天保》述内有文治；《采薇》到《杕杜》述外有武功。经过文王之治，万民得以安心生产，万物由而生息繁衍，故续以《鱼丽》赞美品物之盛多。此时已经完成了实行礼制所需要的物质准备，故云"能备礼也。"

从诗的内容看，前三章描绘了鱼祭之礼和祭毕宴饮的场面。"鱼丽于罶"反复咏叹，赞美水中物产丰富，实际上在暗示，凡祭祀需要配以适当的祭品。《礼记·礼运》称：

① （汉）毛亨传，（汉）郑玄笺，（唐）孔颖达疏 . 毛诗正义（卷九）［M］. 武英殿十三经注疏本：95.

② （汉）郑玄注，（唐）孔颖达疏 . 礼记正义（卷六）［M］. 武英殿十三经注疏本：91.

③ （汉）郑玄注，（唐）孔颖达疏 . 礼记正义（卷九）［M］. 武英殿十三经注疏本：51.

④ 高亨 . 诗经今注［M］. 上海：上海古籍出版社，1980：324-325.

"夫礼之初，始诸饮食。其燔黍捭豚，汙尊而抔饮，蒉桴而土鼓，犹若可以致其敬于鬼神"①，农牧渔林业的产品在百姓食物来源之外，还承担着敬事鬼神的作用。《周礼·天官》里有一类专门负责收集物产以供献荐的职官：甸师"祭祀，共萧茅，共野果蓏之荐"；兽人"凡祭祀、丧纪、宾客，共其死兽生兽"；渔人"凡祭祀、宾客、丧纪，共其鱼之鲜槁"；鳖人"祭祀，共蠯、蠃、蚳，以授醢人"②。不论是祭祀自然神还是祖先神，食物类祭品均为不可或缺之物。除却物质产品，人与鬼神的沟通还需要言辞为媒介，即祝词。《尚书·无逸》曰："否则厥口诅祝"，孔疏云："以言告神谓之'祝'"③。根据祝告对象的不同，祝词各有程式。普通百姓关注自身在生产生活中的获益，由此产生祝告之需。《史记·殷本纪》载成汤在野外遇到一个野人张网四面，嘴中祝念道："自天下四方皆入吾网"④，祈求能网罗四方物产。"鱼丽于罶"三章回环复沓，可能就是示民祭祀所用之词。这种生产活动中的祝词有着以物名为辞令、随口成诵的特点。

在祭毕宴饮上，君王用美酒佳肴宴飨宾客。整场宴会配有乐歌，主客随着乐歌的节奏相互敬答，呈现出庄严雅致的贵族化品格。"礼不下庶人"，贵族宴会是礼乐文明的承载方式，具有"厚人伦，美教化"的政教作用。王借助这一礼乐场域向在场宾客示以贵族之礼，极力营造庄敬和乐的宴会氛围，使得嘉宾浸沐礼的文化品格。宾客借助宴会上的各种酬答仪式练习恭肃弛缓的仪态和不卑不亢的辞令，形成贵族风度。在践行礼的外在规范的同时，还注重培养礼的内在要求，心灵在和美的人伦氛围得到荡涤和升华，从而主动修习贵族品德。

前三章通过鱼祭和宴饮向生民及贵族示以礼制，后三章则通过赞颂物有其时并发表取之有度的誓言来示民法度。先秦礼制文献以月令为标尺编排条目，不同时令有不同的祭祀之礼，各种生产活动的进行更需要应物候而动。物候在某种程度上是天道自然的象征，人们取物要合于节度，有节有度正是礼的内质之一。"物其多矣"三章既为祝祷丰产，也为誓告上天：虽然万物盛多且嘉善，但是仍会取之有时、取之有度。王不仅告之上天，更教示民众，借誓词向民众颁布取物之法。故而《六月序》云："《鱼丽》废则法度缺矣。"

4.《南有嘉鱼》《鱼藻》颂德称美

孔子曰："薄于德，于礼虚。"⑤ 礼制的更高境界在于德化。礼是德的外在表现，德是礼的内在要求。《诗经》雅颂诗篇还是道德教训的载体，这在《南有嘉鱼》《鱼藻》等宴饮诗中可见一斑：

> 南有嘉鱼、烝然罩罩。君子有酒、嘉宾式燕以乐。
> 南有嘉鱼、烝然汕汕。君子有酒、嘉宾式燕以衎。——《白华之什·南有嘉鱼》

---

① （汉）郑玄注，（唐）孔颖达疏．礼记正义（卷十一）[M]．武英殿十三经注疏本：20.
② （汉）郑玄注，（唐）陆德明音义．周礼（卷一）[M]．四部丛刊初编第9~14册．景长沙叶氏观古堂藏明翻宋岳氏刊本：80.
③ （汉）孔安国传，（唐）孔颖达疏．尚书正义（卷八）[M]．武英殿十三经注疏本：115.
④ （汉）司马迁．史记（卷二~卷五）[M]．武英殿二十四史本：67.
⑤ （汉）郑玄注，（唐）孔颖达疏．礼记正义（卷二十四）[M]．武英殿十三经注疏本：44.

《南有嘉鱼》是一首典型的宴饮诗。南方盛产鲜鱼，在水中自在游动。鱼游于水是一种和谐自然的状态，以此兴宴会上主宾双方"和乐且湛"的状态。鱼在先秦人眼中是美物，鱼意象本身就能象征懿德之人。《南有嘉鱼》写君子乐于求取贤才，乐同贤者共事，本身体现了君子之德。其次，君子用美酒佳肴款待宾客，嘉宾感念君子的礼遇，反过来称颂君子之德，也体现了作为臣子效忠君王的美德。宴饮诗不为写口腹之欲、声色之娱，而重在表现人伦之序、君臣之德。极力渲染和乐氛围，目的是借宴饮这一载体颂德称美。

> 鱼在在藻、有颁其首。王在在镐、岂乐饮酒。
> 鱼在在藻、有莘其尾。王在在镐、饮酒乐岂。
> 鱼在在藻、依于其蒲。王在在镐、有那其居。——《桑扈之什·鱼藻》

"藻"据郑笺、"蒲"据《说文》，都释为"水草也"。鱼依附水草是得其自然之貌，水草间寄居着充足的微生物供鱼类吸吮，故而鱼体态肥美，其首丰盈、其尾硕长。"在藻"与"在渊"类似，都为鱼得其所之态，以此推及天下，喻万物各得其所，泰然和乐。

　　《鱼藻》篇的结构与《南有嘉鱼》类似，同样用鱼意象起兴写宴饮之事。三章鱼儿一直处于动态过程中，或探头、或摆尾，或安静地依傍在蒲草中，充满欢悦之感。周武王在镐京宴饮群臣，与民同乐，彰显德化通行。相比之下，周幽王嗜酒而烂饮，失其德于天下，万物失其性，作者因以作诗赞颂武王，用正面案例"刺幽王也"。

　　《大雅》的文王诗里还常出现"鱼跃"意象：

> 王在灵沼、于牣鱼跃。——《文王之什·灵台》

前文已述，"鱼跃"是一种生物得其乐的象征，其目的在于表现君王德教的效用。儒家主张王道仁政，认为道德教化是无形的统治力量，可以使民众自觉归依。孟子曾述："谷与鱼鳖不可胜食，材木不可胜用，是使民养生丧死无憾也。养生丧死无憾，王道之始也。"[1]王道的根基在于让民众能安心地休养生息。在周朝初创时，"西有昆夷之患，北有獗狁之难"，文王对外派将帅抗敌防御，创造利于生养的社会环境；对内慰劳臣子、和燕宗族，使得上下各得其所，各阶层循序守礼，共同归附于周王室的统治。天下太平之日，正是四海承风之时，故作文王诗"据盛隆而推原天命，上述祖考之美"[2]。

　　综上，"正雅"属于宗教礼俗的仪式化乐歌，承载着礼乐文明的精神。出现在"正雅"诗里的渔业意象，已经脱离了文本功用，成为更高层次的礼制德教的载体。这些诗配以乐歌广泛运用于先秦贵族的宴饮场合，一方面帮助贵族培养礼的规范和精神，另一方面宣扬祖考德声、推行圣王教化，以巩固周王室的正统地位。在《诗经》与礼制的相融互动中，宗周礼乐文明得以形成和巩固。虽然周朝统治早已结束，但礼乐文明的精神绵延

---

① （汉）赵岐注，（宋）孙奭疏．孟子注疏（卷一）[M]．武英殿十三经注疏本：60.
② （汉）毛亨传，（汉）郑玄笺，（唐）孔颖达疏．毛诗正义（卷一）[M]．武英殿十三经注疏本：140.

至今，成为中国人文化心理的重要源头。

三、余　论

（一）意在言外的渔业意象

鹤鸣于九皋，声闻于野。鱼潜在渊，或在于渚。乐彼之园，爰有树檀，其下维
萚。他山之石，可以为错。

鹤鸣于九皋，声闻于天。鱼在于渚，或潜在渊。乐彼之园，爰有树檀，其下维
谷。他山之石，可以攻玉。

王夫之云："《小雅·鹤鸣》之诗，全用比体，不道破一句，三百篇中创调也。"① 所
谓"不道破一句"，正是因为《鹤鸣》一诗全用实写：从鹤鸣声遍及穹野，到鱼儿潜藏深
渊，再到檀树下浓荫、他山有磨玉之石，看似只是一系列自然事物的堆叠，却在其中蕴含
了深挚意味。诗人似乎难以言明真实意思，故藏意于景，一切通过生动的画面表达，却又
在景物描写中为读者留下一个感觉的缺口，使得读者能与诗人声气相通，在心中还原诗歌
现场，并借助文化背景知识在画面的直观中理解实景所寄寓的虚意。

以实为虚，以景喻情，给人一种意在言外的审美体验。事实上，《诗经》中许多出现
渔业的场合都符合这一艺术表现原则。鱼或渔人只是一个艺术形象，在不同诗歌主题里发
挥着不同的暗示作用。后世将其归结为"诗歌意象"，意是虚拟的态度或感情，是需要读
者调动审美感官品读出的意味；而象则是实际形象，是直观呈现出来的语言。物理世界的
鱼单纯只是一个物质载体，当它进入文学世界，成为一种语言符号时，自然附载了一定的
含义倾向。

《诗经》可以说是渔业内容进入文学领域的最早材料。早期人们对待自然世界有一种
关怀心理，并未把人类放到中心地位，而主张人应与万物相融为一体。这种同一感某种程
度为人类提供了一种心理保障，通过强化外物与自我的联结来使人类摆脱在自然中孤立无
援的境地。因此当人们接触外物时，不仅客观地予以概括，更赋予外物以主观的情感色
彩，以此来强化人与他物同在的感觉。这便是诗歌"兴"的心理原因。渔业为人们提供
食物来源、手工艺品、甚至货币，人们有意识地从渔业活动中提取各类符号，如鱼、敝笱
等，将这些物质实体改造成带有文化滤镜的诗歌意象，这其实是一种范畴化的过程，即将
他者主动涵括到本我的意义世界中，赋予其一定的价值承载，从而让自然物质与人类社会
产生更深刻的关联，以消解与外物打交道时的异质感。作为起兴之助的渔业意象具有自发
朴素性和日常经验性，易在广泛的人类群体中获得认同，并与人们的婚媾、祭祀宴饮等行
为相联系，故而具有持久蓬勃的生命力。

婚配和祭祀，是先民日常生活的重中之重，因而成为渔业意象最主要分布的诗歌场

---

① （清）王夫之著，戴鸿森笺注．姜斋诗话笺注［M］．上海：上海古籍出版社，2012：129．

合。用渔业意象暗示男女婚配，一方面是意象本身特征使然，另一方面则由于生殖繁衍乃血缘延续之根本。鱼在很早以前就由于多籽的特征被人们拿来系联生育功能，甚至承担着部落图腾的角色。当人类社会由巫灵信仰阶段进化到礼制规范阶段时，积累在鱼符号身上的生殖含义并没有消退，而是承袭并愈加丰富，在性爱、婚姻、夫妻之伦范域中继续发挥作用。祭祀诗中的渔业意象同理。早期鱼鳖被视为灵物，甚至作为施展巫术的道具或是丧葬的随葬品。在宗周礼乐文明形成阶段，附载于鱼身上的祭祀文化因子被一套新的话语系统重新解释，进入礼的范畴。鱼固定为有据可依的祭物，不仅渗透从王室至万民的日常生活仪式，更大量入诗，借助歌诗这一文艺框架发挥符号的暗示作用，反过来教示民众，反哺现实生活。

分析渔业意象的呈现模式，可以发现，当诗歌点明用某种捕鱼具捕捞鱼类时，往往暗示着做某事需要依照一定的礼制规范。比如"其钓维何、维丝伊缗"暗示齐侯之子以礼迎娶王姬；"南有嘉鱼、烝然罩罩"暗示君子以礼待贤。器物是礼制的物质依存，是礼之表，判断一件事是否合礼的最简明办法就是看他是否具陈礼器。因此，当诗人想要传达合礼这一观念时，便可用做这件事所需要的器具来暗示，这在汉儒那里得到了认可。礼制渗透周代社会的方方面面，作为一种普遍的文化氛围，人们生活其中习焉而不察，使得《诗经》的意象机制在当时代人们中生效，但在千年后的今天可能显得生僻。故而读诗要带着文化氛围意识，在作诗和赋诗现场理解诗旨和意象机制，由此才易觅得渔业意象的言外之意。

（二）《诗经》及后世渔文学的发展脉络

作为我国第一部诗歌总集，《诗经》对主题的发掘可谓气象万千。与后世文学将渔意象集中应用于隐逸主题不同的是，《诗经》中的渔诗散落在从百姓日常生活到国家政治宗教活动等各类主题的篇目中。

生殖繁衍乃血缘延续之根本，《诗经》大量描写婚姻爱情的诗歌中不少借助渔意象来表达诗意。《硕人》中撒开的大网和翻腾的大鱼营造出一种欢欣快意的氛围，表达婚姻相配的喜悦；《竹竿》里竹竿掷入水中的霍霍声响仿若新郎怦怦的心跳声，钓鱼上钩便暗示着把新娘迎娶过门。《敝笱》中，当女方不贞于丈夫时，便有破烂的鱼笼表示爱情生了罅隙；《新台》里，当妻子被第三者夺走时，便有鸿鸟到渔网上盗鱼表示婚姻受了威胁。除此以外，影响更为深远的则是弃妇主题与渔意象的结合，《谷风》当为其典范。弃妇痛陈悲慨，"毋逝我梁、毋发我笱"短短八字，道尽被新妇取代的愤怒、怨艾和不甘。

求贤诗里的渔意象为后世以"隐逸"为主要内涵的渔诗埋下了伏笔。由鱼何以产生贤隐之士的联想？答案显而易见。鱼为河中鲜味，特殊品种的大鱼堪称珍馐。鱼儿在水中自在遨游，有时潜伏水底，犹如隐士在浊世中放荡形骸、籍没无名。以鱼之美象征贤才的德行敦厚，以潜之深象征隐士的遁世避隐。此外，钓鱼之举与任用贤隐有着相似的动作逻辑，故鱼有贤才之喻，捕鱼可作求贤之比。《四月》和《鹤鸣》即以大鱼潜逃在渊之喻劝谏统治者积极网罗贤才。事实上，"网罗"一词本身蕴含着深厚的文化意蕴。"网"本为打结绳子以捕鱼的工具，由此延伸出"束缚"和"搜罗"两个义项。对于贤士来说，被朝廷招致既意味着才能将得以施展，同时也意味着不自由的状态，故分化出两类形象：一为《庄子》里宁愿曳尾涂中也不愿位列庙堂的神龟；一为立钩钓渭水之鱼的姜太公。姜尚巧妙地借用《诗经》求贤类渔诗的资源，用鱼儿甘心上钩暗示自己心甘情愿辅佐文王，甚至在为文王出谋划策时概括性地提出"钓有三权"。垂钓的隐喻对象已不仅局限于招致贤才，还扩充到了治国之方略。"钓"作为一种政治权谋的隐喻，和《诗经》中的"善钓"一脉相承。《诗经》所言之"善钓"，体现在选用合适的捕鱼工具上，如《九罭》里用细眼网捕捞鳟鲂非其所宜；《何彼襛矣》里用丝和缗制作的上乘渔具才能钓得嘉鱼。综合言之，先秦时期，在《诗经》和其他经典文献所营造的文化氛围中，捕鱼活动与治国求贤之道紧密联系在一起，为后世渔诗指涉隐逸主题奠定了基础。

统观先秦以后的渔文学发展史不难发现，"渔父"这一意象吸引了文人墨客的主要目光。先秦时期，运筹帷幄的姜太公和功成身退的陶朱公为"渔父"积奠起智慧和隐逸的底色。庄子的渔父持守其真，屈原的渔父和光同尘，二者为"渔父"增添了通达和高洁的道家情怀。汉代严子陵垂钓于富春山，表达拒绝入仕的态度，展现了渔父独立高洁、不愿被世俗侵染的品质，愈加强化了"渔父"远离主流现实世界的意味。魏晋名士率直任诞、清俊通脱，常纵情山水。此时渔钓几乎完全脱离现实生存语境，成为一种彰显名士身份的娱乐方式，故王羲之"与东土人士尽山水之游，弋钓为娱"①，可见渔钓为人们带来闲适快意的审美感受，用以反映逸士高人的高蹈志趣。唐诗中，"渔父"意象随处可见，其主要内涵为闲隐，其中柳宗元"孤舟蓑笠翁，独钓寒江雪"可谓典型表达。此外还产生了"渔歌子"的词牌，"渔父"大致融合了避世归隐的清高孤傲以及悠然闲居的山水雅趣。到了宋代，诗词的哲理性增强，审美品位趋于平淡幽远。"渔父"也随着时代风度的改变有了内涵上的扩充。一方面，山水之乐与遁世之志依旧为其主要涵义；另一方面，也产生了"隐而待饥"的求仕意图，如王安石的《浪淘沙令》"伊吕两衰翁，历遍穷通。一为钓叟一耕佣。若使当时身不通，老了英雄。"② 词人对伊尹、吕尚二人能得人赏识的故典予以肯定，同时表达自己也希望被明君征召、于仕途上有所作为的期待。此外，孤寂主题的诗词也偶写渔父："渔火海边明，烟锁千山静。独坐曾创夜未央，寂寞孤灯影。"③ 如果说柳宗元的渔父是主动避世求静，那么葛长庚《卜算子》里的渔父则是被动漂浮江汉，表达出人生的寂索茫然。宋代还发展了渔钓的求禅内涵，借渔意象营造空灵幽远的境界。元代"渔父"意象充盈各种文艺作品，绘画界出现"渔樵热"。此外，"渔父"剥离了传统文人视野下高洁隐逸的符号外壳，化作杂剧、元曲中一个个真实、素朴的烟波钓叟。到了明清，在市民化潮流下，"渔父"形象更为多元具体，不再是脸谱化的隐士，而成为有血有肉、谋私图利的普通百姓。

综上，《诗经》以后的渔文学以"渔父"意象为主要载体，表达归隐山林、超然物外的意蕴，体现中国传统文人简逸自然的审美趣味和超拔俗世的精神追求。这显然离不开《诗经》用渔钓暗示求贤的文化心理准备。在此基础上，笔者不免产生疑问，为何《诗

① （唐）房玄龄等撰. 晋书（卷八〇）[M]. 北京：中华书局，1974：2102.
② （宋）王安石. 王文公文集下 [M]. 上海：上海人民出版社，1974：870.
③ 唐圭璋编纂，王仲闻参订，孔凡礼补辑. 全宋词（简体增订本）第四册 [M]. 北京：中华书局，1999：3301.

经》渔意象的另一大传统——婚恋性爱隐喻——没有被后世继承？这大概需要从社会环境的易变上解释。

《诗经》生成于西周初到春秋中叶的五百年间，同时也是宗法礼制逐渐形成和推广的历史时期。受"礼不下庶人"观念影响，西周礼教主要约束上层贵族，而不大干预底层民众的生活方式。对庶人来说，性爱繁衍乃生存之基，自不必依照礼制规约进行，日常行为皆遵循生存本能，故在婚恋观上比较自由开放。翻开《诗经》国风，可以看到大量描述男女相会甚至野合的情形。这些诗篇富有激情、别具浪漫色彩，所使用的比兴意象也是网罗天地之间各种灵物，从星日霜露到山川草木、鸟兽虫鱼，无不可用于比附男女情思。故而渔意象的婚恋暗示作用可以理解为《诗经》婚恋诗系统的应有之义。值得注意的是，这些作为婚恋隐喻的渔意象多出现在国风中，且属《毛诗序》所谓的"变风"，即反映周王朝衰落后世风混乱的作品。孔子编诗，本以教化百姓为考量，故呈现在世人面前的三百零五首诗皆有其正教内涵，即汉儒提炼的"诗旨"，而婚恋诗的旨意多为"刺淫奔"或"美婚配"。受儒教浸沐的文人，天然地把《诗经》国风中的男女私会理解为不正之风，秉持一种保守的婚恋观念，在文学书写中偏向含蓄矜持，像"敝笱坏梁"这种象征男女淫奔的意象自然为其所不齿。此后历代婚恋诗多为"代言体"，着重写思妇闺怨，同时发展了《诗经》以来的弃妇主题，其艺术特色较《诗经》更为精巧，却少了质朴之味。物质生活的丰富极大扩宽了后世诗人的意象世界，从红豆、柳枝等自然事物到铜镜、红笺等人造物，乃至想象中的神鸟、鹊桥，均可成为恋情的寄托。在如此洪富的选择中，"梁笱""竹竿"既然未发展成暗示男女关系的典型意象，便逐渐消失在文人墨客的视野之外，成为文学殿堂里标记上古婚约情思的遗物。

由此总结《诗经》渔意象对后世渔文学的影响：一方面，《诗经》启发了捕鱼的求贤联想及烹鱼的治国联想。在此文化氛围中，姜尚践行了愿者上钩的求仕意图、而范蠡践行了贤才潜藏的遁世意志。《庄子》《楚辞》两篇经典文本凝结出"渔父"这一兼有智慧、隐逸内涵的文学意象。后世以"闲隐"为主题的诗词遂抽芽吐蕊，其旨意围绕"渔父"品格生发，不外乎避世归隐、逍遥闲居、隐而待饥。另一方面，《诗经》婚恋诗中的渔意象多为捕鱼工具，其隐喻功能不够直观典型，且受封建社会正统观念所限，未能发展成经得起时代考验的意象模式，故逐渐远离主流意象世界，让位于更积极鲜明的爱情象征物。

◎ **参考文献**

（一）古籍著作

[1]（汉）毛亨传，（汉）郑玄笺，（唐）孔颖达疏. 毛诗正义［M］. 武英殿十三经注疏本.

[2]（三国）陆玑. 毛诗草木鸟兽虫鱼疏［M］. 景钦定四库全书·经部三·诗类.

[3]（汉）孔安国传，（唐）孔颖达疏. 尚书正义［M］. 武英殿十三经注疏本.

[4]（汉）郑玄注，（唐）陆德明音义. 周礼［M］. 四部丛刊初编第 9～14 册. 景长沙叶氏观古堂藏明翻宋岳氏刊本.

[5]（汉）郑玄注，（唐）孔颖达疏. 礼记正义［M］. 武英殿十三经注疏本.

[6]（汉）戴德撰，（北周）卢辩注. 大戴礼记［M］. 四部丛刊初编第 48～49 册. 景无锡

孙氏小绿天藏明袁氏嘉趣堂刊本.

[7] （汉）焦赣 . 焦氏易林 ［M］. 士礼居丛书第 30~32 册.

[8] （宋）朱熹 . 原本周易本义 ［M］. 钦定四库全书·经部一·易类.

[9] （晋）杜预注，（唐）孔颖达疏 . 春秋左传正义 ［M］. 武英殿十三经注疏本.

[10]（汉）何休 . 春秋公羊传注疏（卷十三~卷十四）［M］. 景摛藻堂四库全书荟要·经部·春秋类.

[11]（汉）赵岐注，（宋）孙奭疏 . 孟子注疏 ［M］. 武英殿十三经注疏本.

[12]（晋）郭璞注 . 尔雅 ［M］. 四部丛刊初编第 42 册 . 景常熟瞿氏铁琴铜剑楼藏宋刊本.

[13]（唐）陆德明 . 经典释文 ［M］. 上海：上海古籍出版社，1985.

[14]（宋）罗愿著，洪焱祖释 . 尔雅翼 ［M］. 北京：商务印书馆，1985.

[15]（宋）陆佃著，王敏红校注 . 埤雅 ［M］. 杭州：浙江大学出版社，2008.

[16]（清）段玉裁 . 说文解字注 ［M］. 清嘉庆二十年经韵楼刻本.

[17]（汉）司马迁 . 史记 ［M］. 武英殿二十四史本.

[18]（西晋）孔晁注，章檗校 . 逸周书 ［M］. 四部丛刊初编第 250 册 . 景江阴缪氏艺风堂藏明嘉靖癸卯刊本.

[19]（唐）房玄龄等 . 晋书 ［M］. 北京：中华书局，1974.

[20]（春秋）范蠡著，中国水产学会中国渔业史研究会编 . 范蠡养鱼经中、英、俄、西文 ［M］. 北京：农业出版社，1986.

[21]（战国）旧题孔鲋撰 . 孔丛子 ［M］. 四部丛刊初编第 318~319 册 . 景杭州叶氏藏明翻宋本.

[22]（战国）庄子 . 南华真经 ［M］. 续古逸丛书第 8~12 册 . 景上海涵芬楼印本.

[23]（战国）韩非 . 韩非子 ［M］. 四部丛刊初编第 350~352 册 . 景上海涵芬楼藏景宋钞校本.

[24]（汉）刘向 . 战国策 ［M］. 士礼居丛书第 14~19 册 . 重刻剡川姚氏本.

[25]（汉）高诱注 . 吕氏春秋 ［M］. 四部丛刊初编第 420~424 册 . 景上海涵芬楼藏明刊本.

[26]（汉）桓宽 . 盐铁论 ［M］. 四部丛刊初编第 323~324 册 . 景长沙叶氏观古堂藏明刊本.

[27]（汉）刘安撰，（汉）许慎注 . 淮南鸿烈解（卷一）［M］. 四部丛刊初编第 425~428 册.

[28]（晋）郭璞传 . 山海经（卷二）［M］. 四部丛刊初编第 465~466 册 . 景江安傅氏双鉴楼藏明成化庚寅刊本.

[29]（宋）李昉编纂，孙雍长，熊毓兰校点 . 太平御览 ［M］. 石家庄：河北教育出版社，1994.

[30]（明）李时珍 . 本草纲目 ［M］. 景钦定四库全书·子部五·医家类.

[31]（清）王夫之著，戴鸿森笺注 . 姜斋诗话笺注 ［M］. 上海：上海古籍出版社，2012.

[32]（唐）欧阳询等 . 艺文类聚（益州卷）［M］. 景宋绍兴本.

［33］（宋）王安石．王文公文集下［M］．上海：上海人民出版社，1974．

［34］唐圭璋编纂，王仲闻参订，孔凡礼补辑．全宋词（简体增订本）第四册［M］．北京：中华书局，1999．

（二）学术专著

［1］王建堂编著．通用规范汉字正音字典［M］．上海：上海辞书出版社，2016．

［2］叶舒宪．诗经的文化阐释［M］．西安：陕西人民出版社，2018．

［3］高亨．诗经今注［M］．上海：上海古籍出版社，1980．

［4］蒙默等．四川古代史稿［M］．成都：四川人民出版社，1988．

［5］中国社会科学院考古研究所编．殷周金文集成［M］．北京：中华书局，1992．

［6］唐兰．西周青铜器铭文分代史徵下［M］．上海：上海古籍出版社，2016．

［7］董作宾主编．小屯殷墟文字乙编［M］．南京：国立中央研究院历史语言研究所，1948．

［8］顾颉刚著，钱小柏编．史迹俗辨［M］．上海：上海文艺出版社，1997．

［9］贾兰坡．山顶洞人［M］．北京：龙门联合书局，1951．

（三）期刊论文

［1］伍献文．记殷墟出土之鱼骨［J］．考古学报，1949（4）．

［2］戴志强．安阳殷墟出土贝化初探［J］．文物，1981（3）．

［3］范桂杰，胡昌钰．巫山大溪遗址第三次发掘［J］．考古学报，1981（4）．

［4］［日］渡边诚撰，熊海堂译．中国古代的鱼钩［J］．农业考古，1987（1）．

［5］孙华．蜀人渊源考（续）［J］．四川文物，1990（5）．

［6］王廷洽．《诗经》与渔猎文化［J］．中国史研究，1995（1）．

［7］陈波．《诗经》中所见垂钓、捕鱼器具及鱼获种类［J］．中国钓鱼，1996（10）．

［8］王政．《诗经·鱼丽》与先秦生态观念略说［J］．文献，2002（2）．

［9］吕华亮．《诗经》鱼意象新论——兼辨《豳风·九罭》题旨［J］．唐山学院学报，2008（5）．

［10］文鹤．鱼凫考［J］．社会科学研究，2009（5）．

［11］陈朝鲜．《诗经》中的渔文化研究［J］．农业考古，2010（1）．

［12］肖莉．《诗经》宴饮诗与周代宴饮礼俗［J］．黄冈师范学院学报，2017（4）．

［13］汪慧琪．论《诗经》鱼意象与交感巫术［J］．北方文学，2020（12）．

（四）学位论文

［1］刘美洁．《诗经》鱼意象研究［D］．济南：山东师范大学，2013．

［2］马青．中国旧石器时代个人装饰品研究［D］．石家庄：河北师范大学，2016．

厚土有灵——论李锐小说的自然书写

杨鸿宇

（武汉大学 弘毅学堂，湖北 武汉 430072）

【摘要】作为当代文坛颇具影响力的一名作家，无论从小说内容与风格，还是作家本身的创作姿态与写作立场上来看，李锐显得尤为独特，从而似乎很难被归类至某一派别。怀有"'本土中国'与当代汉语写作"的自觉与主动，面对"双向的煎熬"的现实困境，李锐勇于"用方块字深刻地表达自己"，创作出《厚土》《旧址》《无风之树》《万里无云》《银城故事》等优秀小说。在小说主题、价值立场、叙事结构、人物群像等研究角度之外，对于李锐小说中丰富的自然书写元素，学界关注较少。本论文从李锐小说中的自然书写出发，主要分为四章进行论述，旨在讨论李锐小说中的自然书写元素特征及其在小说中的独特作用，并从自然书写在小说中的定位重新梳理小说内外脉络，探究自然书写切口下小说文本和作家立场的深层内涵。

第一章为绪论，综述论文的选题背景与意义、研究综述以及研究方法。第二章从李锐主要小说中提取关键的自然书写元素，以时间与空间、动物与植物、单一元素与组合呈现等角度进行分类梳理，总结概括李锐小说中的自然书写具体形态，分析把握其中自然元素的独特性与整体性。第三章以小说叙事为基础，陈述自然书写作为小说文本有机组成部分在小说叙事中的必要性，主要分为前景与荒野境地、人物与情感容纳、节奏与时间尺度、对象与多重视角四个角度阐释李锐小说自然书写的叙事作用。第四章在分析李锐小说中的自然书写特征及作用基础上，以自然书写为线索，反求小说内外的再梳理，探究在作家个人经验中的自然体验与小说文本中的自然书写中，呈现出的作家创作动机与写作经验；论述自然书写不仅作为服务小说的工具，更作为主体与动力使小说中的个体叙述与现代寓言成为可能；此外深入探究文本背后的结构，讨论自然书写展现的作家自然观与小说历史观内涵产生的深层关系。

总而言之，从自然书写的角度出发重新审视李锐的小说，是一种从全新角度展现李锐小说创作的独特气质与叙事艺术的尝试。然而，其自然书写在反映李锐的关切对象、创作主张、价值立场并参与小说整体叙述的同时，也在自身构建之中投射出李锐小说创作之中的矛盾与困境，而这又与作者对于乡土的复杂情感与思考判断息息相关。

【关键词】李锐；小说；自然书写；叙事；历史观

【作者简介】杨鸿宇，武汉大学弘毅学堂人文科学试验班汉语言文学方向 2018 级本科生。

一、绪　　论

（一）选题背景与意义

在中国当代作家的序列之中，李锐始终以一种独特的姿态活跃于文坛，他既未趋步于当代文学史上的各种浪潮，亦难以归类于某一流派，却从未停止作为一名作家的思考与追求。祖籍自贡，长于北京，插队吕梁，李锐的经历与时代印记密不可分，又在其间体悟关于历史、语言的独有困境与理解；在他的写作实践之中，他始终怀有"'本土中国'与当代汉语写作"的自觉与主动，面对"双向的煎熬"的现实困境，李锐勇于"用方块字深刻地表达自己"，在个人的文学道路上始终不断思考与回答，追求与超越，创作出《厚土》《旧址》《无风之树》《万里无云》《银城故事》等优秀作品，在文字行间不断问询与体察作为"人"的生存处境，表达他对于"本土中国"的想象方式与前景忧思，不断证明着文学应有的温度与力量。

然而，相比于李锐及其作品在当代文学中的别样风姿，对应的学术界研究成果却显得不够理想，这与李锐本身的独特气质难以把握不无关系。目前学界对于李锐小说的研究已成规模，但是研究方向大多为人物形象、主题意义、叙事技巧、语言风格等，对于小说中不俗的自然书写，学界关注较少。作为一名对于小说整体营建有着高度控制力与独特艺术追求的作家，李锐笔下的自然书写并非完全只是随处闲笔，它们在小说中扮演着何种角色，其中蕴涵作者的何种观念，研究者又能从自然书写之中对小说重新进行何种解读，这些问题理应引起更大的重视，也是本文的致力方向与意义所在。

（二）研究综述

1. 李锐小说研究综述

自从李锐以自身鲜明特色引起文坛关注以来，对于李锐及其小说创作的研究也随之展开，其中文章可以大致被分为三类：一是对于单部作品的分析性解读；二是基于某一方面的展开性论述；三是整体性的评价。

第一类文章通常以小说发表之后的时效性评论的形式出现，大多是对李锐某部小说的分析性评论与解读。由于研究者的个体化差异，以及李锐在自身小说创作实践中的不断变化，这类研究文章体现出评论界对李锐的跟踪研究。《厚土》是李锐早期小说的代表作之一，在早期的文章中，学界大多关注于《厚土》中"人"的存在困境及其背后的民族性问题，例如韩鲁华的《厚土：透视民族文化心理结构的艺术视觉——读李锐小说〈眼石〉等三篇》，从心理结构刻画方面入手，关注《厚土》中折射的中华民族传统文化心理结构。而在 1993 年出版的长篇小说《旧址》中，李锐虚构出一座"银城"，寻觅其间家族兴衰。相关评论文章，例如张志忠的《〈旧址〉四重奏》等，对《旧址》的故事情节、人物群像、政治悲剧等问题进行了讨论，强调了李锐所书写的这段"历史"的"寓言"性质。

从学界视野来看，对 1996 年出版的长篇小说《无风之树》的研究，标志着关注重点的转向，即从小说的主题性分析转向技巧性超越，这也与李锐自身的创作调整密不可分。陶东风的《荒唐的革命闹剧与民间的"文革"世相——评李锐的〈无风之树〉》，王春林的《苍凉的生命诗篇：评李锐长篇小说〈无风之树〉》等文章，对小说的叙事技巧，口语倾向，人称特色等方面进行了分析。随后出版的《万里无云》在技巧上与《无风之树》一脉相承，南帆的《叙述的秘密——读李锐的长篇小说〈万里无云〉》运用罗兰·巴特的叙述话语理论，从小说中拆解出自然环境、传统文化、国家机器等话语类型，从而把握小说整体的叙述组织。《银城故事》将从吕梁回到银城，李锐从一场胎死腹中的革命之中，探讨如何重新叙述历史，思考围绕革命与启蒙的复杂问题，代表性的评论文章包括王德威的《历史的忧郁，小说的内爆》以及王春林的《智性视野中的历史景观——评李锐长篇小说〈银城故事〉》。前者指出小说叙事结构的威胁是一场从起始时内里就已经"四散崩裂"的"内爆"；后者集中关注小说中异于教科书的历史观念发掘，为全方位再现历史复杂性作出新的探讨。

除了对于某一作品的评论，另一种研究思路则从某一角度切入，对李锐作品展开论述。例如在人物形象上，陶东风的《革命与启蒙的纠葛——论李锐笔下的张仲银形象》通过《万里无云》中乡村教张仲银的孤独形象，讨论知识分子与农民生存方式之间的隔阂，质疑作家本身的"启蒙者悲剧"解读，进而对中国的革命与启蒙思潮进行反思；在历史意义上，陈思和的《关于长篇小说的历史意义》将李锐的《无风之树》纳入"庙堂"与"民间"的历史意识对立，指出其历史意义在于写出了"庙堂以外的民间世界的完整性"；除此之外，在价值立场上，叶立文在《他的叙述维护了谁？——李锐小说的价值立场》一文中认为，李锐的价值立场是"作家对个体生命意识的捍卫"，他用叙事的力量对抗"戕害个体生命感觉的外部压力"，始终保持着对于生命的敬意。

考虑到李锐依然处于动态的创作生涯之中，故对其进行专门、全面的评价较为困难，因此相关的整体性评价相对较少。王德威在《吕梁山色有无间——李锐论》中有对李锐经历及四部作品的介绍性文字，强调吕梁山的插队经历对于李锐写作冲动与历史意识的启蒙作用。丁帆在《中国乡土小说史》中将李锐归于乡土作家之列的同时指出了他的独特性，包括因上山下乡的陌生痛苦回忆而产生的局外人站位，以及在小说中充分展现的寓言性与浓缩性。而王尧的《李锐论》篇幅不长，认为李锐创作有两大核心主张："本土中国"想象与汉语写作焦虑，文章要点鲜明，但并非对李锐的完整性评价，题文未免有所不符。

除了上述与李锐及其小说相关的研究资料，作家与学者之间的互动对话同样不容忽视，例如叶立文的《汉语写作的双向煎熬——李锐访谈录》，邵燕君的《用方块字深刻地表达自己——李锐访谈》，李锐在同研究者的对话问答中进一步阐述独立见解，深化研究者与作家之间的良性沟通，为学界提供了更为鲜活的作家研究资料。

2. 与李锐相关的自然书写研究现状

自然书写一词是对"nature writing"的翻译，在台湾这一名词与生态文学概念有关，泛指以自然为对象的文学写作，包涵自然地理景观、自然生物生存形态、自然活动与灾害等，通常写作者会在文本中寄寓自身的生态观念和审美志趣。尽管李锐在部分场合也曾经表达对自然生态与人类文明的个人思考，在小说的自然描写中也有所体现，但是从狭义的生态文学角度对李锐小说中的自然书写进行考察显然是不充分的，故本文将采取一种更为宽泛的定义，即在形式上体现为小说中的关于自然景物、时空物象、动物植物等生命形态的描写。在此基础上，自然书写又集中体现为人与自然的生存关系揭示，作者历史观与自然观的双重折射，以及自然描写在小说整体叙事的作用体现。

在文学史上多有描写人与自然的优美作品，如沈从文的《边城》、萧红的《呼兰河传》、汪曾祺的《大淖记事》等。因此，研究者也关注了文学作品的自然书写，丁帆在《中国乡土小说史》中认为，作为"三画"之一的风景画是乡土作家的自觉书写对象，具有审美、叙事等诸多功能；赵园的《地之子》梳理了"大地"意象的文化内涵与历史语义，强调它对于李锐这一代作家的重要启发。而直接论及李锐小说自然书写的文章在内容上倾向于"乡土""村庄"等空间意象，例如王爱松的《李锐乡土小说的空间形式》，指出李锐以吕梁山空间的同时性取代了时间的线性逻辑，为小说中的人物建立起一个令人窒息的生存空间；叶君的《论当代文学中的乡村荒野图景》也将吕梁山视为一种虚指性的荒野景观。诚然"黄土""吕梁山"等自然物象在李锐小说中占据了极其重要的位置，但是考虑到作品内涵的丰富性与小说世界的多样性，这些研究以"乡土小说"概念入手进行特征、功能分析，未免有所偏倚，在小说中依然存在大量值得关注的自然书写内容留待考察。

（三）研究方法

本论文从李锐小说中的自然书写出发，旨在讨论李锐小说中的自然书写元素特征及其在小说中的独特作用，并从自然书写在小说中的定位重新梳理小说内外脉络，以自然书写为切入口探究小说文本和作家经验立场的深层内涵。

首先从李锐小说中的自然书写元素提取出空间、时间、动物、组合四个维度，进行分类归纳，在地域色彩、文化内涵等层面考察其特征，再陈述自然书写作为小说文本有机组成部分在小说叙事中的必要性，充分展现自然书写对于小说整体叙事展开的多方面贡献，最后从自然书写角度的微观视野考察小说文本的组织与谋划，同时从自然书写超越小说文本的角度讨论其与作家经验、观念立场的深层联系。

二、李锐小说自然书写元素特征

古往今来，山川风月、花鸟虫鱼便常留于文人墨客笔下。在古代诗词歌赋之中，自然书写往往与意象的传统息息相关，"中国人遵循天人合一的思维模式，很早就养成对自然景物的敏感，常常体验着自然物象的人间意义和诗学情趣……往往给叙事作品增添诗情画意"①。这些自然物象在文学作品之中或体现作者意趣，或烘托人物心绪，或象征精神品质，可以说，自然书写在我国作为文学传统业已流转千年，并在文本中发挥着独特作用。而伴随小说文体本身的不断发展，在现代小说中出现的自然书写也不断呈现出新的特征，同时也被赋予更多功能与意义。

---

① 杨义. 中国叙事学［M］. 北京：人民出版社，1997：290.

作为自然书写的重要部分，丁帆曾如是论述风景在乡土小说中的地位："风景，是乡土存在的自然形相，属于物化的自然美；风景画，是进入乡土小说叙事空间的风景，它在被撷取被描绘中融入了创作主体烙着地域文化印痕的主观情愫，从而构成乡土小说的文体形相，凸显为乡土小说所特有的审美特征。"① 无论是吕梁山的插队岁月，还是回归银城的寻根之旅，李锐小说中的自然书写元素在风景塑造上都体现着浓郁的地方色彩与文化印记。除此之外，在对动物、植物等生命存在形式的描写中，李锐的自然书写元素又流露出一种万物有灵的特征，他将各种生命形式的灵性提高至与人平等的谐和位置，使得这些元素成为与人物并置的对象，更直接进入叙事进程。不仅如此，李锐的自然书写元素注重与小说角色的互动，往往呈现人物视野中的画面感知，从而异于现实主义对自然物象描写的客观化追求，将主观化的自然书写与小说人物状态更加紧密地联系起来，使得自然书写在地域色彩与人化作用的双重影响下呈现出独特风采。本章从空间、时间、动物、组合的角度切入，拟对李锐小说中的自然书写特征进行归纳阐述。

（一）空间：山川草木

在李锐的小说中，以地理环境为基础而构建的自然景观呈现出一种空间形式，而这种空间形式从作用上为角色提供活动场所与前景舞台，从内容上又与小说的核心主题息息相关。受现实地理环境因素影响，这类元素作为稳定的空间结构的组成部分，通常呈现出一种静止、永恒、厚重的特性，但同时又会根据小说情节与人物需要变换不同特征，在李锐小说之中，比较典型的空间元素可被归为山川草木。

"处天地之间，'地'规定着人类的生存形态，制约着他们的自我意识与'世界'概念……即使在中国人的较为单纯的感知中，它往往也同时是空间化的时间，物态化的历史，凝结为巨大板块的'文化'，甚至俨若可供触摸的民族肌体；文学艺术更普遍地以之为对象化了的人类自我。"② 作为"地"这一重要意象在小说之中的集中体现，李锐笔下吕梁山的黄土与群山，其颜色与质地恰恰是对李锐眼中现代中国形象的绝佳隐喻，又通过小说情节与人物视角的烘托展现出独特的"人化"特征与艺术魅力。与绝大多数作家在处理与土地相关的自然书写时表现出来的母性依恋不同，李锐对于吕梁山这片黄土的书写采取了一种更为阴冷的笔触，郁积的黄土在小说呈现出空旷、闷钝的特征。"暮色中，冬日荒寂的土垣上没有一丝声响，满目皆是一种闷钝的空旷"③，"落尽了树叶的高原只剩下纯粹的空旷和辽远，只剩下纯粹而又浑厚的灰黄"④，这种整体的阴郁色调与个人在环境之中的生存感知密不可分，尽管"空旷"，然而作为它的前提的阴影却是一片无法跳脱的封闭、单调区域。

如果说黄土无论是从地理意义上，还是从小说意义上都为"山"的部分定下了基调，那么群山的形态则进一步深化了个中压抑与空旷并存的特征。在《锄禾》一篇的开头，

① 丁帆. 中国乡土小说史 [M]. 北京：北京大学出版社，2007：21.
② 赵园. 地之子 [M]. 北京：北京大学出版社，2007：4.
③ 李锐. 厚土. 古老峪 [M]. 北京：人民文学出版社，2008：16.
④ 李锐. 无风之树 [M]. 北京：人民文学出版社，2017：90.

作者以一种令人错愕的描述为角色构建了一个独特的谷地空间，尽管谷地的空间常被李锐填充空旷与深邃，例如，"沉进了一片看不见底的浑茫的深渊"，但其间逼仄依然被点在"憋"字之上："窝在东山凹里，涧河在这儿一拐就拐出个裤裆来。现在，全村老少都憋在这儿锄玉茭。"① 而这一逼仄空间的形成又与群山在厚土之上的层叠状态息息相关，在李锐笔下，群山沉默、木然、苍莽、荒凉，这些特质流露出一种宿命式的亘古不变的绝望："就是这些永辈子都一模一样的山和镶在山坡上的地了。"② 在李锐笔下，群山褪去传统意义上的宏大伟岸形象：一方面依然在客观上构成了对人的压抑与隔绝；另一方面却又和在这片黄土永世耕作的代代农民一样，"比肩而立，仿佛一群被绑缚的奴隶"。由此可见，李锐小说自然书写的黄土与群山在特征上具备极强的统一性。诚然这是作者在营造环境时的有意而为，但也并不意味着这"行走的群山"便是一成不变的压抑与单调，黄土的漫山遍野依然能为身在其中的个体改换面貌，在《黑白——行走的群山》一篇，主人公"黑"向无边无际的黄土吐诉衷肠："只有这漫山遍野的黄色没有变，它还是无边无际漫山遍野，它还是永远的柔和而慈祥。"③ 而在《二龙戏珠》中，当那只名叫"老婆"的狗在山顶产下死胎，为了安慰这悲剧性的母亲形象，"吕梁山缓缓地，不慌不忙地，把自己的儿子在东山顶上从容地生了下来"④，故厚土苍凉，却依然能在灰黄之中用有情怀抱宽慰其中生命。

如果说在吕梁山这一李锐构筑的地理世界中，黄土群山是其主要组成部分，那么以银溪为代表的河流则是一种典型的南方形象——主要来自小说中自然书写的另一世界，也即银城。河流蜿蜒曲折而过，因而产生文明、村落、城市，河流虽不如黄土那般厚重与压抑，却也在昼夜不停的流驶间诠释着另一种无声的永恒，它幽邃、平静，却又在涨起时显得饱满与浩荡，这些特征决定着李锐自然书写中的河流能够以一种无声的力量将历史、时间、生命的种种元素容纳在内。当《无风之树》中众人为拐叔送葬时，"拐叔过了河就回不来了"，当《运河风》中青年李京生目睹一名"现行反革命"跳河自杀时，"深褐色的通惠河从北京城里黑沉沉地流过来，很慢，慢得叫人看不出它的流动……古老的河床内阒然无声"⑤，当《银城故事》中刘振武面对夕阳，被无法相认的兄弟误杀，也随着"湍急汹涌的江水滔滔东去"，而也正是这条河流，也曾"像一个丰满成熟的女人，载着满河辉煌的云阵，穿过银城……朝远处的苍茫缓缓流去"⑥，并为河中洗澡的旺财带去"被别人叫做历史"的竹签。无论时代如何风云激荡，无论有多少人物生命的尽头一并汇入，"幽深墨绿的银溪像一个缓步徜徉的诗人……银溪这副古老而落套的样子，和这个激流勇进的伟大时代显得格格不入"⑦。河流的自然书写特征古老而平静，与黄土气质有异却殊途同归，在漫长的历史时间里获得了属于自己的独特历史节奏。

① 李锐．锄禾．厚土［M］．北京：人民文学出版社，2008：1.
② 李锐．二龙戏珠．厚土［M］．北京：人民文学出版社，2008：193.
③ 李锐．黑白——行走的群山．传说之死［M］．北京：人民文学出版社，2008：259.
④ 李锐．二龙戏珠．厚土［M］．北京：人民文学出版社，2008：204.
⑤ 李锐．运河风．传说之死［M］．北京：人民文学出版社，2008：153.
⑥ 李锐．银城故事［M］．北京：人民文学出版社，2008：7.
⑦ 李锐．旧址［M］．北京：人民文学出版社，2008：190.

当张仲银第一次来到五人坪的时候，在村口他第一眼看到的便是那棵巨大的老杨树："这树高大得超出了人的想象，高大苍老得有些神秘莫测，凹凸的树身像被犁过，不知把多少岁月吸干在深深的裂壑里，在这些纷乱粗大的裂壑上面，密匝匝的枝叶摇碎了千万片阳光，在漫山遍野的黄土中搭起一栋哗哗作响的绿色楼宇。"① 这段话无疑是对自然书写空间中植物特征的绝佳概括，作为村落象征之一，这些树木与村落同龄甚至更加久远，在色彩单调的吕梁山更因为它的一抹绿色获得更深远的文化内涵。在李锐的小说中，村口的神树是整个村庄空间的重要组成部分，其特征的宏大与苍老赋予它一种来自民间的神性，《二龙戏珠》中的老柳树在黑夜不断呼唤福儿的名字，在《万里无云》中老神树上出现的黄表纸，村民惶恐地拜倒与村支书毫无征兆的中风失语则体现了某种神秘性甚至权威性。如果说单棵神树是象征形象的代表，那么密林则以广阔的荫蔽隔绝外界，成为一种自足的活动空间，在《同行》一篇中，男主人公在进入"恶实实"的林子里时想到了土匪的勾当多在此发生，因而欲对女主人公不轨，《无风之树》里糊米与哑女发生关系的自白里也有"荒天野地的除了我俩再没有别人……林子那么深，我就不走了"②。除此之外，和群山类似，作者在自然书写中赋予其制约人类的特征的同时，又将树与人的生命存在并举而谈，透露出一种朴素的宿命论思维："世上有多少人，地上就有多少树……都是老天爷定好了的。"③而《旧址》里李京生寻找六姑的骨灰时，"浓密如墙柔美如梦"的竹林将坟冢的痕迹掩盖，将生与死的差别灌注进一句"那时候竹林还没得这样大"，在生命的故堆中再生，此时作为自然书写的植物也在空间景观的变换里承担着见证的角色，而作为它的特征则以一种生长的动态呈现，尽管"柔美"，然"树犹如此，人何以堪"。

（二）时间：日月星辰

作为《万里无云》中的叙述角色之一，人民教师张仲银曾经抽象地陈述过他的时间观："时间只有在你经历它的时候，它才存在。在经历的前一秒和经历的后一秒，都不存在时间。"④ 如果以这种可感的存在考察李锐小说中的时间转换，以日月星辰为代表的自然书写往往是一种时间流转的标志，在文本中，很大程度上因为它们的出现，时间得以被经历与存在，这些元素在不同的时间节点上呈现出迥乎不同的特征，作为天然的参照物，为空间的广度进一步设置时间的深度，共同服务于小说叙事的有效推进。

在《厚土》中，几乎每一篇短篇都遵循着一日的故事时间，即所有的故事基本一天之内发生、结束，呈现在空中的日月星辰因之交替变化。在李锐笔下，白日高悬在空的太阳与吕梁山的整体空间环境的压抑密不可分，以一种炽热毒辣的状态炙烤大地，"只有红愣愣的火盆当头悬着"，"太阳还在那一堆乱草上一闪一闪地冒火苗"⑤，"听见太阳在后脑勺上滋滋地响"……万里无风无云，厚土阒然无声，一轮永恒不变东升西落的太阳彻

① 李锐．万里无云［M］．北京：人民文学出版社，2008：154.
② 李锐．无风之树［M］．北京：人民文学出版社，2017：87.
③ 李锐．无风之树［M］．北京：人民文学出版社，2017：105.
④ 李锐．万里无云［M］．北京：人民文学出版社，2008：185.
⑤ 李锐．无风之树［M］．北京：人民文学出版社，2017：82.

照困囿于吕梁山中的农民，这一元素本身足够证明生存本身的煎熬状态。而处在黄昏与清晨，太阳不再在后脑勺无情炙烤，而是成为柔和的霞光，下落至视野之中，具备一种与人物共情的疗愈特性："初升的太阳带着新鲜的血色，带着几分娇弱，被包裹在朝霞的襁褓之中。"① 这与前文对黄土的自然书写策略是极为相似的，即在相对的严酷压抑困境之外，依然能够投射有情的一面。

当太阳从吕梁山头隐去，在一片漆黑之中，月亮从树梢之下升起，其自然书写特征是扁平冷白的，繁星则布满天空，稠亮浩渺，如果说"日光之下无新事"，那么在自然书写映衬下的夜晚却显得隐秘而多姿，人物的心理与行为活动也在这时显露其丰富性。当张仲银抬望天空时，"一个扁平冷白的月亮"照亮了他内心的孤独与自豪；在《红房子》中，"我"在繁星浩渺、月光朗朗的夜空下无意目睹了青年恋人的秘密，"一个亘古长存的秘密，随着柔和的月光也溶进这一派天籁之中"②；而在《眼石》一篇，因为妻子被车把式占用，月亮与黑夜伴随着男主人公内心的躁狂升起，而当车把式与他的"交易"完成，他再度与妻子交合时，月亮落下，繁星在空。与此同时，夜阑的星辰在与吕梁山的空间沟通中，又承袭了那一派压抑冷寂的氛围，例如《二龙戏珠》一篇，"启明星像一滴晶莹的冷泪，孤独、遥远地垂落下来。受了它的打动，整个吕梁山屏住气息，阒然无声"③。人物往往从日月星辰中找寻可供呼应的人化痕迹，为家族的谜底与罪过所困的福儿也正是在这片夜里，从树洞中看到那只巨大的眼睛："一颗新起的星星跌落到这只眼睛中来，一眨一闪……他眼前分明看见了母亲那个只挂着一行眼泪的眼睛。"④ 当家族的混乱与疑问的想象不断地在心中打磨抛光，孤星与神树生出空洞泪眼，正是这些无言的自然书写将从未目睹的母亲流泪画面生成，使福儿在自然的荒野之中收获内心的答案。

（三）动物：禽鸟家畜

自《山海经》《诗经》始，古代文学中的动物书写历史悠久，产生了稳定而庞丰富的动物意象群，而在现当代文学之中，动物的形象在发展之中逐步从符号化、象征化的文本要素成为小说中的重要主体，"突破了以'禽兽比德'和'动物报恩'的传统书写模式，灵性动物形象的建构使动物获得了与人等齐的生命"⑤。在李锐小说的自然书写元素中，动物与人的边界被逐步模糊，牛、羊、驴、鸡等动物形象与厚土上、城市中的人共享生活方式、情感内涵，甚至在作者对人世凉热的悲悯之中赋予动物更为高洁的品质。

在李锐的自然书写之中，牛是被提及最多的一种动物，在作者的眼中，牛甚至比有名有姓的人物更为重要。《银城故事》中有大量关于牛的描写，而人们也以虔敬态度对待这类温良驯顺的动物，在八月二十三日的牛市上，焚香跪拜，诵念祷文，"天南地北原本素

① 李锐. 二龙戏珠. 厚土［M］. 北京：人民文学出版社，2008：204.
② 李锐. 红房子. 传说之死［M］. 北京：人民文学出版社，2008：28.
③ 李锐. 二龙戏珠. 厚土［M］. 北京：人民文学出版社，2008：165.
④ 李锐. 二龙戏珠. 厚土［M］. 北京：人民文学出版社，2008：203.
⑤ 李小红. 历史祛魅、乡土怀旧与诗性建构——新世纪西部长篇小说研究［M］. 北京：中国社会科学出版社，2019：129.

不相识的牛们会聚在一起，耳鼻相触，擦肩摩腿，忽然间触发了无比的骨肉亲情。成千上万头牛从古老的记忆中苏醒过来"①，而被选出来的牛王则"眨着善良温顺的眼睛，不动声色地打量着眼前这些充满了好奇和欲望的人们"②，牛可以感通纯净的亲情，又能面对人的欲望无动于衷，将净化的人性加之古老种群之上，可谓作者有意而为。无独有偶，在《厚土》中的《看山》与《青石涧》两篇，主人公都对朝夕相处的牛羊产生一种更胜于人的亲近，将其视作可沟通的理想人化角色，"甚至觉得这些羊羔是他自己和羊们一起生下来的"③，进而向它们倾诉对现实生存困境的失望，《看山》中描写雄牛与雌牛的个体繁衍，梦境中放牛人与牛哭作一团，醒来被牛犊温柔地舔舐脸庞，这些生命的跃动与宽慰的温情正是作者在自然书写中为动物赋予的特征。而为这种人化特征增添的历史厚重则体现在"古老"二字上，如果说世世代代耕作的农民在黄土上秉持着一种古老的生存方式，那么动物也在这片共同生存的土地上生成了一种古老的族群特征，"或许是猛然间回忆起什么遥远的往事，它们就会中断了香甜的咀嚼从青草中抬起头来，黑而大的眼睛久久地注视着群山"④，牛群在群山中回忆，而家禽则因循着祖先的方式生活："树棍上的鸡们照着祖先的模样在睡觉……也许是有悠远古老的梦闯了进来，它们时不时呻吟似的叽叽咕咕地发着梦呓。"⑤ 祖先的方式根深蒂固，古老的往事进入梦乡，在这种自然书写策略的推进下，动物与人类代代相传的生命状态被一同糅进这片厚土。

而自我意识的觉醒则将动物形象的特征进一步升华，在《无风之树》中，拐叔的驴"二黑"是这种人化形象的高度体现，它不仅通人情，在作者对叙述语言的控制之下，甚至能够以独创的驴语开口说话，例如在送葬路上"绿的出来了绿的在车上绿的挨着我"，"绿的"即它最喜爱的拐叔。而当送葬结束，"二黑"以疯癫的状态拉着大狗兄弟俩逃离矮人坪，"我要找绿的我要找绿的我要找绿的"。拐叔的去世是对矮人坪最后希望的覆灭，与其说是寻找拐叔，实际上二黑、兄弟二人乃至暖玉都已经走向一种自我意识的觉醒，因而选择逃离并对未来进行重建。同样《二龙戏珠》里小五保的狗"老婆"也是在主人的自杀之后决意逃离"二龙戏珠"这块是非之地。从这种意义上来看，作者在自然书写的实践之中，实际上已将个体无法突破的精神与现实藩篱寄希望于动物之上，无论是动物本身相较于人的理想特征，还是动物行为指涉的觉醒隐喻，都成为了群山之中压抑生命的突破路径。

（四）组合：光影斑斓

如果说上述自然书写都是被单独分类的特定元素，那么李锐小说另外一种值得注意的自然书写便是不同元素之间的组合。在小说文本之中，很大程度上各种元素并非完全独立的描写，它们交织影响、互动变换，共同以组合的多样性造就自然书写丰富的可能性。而

---

① 李锐.银城故事［M］.北京：人民文学出版社，2008：200.
② 李锐.银城故事［M］.北京：人民文学出版社，2008：203.
③ 李锐.青石涧.厚土［M］.北京：人民文学出版社，2008：122.
④ 李锐.看山.厚土［M］.北京：人民文学出版社，2008：35.
⑤ 李锐.古老峪.厚土［M］.北京：人民文学出版社，2008：9.

在李锐小说中，这种组合通常以光线为线索进行串联，无论是太阳投射的光影，还是水中折射幻化的斑斓色散，它们为单调色彩赋予力量，更为寻常生活赋予神性，成为李锐小说自然书写元素中的一抹亮色。

与正午时分太阳炙烤的焦虑和弥漫任何一个角落的黑夜截然不同，李锐青睐于这样的书写组合：在太阳将落的黄昏，光线与水或云一同以燃烧的形式为厚土之上的群像涂抹辉煌色彩，光影无言，却能在黑夜将近时分赋予所关切之物最后的生机。《古老峪》中小李到古老峪宣读文件，撰写报告，而当队长将那份运动总结还给小李，称"搞运动是公家的事情"时，太阳被云层裹住，冬日一片闷钝；而当小李在路上遇到"她"，"她"因为能到县里见到小李而答应当先进之后，"辉煌的夕阳从烧毁了的云海中掉了出来，刹那间，干旱贫瘠的土垣被它幻化成一派壮丽的辉煌：黑幽幽的窑洞，残缺的围栅……一切都面目全非，一切都熠熠生辉，一切都在这一刻派生出文献的生机来"①，小李所见之希望与失望，正和夕阳破云的最后一瞥相互呼应，在视野内将一成不变的颓圮情景悉数涂抹。同样的情景亦可见于《银城故事》，当旺财无意中捞起属于历史的那片竹签后，"玉泉山上安详的晚霞在银溪的水面上编出一个金碧辉煌的幻影，把赤身裸体的旺财变成一尊流光溢彩的神像"②，光与水的组合为未曾意识到"历史"的边缘人物披上属于主体的神性，在"涨满性感河水"的银溪中流光溢彩。一片辉煌的金光代表一种属于天地之间的厚重力量，而在眼底幻化的斑斓则体现出另一种更近人性的光辉，《二龙戏珠》中如是描写小五保的第二次上吊自杀："一股焦黄的水从那个男人的器物中喷射而出，在蓝天白云之下划出一道潇洒的弧线。接着，这道彩色的弧线，又在自由的下落中散射开来，灿烂的阳光把它们幻化成一片美丽的光斑。"③ 在望眼欲穿的生活中拖着残缺的病躯，小五保因一种彻骨的疲惫决意自杀，而当他的棉裤从腰间松垮掉落，作者却以光影的散射将失禁这一难以言说的生理现象处理得恰到好处，这场在神树下的上吊自杀宛若一种神秘的仪式，正是斑斓的光斑，使得生殖器官在生命的最后时刻，得以超越代表沉重肉身负担的生理行为，化入天地万物之间，为小五保重赋个体生命的尊严，也为褪出躯壳的灵魂赋予升华之义。这种光辉还见于泪光，在《送家亲》一篇里，黑夜、灯捻、牌位，光影将神秘的送家亲仪式与"无法可治"的命运笼罩在一家四口女眷之中，离婚的儿媳"睫毛上的泪珠把视线弄得模糊了，二九个灯头围成的光环幻化成无数绚丽的光环"④；而《二龙戏珠》中福儿在金光中呼唤着母亲，"涔涔热泪淹没了他那张瘦弱惶恐的脸，斜射的阳光把它们幻化出一派眼的斑斓"⑤，当光影照进泪水，属于自然书写的元素和小说之中的人物谐和地沟通起来，光影的绚烂以其艺术表现力与独有的感化特征将人物的伤悲一并化解，并将这种悲悯融入天地自然之中，达到共情效果。

---

① 李锐．古老峪．厚土［M］．北京：人民文学出版社，2008：17-18．
② 李锐．银城故事［M］．北京：人民文学出版社，2008：6．
③ 李锐．二龙戏珠．厚土［M］．北京：人民文学出版社，2008：194．
④ 李锐．送家亲．厚土［M］．北京：人民文学出版社，2008：79．
⑤ 李锐．二龙戏珠．厚土［M］．北京：人民文学出版社，2008：201．

三、李锐小说自然书写的叙事作用

何为叙事？从叙事学角度而言，很容易从学科的细分中为它找到各种定义："叙事学是研究叙事的本质、形式、功能的学科，它研究的对象包括故事、叙事话语、叙述行为等，它的基本范围是叙事文学作品。"① 而当理论的叙事触及创作实际，以何种方式在文本的组织与编排中深刻地表达自己，已然成为横亘在现代小说家面前的一大难题。正所谓"叙述就是一切"，作为一名兼具艺术追求与表达自觉的作家，李锐在小说中极其重视叙事的作用，并以高度的文本控制力与叙事技巧完成自身的创作目的与表达追问。李锐有言："在对生命记忆千百年的书写中，书写者们高举着自己的生命之灯，穿过一座又一座形式的大门。在对表达形式不懈地追求和拷问中，他们终于明白那原本是对生命自身的追求和拷问。"② 所谓落笔皆有深意，在他的小说之中很难找到游离于写作意图之外的闲笔，从这一角度考察作为小说有机组成部分的自然书写，不难发现，它们都共同参与小说的文本组织过程，进而承载了作者的主题表达与叙事功能，对小说整体叙述的有效展开作出了多方面的贡献，"它们不仅仅是用来标示事件场景，渲染气氛，烘托情绪，导引人物出场、折射人物心理或借以抒情咏志附属物，它们已获得某些独立的表意和叙事功能"③。本章将紧承上一章对自然书写的特征概述，着重讨论李锐笔下的自然书写是如何进入小说的叙事的，并针对场所、人物、时间、情景等多个角度进行分类，分析它们在小说叙事之中的作用。

（一）前景与荒野境地

从自然书写，尤其是环境塑造的角度来看，乡土小说脉络有二：一边是写实主义的笔风，将山川风月的温情与浪漫写进田园牧歌式的诗意之中，正是这样的环境前提将小说人物的忧乐矛盾逐一消解；而在另一边，荒野情景成为了乡土自然书写的另一主题，在传统文化的上古虽有"天地玄黄，宇宙洪荒"的荒野情景，但毕竟是未进入文学意象之中的创世想象，新文学的荒野直指人类最为核心的生存命题，而李锐小说中的自然书写所营造的叙事空间正是如此。

在具体分析之前，需要对小说中的前景与荒野特征进行厘清。前景在建筑学的意义上指代距离观赏者最近的景物，而当这一现实空间方位概念被导入文本行间，最近的景物成为了自然书写元素之一，可感可视的空间化作阅读想象，前景的功能指向取代鲜明的位置性成为了核心标志：在前景中虽然不能看到文本的全貌，但是却能够直接将视线导向处于中景的人物群像，并且直接成为景观的外围框架。而荒原在小说中是近乎形而上的想象，以自然书写中的群山为例，"吕梁山不作为地理名称亦不作为地域文化的标志而存在……

---

① 罗钢. 叙事学导论 [M]. 昆明：云南人民出版社，1994：3.

② 李锐. 运河风 [M]. 济南：山东文艺出版社，2002：383.

③ 李兴明. 中国当代西部小说史论（1976—2005）[M]. 合肥：安徽大学出版社，2006：193.

它只应算作李锐超脱于对现实具体的描摹，进而充分地表现心灵的背景"①，而作者之所以要将曾经生活过的土地进行虚化与超越，根本上是要通过前景的形式导向"人"的古老"生命状态"："他们的人生及命运、他们的生与死，是否依存于吕梁山区其实无关紧要……因为我们都有'人'的名字。"② 基于荒野想象的虚指性，时间与地理标识随之丧失有效性，使得荒野还呈现出一种封闭的凝滞特征，因此在小说中，无论是五人坪还是矮人坪，都是地图上微不足道的一点，而时间则形成了张仲银口中那种不管一秒还是一千年全都是一样长的恒定尺度。基于一致的时间认同，在荒野内部进一步形成了自足的想象共同体，故而无论是外部的政治冲击，还是对吕梁山之外的想象，在大多数时候都被这一群山遮蔽中稳定的共同体排斥或内化。诚然荒野前景在李锐的小说之中以虚化的特征呈现，但这并不意味着李锐完全将自己在现实中生活六年的真实大地忘却，正如伊瑟尔所说："现实的栅栏被虚构拆毁，而想象的野马被圈入形式的栅栏，结果，文本的真实性中包含着想象的色彩，而想象反过来也包含着真实的成分。"③ 在李锐的叙事策略之中，荒野是一种超越具体经验的叙事引导，指向根本的"人"的永恒困境主题，因此将吕梁山想象化、符号化是必要的。

正是遵循前景与荒野境地的特征，李锐小说中的自然书写作为框架塑造了小说整体的环境，这种特征在不同的文本中具有区别，尽管《厚土》在每一篇短篇中呈现了不同的故事、场景、人物，但是厚土之上的空间是永远的空旷闷钝，而由日月起落标示的时间则显示出一种单调不变的凝滞性，在各种自然书写的刻画中，"有如小说中常常出现的那些精致的修辞，凸显出别一向度的诗意——那种'荒野'的诗意，让人感受'震惊'"④。处于这片荒野的人在千年的时间中承受着永恒的生存问题，正如上文所述，作为封闭稳定的共同体，外来者很难在厚土之上看到生机，所有将发的矛盾尚未走向高潮就被生存核心问题的食与色、生与死化解，在昼夜之间归于阒寂。"然而人们灭亡于英雄的特别的悲剧者少，消磨于极平常的，或者简直近于没有事情的悲剧者却多"⑤，《厚土》荒野的艺术效果近乎鲁迅先生所说的这种无事的悲剧。李锐在对自然书写的前景控制里导向一个又一个活动的人物符号，这些符号模糊姓名、年龄、行为等人物要素，所指的心理活动却异常清晰且丰富。在《无风之树》中，人物通过内聚焦式的多重叙述视角进一步走上前景构建的舞台，荒野境地的描述完全通过不同人物的心理与言语表达构建完成，将这片无法突围的吕梁群山更为紧密地与个体的生命体验维系在一起，这种前景的虚指性进一步加大，在苦根儿眼中呈现为视野中的深渊，将个人理想与漫长时间一并吸干："高原在给了自己俯视尘寰的台座的同时，也给自己设下了深不可测的陷阱。那将是一个无论时间还是历史

---

① 丁帆. 中国乡土小说史 [M]. 北京：北京大学出版社，2007：351.
② 丁帆. 中国乡土小说史 [M]. 北京：北京大学出版社，2007：351.
③ 伊瑟尔. 虚构与想象——文学人类学疆界 [M]. 陈定家，汪正龙等，译. 长春：吉林人民出版社，2003：16.
④ 叶君. 农村·乡土·家园·荒野——论中国当代作家的乡村想象 [D]. 武汉：华中师范大学，2004.
⑤ 鲁迅. 几乎无事的悲剧. 鲁迅全集（第6卷）[M]. 北京：人民出版社，1981：371.

都不可能填满的深渊。"① 而在第四十六节，李锐以一种神秘主义的方式，为拐叔的魂魄与他的驴"二黑"设立了一长段独白，在拐叔的叙述中，黑天黑地与化魂的人物合为一体，"这没边、没沿、没头、没尾、没里、没外、没上、没下的黑就是我……我就是死"②，这"改不了、填不满，也除不掉"的黑夜，所表现出的虚化与凝滞特征正是一种悲剧性的荒野体验，并且通过鬼魂的独有状态，自然书写与个人的生死感知以一种前所未有的姿态贴近融合，个体得以沉入荒野，走向前景的舞台。

（二）人物与情感容纳

从结构上看，叙事要素中的人物总是与自然书写呈现出一种中景与前景、生存与境地的关系，然而从小说的抒情表意来看，尽管人眼中的荒野境地难以突围，但人物的悲欢离合却总是和眼前的万物联系在一起，上一节所论述的自然书写与个人的融合便是其中表现之一，当"外在的匮乏并不能剥夺生存于其间的人们精神的富足和充实，贫瘠的土地由此成为信仰的王国"③，自然书写接纳了困围荒野的人物的辗转忧疑，叙事文本的诗意内涵也在人物向前景涂注的情感中得到升华，换句话来说，正是自然书写容纳的广度决定了小说主题情感所能探及的深度。

在李锐小说中，凡是内心情感无法被基本生存需要所淹没，反而向外界抒发的，大多为陷入精神与信仰双重绝境之人，他们往往以身份的独特性成为符号群像之中的典型人物，譬如《无风之树》的苦根儿，《万里无云》的张仲银与《银城故事》的聂芹轩，他们或为碌碌无果的革命勇将，或为变革潮流的末世之人，无论结果如何，他们的努力与献身最终都注定成为悲剧洪流之中的一部分，而他们在实践的过程之中也自觉地意识到了这一点，因而面对群山、面对长夜等荒野的境地，徒劳无功的孤独与忧郁被悉数容纳："站在这空旷辽远的灰黄当中，他会被自己莫名的怅惘深深地打动，他会觉得自己身不由己地获得了俯视尘寰的孤独……他用自己的怅惘和孤独一遍又一遍地涂抹了无语的群山，又因为这些无语的群山而生出无穷无尽的怅惘和孤独。"④ 张仲银，这一充满激情的所谓"乡村启蒙者"，当他因自身的身份与乡村几乎无事的空洞生出自豪与孤独之时，亦将胸中块垒摆满莽莽群山："起伏的群山掀起胸中壮阔的诗情，仲银觉得自己很需要一些诗，于是放声朗诵道，——站在山头望北京……四野苍茫，群山无语，吕梁山一瞬间吸干了仲银的诗情。"⑤ 而面对摇摇欲坠的清王朝，尽管聂芹轩以自己的老谋深算消解了尚在孕育之中的革命暴动，但是他也深刻地意识到了无法挽回的灭亡趋势，当他怀着漆黑无边的心履行着作为大清老臣最后的义务，"沉闷的黑暗好像地牢的墙壁一样，把人窒息在包围之中……在黑暗中打量着这座鬼啰一般的石头城，一时间乡愁无限"⑥。面对困局之人，表

① 李锐. 无风之树 [M]. 北京：人民文学出版社，2017：91.
② 李锐. 无风之树 [M]. 北京：人民文学出版社，2017：114.
③ 叶君. 论当代文学中的乡村荒野图景 [J]. 江淮论坛，2005（2）：130-135.
④ 李锐. 无风之树 [M]. 北京：人民文学出版社，2017：90.
⑤ 李锐. 万里无云 [M]. 北京：人民文学出版社，2008：163-164.
⑥ 李锐. 银城故事 [M]. 北京：人民文学出版社，2008：62-63.

面上自然书写成为了他们能够沟通倾诉的"最后一人"，然而却并未以一种人性的脉脉温情将他们的苦闷一一抚慰，而是以无言的态度接纳人物的情感涂注，并在呈现形态上与人物的心境保持同步，从而通过自然书写与人物的双重回响，进一步深刻揭示历史的无情与荒野的诗意，使人物愈加孤独、失语、窒息，以无可挽回的趋势继续投入这场悲剧之中。尽管在文本的肌理之间，这似乎成为了作者笔下的一种残忍，然而从服务小说整体叙事目的的角度来看，自然书写的情感容纳策略恰恰是一种以主观色彩的摹写寻求客观呈现的方式，也正是在悲剧式的演进里，作者真正触及地久天长的悠远表达与"念天地之悠悠，独怆然而涕下"的生命歌哭。

（三）节奏与时间尺度

与绘画、建筑等艺术形式不同，文学作为一种艺术是在时间之中展开的，在叙事文学的文本内部，故事演进的自然时间状态与叙事编排的时间状态是不同的，"前者只能由我们在阅读过程中根据日常生活的逻辑将它重建起来，后者才是作者经过对故事的加工改造提供给我们的现实的文本秩序"①，因而在小说叙事之中如何处理叙事时间，成为了作家如何把握叙事节奏与叙事话语的重要方式，而在李锐小说之中，时间标识在小说的环境之中丧失了有效性，故而承担控制叙事节奏、衡量时间尺度的职责，在相当程度上被小说中的自然书写承担。需要说明的是，基于荒野境地的无事性与永恒性，李锐习惯于将结果置于文本的最前端，通过"例叙"或"预叙"的方式打断文本因果逻辑之间暗含的时序性，自然时间因而静止或者虚化，退守到小说的角落之中，从这一侧面不难看出李锐对小说文本的叙事自觉与高度控制力。而在自然时间退场的小说文本之中，李锐既通过自然书写本身的重复叙事标记时间，又通过自然书写造成的顿挫控制叙事节奏。

在《厚土》中，自然制约着人类活动，属于时间符号的日月星辰因而成为时间的标记，人物在白炽毒辣的太阳之下耕作、移动，而夜升的冷月与繁星则浸染出另一种朦胧的空间，从而进行更隐秘、更深邃的活动与思考。可以说日月的自然书写规训着人类活动，也在变换的文本距离之间衡量叙事时间的基本单位。而重复叙事则以另外一种形式点明叙事时间的节奏与阶段，以《锄禾》一篇为例，全篇四次出现"没风，没云，只有红愣愣的火盆"一句，控制着学生的耕作、窥见队长私情、震撼又归于平静的事态发展；同样地，《选贼》中也以"天太热，热得人迷迷糊糊的"来描述选贼这一荒诞"民主"事件，夹在三处重复段落之中，分出村民的茫然与队长的发火，队长被选出，队长的退场与村民的惶恐，最后商议叫队长回来的四个部分，尽管篇幅短小，但能够通过自然书写的叙事顿挫组织文本抑扬节奏，可谓凝练精悍，"写这种作品，是对力量的训练。作品的力量感当然也来自浓缩（主要指"单位面积"的意义含量）以及叙事间的顿挫"②。

当涉及长篇作品，李锐又通过另外一种形式组织文本叙事，这同样也离不开自然书写的参与。《无风之树》《银城故事》两部讲的都是几天之内发生的简单事情，前者基于拐叔送葬，而后者基于大革命前夕胎死腹中的一场暴动，如何基于较短自然时间扩充叙事时

① 罗钢. 叙事学导论 [M]. 昆明：云南人民出版社，1994：132.
② 赵园. 地之子 [M]. 北京：北京大学出版社，2007：141.

间，成为了作者亟待解决的问题，而李锐采取的策略有二：一方面通过心理时间营造"无时性"的叙事效果，将时间扩张到质量维度；另一方面通过多重视野叙述，营造读者无意识的叙事停顿，使得叙事时间在整体上大大超出自然时间，这两方面的完成都有赖于自然书写的加入。先论心理时间，这一柏格森的概念多为先锋小说家所用，将时间视作各个时刻互相渗透表示质量的概念，因而时空能够以最大的自由度进行来回穿插，例如福克纳的《喧哗与骚动》中，主人公不断在童年、少年和现实来回切换，"使读者无法确定时间倒错的方向、距离、幅度，这样便造成了'无时性'的效果"①。尽管李锐在不同场合对先锋小说家的实验有过一定的批评，认为他们缺乏对"自己处境的深刻的体察和自然而然的流露"②，但是福克纳却是李锐推崇备至的作家，认为他将对生命的体悟深深融入了人类的传统之中，因而当《无风之树》中出现这种类似的心理时间穿插，也可被理解为服务于小说主题的深层表达。在开阶级斗争会的前后，曹天柱在梦境与回忆之中反复回到七岁鬼子进村那年，爷爷被杀，女人哭喊，在这些属于童年的时间里，他的身边跟随了一个来自现实的暖玉，而这种渗透的形成有赖于自然书写在不同时空中的凝滞，例如星空就成为了一种永恒的参照信标："一扬头，嗬，满天的星星，真稠！真透亮……我妈说，不敢出声，招呼叫鬼子听见！满天的星星就一下子全都掉到我眼睛里来了。"③这种时间的渗透也伴随着和《厚土》中类似的反复标记，例如，"我就听见太阳在后脑勺上滋滋地响"，在时间的交错中，小说并没有因为叙事时间的拉伸而显得空洞枯燥，反因新的填充增强了文本张力，读者在叙事的轮转之中无法确定时间的确切方位，只能在无意识中跟随叙事前后穿插，叙事时间得以在长篇的文本里被充分延伸。

再论叙事停顿，在《银城故事》中，独立的章节被用来描述牛粪客、牛市、竹片，这些片段集中描写某一环境与背景，而内部并未突出任何叙事时间与自然时间，因此叙事时间并没有在这些章节中继续向前推演，小说整体在这些节点上是停顿的，作者得以在短暂的故事时间里较大程度延伸叙事时间，使得小说的视角、细节、主题都能得到更深层次的探讨与表达。叙事停顿能够说明作者如何将叙事时间扩充的方法，但是如何以流畅的叙述和契合的衔接，让时间的停顿在叙事整体中不突兀、不滞重，才是真正体现作家叙事技巧的地方，在这一点上李锐可谓下足功夫，以牛为例，李锐以一连串具有文献特征的数字描述了银城的牛的饲养、经济、风俗、节日，又正是温良驯顺牛将银城拉进残缺不全的往事之中，而小说也正是以盛大的牛市作结，刘三公忧心如焚的悲绝与牛王留恋的骨肉温情形成强烈的对比，牛市的浩大将城市阴影里未发的革命洪流无声遮蔽。如果说银城是李锐用文字构筑的历史现场，那么这些自然书写的动物与植物伴随着各个角色的叙事角度，也成为了历史主体的一部分，并且将它们的命运与人的命运紧密缠绕在一起，从而在叙事整体的高度上消解了时间停顿的突兀，使得小说在流畅之中完成叙事时间的精心编排。

---

① 罗钢. 叙事学导论 [M]. 昆明：云南人民出版社，1994：145.

② 叶立文，李锐. 汉语写作的双向煎熬——李锐访谈录 [J]. 小说评论，2003（2）：32-37.

③ 李锐. 无风之树 [M]. 北京：人民文学出版社，2017：25.

（四）对象与多重视角

框架、人物、时间……这些叙事元素都散落在文本之中，而以何种方式编排讲述，就涉及叙事角度与叙述聚焦的诸多问题。在李锐小说中，自然书写作为被刻画描写的对象，以一种异于传统的方式进入小说的叙事视角，成为叙事主体不可忽视的重要一环，从而"作为一种地域文化隐含的精神结构的象征载体或对应物，由'场景'或'背景'换位或升格为与人物并置的叙事对象，从而获得相对独立存在的意义"①。在李锐的小说创作历程之中，这种升格的强度随着时间推移愈发增强，是作者自觉在小说叙事形式道路上的不断尝试，更是与作者对历史观、自然观的深入思考同步而行的。

首先是《厚土》，尽管采用的是第三人称的全知视角，以古典的形式刻画其间风土人物，但是李锐已在某些细微之处表达他认知里共同的生命体验，那些"山们""水们""烟们"，"不仅仅是个简单的复数表达，这跟英语多一个"s"就表示复数不一样。它加了一个'亻'，有了一个'人'在旁边，它成了一个现场的同等拥有生命感觉的跟你一体的东西，所以我很自然地选择了这样一种叙述。"② 山等自然书写形态被赋予与人同样的特征与情感，它们在天地之间以亘古不变的方式生活，与身在其中的人一样，闷钝木然，宛若被缚的奴隶，而从一定意义上来说，"他笔下那苍莽严峻的群山才是他作品的要角。生生世世厮守于此的农民、呼啸来去的知青，都不过是山间过客……由黄土所孕育的古文明，终要以最原始的方式，含蕴一切，然后重归于寂灭"。③ 在《无风之树》中作者尝试采取第一人称变换视角的叙事策略，叙述者隐去了，小说人物开始在舞台上开口自白，这是形式的实验，却又不仅仅流于形式之上，"我笔下的世界不仅仅是一个人称转换的第一人称世界，更是一个动物、亡灵、哑巴、风、老人、孩子、男人、女人都在说话的共生世界"④，多重视角在小说之中形成合唱，每个生命个体的独特体验更以言语的喧哗喷薄而出，这也是为什么李锐始终认为这是他最好的小说创作。作为自然书写之一的动物视角——拐叔所养的毛驴"二黑"，在作者的控制之下开口说话，它以色彩区分人物，以谵语表达好恶，动物视角的进入不仅成为还原事件全貌的拼图，更从"他者"角度反观其他叙事角度，在动物的内聚焦中以外聚焦视野审视小说其他人物。除此之外，它更承担了一种桥梁作用，曹天柱等人向他倾诉对拐叔的愧疚，而夜阑人静之时拐叔以鬼魂的形式温言安抚，生命之河从万物之上淹流而过，动物视角也因之获得同等的主体地位进入多重叙述视角之中。而在《旧址》与《银城故事》中，相比于真实生活过的吕梁山，银城似乎缺少了作家直接的生命体验，故从叙事角度来看，更多以第三人称的多重视角展开论述，相比于厚土系列的生命体验，银城系列似乎更倾向于在虚置的前景之后宏观地书写边缘化的历史，将二者相比较，前者围绕家族与革命展开，后者索性舍弃中心人物，以冷静的笔

① 丁帆.中国乡土小说史［M］.北京：北京大学出版社，2007：22.
② 李锐，毛丹青.烧梦：李锐日本讲演纪行［M］.桂林：广西师范大学出版社，2009：123.
③ 王德威.吕梁山色有无间——李锐论.当代小说二十家［M］.北京：生活·读书·新知三联书店，2006：177-178.
④ 李锐，邵燕君.用方块字深刻地表达自己——李锐访谈［J］.上海文学，2011（10）：91-97.

触从不同角度书写历史偶然之下的个人命运，"山川河流以及水牛、竹子成为小说里的'人物'，犹如《厚土》中的'山'。历史进程的不确定因素在这部小说中被突出了出来，因此也就否认了所谓的'历史进程'，否认了所谓'大写的历史'"①。与《无风之树》相比，自然书写尽管同样作为多重视角之一而存在，但是却不再作为人物视角的"他者"进行辅助呈现，它们在历史中的分量同等重要，以无差别的主体形式进入小说的叙事，作为一块块历史的碎片共同拼接出银城的纷乱图景。

四、自然书写视野下的小说再梳理

在分析完李锐小说中的自然书写特征及叙事作用之后，究竟是外界的何种冲动与经验使得作家在创作之中选择这样的叙事策略，小说又如何在自然书写的线索下完成小说的个体历史重述与寓言建构，而将文本的自然书写与虚构的历史文本两条小说主线并置，又在背后映射了作家自然观与历史观的何种联系，这些都是有待探究的问题。因此第四章将遵循作者在小说中所做的工作，在完成对自然书写对象化的特征描述与作用分析基础上，将自然书写作为一种主体化的存在介入小说的创作经验与文本结构，从微观切口对小说内外进行再梳理。"我们不会'生活'在故事中，尽管我们事后以故事的形式来讲述我们生活的意义"②，在虚构的立场上，自然在文本之外如何影响李锐对"生活"的编码，进而生成"故事"，并在故事中呈现出何种内涵，从某种意义上来说都能够在自然书写的痕迹之中寻找到答案。

（一）经验：文革记忆与生命体验

李锐的小说创作很大程度上遵循个体情感的充沛表达，在他看来，创作"不是为了永恒，不是为了金钱，不是为了庄子和萨特……只是为了那灼人的渴望，只是为了自己，只是为了那拂之不去的记忆"③，如果从作者生平和创作自述等资料进行考察，不难发现生活经验与个体记忆对小说创作的题材风格、主题思想的制约，或者换句话说，"只是为了自己"的李锐，以一种忠于自我表达的态度，将人生经历与小说人物的生存困境紧紧地熔铸在一起。而围绕着小说家的个人经验，可谓与共和国的风起云涌息息相关。李锐的童年是在京郊的一个农场里度过的，基于这段无忧无虑的童年经历有中篇小说《红房子》可供参考，李锐在文中详尽书写与之亲近的一派"草木世界"，与日后的深沉风格不同，笔调清新明快，然而这种童年的回忆却也不乏某种对情感和生死的朦胧触动，例如在月下目睹情侣的亲热，却又在第二天见证男方的手被炸得血肉横飞，而女方的弟弟，身边的玩伴因意外离去……可以说伴随着成长，这些寻常之外的悲剧元素也散在李锐最初的回忆之中挥之不去。

① 李锐，王尧. 李锐王尧对话录［M］. 苏州：苏州大学出版社，2003：162.

② 海登·怀特. 作为文学虚构的历史文本［C］//张京媛主编. 新历史主义与文学批评. 张京媛，译. 北京：北京大学出版社，1993：169.

③ 李锐. 网络时代的"方言"［M］. 沈阳：春风文艺出版社，2002：11.

而真正促成李锐对生存困境更为深刻体验的，当属那段"文革记忆"，在《八姑》中李锐曾回忆："我和我的同代人，就以所有这些最庄严、最正义、最神圣的名义，毫不犹豫地奉献出最真诚、最纯洁、最火热的青春。"① 然而这一切火热随着父亲的种种罪名戛然而止，接受"贫下中农再教育"，家庭被拆散各方，父母先后去世，从"红五类"到"黑五类"，李锐在其中体味到的是一种彻骨的悲痛与理想的陷落，这种亲身体验同样也是他对革命等宏大问题的怀疑的起点。而在革命将他裹挟至这片黄土之上，他又对"人民""人""生存"等词汇有了超越书本与知识的真实体验，是自然环境深深地启蒙了他们这些从北京飞来的"黄鹤"："面对那贫瘠荒凉的穷乡僻壤，'知青'们又何尝能无忧无惑……决绝的生存情境里，这些'知青'历尽残酷的启蒙洗礼。"② 眼前的贫苦困境、遥远的亲人之思、青年的真情苦闷、理想的陷落震动……这些思绪在吕梁山中激荡回响，李锐自叙道："家破人亡，上山下乡，信仰幻灭，然后就是中国整个社会的动荡和个人家庭变故的命运交织，而且又让我一个人在吕梁山亘古的荒凉之中独处。当你一个人在崇山峻岭的独处的时候，那个时间和空间的感觉是非常强烈的，那种对永远的和瞬间消失的感受，那种体验和对比是非常非常强烈的。"③ 荒凉带来彻骨的寒冷，也带来对生命的怀念与幻灭，对亲情的残酷与灭绝，这些体验深刻地决定了李锐的创作方向。

自然不仅仅为作家的文革记忆与生命体验提供彻骨的磨砺，更在色彩与变化之中为李锐的创作提供了无声的感化。"你家先被抄了，插队第一年母亲去世，隔一年父亲去世，女朋友又走了，你说一个人能承受多少？彻底到了谷底。我为什么对景色有那么深的体会？我特别喜欢一个人走到山里……我对自然景观的所有比喻、体验，我的创作灵感，笔下意境，无不得自于吕梁山。我听林涛时，真觉得悲欣交集。亘古大荒，坐在林涛里，你有种说不出的安慰，好像可以忘了自己，云游八极"④，在自然闷钝空旷的荒野，浩劫的个体悲剧与生存苦难磨砺出李锐秉持一生的追求；而在自然的另一面，日升月落、晨风昏雨的自然表达抚平了心绪的苦闷，正如他所推崇的庄子的"天地有大美而不言"，眼中的日月星辰、四季变化让李锐体察到一种超脱的恒常忘我之境。由此可见，从童年的和谐共生到青年的磨砺启蒙，自然作为一种李锐亲身所处的环境与经验，与作家的文革记忆与生命体验紧密相连，作家向自然宣泄着自己无法言说的生存困境，又在时空之中获得无声的启发，作为致力于倾诉自我与表现生命的作家，这些所目的自然风物内化为个体经验记忆，最终又以普遍而永恒的自然书写的形式渗入了小说文本，在小说的生成机制之中发挥重要作用。

（二）动力：个体叙述与现代寓言

自然通过作者的经验从文本之外进入，化为了小说中不可或缺的自然书写。在李锐的

---

① 李锐．八姑．拒绝合唱［M］．济南：山东文艺出版社，2002：89.

② 王德威．吕梁山色有无间——李锐论．当代小说二十家［M］．北京：生活·读书·新知三联书店，2006：177.

③ 李锐，毛丹青．烧梦：李锐日本讲演纪行［M］．桂林：广西师范大学出版社，2009：111.

④ 李锐，毛丹青．烧梦：李锐日本讲演纪行［M］．桂林：广西师范大学出版社，2009：43.

价值判断之中，这种不可或缺并非作为小说情节间隙的闲笔元素，也不是传统小说标识场景、烘托人物的功能需要，而是作为同等的叙事主体，承担了同等的历史分量。如上一章所述，李锐在他的小说，尤其是长篇中，大多采用多重视角并进的叙事方式，使得每个视角的平等叙事主体得以自由地发声，然而文本并非喧闹之堂，而是复调的和谐交响，"在脱离了现实的规定性后，人物的主体性更依赖于作家的主体性，作家的创造性也同时意味着主宰性和支配性"①，这种支配性需要维持小说情节应有的起承转合，又需要将人物声音和谐地串联成一个有序的整体，其职责多由一个外在的清晰叙述者承担，而在李锐小说的叙述者隐退的情况下，这种强力的支配性大多需要依靠自然书写来完成，从头到尾，可以说正是自然书写成为了文本得以顺利运转的内在动力。

以《万里无云》为例，从全篇的自然书写来看，作者通过太阳与群山晕染出一种清晰的燥热感觉，从而弥漫成为小说的整体前景，而在文本行进的动态视角下，自然书写中的天气元素，也就是干旱，成为了小说的元初动力："干旱破坏了既定的生存秩序导致了祈雨仪式，这是全部叙述的初始契机；山火焚毁了一切作为这场仪式的告终，新的平衡意味了情节的结束。这个话语类型在叙述运作之中的重大功能暗示出人的渺小和无奈。"②而不同的个体叙述也是在干旱产生的请神、宴饮等活动的影响下展开，最后因为山火酿成人命悲剧，请神活动的主要谋划者被捕，久旱之后的大雨成为事件的结语，自然依靠自己的意志完成了天气的变换，轰轰烈烈的请神闹剧最后化为了群体性悲剧。无独有偶，在《银城故事》中，如果说是小说中的个体左右着历史进程，那么自然书写作为动力又保障了这一个体叙述的实现。"如果没有作为'动力'的牛，也许银城的历史就会是另外的走向。如果没有可以开采的盐，也许就根本不会产生作为城市的银城"③，小说在开头以牛粪饼的烟火气开始，在结尾以牛市上选出牛王的盛大场景作结，贯穿了一座城市恒常的运行动力，而小说中的不同个体也有赖于自然书写的串联作用，银溪将革命者刘兰亭和牛屎客旺财用三根竹签联系起来，前者以竹这一地域物产作为通信工具，向下游同志传达取消暴动的信息，而后者则在祈祷投签中决定自己命中之事，别的人物例如汤锅铺里的屠夫，做火边子牛肉的聂统领，都围绕着一头牛的前后命运联系在了一起。"多数历史片段可以用许多不同的方法来编织故事，以便提供关于事件的不同解释和赋予事件不同的意义"④，李锐小说正是在自然书写的动力基础上启动情节、串联视角、收束结尾，使得小说在历史的横轴上得以顺畅前进，并在这样的编纂中赋予个体独特的历史意味，而这种浑茫历史淹流而过的意味恰恰又得益于作为方法的自然书写动力。

如果说在小说的横轴上，自然书写的动力表现是情节推进与串联，那么在蕴涵深度的纵轴上，自然书写又以象征方式成功地促进了小说的寓言化。"李锐的小说对于寓言化叙

---

① 李锐，邵燕君. 用方块字深刻地表达自己——李锐访谈 [J]. 上海文学，2011（10）：91-97.

② 南帆. 叙述的秘密——读李锐的长篇小说《万里无云》[J]. 当代作家评论，1997（4）：3-11.

③ 李锐，钟红明. 《银城故事》访谈——代后记. 银城故事 [M]. 北京：人民文学出版社，2008：208.

④ 海登·怀特. 作为文学虚构的历史文本 [C] //张京媛主编. 新历史主义与文学批评. 张京媛，译. 北京：北京大学出版社，1993：164.

述方式的运用及贯彻，具有一种心领神会的自觉性——他对于'人的过程'的发现（作为题旨可能），大多被隐含在那些'飞鸟远去'的故事背后，而且不动声色，富有回味的余地"①，从定义上来说，无论是以小事物表达深广抽象之大事物，还是以文学性语言指涉观念性内容，寓言特征在李锐的小说中大多体现为一种具象故事背后的人生意义与存在困境，这有赖于小说中的自然书写意象以象征的方式完成。在现代寓言里，政治、历史都是作家的目标所在，《选贼》一篇之中，村中的粮食失窃，队长采用选举的办法，希望从众人之间"民主"地选出一个贼，而当他意识到村民们将自己选出时愤怒离场，最后"群龙无首"的村民又不得不商议将其请回。被权力话语的民间代表授意民主，却在得到的惶恐中渴望领导者的返场（这种"民主"的行使甚至需要被教授与怂恿），这既是农民在经济贫乏的大生产体制下的茫然与依赖，又在最后的自然书写结尾显示其政治喻指："有一只大胆的公鸡，自信地跳到碾盘上来……那神态，那气度，颇有几分领袖的风采。"② 队长是否在村民的诉求下继续返场不得而知，但是雄鸡的"领袖风采"却导向了物质贫乏与茫然生存状态下的被指引需求。"某种意义上也可以说，历史就是当代人解释自己的寓言"③，在《银城故事》中，通过历史背景的建构和个体叙述，李锐有意识地讲述一个历史寓言故事，将碎片化的历史重新编码形成表象之下的深层世界，从而在文本中展现自己的寓意所在，这一过程同样有赖于自然书写的参与。动物在《银城故事》中以象征的方式承担了进入深层寓言的任务，牛市上的群牛"摩肩接踵"，温柔地诉说着骨肉亲情，尽管坐在台上的刘三公曾自以为算尽人事，却在不可把捉的历史命运中后代双亡，善良温顺的眼睛与老泪纵横的浊眼并举，小说得以在纵轴上下探至寓言化的理念世界，牺牲者的头颅被漠视，革命者的枪未能如期响起，以为能够按照旧方式控制一切的家族长在一夜之间白了头，刻骨的真实来自于一个历史寓言，来自于生命对谎言的证伪和对历史进程的否认。

（三）文本之后：自然观与历史观

透过小说内外的经验与动力，自然书写究竟在文本之后反映了一种什么样的自然观，它与李锐所秉持的历史观又有何关系，二者又如何影响着文本中的人之为人的境地，成为了值得探讨的问题。诚然李锐并没有对自己的自然观念有过详尽、系统的自述，但是从他的生活经验以及创作经历来看，可以大致分为两点。

首先是万物有灵，这实际上是将自然万物与人提至同等地位，李锐声称自己笔下的山们、水们都是有生命的人物，是自己小说中不可分割的一部分，事实也确实如此，在本文的第二、三章，针对这些有灵的自然书写元素也已有论述。在提高自然万物主体地位之后，李锐的自然观开始着眼于人与自然的关系上，而这种关系恰恰就是无关。李锐认为，处于现代化进程中的人将文明逐渐建构为一种与图腾、宗教相类的神话，自从燃烧的火焰将人从自然界分离开始，人类将整个自然过程视为主动进取的胜利，这是一种带有主观利

① 周政保. 白马就是白马……——关于小说家李锐 [J]. 当代作家评论, 1998（3）: 4-12.
② 李锐. 选贼. 厚土 [M]. 北京: 人民文学出版社, 2008: 23.
③ 张清华. 中国当代文学中的历史叙事 [M]. 石家庄: 花山文艺出版社, 2004: 155.

益色彩的目的论描述。然而"天地不仁，以万物为刍狗"，自然依旧以自己的形式运行着，只不过暂时允许人类在其间的存在，这一观念可以从小说中普遍呈现荒野境地的自然书写中感知一二，其间人物不过是世世代代的重复过客。这种无关不仅仅停留在自然层面，李锐进一步又以宇宙的残酷性否认了自然的永恒性，从而消解了处于自然中的人努力建构的文明进程，所谓"宇宙不仁，以天地、星辰为刍狗"，"星系的产生和'塌陷'与人的道德、情感无关，与人的任何希望、要求也无关……在那团火和这团火之间被照亮的，是人的宿命"①。

"以自己的一瞥，由'现实'而回溯'历史'，由'历史'而重返'现实'，并穿透'历史'之虚假幻影，呈现'历史'之外的永恒人生。在我看来，这是李锐迄今为止所有小说文本的'深层结构'"②，李锐从个人的亲身经历出发，在厚土之上体验着生命贴近生存的境地，在大地上看到了苍老的民族历史形象，故而"他们希望写出这民族的灵魂，宁为自己选择比之展列民俗远为困难的任务。他们写寓言般的历史、'历史'式的寓言"③，在创作之中反复叩问，形成了自己的历史观念。如果要从小说之中提取李锐的历史观，同样也可以列为两点。

首先是复数个体，在《银城故事》的开头，作者就决定抛开"自相矛盾"的历史文献，以"我决定"的方式，让银溪"无动于衷"穿过城市，李锐向来以"拒绝合唱"的独立姿态示人，抛弃以一元主体角色发声的历史文献，他决定讲述的是"自己"的历史，"这种远离历史文献的另一种真实，恰恰隐藏着李锐小说一以贯之的价值立场：不是历史规律谋划着个体的生命形式，而是小说人物的个人命运左右着历史的进程"④，在这种个人命运的叙述中，李锐以多元视角进入的方式，将历史叙述由复数个体来完成。其次是无动于衷，与自然观一样，李锐也认为由人建构出来的历史恰恰是与人无关的："不管我们有多么悲哀和喜悦，历史将和我们的生命无关……所有关于永生和永恒的想法都是可笑而又虚妄的。永存的只有这如大河一样滔滔不息的生生死死的转换。它从来不因为我们的希望或绝望而改变这转换。"⑤ 人们对于建构历史的尝试，最终在李锐的小说中成为了无法逃脱的困境，在小说之中，李锐将非理性的、充满偶然与机遇的历史节点放大，革命的荒诞性不再是敌我的悬殊实力，而是阴差阳错的命运走向，志士的冲动酿成革命流产，父亲的算计最终导致丧亲，不知身世的误解造成兄弟之间的自相残杀，只有自然书写中永恒不变的山川风物证明着人类历史进程的无效性，而这也正是作者历史观的体现所在。

由自然观与历史观的比较可以看出，二者在本质上存在同构关系，并以"人"为枢纽进行沟通并相互渗透影响。它们都以多元声音考察自然与历史的多种可能，否定了以人的意志为主导的力量，因而在各自的独立存在中，"人"生而为人的情感表达、道德准绳

---

① 李锐. 一个"人"的遭遇. 网络时代的"方言"[M]. 沈阳：春风文艺出版社，2002：20.
② 王尧. 李锐论 [J]. 文学评论，2004（1）：108-116.
③ 赵园. 地之子 [M]. 北京：北京大学出版社，2007：9-10.
④ 叶立文. 他的叙述维护了谁？——李锐小说的价值立场 [J]. 小说评论，2003（2）：37-42.
⑤ 李锐. 我们的可能——写作与"本土中国"断想三则. 网络时代的"方言"[M]. 沈阳：春风文艺出版社，2002：113.

陷入无依之地，个体困境也在存在主义式的被弃境地里凸显。在自然观与历史观的重围之中，正是这些生命彻骨的体验，成为了影响李锐创作的深刻表达。这种观念通过人的枢纽产生的影响渗透体现在《古墙》中，作为小说设置的自然横截面，土层上下蕴涵着三种时间向度：代表过去的冯尊岱的考古工作，代表当下的搬迁的河口堡村民以及代表未来的煤矿建设。历史在自然的横截面中淡化应有的时间进程，转而成为碎片化的错置表达，而在最后想象的千万年之后的结局中，自然书写的黄土将生命的骸骨掩埋，考古者站在历史的旧址之间，难以考察这些曾经跃动的生命的情感活动，空对历史的纵深生出惊叹与困惑。自然与历史一道，共同在文本背后同构了这样一个浑茫的世界。

结　语

"在面对'诗人何为'的良知叩问时，李锐似乎更像一只刺猬，虽然他的读者在数量上永远无法和一些'与时俱进'的狐狸型作家相比，但他'不是为了观念和掌声'的写作……这只有在陪伴与呵护个体生命的在世创伤中，作家才能用叙述抚慰和安顿那些被历史权力意志碾碎了的孤单灵魂"①，从自然书写的角度出发，重新审视李锐的小说，是一种从新角度展现李锐小说创作的独特气质与叙事艺术的尝试，也更加深刻地展现了李锐坚守维护"人"与"个体生命"的内在自觉。然而，其自然书写在集中反映李锐的关切对象、创作主张、价值立场，并参与到小说整体叙述中的同时，也在自身构建之中投射李锐小说创作的矛盾与困境。一方面，自然书写在承担作者的理念表达时，往往因为充沛的情感分量而被挤压成为具有单调特征的符号，故无论是从自然景观的细致构建，还是从人物风貌的具体展示来看，都对作者的小说美学特征塑造提出了极高的要求；另一方面，自然观与历史观的双重围困使得"人"的处境被不断在存在的境地叩问，然而这种深刻的困境又恰恰基于作者的自觉观念与切身体察，从而自愿为自我设下藩篱。李锐在其间不断追问与创作，虽然饱含血肉情感与文字力量，却如同小说人物一样（尽管这也同样可以认为是李锐对人物的倾注），陷入了自我困境，"左冲右突，困兽犹斗，虽然激动人心，但缺少了长篇小说艺术应有的舒卷长远的浩然大气"②。如何在这种深刻困境的叩问中找到一条可供突围的艺术出路，成为了作家在小说道路探索中值得思考的问题，自然书写以其丰富蕴含和叙事功能，想必也能在这一过程中有所助益。撇开作家创作可能面临的矛盾与困境不谈，理应看到的是，李锐选择的依然是一条引人注目的艰难道路，他真诚地将自己的创作热血涂抹于自然的厚土之上，在"共度岁月千年"的回忆中，在"双向的煎熬"的自省中继续证明着文学的力量。

◎ 参考文献
一、作品及作家创作谈
[1] 李锐. 网络时代的"方言"[M]. 沈阳：春风文艺出版社，2002.

① 叶立文. 他的叙述维护了谁？——李锐小说的价值立场 [J]. 小说评论，2003（2）：37-42.
② 陈思和. 关于长篇小说的历史意义 [J]. 当代作家评论，1996（4）：4-11.

［2］李锐，王尧．李锐王尧对话录［M］．苏州：苏州大学出版社，2003．

［3］李锐．厚土［M］．北京：人民文学出版社，2008．

［4］李锐．传说之死［M］．北京：人民文学出版社，2008．

［5］李锐．万里无云［M］．北京：人民文学出版社，2008．

［6］李锐．银城故事［M］．北京：人民文学出版社，2008．

［7］李锐．旧址［M］．北京：人民文学出版社，2008．

［8］李锐，毛丹青．烧梦：李锐日本讲演纪行［M］．桂林：广西师范大学出版社，2009．

［9］李锐．无风之树［M］．北京：人民文学出版社，2017．

二、理论著作

［1］鲁迅．鲁迅全集（第6卷）［M］．北京：人民出版社，1981．

［2］热奈特．叙事话语　新叙事话语［M］．王文融，译．北京：中国社会科学出版社，1990．

［3］张京媛主编．新历史主义与文学批评［M］．北京：北京大学出版社，1993．

［4］罗钢．叙事学导论［M］．昆明：云南人民出版社，1994．

［5］樊星．当代文学与地域文化［M］．武汉：华中师范大学出版社，1997．

［6］杨义．中国叙事学［M］．北京：人民出版社，1997．

［7］伊瑟尔．虚构与想象——文学人类学疆界［M］．陈定家，汪正龙，等译．长春：吉林人民出版社，2003．

［8］张清华．中国当代文学中的历史叙事［M］．石家庄：花山文艺出版社，2004．

［9］李兴明．中国当代西部小说史论（1976—2005）［M］．合肥：安徽大学出版社，2006：193．

［10］王德威．当代小说二十家［M］．北京：生活·读书·新知三联书店，2006．

［11］赵园．地之子［M］．北京：北京大学出版社，2007．

［12］丁帆．中国乡土小说史［M］．北京：北京大学出版社，2007．

［13］李寒波．李锐小说创作论［M］．北京：中国社会出版社，2008．

［14］李小红．历史祛魅、乡土怀旧与诗性建构——新世纪西部长篇小说研究［M］．北京：中国社会科学出版社，2019．

三、期刊论文

［1］李庆西．古老大地的沉默——漫说《厚土》［J］．文学评论，1987（6）：49-54．

［2］王春林．苍凉的生命诗篇——评李锐长篇小说《无风之树》［J］．小说评论，1996（1）：54-60．

［3］陈思和．关于长篇小说的历史意义［J］．当代作家评论，1996（4）：4-11．

［4］南帆．叙述的秘密——读李锐的长篇小说《万里无云》［J］．当代作家评论，1997（4）：3-11．

［5］周政保．白马就是白马……——关于小说家李锐［J］．当代作家评论，1998（3）：4-12．

［6］王春林．智性视野中的历史景观——评李锐长篇小说《银城故事》［J］．小说评论，2002（5）：62-68．

［7］於可训．李锐专辑——主持人的话［J］．小说评论，2003（2）：26-27.

［8］叶立文，李锐．汉语写作的双向煎熬——李锐访谈录［J］．小说评论，2003（2）：32-37.

［9］叶立文．他的叙述维护了谁？——李锐小说的价值立场［J］．小说评论，2003（2）：37-42.

［10］王尧．李锐论［J］．文学评论，2004（1）：108-116.

［11］翟永明，高小弘．李锐《无风之树》的叙事策略与诗意营造［J］．安康师专学报，2004（3）：55-57.

［12］叶君．论当代文学中的乡村荒野图景［J］．江淮论坛，2005（2）：130-135.

［13］梁鸿．当代文学视野中的"村庄"困境——从阎连科、莫言、李锐小说的地理世界谈起［J］．文艺争鸣，2006（5）：76-81.

［14］翟永明．李锐小说叙事结构分析［J］．海南师范大学学报（社会科学版），2007（4）：48-52.

［15］李锐，邵燕君．用方块字深刻地表达自己——李锐访谈［J］．上海文学，2011（10）：91-97.

［16］陶东风．荒唐的革命闹剧与民间的"文革"世相——评李锐的《无风之树》［J］．南方文坛，2014（3）：14-19.

［17］陶东风．革命与启蒙的纠葛——论李锐笔下的张仲银形象［J］．中国现代文学研究丛刊，2014（10）：12-26.

［18］王爱松．李锐乡土小说的空间形式［J］．当代文坛，2019（2）：112-121.

［19］叶君．农村·乡土·家园·荒野——论中国当代作家的乡村想象［D］．武汉：华中师范大学，2004.

［20］翟永明．生命的表达与存在的追问——李锐小说论［D］．济南：山东大学，2005.

［21］许玉庆．远逝的村庄——新时期文学中的"村庄"意象研究［D］．济南：山东师范大学，2009.

［22］王文军．凝眸"成熟得太久了的秋天"——1980 年代以来的晋地乡村小说论［D］．桂林：广西师范大学，2010.

［23］柴文娇．新历史小说中的自然书写［D］．大连：大连外国语大学，2020.

Effaced Face: Haunting of the Absent Portraits in the English Patient
被隐去的脸
——《英国病人》中肖像描写缺场的自显现

李怡欢

（武汉大学　弘毅学堂, 湖北　武汉　430072）

【摘要】With the advent of postcolonial discourse, Michael Ondaatje's *The English Patient* is cherished for its distinctive fragmentary narrative and its concern over nation, identity, war, boundary and cultural hybridity. However, previous studies give scant attention to the connection between the absence of characters' portrait depiction and the central issues raised by this novel. This modest essay examines how the absence of characters' portraits manifests itself by haunting over the novel's central subject matters and makes a detailed discussion about the effect of effacing characters' portraits on reinforcing the novel's themes. The first section focuses on the post-war trauma and the consequent identity crisis of both individuals and groups, and further reveals the relationship between traumatized characters and their shattered faces. The second section spotlights two sites in the novel, the villa and the dessert, in an attempt to interpret their metaphorical meanings with regards to hybridity and denationalization in the context of postcolonism; effacing distinct facial features makes it possible to dissolve the boundary lines which have engendered demarcations, oppositions and relentless conflicts. Together with the fragmentary narrative mode, characters' effaced faces reinforce the novels' themes and its uniformity.

【关 键 词】*The English Patient*; absent portraits; post-war trauma; identity; denationalization

【作者简介】李怡欢, 武汉大学弘毅学堂人文科学试验班英语方向 2019 级本科生。

Chapter 1

1.1　Text Overview

In the advent of the postcolonial epoch, the once-mighty colonialism eventually bankrupt with more and more Third World colonies having proclaimed their independence and full sovereignty. However, more and more scholars, writers and artists are sensitive and alert enough to perceive an indefinable ambivalence between the colonizer and the colonized (Wolf 128). To investigate the inescapable issues behind the seemingly legitimate decolonization process, many writers have incorporated these issues into their literature practices to make comprehensive and profound discussions in the postcolonial context. Among these efforts, Michael Ondaatje distinguishes his work *The English Patient* from those plain narrations through a unique fragmentary narrative, realizing an ingenious deduction, dissection and representation of the postcolonial discourse.

Set in North Africa and Italy, Michael Ondaatje's *The English Patient* elaborates a desert explorer's tragic love affair at the commencement of World War II and four characters' suffering during the war. In this novel, a number of subject matters come into view. Standing at a time titled as post-war, post-colonization and post-modern, Michael Ondaatje has made an attempt to grasp the elements that permeate the middle of the twentieth century, such as identity, race, nationalism, Western colonialism, romance, history, and war. With these scattered fragments, Ondaatje weaves multiple story lines that closely intertwine, veiling the whole story in an indescribable atmosphere.

1.2　Literature Review and Thesis Statement of the Dissertation

In many reviews and discussions surrounding this novel, primary emphasis is given to its fragmentary narrative, a style of writing that deconstructs defined boundaries in the traditional linear narrative. Marlene Goldman, for example, interprets it as a "negation of synthesis" (904) to disrupt narrative unity and therefore construct a particular version of history. In the same vein, when examining the novel in terms of historiography, Amy Novak compares the fragmentary narrative figuratively to "the patient's conjuring of memory" (207). Apart from its unique narrative style, many researchers have explored fundamental issues about war, nation and boundary raised by this novel. For example, Andrew Shin, in his "The English Patient's Desert Dream", adopts Homi Bhabha's theory of "hybridity" (214) to analyze the relation between mapping and colonization. In the review of the adapted film, Raymond Aaron Younis suggests "this novel is deconstructive", pointing out its implicit criticism on the destructive nationalism and its "divisive qualities" (4). From the dimension of the patient's writing way transforming from printing-based to handwriting, Alice Brittan reveals how the immobility of art denies the spatially portable print invented by Western Powers as a form of colonialism and national violence (200). The settings of the novel are also widely examined in terms of theme and literary devices: Mirja Lobnik has linked "memories' very unfolding" with the fluid sand of the "shifting" desert (73) in order to reveal the deceptive quality of memory which alludes to the predominate Western prejudice; in addition to the exploration about the English patient's affinity towards the desert, Rachel D. Friedman also pays much attention to the patient's physical setting in the villa with gardens, a place offering a "refuge" (73) for those who are displaced.

Although the link between the novel's narrative mode and its major subject matters has been fully discussed, another underlying dimension in the text that subtly contributes to the novel's uniformity has not drawn much attention. When reading *The English Patient*, readers may feel an impulse to piece together all the fragments so as to figure out what has happened to each character, an impulse to know them, or simply an impulse to see their face. But throughout the whole novel the impulse to see their face would never be satisfied, since Michael Ondaatje omits all the depiction of each character's face as if an elaborate device. As a part of Ondaatje's conjuring, this treatment of characters' portraits corresponds to the word "efface", which originates from Old French "esfacier", meaning "to remove the face". The effacement of individual facial features appears subject to this novel's fragmentary narrative. Characters's faces are absent throughout, but it is this absence that constantly stimulates readers to be aware of such an absence per se. In this sense, characters' portraits never show up but the fact of their absence always haunts over the text. Considering the possible relation between this effacement device and those unsolved postcolonial issues, this essay will examine how the absence of characters' portraits contributes to the construction of the novel's central themes in its postcolonial discourse.

Chapter 2　Trauma in the Post-war Context: Face and Identity

2.1　Trauma of Individual Identity

In the post-modern epoch, trauma as a vital universal life experience has drawn wide attention, especially in the wake of the two destructive world wars. When framing the genealogy of trauma narrative in his work *The Trauma Question*, Roger Luckhurst concludes that "Trauma has become a paradigm because it has been tuned into a repertoire of compelling stories about the enigmas of identity, memory and selfhood that have saturated Western cultural life" (56). According to this statement, trauma is not merely related to specific sufferings. More importantly, it is extensively associated with self-identity. Following this paradigm of trauma experience, *The English Patient* indeed consists of fragments of memory. In the course of collecting these pieces of memories, the wounds on the characters' identity and selfhood then would expose themselves to readers.

From the tumultuous decades preceding the full-blown outbreak of the Second World War, Western Powers were increasingly obsessed with laying their footprints on almost every corner on the global, desperately seeking for the last treasure land. Race distribution was largely rearranged. The once inseparable bond between one ethnic groups and their original land had already cut off. This dramatic juxtaposition of the two attributes, nationality and race, features people of that time, and indicates their bewilderment and struggling in balancing the gap between the two attributes. Both of them had been defining them, until the ragged fig leaf was finally torn up by the breach among nations of different interests. Nationalism then inevitably engendered "war and killing" (Younis 4). As a results, many individuals, regardless of color, region or social status, were exposed to sufferings and trauma from shell shock.

Post-war trauma is the direct trigger for characters' weary souls. In the process of representing their sufferings, Ondaatje, however, does not put any strength on making conclusions as an implied author. He even effaces his own voice, only providing those scatted images he has grasped as what they originally were at the very moment when they happened. This could be seen from his treatment of characters' portrait depiction. Although facial depiction usually serves to shape a most distinctive image for each character, Ondaatje does not characterize these frustrated people with fixed faces throughout this novel. From the beginning chapters, the author adopts a "discontinuous narrative" (Shin 214), promoting readers to gather missing pieces of the puzzle of the plots and the identity mystery of each individual. This fragmentary narrative implies what influence the trauma of the war has imposed on their original identities.

To cast a renewed gaze on the neglected trauma, this novel houses four mysterious characters in a derelict villa after the outburst of the war. Without any background information given to trace back what has happened or to figure out what is going on, readers directly access one moment where ordinary trivial events are being staged. Similar to those characters lost in world-scale chaos, readers who walk into the story hardly can locate their coordinates in their reading course. Like an ingenious film producer, Ondaatje covers the screen with a frosted glass on. In this way, readers as the viewers, would find it difficult to identify the outlook of each man. The producer withholds any defined line or delicate description, presenting each character as a ghostly figure, as "they were shedding skins" (Ondaatje 124) in the aftermath of the war. Since each of them experienced their own traumatic moments, each character's identity has been shaken apart followed by the collapse of their mental world and the blurring of their memories. Even the actors are acting and thinking just within readers' sight, it is impossible even to see their faces.

However, face is, in most cases, the only and most important identifier by which one person distinguishes himself from other people and thus embraces the most identifiable features one can have to tell who he is. But for the four main characters of this novel, during such a short period of the war, their faces are soon scratched by relentless gunfire and bombs. The imprint of the vicissitudes of life blurs their distinctive facial features, which indicates their mental state is at a low ebb and implies that their other attributes shaped by the pre-war world, now after so many unspeakable hardships, are falling apart along with their ever-indubitable identities.

The title character, the English patient, is the most striking embodiment of the effacement of one's appearance caused by trauma and sufferings, as he is "A man with no face. An ebony pool. All [his] identification consumed in a fire" (Ondaatje 50). Mistaken as an English patient, his original identity is a Hungarian aristocrat, but now he is utterly burned beyond recognition after the fire from his air crash after his plane was shelled by Germans. His loss of external identification implies the effacement of those inherent indicators of his identity. According to the text, due to the shell shock and loss of his lover, the English patient's memory is fragmented into pieces; the air crush and fire has confined him to bed since then. Being regarded as an enemy, he almost loses his life, while as an English man he receives caring. In neither of the two cases can he be taken as whom he used to be. With the unrecognizable appearance, then he has been stripped of his distinguishing physical features, of his memory, of his previous social status and of his sense of personal identity. It is the charred and blackened image of the patient, the physical burnt body, that serves as the core symbol of the novel.

Other three characters also share the face-effacing experience, though at a fainter level. Both the absence of their facial portraits and their aberrant behavior reveal the huge hole on their wounded hearts. For example, as a nurse witnessing too many dead bodies as the war got darker, Hana "never looked at herself in mirrors again" (Ondaatje 52). She is overwhelmed by those crushed human bodies, imaging one day one of them may be her father. What is worse, she herself loses her unborn child. Her heart bears so much burden that the only thing can support her to go through the harsh time is to forget, to avoid recalling who she is and what she has experienced by not looking into the mirror. Nonetheless, Rufus Cook alertly points out characters' urgent need for self-integration from the recurring implications about their preoccupation with their shadows and mirror images (44). In the non-linear narrative relevant signs are inconspicuous but traceable. For instance, when Hana peers into her mirror, she struggles to recognize the illegible images that these miseries wrote on her face, "the little portrait of herself as if within a clasped brooch" (Ondaatje 52). Although the war shatters their memories and identities and pushes them into fire, the other three characters still hide inside an urgent need unconsciously to reconstruct their self-identity, whereas they can not and will not retrace their past identities established before the war as a conventionalized existence.

2.2 Trauma of Group Identity

Despite personal trauma, *The English Patient* also confronts readers with the trauma of human history. This can explain the blurring and fragmentation of each character's facial features: they are not only heartbroken individuals but also representatives of marginalized victims from different ethnic groups in the common memory of Europe and even that of humankind. When researching the connection between national belonging and identity in this novel, Christopher McVey argues that as victims of "a nationalistic war", each of the four characters attempts to forget their original identities and to reconstruct new ones during their stay at the Villa San Girolamo (146). This statement suggests a subjective desire of the four characters in distress, but their identities are indeed objectively torn down by the war, or more specifically, the nationalism. The treatment of blurring characters' faces naturally embodies that individuals are subjected to the turbulence of human civilization in the history as a whole, usually failing to dominate one's own spirit and mental outlook.

Merely focusing on the four different individuals, Ondaatje conjures the whole humankind's suffering caused by nationalism by omitting the depiction of their facial features as much as possible. Like any other victim of the war, the four survivors have witnessed too much egregious killing, lost their families and lovers, or been injured physically (the English patient is burned and Caravaggio's thumbs are cut off). Nurse Hana, spy Caravaggio, sapper Kip, and cartographer Almásy (the patient), they possess respective growing memories and distinct professions; they settle at the Villa San Girolamo with different purposes; they belong to different races, cultures and nations. But in this shabby villa, the four main characters do not represent any certain group at all. In other words, although they are differentiated by race, culture and nationality, precisely because of this ravaging war, their original inherent social and ethnic identities have been destroyed. Love between Hana and Kip merges different colors of skin; the aristocrat title loses its meaning for the patient as he lies on the bed with a desiccated body; nationalism is temporarily laid down while identity of the post-colonial epoch is rebuilding itself. Their experience is the miniature of the living situation, a universal trauma experienced by all marginalized human beings at that time.

Apart from the notorious Second World War, Ondaatje's discussion about history also incorporates numerous wars launched in European history and contemptible colonization activities of centuries. In this sense, the four characters not only function as representatives of contemporary humans who struggle in the Second World War, but also can be interpreted on a more macro time coordinate, especially concerning the shameful memory of colonization. Hana and Caravaggio are Canadian and Kip is from India. They own the similar memory of being colonized with the Britain Empire being their common metropolitan state. However, they are not hostile towards the "English" patient. Instead, all of them place a psychic dependence on the English patient, who symbolizes their common metropolitan center. This indicates their ambivalence towards their national identities caused by colonial activities. In Amy Novak's analysis of textual haunting narration, she suggests that the erased but traumatic events of the past—such as the memory of being colonized of non-Western people—continue to circulate within the present as historical specters, haunting people even when the colonial system begins to collapse (207). People from a nation which used to be colonized have not necessarily experienced enslavement, but they may still develop a psychic dependence on their metropolitan state. Compared with physical invasion, the colonization of self-identity and cultural identity in history is more devastating for the colonized. Through the three characters vacillating between their original land and the powerful England, Ondaatje questions the very notion of identity and shows how the dominant discourse of Western imperialism and Western colonialism have dispossessed people of different races and cultural identities.

Since their once fixed identities are torn up by the powers which used to shape them, the four characters would then reconstruct their identities as well as reconstructing a "palimpsest of human history" (Shin 222). The image of the crumbling Villa San Girolamo is gloomy and quiescent at the very beginning, but later it is on this ruin of human world that characters reconstruct their garden of Eden. There they take care of each other, cure the broken souls of each other. Clearly, the palimpsest of human history has no modern weaponry, no distinctions of race and social class as a source of distrust and conflicts. Through the four characters' gathering in the Villa with effaced faces and shattered identities, the novel reveals both the traumatic man-made calamities, and the hope of a renewed world that would be rebuilt on the ruins of modernity. Namely, the characters are not only victims of doom under the old world order, but also newborns with undefined fresh faces of future in the new chapter of human history. In this sense, Ondaatje's omitting portrait depiction further reinforces characters' metaphorical effects.

In terms of both the micro individual injuries and the macro human history turbulence, the fragmentation of identity manifests itself in the omission of portrait depiction rather than in a straightforward narrative of trauma's impacts. Trauma and the consequent effacement of identity, as the bitter result of the relentless conquering desire among humans rather than the cause, would further spark the looming postcolonial discourse about denationalization.

Chapter 3   Denationalization in the Postcolonial Context: Face and Boundary

3.1   The Villa: The Third Space

In addition to the human body as the central symbol pointing at mental trauma, the author isolates the main characters in a physically broken space which is also of subtle symbolic significance, the Villa San Girolamo, where everything is happening: living, memorizing, and translating. It is notable that the ruined architecture bears several metaphors when gathering the characters at a time of war and aggression (Younis, 5). As a temporary field hospital, Villa San Girolamo was bombarded by mortar-shell attack with a large hole on one of the walls, but fortunately "the rest of the room had adapted to this wounded, accepting the habits of weather, evening stars, the sound of birds" (Ondaatje 12). The hole on the wall links the inside room with the outside nature, impressing readers at the first place that the derelict villa "exists in a seamless relationship with the gardens outside" (Friedman 73), and indicating an unexpected openness rather than as an exclusive space as one kingdom's inviolable territory.

The openness also suggests a tendency for the characters to transcend intangible boundaries, and to merge. Although the four characters' facial appearances are blurred due to the identity crisis, their acts and memories are constantly interpreting themselves to others who they are, and others' eyes also reflect the person standing in front of them. For example, Hana has dreamed the scene of her childhood in Toroton (Ondaatje 97) and her haunting memories reveals her past as a Canadian, as someone's daughter; Caravaggio, who obviously uses a fake name, is familiar to her as her father's friend; Kip, the sapper, possesses river-like brown skin which attracts her and meanwhile denies her being beholden to him (135); and the English patient, her " despairing saint" (47). This means even when one still has his face, his accent, his exclusive experiences and his nationality, he can be understood without any of them as long as he is acting and others are reflecting. It is the villa that gathers these different souls and confronts them with the hole on the wall and the hole on their hearts under their weary faces. The effacement of face is an extreme but decisive move, to transcend the defining line that powerful cultures have drawn to differentiate themselves from the minor. For abolishing those intangible but dominant doctrines, postcolonial discourse are undergoing a silent coup d'état against artificial delimitation.

Furthermore, the villa provides the four characters of different cultural backgrounds with a space for merging. As Bachelard observes, the villa serves as a metaphorical space for the characters as a "community" to place "memory and image" (qtd. in AbdelRahman, 263). Given their vestigial national attributes, the four characters as a whole with no portrait depiction are continually integrating their memories and calling for a reassessment of the outmoded relationship between the binary opposition: the Self and the Other. No matter from the wrong identity as an "English" patient or from his original social position as a Hungarian aristocrat, Almásy should be considered as one of the colonist world. Hana and Caravaggio are Canadian, when Kip is from India. Despite the differences between Orient and Occident, the three are legally the people of England, but in essence they share the history of being colonized. In the colonial context, the merging process, as the consequence of their gathering in the villa and the colonial encounters preceding the war, provokes great tension and conflicts when the entrenched old world order and the binary opposition are challenged. Kip, as the most representative figure from the Third World, is quite sensitive about his colored skin. One the one hand, he longs for the white's recognition even at the cost of abandon his name to become a "salty English fish" (Ondaatje 94); one the other hand, his brown skin belies his effort to understate his race as a Sikh when Hana pouring white milk on his arm (130). Before he is able to be independent enough to accuse the colonists of positioning him and his nation as the permanent Other, the ambivalence inside a colonized like Kip has already alienated himself, evicting his own Selfness and then making him identify himself as the Other automatically.

However, the English patient's burnt body and other three characters' blurred faces symbolize a new discourse that overturns the past Self/Other oppositions. Four traumatized people from different countries bring fragmented memory and shattered self-identity to Villa San Girolamo. In this derelict building, all exterior rules and affixed titles become invalid, so do facial characteristics. The characters all attempt to seek solace on the patient's burnt body, including the patient himself. Only his blurred existence justifies these people's effacement of identity. Almásy and other three characters, who used to stand opposite as the colonist and the colonized, now have transformed into a unity with all tension and antagonism dispelled because defined portraits to delimit nations and races have been effaced by the war for nationalistic ends. Their effaced faces imply a notion that it is defined facial features that distinguish the Self from the Other, and then the huge split between ethnic groups comes to existence, bringing chaos, wars and death. But both the Second World War's outbreak and its consequences signify that colonial system and the binary oppositions are faltering, and the postcolonial era is upcoming as the world order would be dismantled and established anew.

The villa, serves as the physical version of an in-between space where people of cultural and racial differences encounter each other. However, on a higher level above the text, the villa represents a Third Space, which "can neither be reduced to the self nor the other" (Wolf, 135). In the past, Western cultures which represent the First, the Second, were eager to fabricate the myth of their superiority. For example, when examining the Third Space in postcolonial representation, Micheala Wolf argues that Western cultures are rooted in exclusion and delimitation; they draw lines "between themselves and other cultures, peoples, races and religions" to produce "binary oppositions, such as self/other, colonist/colonized" and in this way to justify their authority (129). Nonetheless, it is merely a shabby villa standing on the ruins of the war that is strong enough to dispel the insular myths of Western cultures. As a neutral space, the derelict villa deconstructs the great disparity of their respective positions in the colonial context and at the same time reconstructs their new self-awareness with a non-binary atmosphere it creates through functioning as a shelter for souls of any race, as well as for nature beings like birds and rain. In his *The Location of Culture*, Homi Bhabha authorized the term "hybridity" among the colonized and the colonist and he points out that it is those spaces-in-between that makes it possible to initiate new identity among different groups (1). In the text, even though in the past the "English" patient symbolized the colonist while other three were colonized, now in Villa San Girolamo, a "Third Space", the binary opposition between Self and Other seems to collapse in the postcolonial context within "the Third Space of a hybrid culture" (Ashcroft et al. 108) which is likely to alleviate cultural and racial differentiation. By setting the Villa as a Third Space and by omitting characters' portraits, the novel suggests the possibility of a world crossing borders, a space that fuses people of different races and nationalities.

3.2 The Desert: An Unmapped Land

The novel's central figure is the English patient whose identity has already been erased as he was burnt beyond recognition. Barely possessing any identifiable facial features, this character can best exemplify how the absence of portraits implies this novel's central theme of decolonization and denationalization. The author like a skilled juggler presents readers with inconsecutive story pieces from the very beginning, shifting the scene from one character to another across tangled time lines. According to the opening chapters, the patient is preconceived as an Englishman. The preconceiving act suggests how people take it for granted that nationality is an essential part of identity. From the word "English" in the title of this novel, the issue of nationalism has already been embedded in this masterpiece and closely attached to the patient.

A plane crash inflicts a burnt body and the effaced portrait upon the patient, thereby marking a turning point of his life and his identity. The patient used to be a cartographer named Almásy, a Hungarian aristocrat. After this turning point, there are dual contradictions within the patient's acts beginning to emerge.

First, as a learned cartographer, he was invited to North Africa to explore the desert and seek for the oasis. For those mighty countries, his exploration could bring them precious oil and other important natural resources as supplies for the war. Yet Almásy himself was not a contemptible predator. He devoted himself to desert exploration on the grounds that he had been obsessed with history and those historic sites recorded on books. He had a dynamic map of desert in his mind, which could "slide into place" at any time on both time axis and space axis as long as he heard "the name of a small ridge, a local custom, a cell of this historical animal" (20). The physical map he charted for Britain was only a side product in exchange for financial support. When studying the English patient's desert dream, Andrew Shin suggests that it is paradoxical that Almásy's romantic fantasy is based on his genius as a cartographer, his ability to penetrate, and navigate desert space, activities inextricably intertwined with imperialist aggression (218). In the same vein, Sharyn Emery makes a contrast between Almásy's two contradictory attitudes towards the desert: for one thing, it is too holy to be named or possessed; for another, his obsession with the desert is at the cost of mapping it and drawing the boundaries of ownership (211). Despite his inability to reconcile his ambivalent attitudes, his creed on the boundaryless desert later confronted him with his own paradoxical attitudes, though through a sever burning, and turned him into a faceless figure in accord with the unfathomable desert.

In fact, the mapping of the desert is an instrument of colonial domination. Mapping a space means to name it and possess it since it becomes a place as a seized territory, which would help invaders, explorers and traders to realize their aspirations. The broader context of World War II and the conflicts over oil and water in North Africa persistently resisted Almásy's nostalgic belief that "the desert could not be claimed or owned" (Ondaatje 138). As a cartographer, the contradictory relation between the compulsory mapping mission and his pure ideal for a boundaryless desert constitutes the first level of contradiction inside Almásy's nature.

On the second level, Almásy underwent a transformation from a member of Western Powers to a powerless dying patient, which in accord with Friedman's view that the novel emphasizes the fragility of identity and self even for those who represent European civilization and Imperial rule as hegemonic power (70). Almásy's Hungarian aristocracy of birth made up him as a representative of European Powers. The membership of the Royal Geograhic Society engaged him in the British Empire's expansion and exploitation as colonizers had done in the past. Although later he is mistaken as an Englishman, while he is lying on the bed motionless, all signs of power has gone. In the commentary on the English patient's burned skin, the critic John Boland states "His physical appearance images the erasure of national identity. His collaboration in the Western project to delineate, name and so possess the unmapped desert has resulted in the obliteration of his own feature, the map of his identity" (32). Nonetheless, because predatory European powers constantly vied for resources on the land of Africa, the English plane driven by Almásy was shot by Germans, thereby this representative of European Powers was nearly killed by the internal conflicts among Powers. Similar to the individual tragedy that Almásy's identity was effaced along with his face and appearance, European Powers' act again revealed the second contradiction between their power to occupy and the Power's self-destructiveness.

When the patient's portrait is entirely blurred and his national identity is erased by the fire engendered by conflicts among nations, changes as perceptible as his burnt body start to undermine the dual contradictions. When he "came out the air and crashed into the desert", though his face and his body is burned beyond recognition, the quality of the desert made him "lose a sense of demarcation" again (Ondaatje 20). The self-destructive behavior also indicates that characters' old portraits are burned and ripped by the relentless conflicts. Meanwhile their old identities are shattered and their initial nationalities are forgotten. As all of his conventional identities is erased by the crash, he is purified again by the desert which has the power to erase national boundaries and identities (Friedman, 56), and then the unrecognizable figure comes to "embody the striving for a new model of identity" (57). Lying on the bed, the patient recollects his desert dream again and again, constantly unfolding the map of African desert in his mind. He knows even though those explorers' mission is to map the desert, they can hardly achieve it. The desert is "uncontrollable and unreliable" (Ondaatje 83) because of sand storms. Its surface changes rapidly and one can be lost forever. In other words, the desert is the metaphor of characters' unreliable national identities that are fragile and fragmented because of their traumatic personal experiences in this alien landscape and culture. Accordingly, the tendency of denationalization and decolonization also begins to shake the world order formed by Western Powers and those previous colonizers.

The patient's desert is on a map without defined border lines, because after all of those hardships he has realized that like the binary opposition between the Self and the Other, all the outlines and boundaries are drawn for producing antagonism and hatred. Mid through the novel, Almásy offers his view of foreign policy: " We were German, English, Hungarian, African—all of us insignificant to them. Gradually, we are nationless. I came to hate nations. We are deformed by nation-states. Madox died because of nations. " (Ondaatje 138) and later, "All I desired was to walk upon such an earth that hold no maps" (261). Now as all of his external characteristics have been effaced by the crash, his body as a symbol signifies a transcending wish that the binary oppositions will decay, exclusive mapping lines will fade away and a span-new world is growing on the new Eden on the ruins of the old world.

Conclusion

It is the absence of characters' portraits that reinforces the central themes of this novel. Although none of their countenances has shown up throughout the novel, the impression of their absence are constantly haunting around, urging readers to seek for their traces, seek for the whole picture of the story and finally find out the reasons for the absence of their portraits. Compared with an explicit depiction about characters' faces, omitting them can be a more effective way in terms of characterization and the expression of theme in the dual context of post-war and post-colonialism in *The English Patient*. Together with the fragmentary narrative, the effacement of characters' facial depiction helps to represent the actual state of the characters who are suffering from shell shock against the backdrop of the Second World War.

On the first level, faces shaped by the old world have been deformed and erased by the injuries and mental trauma caused by the war. The English patient's body is the most concrete emblem of the destructive power of modern wars. As individuals, personal trauma shatters original memories and identities of the four characters, and thus they cannot answer "who I am" even when looking their faces in a mirror. As the representatives of victims of wars, nationalism and colonization activities, each of the characters, however, should not be subject to a clear definition; otherwise, their personal features would distance them from those silenced voices which are marginalized in the mainstream discourse.

In addition to the resulting trauma, the novel places the four characters at two symbolic sites with the attempt to further reveal the cause. The villa where the four characters gather together regardless of their races and nationalities serves as a Third Space for them to merge with each other so that any defined portraits and the consequent opposition between the Self and the Other come to fade-out. Beyond the physical existence, the moribund patient travels back to his holy desert in his memories. His desert dream of denationalization is incorporated into his unidentifiable body which is the most pointed embodiment of face-effacement. The patient's affinity for the desert and faceless existence indicate that it is mapping, drawing boundary lines and differentiating based on facial features that give rise to the opposition between the Self and the Other, colonialism and relentless conflicts among ethnic groups and nations at a larger scale.

The novel adopts an ingenious fragmentary narrative in its representation of the real life experience in the post-war, postcolonial and post-modern context, projecting the grand historical narrative on the micro individual existence of four characters. Facial portraying, as a common device to shape characters, is boldly omitted in this novel. This absence, however, manifests itself over and over again, reinforcing the novel's profound implications that are based on its overall fragmentary narrative pattern. Therefore, the effaced portraits, together with the splintered memories and fragmentary images, contribute to the construction of this novel's themes about trauma, identity, decolonization and denationalization.

◎ **References**

[1] Ashcroft B, Griffiths G, Tiffin H. Key Concepts in Post-colonial Studies [M]. New York: Routledge, 2001.

[2] Fadwa A R. Cultural and Aesthetic Mediation in Michael Ondaatje's The English Patient [J]. South Asian Review, 2010, 31 (1): 234-246.

[3] Brittan A. War and the Book: The Diarist, the Cryptographer, and The English Patient

[J]. Publications of the Modern Language Association of America, 2006, 121 (1): 200-213.

[4] Bhabha H K. The Location of Culture [M]. New York: Routledge, 1994.

[5] Boland J. Michael Ondaatje's The English Patient [M]. The Continuum International Publishing Group, 2002.

[6] Cook R. Being and Representation in Michael Ondaatje's The English Patient [J]. Ariel: A Review of International English Literature, 1999, 30 (4): 35-49.

[7] Emery S. "Call Me By My Name": Personal Identity and Possession in "The English Patient." [J]. Literature/Film Quarterly, 2000, 28 (3): 210-213.

[8] Friedman R D. Deserts and Gardens: Herodotus and The English Patient [J]. Arion, 2008, 15 (3): 47-84.

[9] Goldman M. "Powerful Joy": Michael Ondaatje's The English Patient and Walter Benjamin's Allegorical Way of Seeing [J]. University of Toronto Quarterly, 2001, 70 (4): 902-922.

[10] Lobnik M. Echoes of the Past: Nomad Memory in Michael Ondaatje's The English Patient [J]. South Atlantic Review, 2007, 72 (4): 72-108.

[11] McVey C. Reclaiming the Past: Michael Ondaatje and the Body of History [J]. Journal of Modern Literature, 2014, 37 (2): 141-160.

[12] Novak A. Textual Hauntings: Narrating History, Memory, and Silence in The English Patient [J]. Studied in the Novel, 2004, 36 (2): 206-231.

[13] Ondaatje M. The English Patient [M]. London: Bloomsbury Publishing, 2018.

[14] Shin A. The English Patient's Desert Dream [J]. Literature Interpretation Theory, 2007, 18 (3): 213-235.

[15] Roger L. The Trauma Question [M]. New York: Routledge, 2008.

[16] Wolf M. The Third Space in Postcolonial Representation [C] //Changing the Terms: Translating in the Postcolonial Era. Canada: University of Ottawa Press, 2000: 127-146.

[17] Younis R A. Nationhood and Decolonization in "The English Patient." [J]. Literature/Film Quarterly, 1998, 26 (1): 2-9.

方大琮的历史世界：
南宋道学士大夫的政治理念与践履

许　诺

（武汉大学　弘毅学堂，湖北　武汉　430072）

【摘要】方大琮（1183—1247）是南宋后期的一名道学士大夫，他在地方任官时致力于推广道学，其后被擢入朝，担任言官，嘉熙元年（1237年）被台谏蒋岘攻罢。方大琮虽为普通道学士人，但其仕宦经历、社会网络、政治理念和实践反映了南宋后期政治文化的复杂面相。

在师承方面，方大琮服膺朱学门人陈宓和真德秀的学说。方大琮一方面接受朱熹构建的道统，另一方面又将当时道学各家囊括在广义的道统之内，视道学各派为一个整体，并不以任何一派为异端，其对道学的认知展现了比程朱一脉更为广阔的学术谱系。

方大琮早年辗转福建路、江南西路任官，其社会网络随着官职迁转不断扩展。作为闽乡士人，方大琮的发展并未局限于地方，在仕进路上，他的地方和跨区域的社会网络同时发挥了作用，其学缘、职缘、地缘网络也呈现相互促进的关系，尤以路级职缘网络的作用最重要。

方大琮的道学观念与践履体现了道学在后朱熹时代经过理论综合的新发展以及道学在现实政治中的进一步调整。端平、嘉熙之际（1236—1237），方大琮任言事官为济王立继谏言并非出于偶然，而是他按照道德性命的治世路线，寻求"得君行道"之努力。方大琮受到真德秀的影响，力图将真德秀"祈天永命"的观念应用于现实政治；遭遇挫折后，方大琮反思了道德性命之说的局限性。在这一过程中，现实关怀推动方大琮偏离了道学道德性命的路线，越来越强调经制事功的重要性。

在个人修养层面，方大琮亦深受真德秀的影响，将政事与为学更加明确地联系起来，以治身、治世为一体，认为个人心性的修养应在事君、临民的具体政务中实现，其道学观念与践履呈现明显的"外倾"特征。

【关键词】方大琮；道学；政治文化；南宋

【作者简介】许诺，武汉大学弘毅学堂人文科学试验班历史方向2019级本科生。

一、绪　　论

（一）选题缘起

宋朝科举大兴，士人群体逐渐扩大。这些士人共同推动了宋代政治与社会的深刻变化，引导学术文化趋向，同时，他们的精神世界和学术思潮的兴起紧密相连，南宋时期的士人尤其受到道学发展的影响。

宋孝宗时期，道学群体逐渐在思想界、政治界成长为一股举足轻重的力量。[①] 围绕朱熹、张栻、吕祖谦等名儒，形成了一个联系密切的政治文化圈。学界关于这些名儒的研究成果已十分丰硕，但对于这一政治文化圈边缘人物的研究则显得薄弱。黄宽重先生指出，已有研究集中于高官大儒，对中下层士人的研究仍有很大拓展空间，其近年新著《孙应时的学宦生涯》探讨了道学士人孙应时及其学友的师承变化及其对党禁的不同应对，展现了宋代道学群体社会网络多样、复杂的面貌，对南宋普通士人的研究具有示范性意义。[②] 田浩先生亦提出对主要政治人物之外的道学成员展开研究。[③]

本文的考察对象南宋士人方大琮就是一名"边缘人物"。方大琮并未正式拜师修习道学，但受到闽乡地方传统和当地道学者的影响，有志于道，少年时期即具备了道学追随者的自我认同。作为坚定的道学追随者，方大琮在端平（1234—1236）年间成为言事官，因言济王赵竑事被逐。大琮既曾沉沦下僚，又曾在天命之年一跃入朝，因此，考察他在地方和中央的仕宦经历，可以加深对南宋后期士人的仕进之途与所处时代关系的理解。

道学运动在南宋初期即显示出鲜明的政治性，但其格正君心的努力却屡屡以失败告终。庆元党禁结束后，史弥远与道学群体因济王赵竑之事产生矛盾，不欢而散。虽然史氏与道学官员仍有合作，但其后二者关系的破裂限制了道学群体参与朝政的深度。直到理宗亲政，由于君主研习和崇褒道学，道学被朝廷正式接纳与认可；道学士大夫则获得了得君行道的机会和空间，在权力世界中具有前所未有的影响力，而方大琮在端平期间力图通过进言践行所学之道，亲历了这一时期学术和政局的变化。本文将通过方大琮的仕宦经历、政治理念及其实践，考察南宋后期普通士人的学术思想、仕进与政治之间的关系，进而探究南宋后期道学思想的发展以及受到道学影响的政治文化之特点。

---

① 关于宋代儒学研究，学界有"道学""理学""新儒学"等多个概念，本文主要采用"道学"概念。关于诸概念研究，参见：冯友兰. 中国哲学史 [M]. 北京：中华书局，1961；冯友兰. 中国哲学史新编 [M]. 北京：人民出版社，1998；漆侠. 宋学的发展和演变 [M]. 石家庄：河北人民出版社，2002；邓广铭. 辽宋夏金史讲义 [M]. 石家庄：河北教育出版社，2005；陈来. 宋明理学 [M]. 北京：生活·读书·新知三联书店，2011；[美] 田浩. 儒学研究的新指向：对"新儒学"与"道学"之区别的考察 [C] // [美] 伊沛霞等主编. 当代西方汉学研究集萃（思想文化卷）. 上海：上海古籍出版社，2012 等等。

② 黄宽重. 孙应时的学宦生涯：道学追随者对南宋中期政局变动的因应 [M]. 台北：台大出版中心，2018.

③ [美] 田浩. 朱熹的思维世界（增订本）[M]. 南京：江苏人民出版社，2011：331.

（二）学术前史回顾

本文以方大琮的个体生命史为中心，探讨南宋后期普通道学士人的思想和政治实践。以下将从三个方面对与本文相关的学术成果进行梳理。

1. 对南宋士人的研究

在南宋士人的个案研究方面，学界研究成果极多，此处仅举其大概言之。邓广铭先生的《辛弃疾传》和《陈龙川传》分别考述了辛弃疾、陈亮的生平事迹，是对南宋士人进行个案研究的代表性成果。① 张其凡先生撰有多篇专文对光宗朝大臣留正及其与政局的关系进行了全面系统的探讨。② 田浩先生的《朱熹的思维世界》一书关注朱熹与同时代其他学者的交流互动以及在此过程中朱熹对自己学术观点的调整，展现了南宋道学的多样性。③ 余英时先生的《朱熹的历史世界》在政治文化的语境中理解朱熹，阐述朱熹的政治理想及其通过向孝宗进言力求得君行道之努力。④ 黄宽重先生的《孙应时的学宦生涯：道学追随者对南宋中期政局变动的因应》依托南宋士人孙应时的《烛湖集》，围绕孙应时的一生展开讨论，关注士人关系的动态发展，展现了道学追随者在骤然恶化的政治环境中所作的不同应对，呈现出道学群体社会网络多样而复杂的面貌。⑤ 王瑞来先生依托杨万里的书信考察其为亲友求荐的互动，论证选人改官制度的局限性。⑥ 许浩然先生以周必大为中心，考察南宋高、孝、光、宁四朝士人之间的政治分歧和乡邦交谊。⑦ 侯体健先生注重还原文献史料的历史语境，对刘克庄的著述系年、行迹细节、人际网络等作出了详尽的考述。⑧ 日本学者平田茂树通过魏了翁等南宋中期士人的书信的研究，考察了南宋政治空间的变化、士人关系和知识建构等论题；他对书信材料进行了系统的讨论，论证了书信在士人政治交涉和文化、思想交流中的有效性，并且按照功能将书信材料大致分为三类：辅助公文书的表达请愿或指示的书信、以问候方式告知升迁等事的书启、真正的"私的圈域"的书信。⑨

士人家族与交游圈同样广受学界关注。海内外学者以家族为中心进行人际社会关系网络的研究，考察士大夫家族和权力、地方社会的关系，评估宗族、婚姻关系对士人家族的

① 邓广铭. 邓广铭全集（第 2 卷）［M］. 石家庄：河北教育出版社，2005.

② 张其凡. 番禺集［M］. 广州：广东人民出版社，2017：199-264.

③ ［美］田浩. 朱熹的思维世界（增订本）［M］. 南京：江苏人民出版社，2011.

④ 余英时. 朱熹的历史世界［M］. 北京：生活·读书·新知三联书店，2011.

⑤ 黄宽重. 孙应时的学宦生涯：道学追随者对南宋中期政局变动的因应［M］. 台北：台大出版中心，2018.

⑥ 王瑞来. "内举不避亲"——以杨万里为个案的宋元变革论实证研究［J］. 北京大学学报（哲学社会科学版），2012（2）：117-128.

⑦ 许浩然. 周必大的历史世界：南宋高、孝、光、宁四朝士人关系之研究［M］. 南京：凤凰出版社，2016.

⑧ 侯体健. 刘克庄的文学世界——晚宋文学生态的一种考察［M］. 上海：复旦大学出版社，2013.

⑨ ［日］平田茂树. 在史料与研究视角之间——宋代社会网络研究现状的回顾［C］//［日］平田茂树，余蔚. 史料与场域：辽宋金元史的文献拓展与空间体验. 上海：上海人民出版社，2020：1-17.

盛衰的影响，并提出一些重要观点，如漆侠、黄宽重、邓小南、包伟民、柳立言、伊原弘、韩明士、戴仁柱、万安玲等学者的专题研究。① 士人家族研究长盛不衰，成果丰硕，此不赘述。其中，美国学者韩明士基于郝若贝确立的唐宋转型的理论模式，提出南宋士人"地方化"的假说，影响深远。包伟民先生指出韩著立论存在史实依据不足等缺憾，亦有很多宋代家族的研究者对此假说进行重复验证，其普遍性也逐渐受到质疑。② 平田茂树先生反思士人"地方化"理论的不足，提出"重层且复合的宋代社会网络"观点，认为宋代存在着从乡里到中央的不同层级社会网络，而每一层级的血缘、地缘、学缘、业缘网络都是彼此混合、相互作用的，应当整体把握，其观点提供了考察社会网络的新视角。③ 这些成果对本文的选题有很大助益，但更多关注士人在地方上的活动，本文则希望从士人在中央的表现观察其仕宦历程与政治思想。

近年来，受到新文化史的影响，研究者对士人交游与社会关系的考察也更加关注日常生活，着眼于具体的交游形态，探讨文艺收藏、宴饮雅集等活动的政治、文化意涵以及与之相伴随的人际关系的构建。如黄宽重先生探讨南宋到元代士人官僚以兰亭为名的雅集内涵与组织、结构变化，并呈现易代之际士人群体交流集会的差异现象。④ 梁建国先生考察北宋东京士人的交游活动及其与都市空间的互动，讨论各种人际关系的生成及其背后的政治、文化生态。⑤ 平田茂树先生依托魏了翁、吴泳、洪咨夔三人的书信，分析三人人际关系网络的重合与不同，考察他们之间的信息、意见、物品交换，阐明书信对士人知识建构

---

① 漆侠. 宋元时期浦阳郑氏家族之研究 [C] // 漆侠. 知困集. 石家庄：河北教育出版社，1992：196-210；黄宽重. 宋代的家族与社会 [M]. 北京：国家图书馆出版社，2009：65-163；邓小南. 北宋苏州的士人家族交游圈：以朱长文之交游为核心的考察 [M] // 邓小南. 朗润学史丛稿. 北京：中华书局，2010：372-414；邓小南. 何澹与南宋龙泉何氏家族 [J]. 北京大学学报（哲学社会科学版），2013（2）：113-130；包伟民. 宋代明州楼氏家族研究 [J]. 大陆杂志，1997（5）：31-39；马斗成. 宋代眉山苏氏家族研究 [M]. 北京：中国社会科学出版社，2005；柳立言. 宋代明州士人家族的形态 [C] //"中央"研究院历史语言研究所集刊，2010（2）：289-364；伊原弘. 宋代明州における官戸の婚姻关系 [J]. 中央大学大学院研究年报，1972（1）：157-168；Robert P. Hymes, Statesmen and Gentlemen：The Elite of Fu-Chou, Chiang-Hsi, in Northern and Southern Sung [M]. London：Cambridge University Press, 1986；[美] 戴仁柱. 丞相世家：南宋四明史氏家族研究 [M]. 刘广丰，惠冬，译. 北京：中华书局，2014；Walton Linda A. Kinship, Marriage, and Status in Song China：A Study of the Lou Lineage of Ningbo, c. 1050-1250 [J]. Journal of Asian History, 1984（1）：35-77；[美] 柏文莉. 权力关系：宋代中国的家族、地位与国家 [M]. 刘云军，译. 南京：江苏人民出版社，2015.
② 包伟民. "精英们"地方化了吗？——试论韩明士《政治家与绅士》与"地方史"研究方法 [C] //唐研究（第11卷）. 北京：北京大学出版社，2005：653-672；柳立言. 科举、人际关系网络与家族兴衰——以宋代明州为例 [C] //中国社会历史评论（第11卷）. 天津：天津古籍出版社，2010：19-20；黄宽重. 宋代的家族与社会 [M]. 北京：国家图书馆出版社，2009：240-241.
③ [日] 平田茂树. 在史料与研究视角之间——宋代社会网络研究现状的回顾 [C] //史料与场域：辽宋金元史的文献拓展与空间体验. 上海：上海人民出版社，2020：1-17.
④ 黄宽重. 交游酬唱：南宋与元代士人的兰亭雅集 [C] //《唐宋历史评论》（第2辑）. 北京：社会科学文献出版社，2016：212-235.
⑤ 梁建国. 朝堂之外：北宋东京士人交游 [M]. 北京：中国社会科学出版社，2016.

的重要性。① 上述研究对本文的选题与研究都有启迪意义。

2. 对理宗朝政治的研究

由于缺少重要的编年史籍可资利用等原因，对理宗朝政治的探讨相比南宋前期是比较薄弱的一环，但仍积累了不少研究成果。胡昭曦、蔡东洲先生的《宋理宗·宋度宗》与张金岭先生的《宋理宗研究》两书是较早关于理宗朝的专门研究，以理宗传记的形式，对嘉定更化、端平-淳祐更化、理学正统地位确立等重要事件均有论及。② 何忠礼先生编写的《南宋全史（二）》亦对理宗朝有整体性研究。③ 这些成果围绕重大政治事件勾勒了理宗朝历史演进的脉络，为之后的研究奠定了基础。廖寅先生的《"小元祐"考：论南宋后期学术对政治的影响》等文章爬梳散见于不同文集的时人奏议等材料，从郑党、婺党、闽党三方的权力争斗的角度全面解读理宗朝政治格局，指出道学派官员持论矫激、忽视事功等问题，认为郑党与婺党之争是贯穿理宗朝的主线，对于研究理宗朝政治与学术具有重要的参考价值。④ 杨宇勋先生的《宋理宗与近习：兼谈公论对近习的态度》一文指出理宗通过重用近习、善用御笔扩大君权，同时又重视与外廷合作，实现了威柄独运。⑤ 此外，还有学位论文考察南宋后期道学的发展概况，认为南宋后期道学经世致用性的丧失是其走向末流化的主要原因。⑥ 宋蒙战争作为南宋后期史研究的重点同样受到学者关注。如黄宽重先生的《南宋后期朝臣对国是的争议——理宗时代的和战、边防与流民》、段玉明先生的《宋理宗时期的宋蒙关系剖析》、杨倩描先生的《端平"三京之役"新探：兼为"端平入洛"正名》等。⑦

在传统的政治事件史之外，研究者亦受到新的史学理论与方法启发，拓展了这一时期的政治史研究的范畴。蔡涵墨先生着眼于历史书写与现实政治的紧密钮合，他将陈均的纲目体宋史视为反对史弥远的士大夫对史氏主政的挑战，揭示了端平初郑性之、真德秀以推

---

① ［日］平田茂树. 从边缘社会看南宋士人的交往和信息沟通——以魏了翁、吴泳、洪咨夔的事例为线索［C］//余蔚，［日］平田茂树，温海清. 十至十三世纪东亚史的新可能性：首届中日青年学者辽宋西夏金元史研讨会论文集. 上海：中西书局，2018：1-29.

② 胡昭曦，蔡东洲. 宋理宗、宋度宗［M］. 长春：吉林文史出版社，1996；张金岭. 宋理宗研究［M］. 北京：人民出版社，2008.

③ 何忠礼. 南宋全史（二）：政治、军事和民族关系卷下［M］. 上海：上海古籍出版社，2011：86-204.

④ 廖寅. 从内地到边疆：宋代政治与社会研究散论［M］. 北京：科学出版社，2018：61-89.

⑤ 杨宇勋. 宋理宗与近习：兼谈公论对近习的态度［J］. 中山大学学报（社会科学版），2014（6）：65-81.

⑥ 王丙申. 晚宋理学的境遇（1208—1279）［D］. 广州：暨南大学，2010.

⑦ 黄宽重. 南宋晚期朝臣对国是的争议——理宗时代的和战、边防与流民［M］. 台北："国立"台湾大学文学院，1978；段玉明. 宋理宗时期的宋蒙关系剖析［C］//胡昭曦，邹重华. 宋蒙（元）关系研究. 成都：四川大学出版社，1989：72-91；毛钦. 晚宋"国是"之争与"端平入洛"之役［C］//宋史研究论丛（第24辑）. 保定：河北大学出版社，2019：24-39；杨倩描. 端平"三京之役"新探——兼为"端平入洛"正名［C］//宋史研究论丛（第8辑）. 保定：河北大学出版社，2007：229-250.

广陈均著作促进拨乱反正、重建元祐体制的努力；①《平反陈东》一文则将南宋后期士大夫为陈东所写的题跋视为政治观点的表达，展现了理宗朝现实的政治斗争如何影响道学版本的南宋前期历史的建构。② 方诚峰先生则从政治文化的视角出发，以宋理宗御制《敬天图》为切入点，考察了嘉熙改元之际，理宗遵从道学训导以修身应天的实践；这一研究将道学"话语"视为理宗的意识形态工具，其政治理想最终也流于形式。③

总的来说，关于理宗朝政治的研究，学界已经积累了较多成果，这些对本文关于理宗时期政治的探讨均有重要的借鉴意义。同时，也有一些问题值得反思。研究者无论是采取传统政治史路径还是新的理论和方法，大多关注到这一时期政治与学术的紧密关系，并形成了两种主流观点：一种受到南宋道学清议者的道德判断的影响，倾向于认可道学清议者的理想，认为其最终无法逃脱被政权利用和玩弄的命运，另一种则倾向于批判道学家不切实际、矫激迂阔的一面，认为他们的理想主义激化了党争，并不足取。似乎无论如何，道学与现实政治都是不相容的。我们不禁要问，这一时期政治与学术之间的互动是否还存在别的可能性？理宗时期道学群体的理想主义确实引起理念和利益冲突，他们如何因应时局，处理与君主、政见不同的官员之间的关系？在这一过程中，他们的道德主义理想是固化的，还是有所调整以适应现实政治的发展？本文将试图通过考察一位道学追随者的政治参与的实态，呈现理宗朝道学与现实政治的之间的碰撞与交融。

3. 对方大琮及莆田方氏家族的研究

对方大琮的专门研究，目前主要有两篇硕士论文《方大琮与〈铁庵集〉研究》和《方大琮年谱》。前者对《铁庵集》的版本进行研究，并将方大琮作为地方官员的代表考察其政绩与闽广地区的民政；④ 后者按年编排其生平事迹，较为简略。⑤ 二文对方大琮履历的介绍主要基于墓志铭的记载，但对大琮某些具体仕宦经历如在朝任官着墨不多。方大琮自号"铁庵"，是以北宋著名谏臣刘安世自期，⑥ 可见在中央任言官的时间虽短，却在他的生命中打下了极深的烙印。因此，从大琮的志向与心态来看，仅仅将他定位为地方官有其失察之处。本文拟利用文集中的书信等材料，尝试通过大琮在中央任官的经历来考察理宗亲政时期道学群体的理想与际遇，以及南宋后期道学思想对现实政治的因应。

此外，台湾学者简杏如依据方大琮所作《方氏族谱序》《述莆方三派聚族》等对福建莆田方氏家族及其婚姻进行了深入研究。⑦ 对于方大琮所属的长史派方氏成员与世系，学

① ［美］蔡涵墨. 陈均的《纲目》：十三世纪历史教材中的出版与政治［M］//历史的严妆：解读道学阴影下的南宋史学. 北京：中华书局，2016：293-344.

② ［美］蔡涵墨，李卓颖，邱逸凡. 平反陈东［J］. 文史，2017（2）：157-222.

③ 方诚峰. "天"与南宋晚期政治——释宋理宗御制《敬天图》［J］. 中山大学学报（社会科学版），2017（2）：73-88.

④ 陈姿萤. 方大琮与《铁庵集》研究［D］. 苏州：东吴大学，2008.

⑤ 欧梅. 方大琮年谱［D］. 广州：暨南大学，2010.

⑥ （宋）方大琮. 宋宝章阁直学士忠惠铁庵方公文集［M］. 北京图书馆古籍珍本丛刊本第89册. 北京：书目文献出版社，1990：733-734.

⑦ 简杏如. 宋代莆田方氏家族的婚姻［J］. 台大历史学报，1999（24）：257-286.

者亦有详细考证，① 这些成果对理解方大琮个人的家庭背景与早年生活有很大帮助。

关于方大琮的生平行实，前揭《方大琮年谱》已经做过整理，但尚有不确之处；《方大琮与〈铁庵集〉研究》则失之简略，故本文末对欧梅《方大琮年谱》加以辩误、补充。

二、方大琮的早年行迹

本部分考述方大琮的家世与早期仕宦经历，分析大琮作为道学追随者的师承与其早期社会网络的扩展，以及人际关系对学术、仕进产生的影响；并由方大琮的个人经历，考察在员阙矛盾愈演愈烈的情况下中下层士人的生命境遇。

（一）习举世家：长史方氏

莆田（治今福建莆田市）方氏主要分为长史、白杜、方山三派，方大琮出身于长史方氏。② 据方大琮所说，方氏三派的远祖方纮在两汉之际从河南迁至江浙，方纮有子方雄，方雄生方储、方俨、方淮；其中方储生方观之，其后代方琡在唐为都督府长史，琡子殷符在唐僖宗时为威王府咨议，统兵平巢，改银青光禄大夫、兼御史中丞；殷符子廷范为唐绍宗大顺二年（公元891年）进士，因任官始入莆，为长史方氏入莆始祖。③ 方山方氏的始祖是方纮之孙方俨，其后裔方叔达为方山派入莆一世祖。④ 关于白杜一派，大琮称"其谱以为唐末名阀之后，或传以为长官遗腹子"。⑤ 三派之间的世系关系已经无法推考，但族谱均以两汉之际的方纮为远祖，应当是同出一源。从方大琮对白杜方氏的介绍来看，至南宋时，长史与白杜两派的世系关系已经难以追考，即使曾经同宗，也早已析居，关系较为疏远。从文集中收录的墓志铭可见，方大琮写有墓志铭的族亲，亲缘最远者是五代以内血亲。⑥ 大琮与白杜方氏族人也有交谊，如方迪吉、方之泰（字岩仲）等。从他们交往的细节来看，或因学缘、业缘而结识，关系的起点并非族亲。⑦

因此，清朝人将莆田方氏整体上定位为一个学派，⑧ 或不够准确。师从朱熹、世代传习朱学的主要是白杜方氏；白杜方氏有方峻受学于程颐，方壬师事朱熹，程朱学风很

① 林毓莎. 宋代莆田六桂方氏家族及文学考论 ［J］. 临沂大学学报，2015（2）：92-96.

② （宋）方大琮. 宋宝章阁直学士忠惠铁庵方公文集 ［M］. 宋集珍本丛刊本第79 册. 北京：线装书局，2004：69.

③ （宋）方大琮. 宋宝章阁直学士忠惠铁庵方公文集 ［M］. 北京图书馆古籍珍本丛刊本第89 册. 北京：书目文献出版社，1990：729.

④ 莆田市地方志编纂委员会编. 莆田市姓氏志 ［M］. 北京：方志出版社，2010：242.

⑤ （宋）方大琮. 宋宝章阁直学士忠惠铁庵方公文集 ［M］. 宋集珍本丛刊本第79 册：69.

⑥ （宋）方大琮. 宋宝章阁直学士忠惠铁庵方公文集 ［M］. 北京图书馆古籍珍本丛刊本第89 册：776-785.

⑦ （宋）方大琮. 宋宝章阁直学士忠惠铁庵方公文集 ［M］. 北京图书馆古籍珍本丛刊本第89 册：457，638.

⑧ （清）李清馥. 闽中理学渊源考 ［M］. 何乃川，李秉乾点校. 北京：商务印书馆，2018：137-148.

盛，① 但白杜方氏的家学并不能视为长史方氏的家学，应当不是大琮接受朱学的来源。

方廷范入莆后，传三世至慎从，字惟之，庆历时为都官郎中，析居后塘；② 又三传福平长者方祐，卜居后埭，即大琮高祖；方祐不仕，但善于经营田产，并以发仓赈荒、资助乡里建设而闻名；方祐鼓励子弟应举，其子衡"首预乡书"，此后世代习举业，有止于乡试者，亦有进士及第者、特奏名获恩授者。③ 大琮祖父方万对科第亦十分重视，建一经堂，藏书万卷，并在此"延接士友，考评道义"，④ 且"立仕版于堂楣，以进士标其首，特奏次之，世赏又次之，封赠又次之。"⑤ 可见其视登科策勋为光耀门楣的第一要务。大琮父偕子大舆、大琮多次至京参加省试，均未中第，晚年随大琮入京注授差遣时，仍感慨"吾能复入此乎"，⑥ 足见方家习举入仕风气之盛。从大琮为亲友们撰写的墓志铭来看，汲汲于场屋可以说是方氏族人的普遍心态；其中有屡败屡战者，亦有人失败一次即从此放弃，转而致力于子弟的科举教育。⑦ 方家是莆田望族，对乡里的公共事业贡献很多，但朝廷官职的诱惑力并不因此有所衰减。

从方大琮个人的情况看，长史方氏的家学与程朱之学并无太大关系。举业毕竟与学术还是很不同，大琮父曾言"今时文之士鲜克通经，汉儒之语殆未可轻"，⑧ 虽习经史，实际上可能还是属于传统的"世儒"。⑨

与父祖辈相比，大琮对举业、学问的看法明显不同，他每每强调"科目特假途耳，若学不进，节不立，正使无灾无害到公卿，世间岂少此哉？"⑩ 他建立起作为道学追随者的自我认同，当与陈宓有很大关系。陈宓，莆田人，号复斋，为朱熹门人。方大琮少时受知于陈宓，尽管没有正式拜为弟子，但在乡里时耳濡目染，受其影响颇深，本章第二节亦有论及。正是因乡居时见陈宓反对史氏，入朝后他以言故相史弥远之罪为第一义，"偶当

① 林海南. 朱熹弟子方壬家学源流述略 [J]. 朱子文化，2020（2）：32-36.
② （宋）方大琮. 宋宝章阁直学士忠惠铁庵方公文集 [M]. 北京图书馆古籍珍本丛刊本第89册：777.
③ （宋）方大琮. 宋宝章阁直学士忠惠铁庵方公文集 [M]. 北京图书馆古籍珍本丛刊本第89册：737-740.
④ （宋）方大琮. 宋宝章阁直学士忠惠铁庵方公文集 [M]. 北京图书馆古籍珍本丛刊本第89册：782.
⑤ （宋）方大琮. 宋宝章阁直学士忠惠铁庵方公文集 [M]. 北京图书馆古籍珍本丛刊本第89册：741.
⑥ （宋）方大琮. 宋宝章阁直学士忠惠铁庵方公文集 [M]. 北京图书馆古籍珍本丛刊本第89册：755.
⑦ （宋）方大琮. 宋宝章阁直学士忠惠铁庵方公文集 [M]. 北京图书馆古籍珍本丛刊本第89册：776-785.
⑧ （宋）方大琮. 宋宝章阁直学士忠惠铁庵方公文集 [M]. 北京图书馆古籍珍本丛刊本第89册：777.
⑨ ［美］田浩. 朱熹的思维世界（增订本）[M]. 南京：江苏人民出版社，2011：3-4.
⑩ （宋）方大琮. 宋宝章阁直学士忠惠铁庵方公文集 [M]. 北京图书馆古籍珍本丛刊本第89册：457.

言责，遂以其意言之"。①

陈宓排斥释教，据刘克庄记载，陈宓曾与禅师祖贤论"持敬"之道，祖贤有"敬足矣，犹待于持何也"之语，引起了陈宓的不满。② 可见作为朱熹的弟子，陈宓对于禅宗明心见性的修身之法颇为排斥。大琮对佛教心存芥蒂，亦是受到了陈宓的影响。嘉熙年间（1237—1240），大琮赋闲乡居时，友人杜杲邀请大琮共写佛经，遭到了大琮的委婉拒绝：

> 示教书《楞伽经序引》，寻绎敬叹，真地位中人也。竹湖答语，则又微妙矣。世谓萧梁亡国之误，不知绝灭者乃佛本法，非误也。至本朝诸公，则用之以救世，非反其锋而用之乎？非善用者乎？韩忠献诸贤，犹共写此经，后进复何说？以区区恶札，缀北山、竹湖大贤后，以满三十二人之数，既无得于吾书，姑附名于彼，且依吾党于不朽，不亦荣乎？既无得于吾书，姑附名于彼，且依吾党于不朽，不亦荣乎？偶记一事。癸未夏，过剑津，游道南书院，见旧士友云，去夏复斋先生于此写《孝经》一书，并文公刊误三千余字。或以为劳，复斋曰："石经非思陵宸翰乎？于学者何劳？"其间有举前贤写佛经事，默不答。此某之所以不敢也。复斋最敬慕竹隐风节，独于此事有疑。③

引文中"复斋"即指陈宓，"竹湖""北山"分别是李韶、陈韡的号。由引文可知，杜杲请一众朋友们同写《楞伽经》，大琮实怀抵触之情，先是从正面称扬佛教，为前贤与朋友普遍习佛开解；即便诸儒如此，大琮仍然不愿写佛经。他提到，陈宓在道南书院写《孝经》时，对于儒者写佛经之事"默不答"，并不赞成，也略感尴尬。大琮以陈宓的态度表明自己捍卫儒学的立场，拒绝了杜杲的请求，可见陈宓对其影响之深。

（二）掌教延平：浴沂舞雩

方大琮于开禧元年（1205 年）及第，授南剑州（治今福建南平市）教授。嘉定五年（1212 年），在南剑州上任之初，大琮开始筹备新造州学祭器。尽管朱熹的《绍熙州县释奠仪图》已在全国颁行，但大琮深感地方上的贯彻效果并不理想："所在多袭聂氏《礼图》，安于陋而莫知其非，岂独延平哉？此朱文公绍熙申请之书所为作也。屡请而后可，既颁而未遍，学者未之尽睹，长吏畴肯为意"；于是，大琮在知南剑州刘允济的支持下，参照朱熹绍熙年间的定本，重新铸造州学祭器；至嘉定八年（1215 年），在大琮南剑州教授即将任满时最终完成。④ 南剑州为道学先贤杨时、罗从彦的故乡，历任学官对二儒都颇

---

① （宋）方大琮.宋宝章阁直学士忠惠铁庵方公文集［M］.北京图书馆古籍珍本丛刊本第 89 册：610.
② （宋）刘克庄.刘克庄集笺校［M］.辛更儒笺校.北京：中华书局，2011：5914.
③ （宋）方大琮.宋宝章阁直学士忠惠铁庵方公文集［M］.北京图书馆古籍珍本丛刊本第 89 册：522.
④ （宋）方大琮.宋宝章阁直学士忠惠铁庵方公文集［M］.北京图书馆古籍珍本丛刊本第 89 册：717.

为礼敬。嘉定六年（1213年）十二月，大琮率诸生致祭于罗从彦之墓。①

作为州学教授，大琮主持了广文官舍的建设和布置。嘉熙元年（1237）因言济王事被蒋岘攻劾罢官后，大琮还乡，受当时州学教授赵时逭之邀，重游故地；大琮追忆道："既至广文官舍……俨如壬申、癸酉新创时。凡手所植、所聚、所引，梅竹泉石皆相迎而笑，似亦不以为辱者，岂非体今主人之意而不忘旧主人耶？"② 壬申、癸酉即嘉定五年（1212年）、嘉定六年（1213年），即大琮正式上任南剑州教授之初。③

州学教授的主要职责在于"以经术行义训导诸生，掌其课试之事。纠正不如规者"。④ 关于大琮在南剑州的日常教学活动，从文集收录的策问可窥一斑。大琮深受道学价值观念的濡染，以理义之学为根本，反对"以法为师生，以官府为学校"。⑤ 因此，方大琮指导生员练习策问等场屋之文时，有意将道学的价值观念融入其中。不仅是任南剑州教授期间，此后乡居时大琮也曾从事这类论学活动。所拟策问试题从民吏风俗、理财、郊祀到武举、兵法，涵盖主题非常广泛，在适应科举要求的同时，也包括了大琮自身关切的朝政议题。如《策问·延平人才》在回顾南剑州地区历代所出英杰之后，询问诸生对家乡先贤的看法，并寓勉励之意："诸君有志前修久矣，将何择焉？毋荒于嬉，毋荒于随，挺挺然自拔于流俗者，则学校之光也……贤侯将有问焉，则何以对？诸君其勉之！"⑥

总体而言，在南剑州担任学官的经历对大琮来说是相当有成就感的，谈及闽乡学官时，他说："今所在惟师儒之泽易见，其碌碌具位者不足言，若真有学识、真能作成者，其所奖拔人物，有历见于数榜者，则皆曰此某广文之门人也"；大琮认为教授一职能感化人心，有补于世用甚多，非一般官职可比："一行作吏，此事便废，惟郡博士为本色官"；大琮又谓"其作成在人心，而流泽有甚远者，非若一曹一职曰某事治、某事办而已也"，⑦ 认为学官之事可久利于后世。

（三）赞漕江右：脱选改官

比起自主性比较高的州学教授，江西漕幕的职任则没有那么从容。大琮曾称："某厥初入仕，以冷自嫌，及今为案牍所禽，翻不若齑盐之味。"⑧ 官职和待遇虽然提高了，但

---

① （宋）刘允济. 祭文［M］//（宋）罗从彦. 豫章文集·外集. 宋集珍本丛刊本第32册. 北京：线装书局，2004：487.

② （宋）方大琮. 宋宝章阁直学士忠惠铁庵方公文集［M］. 北京图书馆古籍珍本丛刊本第89册：547.

③ 关于方大琮所历职任的具体时间的考证，见本文附录.

④ （元）脱脱等. 宋史［M］. 北京：中华书局，1985：3976.

⑤ （宋）方大琮. 宋宝章阁直学士忠惠铁庵方公文集［M］. 北京图书馆古籍珍本丛刊本第89册：536.

⑥ （宋）方大琮. 宋宝章阁直学士忠惠铁庵方公文集［M］. 北京图书馆古籍珍本丛刊本第89册：688.

⑦ （宋）方大琮. 宋宝章阁直学士忠惠铁庵方公文集［M］. 北京图书馆古籍珍本丛刊本第89册：555-556.

⑧ （宋）方大琮. 宋宝章阁直学士忠惠铁庵方公文集［M］. 北京图书馆古籍珍本丛刊本第89册：402.

与"冠者五六人，童子六七人"的教书生活相比，时常为点检簿书等吏务所累，尽管是与学官的通问启书，寒暄之中或多或少反映了大琮的真实想法。

不过，江西漕幕一职对于大琮仕途发展的裨益非常之大。按照叙迁制度，转运司干办公事等漕幕职任由京官以上资序充任，① 但大琮以选人得阙。其后，他在江西漕幕任上得到江西路几位长官的荐举，成功改官。

历官年限、课绩、举主是磨勘改官的必备条件，尤以举主为关键。② 明正德本《铁庵集》卷 11 收录了大琮向江西路的五位长官求举改官的启书以及得到应允后的谢启，这五位贵人均为大琮任漕幕后才得以结识，对大琮援引甚力。

方大琮所写《谢巩漕破白举改官》中的"巩漕"当是指巩嵘。③ 漕使巩嵘是山堂先生巩庭芝季孙，字仲同，与其兄巩丰均为吕祖谦门人；巩家于建炎初年自东平（治今山东泰安市）迁至婺州（治今浙江金华市），巩庭芝在武义明招寺办学，有弟子数百人；巩嵘于淳熙二年（1175 年）中进士，此后辗转于地方任官，官至吏部司员外郎。④ 方大琮在《通漕使巩吏部》中提到："某官名压儒先，道穷圣处。载北方之学，典刑来自于中原；登东莱之门，伯仲迭推为巨擘。"⑤ 这段引文与巩嵘情况相合，而巩嵘墓志铭中也记载其"起家知温州，擢江西转运判官"。⑥ 巩嵘的荐表是大琮磨勘时所得第一份荐举状。两人的关系在上下级之外并无更进一步的发展，而大琮个人对婺学并无太大兴趣，加之巩嵘时已年高，不久后奉祠，与大琮的宦涯再无关联。

方大琮所写《上宪使留直院》中的"留宪"是时任江南西路提点刑狱公事的留籥。⑦ 留籥字端父，为留正第三子；生年不详，历知邵州（治今湖南邵阳市），入为司农寺丞；宁宗嘉定年间，金朝为蒙古所攻，岌岌可危，端父出使金朝，认为其势必亡，回朝后陈备边五策；后"除度支郎，提点湖南、江西刑狱"。⑧ 其基本情况也都与《通江西宪留郎中》所言"不容列院之逡巡，旋复大农之左贰。衔君命出使绝域，虏在目中；与宰相分领度支，泉流地上"可相印证。⑨ 比起巩嵘，大琮与提刑留籥的关系更为密切。大琮能得

① （宋）李焘. 续资治通鉴长编［M］. 北京：中华书局，2004：5180；龚延明. 宋代官制辞典［M］. 北京：中华书局，2001：534-535.

② 苗书梅. 宋代官员选任和管理制度［M］. 开封：河南大学出版社，1996：381-430.

③ （宋）方大琮. 宋宝章阁直学士忠惠铁庵方公文集［M］. 北京图书馆古籍珍本丛刊本第 89 册：424.

④ （宋）洪咨夔. 吏部巩公墓志铭［M］. 侯体健点校. 洪咨夔集（下册）. 杭州：浙江古籍出版社，2015：738-741.

⑤ （宋）方大琮. 宋宝章阁直学士忠惠铁庵方公文集［M］. 北京图书馆古籍珍本丛刊本第 89 册：390.

⑥ （宋）洪咨夔. 吏部巩公墓志铭［M］. 侯体健点校. 洪咨夔集（下册）. 杭州：浙江古籍出版社，2015：738.

⑦ （宋）方大琮. 宋宝章阁直学士忠惠铁庵方公文集［M］. 北京图书馆古籍珍本丛刊本第 89 册：424-425.

⑧ （清）李清馥. 闽中理学渊源考［M］. 何乃川，李秉乾点校：393.

⑨ （宋）方大琮. 宋宝章阁直学士忠惠铁庵方公文集［M］. 北京图书馆古籍珍本丛刊本第 89 册：390-391.

到端父的青睐，也离不开亲长的赞誉。前文已经提到，大琮少时在家乡从游于陈宓，甚为亲厚，大琮的学术倾向与政治立场都深受其影响。任江西漕幕期间两人依然频繁通信，陈宓得知大琮已得端父允诺举状，亦曾传信端父，推荐大琮：

> 江右一路，贤者固多，某寡交不尽识。如运幹方大琮，虽以南宫前列进，而孜孜职业，有志问学，亲友中少见。其比近得书云，蒙顾盼殊常，且许以剡荐，如此则孤远之士其知所劝矣。苟人品未有大过，如斯人者，亦君子所宜争先取之，勿泛然视之，而使之至于自言也。①

离任之后，大琮与端父依然保持联系。端平三年（1236 年）秋，大琮由右正言改除起居舍人，惶恐不安，对端父坦言有去朝之意："去冬惠鞿材，今冬又得之，可无履陈之忧，不知来冬犹在此拜此赐否？"② 大琮的回信提及端父随书送去绢料为赠，由此也可知大琮造朝后两人关系仍然较为密切。

另一位举荐大琮的漕使滕强恕，字仁伯，嘉定间由宗正少卿出守袁州（治今江西宜春市），以节用爱人为本，立桥梁，置储仓，修郡志惠政颇多，秩满除江西漕运；滕强恕是金华人，宗吕祖谦之学，绍熙四年（1193 年）陈亮榜进士，五年除著作佐郎；嘉定九年（1216 年）出知袁州，十四年（1221 年）任满，又除江西运判。③ 滕强恕于嘉定九年（1216 年）到十四年（1221 年）知袁州，而大琮已于十二年（1219 年）任漕幕，强恕在袁州任上时两人即已相识，并一起讨论易学。大琮称："蒙温言以披拂之，固知君子以气类为念也，不敢旁摭绮语，请以经对。"④ 可见，尽管是因职务产生联系，但两人的来往实际上超越了上下级的共事关系。这与其他四位举主有所不同。

强恕卸任知州之际，于袁州建中和堂，大琮为此作记，详述了强恕的学术观点。强恕的学问以"心"为核心，他认为存心、养心的关键在于时时省思，因为人处理日常事务时，"心"很容易被外物干扰，最终危害政事：

> 德进乎学，学进乎思。思者何？一动静语嘿必中乎道，一服食寝息必中乎道，曾子之日省，颜子之不违复，姬公之坐以待旦，无仕止穷达皆此学也。俄顷弗思而失之，终日弗思而滋失之，兆于毫芒，差于燕越，思之不可已也如此。况乎画千里而侯，所接愈繁，所应愈难，怠心乘之则弛，轻心乘之则流，恚心乘之则躁，喜心乘之则浮，或惩而病于畏，或激而病于烈，其害政孰甚焉！⑤

---

① （宋）陈宓. 龙图陈公文集 [M]. 宋集珍本丛刊本第 73 册. 北京：线装书局，2004：531-532.
② （宋）方大琮. 宋宝章阁直学士忠惠铁庵方公文集 [M]. 北京图书馆古籍珍本丛刊本第 89 册：539.
③ （明）李贤等. 大明一统志 [M]. 西安：三秦出版社，1990 年影印本：883.
④ （宋）方大琮. 宋宝章阁直学士忠惠铁庵方公文集 [M]. 北京图书馆古籍珍本丛刊本第 89 册：435.
⑤ （宋）方大琮. 宋宝章阁直学士忠惠铁庵方公文集 [M]. 北京图书馆古籍珍本丛刊本第 89 册：718.

强恕显然遵循吕祖谦存敬与存诚无异的观点，认为政事、学术、养心最终都要归结为"诚"，显示出婺学传统的特点。

萧仓使舜咨是大琮的第四位举主。萧舜咨于嘉定十三年（1220 年）任江南西路提举常平公事，福建路邵武军（治今福建邵武市）人，为庆元五年（1199 年）曾从龙榜进士，官至著作佐郎。① 生平多失考。仓使萧舜咨可能年事已高，此后也未见二人继续联系的记载。绍定五年（1232 年），大琮时知永福县，亦曾至邵武拜访其家，遣书问候舜咨之子安之，感念舜咨当年知遇之恩："某曩备员江右计属，今连帅徐贰卿在油幕，偶一日与同官会滕阁，有邮筒自仓台至，则荐书双函，乃先正郎中先生举徐与某，坐中皆起相贺，某感特达之知最甚，时嘉定辛巳冬也。"② 如引文所言，大琮与时任安抚司干办公事的徐清叟于嘉定十四年（1221 年）在各司漕幕聚会时收到舜咨的举状，惊喜之情溢于言表。

大琮改官最后一道举状来自于晚年出任江西安抚使的卫泾。嘉定十四年（1221 年）左右，卫泾受命赴任。临行致书巩嵘，询问情况。③ 除了荐举大琮改官，卫泾曾向宁宗连上两疏，奏举本道官员，大琮即是其中之一："江南西路转运司干办公事方大琮，志气好修，文采亦赡，早为南宫雅选，士论称之，主画漕幕，剖决详明，考其行事，允有贤业。"④

关于为改官求举状的过程，大琮在启书中还提到"大官唱声，群公着眼，谓既有成于职状，当为合力于常员。此孤寒没齿所难图，乃特达立谈而遂定。"⑤ 宋制，荐举改官，需五名举主，必须至少有一员"职司"，职司之外的举主即"常员举主"。⑥ 如大琮所说，在得到巩漕的职状后，江西路其他长官有意共同出力，为大琮解决举状的问题。作为转运司属官，大琮与漕使等长官接触机会应当不少，从而能在与长官交流的过程中，颇为轻松地获得了他们的帮助，也可看出他们对大琮相当照顾。与路级大员距离较近，这是漕幕一职的优势。

大琮工于词赋，颇有文名，因而在江西漕幕任上，也帮助同僚如转运司主管帐司、船场官或江西路的县丞等代写启书，其中有选人求举改官、监当官求举升陟、调职者乞还职，亦有贺长官升任的启书等。⑦ 由此可见当时请托风气之盛，亦说明无论是阶官叙迁还是差遣的资序关升，获得荐举对于士人仕途发展都具有关键作用。各类通问启、贺启、谢启虽是用于应酬交际的私书，但同时也为士人在"公的社会"即官僚世界中扩展关系网

---

① （宋）佚名. 南宋馆阁续录 ［M］. 北京：中华书局，1998 年点校本：298，317.

② （宋）方大琮. 宋宝章阁直学士忠惠铁庵方公文集 ［M］. 北京图书馆古籍珍本丛刊本第 89 册：574.

③ （宋）卫泾. 后乐集 ［M］. 四库全书本第 1169 册. 上海：上海古籍出版社，1987：684.

④ （宋）卫泾. 后乐集 ［M］. 四库全书本第 1169 册：649.

⑤ （宋）方大琮. 宋宝章阁直学士忠惠铁庵方公文集 ［M］. 北京图书馆古籍珍本丛刊本第 89 册：426.

⑥ 苗书梅. 宋代官员选任和管理制度 ［M］. 开封：河南大学出版社，1996：288-297.

⑦ 参见（宋）方大琮. 宋宝章阁直学士忠惠铁庵方公文集 ［M］，北京图书馆古籍珍本丛刊本第 89 册：792-804.

络、寻求奥援提供了润滑剂。

嘉定十二年（1219 年），真德秀知隆兴府兼江西安抚使，大琮抓住机会向真德秀求教。真德秀此时已是名满天下，大琮此前仅与其有两面之缘。第一次约在开禧元年（1205 年），真德秀中博学鸿词科后出任福建路安抚使的幕僚，彼时大琮刚刚通过乡试，里居莆田，两人在福州幕府有"匆匆一谒"；嘉定十一年（1218 年）秋，大琮待阙期间，途中经过泉州，特地至郡斋拜访时任知泉州（治今福建泉州市）的真德秀，受其接待，"与其进，赐之坐，与之馈……始惊叹大人君子所以收拾人物者，虽细不遗。而某非其人也，且感且奋"。① 真德秀在江西没有停留太久，不到一年即因丁母忧离任。能成为真德秀的座上客，大琮备感荣幸。虽然并非真西山正式的弟子，但大琮在行事、学问两方面均奉西山为圭臬，受其影响颇深。

本章小结

方大琮出身长史方氏。长史方氏为莆田望族，世代习举，视登科策勋为光耀门楣的第一要务。长史、白杜方氏之间的亲缘关系较为疏远，至南宋时世系关系已无法追考，只知远祖同为两汉之际的方纮。因此尽管白杜方氏世代传习朱学，但白杜方氏的家学等对于出身长史方氏的大琮应当并无直接影响，不是大琮接受朱学的来源。相较而言，方大琮受同乡的道学家陈宓濡染较多，之后服膺真德秀的学说。

方大琮入朝前任职于福建、江西。南剑州学教授一职使他得以沉浸于推明道学、讲论经义的生活。江西漕幕任上，大琮得以扩展其社会人际网络，不仅得到五位路级长官的荐举得以改官，而且与各司漕幕乃至江南西路属州的幕职官、属县县令展开了广泛的交游、应酬，从这一时期写下的大量贺启、通问启、谢启可见一斑。

有研究指出，以士人为中心的乡里的、路一级的、全国性的社会网络是同时发挥作用的，学缘、职缘、地缘网络也呈现相互促进的关系。② 从方大琮的情况来看，他并未为问学而特地负笈远行，而是往往因地缘、职缘而发生学术交流，扩展学缘网络。任漕幕期间，职缘网络占据了中心地位，促进了学缘网络的扩展，从大琮与滕强恕与真德秀的往来即可印证。同时，在更大的路级社会网络中，以家乡为中心的基层网络持续发挥作用，陈宓向留端父推荐大琮可以体现这一点。

对方大琮来说，在仕途的升迁方面，职缘的作用最为有效。方大琮在江西漕幕任上顺利获得五位长官的举荐得以改官，十分顺利。从他的经历来看，路级长官更倾向于援引本路僚属，如仓使萧舜咨两封举状分别写给江南西路转运司幹办公事与安抚司幹办公事。相比于杨万里为亲友多番请托的艰辛，③ 更可见漕幕之职对仕宦发展的便利。可以说，路一

---

① （宋）方大琮. 新编翰苑新书别集［M］. 北京图书馆古籍珍本丛刊本第 74 册. 北京：书目文献出版社，1988：1101.

② ［日］平田茂树. 在史料与研究视角之间——宋代社会网络研究现状的回顾［C］//史料与场域：辽宋金元史的文献拓展与空间体验：1-17.

③ 王瑞来. "内举不避亲"——以杨万里为个案的宋元变革论实证研究［J］. 北京大学学报（哲学社会科学版）. 2012（2）：117-128.

级的职缘网络提供了方大琮仕途发展最重要的机遇。

较为优渥的家境使得大琮在仕宦道路的选择上没有后顾之忧，这是大琮仕途上的重要优势之一。大琮父祖致力于产业经营，丰厚的田租收入为方家子孙的读书应试奠定了经济基础。① 对于方氏家族来说，科举入仕是首选路径。由于竞争激烈，方家很多成员屡试不第，最终止步于特奏名，大琮的父亲方迓即为一例。对科举多年的投入背后无疑有家财的支撑。南剑州教授、江西漕幕两任上，方大琮在前后待阙的时间合计有十一年之久，实际在任时间仅有八年，对于官职主要关注的是其是否契合自己的志趣。黄宽重先生笔下的孙应时极度依赖俸禄作为收入来源，并在赋闲时为贴补家用积极谋求教职，注拟差遣时无从"侦择近阙"。② 陆游也曾说自己"迫贫从仕"。③ 与他们两人相比，方大琮对俸禄的依赖程度远没有那么高，因而有更多的选择余地。

三、端平、嘉熙年间故王之冤引发的谏言风波

孝宗时期，朱熹等道学家对于得君行道、实现"外王"之志已有理论层面的阐发，但是这条通过建立道德基础以平治天下的路径始终未得到朝廷的认可。④ 从庆元党禁到史弥远执政，不少道学追随者依然以官僚的身份为在中央、地方任职，但是道学群体仍并未能将道德性命之说推行于朝堂之上。直到绍定六年（1233 年）史弥远病故，理宗亲政，拔擢道学士人入朝，局面为之一新。道学群体得君行道的理想在这一时期有了实践的空间，这是一个重要的转折点。方大琮作为言事官，正处于这一历史节点之上。本部分考察方大琮将道学理想付诸实践的过程，关注其道德主义路线在理宗朝遭遇的挫折，不认同这一路线的官员与道学群体之间的纷争。

（一）言责难任：公论与君威之间

关于方大琮入朝任官，刘克庄称："端平改元，公至在所，丞相郑公一见如旧，擢监六部门，历司农寺簿兼，提领安边所。"⑤ 实际上向郑清之推荐大琮的是李宗勉。大琮与

---

① 简杏如. 宋代莆田方氏家族的婚姻 [J]. 台大历史学报，1999（24）：260.

② 黄宽重. 孙应时的学宦生涯：道学追随者对南宋中期政局变动的因应 [M]. 台北：台大出版中心，2018：45-55.

③ （宋）陆游. 老学庵笔记 [M]. 李剑雄，刘德权点校. 北京：中华书局，2021：21.

④ 关于南宋时道学群体所处政治环境的变化，参见：[美] 田浩. 朱熹的思维世界（增订本）[M]：15-18，35-37，139-151，279-282. 关于道学群体主动参与朝政、试图推行其治国路线的努力，参见：余英时. 朱熹的历史世界 [M]. 北京：生活·读书·新知三联书店，2011：398-619. 南宋时道德性命之学长期被指责为虚诞无用，不合于政治主流，参见：（宋）朱熹. 送张仲隆序 [M]. 朱杰人，严佐之，刘永翔主编. 朱子全书第 24 册. 上海：上海古籍出版社，2002：3623；姜海军. 宋代浙东学派经学思想研究 [M]. 济南：齐鲁书社，2017：213. 庆元党禁平息后，宁宗虽然旌表道学家，但未对其治世主张予以认可，宰相史弥远则拒绝道学家道德主义的治国路线；而理宗个人推崇、研习正心诚意之学，明确表示接受道学家道德主义的路线，在实际行动中亦试图遵循道学家设立的标准。

⑤ （宋）刘克庄. 刘克庄集笺校 [M]. 北京：中华书局，2011：5963.

李宗勉因在江西漕幕任上共事得以结识；绍定六年（1233 年）、端平三年（1234 年），李宗勉前后两次向郑清之推荐大琮；嘉熙三年（1238 年）任相，又向理宗建议起复大琮，①可以说宗勉是方大琮仕途中最重要的一位贵人。绍定六年（1233 年）冬至端平元年（1234 年）春，大琮至京注拟差遣，吏部本已除大琮潮州通判。②正是这次入京，遇郑清之，得丞相亲自拔擢，大琮才得以一跃入朝，最终跻身要津。

此后，大琮任司农寺簿兼提领安边所，端平二年（1235 年）迁太府寺丞，三年（1236 年）擢秘书郎兼景献府教授，迁著作郎兼侍左郎官。三年七月，除右正言。③

在家乡时，大琮通过传道授业推广道学，现在则有机会通过开明圣德将"道"的理想转化为现实。方大琮称"旌其人固将行其道，崇其书固将践其言，岂徒为观美是欤"，④这实际上是道学群体的共识。方大琮以真德秀的"祈天永命"说作为进言的依据，⑤因而上疏言事不乐于探讨具体的问题，而是致力于"病源"、"大根本"，即正君心、辟阴邪；从方大琮所写奏劄来看，他基本接受了真德秀的理论，认为君王个人道德的完备可以上回天心、下得民心，达到救世之效。⑥在这种思路之下，端平（1234—1236）年间，大琮与其他道学追随者一同主张为济王赵竑洗冤、治故相史弥远之罪，以正人伦纲常。⑦

在理宗即位之初，济王一事已经造成了史弥远与道学派的裂痕。史弥远坚持要治济王谋反之罪，而真德秀则认为雪川之变并非济王本心，因此济王是无辜的。宗正少卿乔行简更希望能维护道学群体的集体利益，不愿意因此事产生纷争："群贤方集，愿勿因济王议

①（宋）方大琮. 宋宝章阁直学士忠惠铁庵方公文集［M］. 北京图书馆古籍珍本丛刊本第 89 册：463.

②（宋）方大琮. 宋宝章阁直学士忠惠铁庵方公文集［M］. 北京图书馆古籍珍本丛刊本第 89 册：520.

③（宋）刘克庄. 刘克庄集笺校［M］. 北京：中华书局，2011：5963.

④（宋）方大琮. 宋宝章阁直学士忠惠铁庵方公文集［M］. 北京图书馆古籍珍本丛刊本第 89 册：709.

⑤ 关于"祈天永命"说，参见：（宋）真德秀. 西山先生真文忠公文集［M］. 宋集珍本丛刊本第 75 册. 北京：线装书局，2004：668-673. 相关研究参见：孙先英. 论真德秀的"祈天永命"说［M］. 云南民族大学学报（哲学社会科学版），2008（3）：93-97. 方大琮的理论框架与真德秀这份奏劄所言基本一致.

⑥ 参见：（宋）方大琮. 宋宝章阁直学士忠惠铁庵方公文集［M］. 北京图书馆古籍珍本丛刊本第 89 册：341-364.

⑦ 济王赵竑，初名均，太祖十二世孙。宁宗嘉定十三年（1220），因景献太子死，立为皇子，改名竑。嘉定十七年（1224），宁宗驾崩，宰相史弥远拥立宗子赵昀继位，是为理宗；赵竑则进封为济王，赐第湖州。湖州太学生拥戴赵竑，发动兵变，史称"雪川之变"。兵变平定后，济王随即遇害。史弥远因济王案的处理与道学派官员产生分歧，最终决裂。关于雪川之变，参见：李超. 宋理宗继位问题再探——以赵竑与史弥远之矛盾为中心［J］. 宁波大学学报（人文科学版），2020（2）：77-84；［美］戴仁柱. 丞相世家：南宋四明史氏家族研究［M］. 刘广丰，惠冬，译：117-128；何忠礼. 南宋全史（二）［M］：86-204. 关于理宗亲政后道学派官员要求为济王平反、定史弥远罪名的抗议，参见：何忠礼. 南宋全史（二）［M］. 上海：上海古籍出版社，2011：96-100.

异同，致有涣散"，① 他同意史弥远的立场："济王之罪，人所共知，当如周公接待管蔡之心，又当取孟子为周公受过之意"，② 强调理宗发落济王的合法性。真德秀、洪咨夔、魏了翁等人最终都因辩济王之事被斥逐。宝庆二年（1226 年）八月，济王被朝廷定为叛逆之罪，追降巴陵县公。③ 史弥远去世后，理宗亲政，曾经不愿与史弥远合作的道学中人被召回中央，④ 这使后者再次看到了以此匡扶世道的契机。对于济王与史弥远如何处置的问题，理宗显然无法接受道学派官员的意见。亲政之初，理宗已命济王归葬，恢复王爵，但不同意立继。⑤ 端平二年（1235 年），理宗批付御笔，保全史弥远家，要求臣僚不要罗织罪状上疏奏弹。⑥ 一直以来，不断有官员上疏为济王申冤；不少人与大琮一样，援引天人感应论，将天灾、兵祸解释为故王冤魂作祟、上天发怒的结果。⑦

大琮写信给好友王迈时，坦陈自己的动机为"济一冢中枯骨耳，臣子所以切切言之者，只欲消弭乱萌，增益圣德"。⑧ 对道学群体来说，请求为济王立继，当然不是质疑理宗即位的合法性，而是因为很多道学追随者对于"回天心"以救世确实抱有太高期望。方大琮对于史弥远的痛恨也是受到道学价值观念的影响，"又里居日，见复斋痛恨史氏，必有以也。偶当言责，遂以其意言之，欲以此增益圣德，解释天意……"⑨ 早年陈宓对大琮的濡染可见一斑。

端平三年（1236 年）七月，大琮除右正言，首疏论济王事。⑩ 疏入，"果大婴突，取第一疏涂抹两句封示大臣，大臣跼蹐不安"，⑪ 大琮的章奏降出付外时，其中的敏感内容已经被理宗抹去，可见理宗的恼怒。理宗完全不认可大琮的奏疏，也并未留中，而是节贴后降出付宰执，实际上是向臣僚明示自己的态度。朝臣对济王之事"摇手吐舌，深指为讳"，⑫ 皆能感觉到理宗实在难以接受为故王立嗣的要求。刘克庄记载的一则轶事亦反映

---

① （元）脱脱等．宋史［M］．北京：中华书局 1985 年点校本：12490-12491.

② （元）佚名．宋史全文［M］．北京：中华书局，2016：2622.

③ （元）佚名．宋史全文［M］．北京：中华书局，2016：2633.

④ 关于理宗朝道学派官员在权力格局中的位置与势力升降，参见：廖寅．从内地到边疆：宋代政治与社会研究散论［M］：61-89.

⑤ （宋）周密．齐东野语［M］．张茂鹏点校．北京：中华书局，1983：254-255.

⑥ （宋）魏了翁．重校鹤山先生大全文集［M］．宋集珍本丛刊本第 76 册．北京：线装书局，2004：781.

⑦ （宋）周密．齐东野语［M］．张茂鹏点校．北京：中华书局，1983：254-257.

⑧ （宋）方大琮．宋宝章阁直学士忠惠铁庵方公文集［M］．北京图书馆古籍珍本丛刊本第 89 册：499.

⑨ （宋）方大琮．宋宝章阁直学士忠惠铁庵方公文集［M］．北京图书馆古籍珍本丛刊本第 89 册：610.

⑩ （宋）方大琮．宋宝章阁直学士忠惠铁庵方公文集［M］．北京图书馆古籍珍本丛刊本第 89 册：341-344.

⑪ （宋）方大琮．宋宝章阁直学士忠惠铁庵方公文集［M］．北京图书馆古籍珍本丛刊本第 89 册：493.

⑫ （宋）方大琮．宋宝章阁直学士忠惠铁庵方公文集［M］．北京图书馆古籍珍本丛刊本第 89 册：341-344.

了理宗的态度。中书舍人吴泳曾为皇女不育加封而草词，借题发挥，所附贴黄称："陛下未有皇嗣，虽皇女亦多不育……必为故王立继，则子孙千亿"，付出时贴黄亦已揭去，吴泳深感理宗于此事介怀之深。① 面对群臣奏请，理宗不肯让步的态度可以说是很明确了。大琮在写给族弟的家书中提到："于时诸公相从臾为前辈论一事，至十八九疏者，或以为苟欲济事，姑徐之。"② 此事正是指为故王立继正名。

在这种情况下，大琮同年八月上殿面奏，暂且未提故王之事，转而以帝王正心之法指责理宗"外操内纵"，对个人道德修养不够重视。③ 理宗因济王一疏脸色依然不好，大琮也只能缓和态度，他对好友克庄坦言："八月上殿，天颜大不怿，若接续前语，又当如何？某之怯甚矣"；九月，大琮已经听到改除风声："已闻有换元善与某之说，某人南床，某人拾遗，只俟明禋后行之"，二十一日，奏劄还未上，即降旨改除起居舍人兼权直舍人，"其夜出片纸，併四言官俱换，外庭不与闻，真独断也。"④ 这令大琮非常焦虑，入谏省仅两月多，劝谏又屡屡受挫，是否应该继续下去？怎样才能保住名节？留下意味着要继续在君主个人的压力与公论的压力之间煎熬，前者要求他停止执奏，后者要求他不惧君威，敢于抗声。

对于言事官来说，这种情况下另外一种选择是像杜范弹击李鸣复那样，以一副不可商量的姿态，称"鸣复不去则臣去"，直接拒绝入台，渡江归家，最终理宗只得屈服;⑤ 即使皇帝不愿意屈服，至少可以成就自己的名声。如果留下，不再陈请，屈服于君主的意志，则是失节，必要遭受公论的非议与耻笑；坚持抗声自陈，则要直面君主的威压，继续交涉，劝其改变心意，直到被罢官。

大琮询问当时同任谏官的李韶（字元善），李韶不同意拒绝供职的做法："某谋之元善，元善谓……若言人之不敢者，则不居中矣。岂可先为躁扰，不肯供职？继此独不可献纳乎？独不可直前乎？"⑥ 受到友人的鼓励，大琮选择继续履职。十一月二十一日，大琮直前，措辞更加含蓄，依然为故王事陈请："以此事为一条，意虽恳恻而语不敢峻切，亦愧焉"；此前九月未能上殿陈奏的章疏，"使得上，亦未敢及兹事，亦愧焉"；至此，大琮已经多次到都堂向宰执求去，在奏状中向理宗请辞，皆不获，"以此苟留，日复一日，惟有因事可以决去，则今之见逐幸也。"⑦ 嘉熙元年（1237 年）七月被论罢，反而让大琮从

① （宋）刘克庄. 刘克庄集笺校［M］. 北京：中华书局，2011：4668.

② （宋）方大琮. 宋宝章阁直学士忠惠铁庵方公文集［M］. 北京图书馆古籍珍本丛刊本第 89 册：611-613.

③ （宋）方大琮. 宋宝章阁直学士忠惠铁庵方公文集［M］. 北京图书馆古籍珍本丛刊本第 89 册：347-350.

④ （宋）方大琮. 宋宝章阁直学士忠惠铁庵方公文集［M］. 北京图书馆古籍珍本丛刊本第 89 册：494.

⑤ （元）脱脱等. 宋史［M］. 北京：中华书局，1985 年点校本：12283.

⑥ （宋）方大琮. 宋宝章阁直学士忠惠铁庵方公文集［M］. 北京图书馆古籍珍本丛刊本第 89 册：494.

⑦ （宋）方大琮. 宋宝章阁直学士忠惠铁庵方公文集［M］. 北京图书馆古籍珍本丛刊本第 89 册：611-612.

两难中得到解脱。

大琮被逐，亦无外除，几乎是端平年间最为严厉的处置了。这也成为这场言事风波的尾声，此后道学派官员亦几度得以居两府要地，但很少有人再为故王申冤了。

（二）监谤之禁与矛盾的激化

蒋岘攻劾大琮一事，《宋史》相关列传只大略提及，如"夏行都大火，殿中侍御史蒋岘逢君希宠，创为邪说，禁锢言者"。① 《宋季三朝政要》亦提供了一个"简版"：

> 六月，行都大火，由巳至酉，延烧居民五十三万家。士民上书，咸诉济王冤者。侍御史蒋岘，史党，独唱邪说，谓火灾天数，何预故王事？遂劾方大琮、王迈、刘克庄鼓扇异论，同日去国。并斥进士潘昉姓同逆贼，语涉不顺。皆论以汉法。自后群臣无敢言者。②

按引文所言，蒋岘的论劾结束了这场旷日持久的纷争，且蒋岘被指为"史党"。学界对济王一案多有关注，但对于其在端平、嘉熙之际（1236—1237 年）引起的纷争的探讨尚且不足。

嘉熙元年（1237 年）夏，临安城（治今浙江杭州市）失火，理宗下求言诏。③ 对道学群体来说，这又是劝说理宗为故王立继以回天心的一个契机。大琮事后深觉可惜，与同朝士友通信时多次提到火灾求言本是"一大机括"，④ 却以自己的被贬告终，又一次失去了回天心的机会。大琮此次没有应诏陈请，太常少卿徐清叟认为应当采取行动，两人相拉至都堂，以其意告知宰执，希望宰执先劝理宗"自行之"，若不肯，则计划六月一日联合侍从两省官员集体留班陈奏，丞相则要求暂且不要贸然行动。⑤

火灾求言，太学、宗学、武学生员纷纷上疏，认为故王之冤未伸，"指为伯有为厉之验"；朝野流言不止，认为火起于故王旧邸之所，是济王冤魂不散，酿成灾难，殿中侍御史蒋岘入奏疏，反对将火灾与故王之事联系起来："火灾只是失备，更无余说"，又指出即使是按照儒家纲常，济王与理宗都是过继给宁宗的宗室子，本无兄弟之亲缘："济邸之于陛下，本非同气之亲，非兄弟而强为兄弟"；蒋岘复云："中庸达道，始于君臣而次于父子……此则君臣之道，独立于天地之间……君臣既定，父子不必言，兄弟不当问"，最后，蒋岘希望尽快平息这场混乱，请求"自今有言之者，当次第弹劾。"⑥ 关于此事，大琮在家书中提到，蒋岘的奏疏过中书后省时，正值自己当制（此时大琮兼权直舍人院），

---

① （元）脱脱等. 宋史 [M]. 北京：中华书局，1985 年点校本：12455.

② （宋）佚名. 宋季三朝政要笺证 [M]. 王瑞来笺证. 北京：中华书局，2010：99.

③ （元）佚名. 宋史全文 [M]. 汪圣铎点校. 北京：中华书局，2016：2725-2726.

④ （宋）方大琮. 宋宝章阁直学士忠惠铁庵方公文集 [M]. 北京图书馆古籍珍本丛刊本第 89 册：479，487，613.

⑤ （宋）方大琮. 宋宝章阁直学士忠惠铁庵方公文集 [M]. 北京图书馆古籍珍本丛刊本第 89 册：611.

⑥ （宋）周密. 齐东野语 [M]. 张茂鹏点校. 北京：中华书局，1983：257-258.

大琮因书行录黄遭到了议者的指责，① 那么理宗应是同意蒋岘的主张，批出付外，过中书后省，由外制官书行、给事中书读后成命施行。为言者设禁一向被传为打压台谏的丑闻，但从决策程序上来说，嘉熙元年（1237 年）这道禁令是由臣僚上奏，皇帝认可施行，给、舍书黄通过的，完全合规。可惜它并未起到止谤之效，并引起了官学学生对蒋岘的攻击："议者愈哗然，两学之书直攻之矣"。② 蒋岘的奏疏要求禁止臣僚依托天灾言济王事，得到了批准和施行，方大琮在书信中多次提及此次言者之禁，如与项博文的书信中提及"丁酉火后，言者设为防禁，其时谓公议不可遏，必有婴其锋者。榻前登对，阁下其首，今江东漕徐德夫继之，皆某侍立时所亲见者。天度何尝以为忤，言者拈出以为功，于是乎相踵去国矣……"③ 与徐鹿卿通书时，大琮言"方言者明设防禁，犯者必逐，项理簿对，首犯之，公又犯之，而言尤切。某时立坳陛，所亲见也。偶以职事所关，又自犯之……"④ 徐鹿卿、项博文等官员与官学学生纷纷上疏反对，引起轩然大波，蒋岘与主张为济王立继的士人之间的矛盾也进一步激化。

不久后，又有临安府学生李子道、广南额外摄官邹云从应诏论事，附和蒋岘。邹云从指出了理宗最担忧的皇位继承的问题："陛下尚轸在原，犹存爵位，借使勉从群议，俾延于世，不可也。矧当世情多阻之时，人心趋乱者众，万一贪夫不靖之徒，有以立楚怀王孙而激乱者，是时置国家于何地？"⑤ 理宗非常认同，出御笔，两人并补将仕郎。此事让大琮等人措手不及。此前士庶上封事常命中书后省看详，再以可取者条上，这就给了中书后省控制皇帝信息渠道的机会。但是据大琮说，近期并不付中书后省看详，以至于补官录黄至中书后省时，"众相顾惊愕，意其必与学校之书反"，尚且不知两人所上何书；大琮通过调阅甄检所副本才得见邹书；徐清叟向丞相打听，丞相称只闻"齐小白于公子纠犹曰公子"两句；了解状况后，大琮即缴还录黄，执奏表示反对，七月十日缴入。⑥ 缴黄后大琮告假，丞相派人给大琮传话，毕竟只是补阶官，并非实职，希望他暂且同意来自理宗的旨意，不要再执奏；大琮曾向族弟叙及理宗通过宰相与自己沟通的过程："上曰：'丞相可与他说'，且有调亭之语，对以'他岂肯听臣说？'遂收起。丞相谓若送他舍人行，切

① （宋）方大琮. 宋宝章阁直学士忠惠铁庵方公文集［M］. 北京图书馆古籍珍本丛刊本第 89 册：634；（宋）方大琮. 宋宝章阁直学士忠惠铁庵方公文集［M］. 北京图书馆古籍珍本丛刊本第 89 册：611.

② （宋）方大琮. 宋宝章阁直学士忠惠铁庵方公文集［M］. 北京图书馆古籍珍本丛刊本第 89 册：611.

③ （宋）方大琮. 宋宝章阁直学士忠惠铁庵方公文集［M］. 北京图书馆古籍珍本丛刊本第 89 册：569.

④ （宋）方大琮. 宋宝章阁直学士忠惠铁庵方公文集［M］. 北京图书馆古籍珍本丛刊本第 89 册：515.

⑤ （宋）周密. 齐东野语［M］张茂鹏点校. 北京：中华书局，1983：257.

⑥ （宋）方大琮. 宋宝章阁直学士忠惠铁庵方公文集［M］. 北京图书馆古籍珍本丛刊本第 89 册：611-613 页；（宋）方大琮. 宋宝章阁直学士忠惠铁庵方公文集［M］. 北京图书馆古籍珍本丛刊本第 89 册：362-364.

不须执……丞相谓旦夕真除，尽有题目可去，何必此？"①

嘉熙元年（1237）七月二十四日，蒋岘上奏攻劾大琮、刘克庄、王迈、潘牥四人论济王事不当，大琮遭罢去国；刘克庄、王迈此前已被台谏论罢去国，此时分别知袁州、通判漳州，遭蒋岘论后并罢。② 潘牥，字庭坚，端平二年（1235 年）策进士第时进对，论当为济王伸冤，言语激切，经此事后被调为镇南军节度推官。③ 大琮为自己连累友人深感痛心："火灾求言，议者哗然，某身当议论之冲，不能迁就，固应不免，而一在袁，一在泉，一在福，无得免者，其池鱼之殃乎！"④

（三）政争中的士人关系

道学派官员与蒋岘围绕济王立继一事展开的激烈争辩由最初的意见不合逐渐演变为政治斗争，最后以方大琮等道学派官员的被贬告终。前引《宋季三朝政要》的描述突出了方大琮与蒋岘正邪不能两立的一面。但是，仔细推考之下，蒋岘与道学派官员的关系变化似乎更为复杂曲折。

在政争愈演愈烈的过程中，双方的立场都曾经有所动摇。前文已经提到，蒋岘禁言济王事的奏疏，是由权直舍人院的大琮书行录黄。实际上大琮此时已经开始犹豫，觉得这场风波或许是时候结束了。端平三年（1236 年）十一月直前时，大琮已经开始反思："觉此事今为之晚矣，未必有益，况未必为邪？姑少见不敢遽断前话之意。"⑤ 正是因为公论的压力与作为言事官责任感，他不能轻易放弃陈请。大琮为蒋岘的的录黄书行，因此遭受议者的指责，感到十分羞愧。这促使他在收到李、邹补官的录黄时，必须要明确立场："非不知台中禁言此事，亦非欲屡拈前话，若到手而放过，何以见鲁卫之士？"⑥

另一方面，蒋岘因上疏要求禁言济王事，遭到了太学生攻击，大琮描述他的反应为"亦恐且悔，出内札以自解，亦使人来言曰'不敢伤善类'"。⑦ 可见蒋岘曾经主动向道学派官员解释自己的立场，希望双方能达成和解。显然，在济王立继的问题上，大琮与蒋岘未能各退一步，达成妥协。其后大琮缴还李、邹录黄，坚持要求为济王立继，蒋岘因此被彻底激怒："未几有两士人揣摩希合，反其说而用之，果以此补官……此到手事却不容

---

① （宋）方大琮. 宋宝章阁直学士忠惠铁庵方公文集［M］. 北京图书馆古籍珍本丛刊本第 89 册：611-613.

② （宋）刘克庄. 刘克庄集笺校［M］. 北京：中华书局，2011：5329.

③ （元）脱脱等. 宋史［M］. 北京：中华书局，1985 年点校本：12671.

④ （宋）方大琮. 宋宝章阁直学士忠惠铁庵方公文集［M］. 北京图书馆古籍珍本丛刊本第 89 册：499.

⑤ （宋）方大琮. 宋宝章阁直学士忠惠铁庵方公文集［M］. 北京图书馆古籍珍本丛刊本第 89 册：493-494.

⑥ （宋）方大琮. 宋宝章阁直学士忠惠铁庵方公文集［M］. 北京图书馆古籍珍本丛刊本第 89 册：611-612.

⑦ （宋）方大琮. 宋宝章阁直学士忠惠铁庵方公文集［M］. 北京图书馆古籍珍本丛刊本第 89 册：612.

放去，缴章少迟……言者闻其缴而愈怒，而并与其朋友俱击也。"① 引文提到的"两士人"是李子道与邹云从，"言者"指蒋岘，"朋友"则是与方大琮同受攻劾的克庄、王迈与潘牧。

尽管前引《宋季三朝政要》将蒋岘归入史党，蒋岘与道学群体的关系却十分密切。四明陆学"淳熙四先生"之一袁燮曾为蒋岘写《书赠蒋宰》，赞扬他治县有为;② 而且，从克庄、大琮二人的态度看，蒋岘曾是方、潘、王、刘四人的好友：

> 岘亦人也。本善余三人者。余为玉牒所主簿，岘为丞考，试省出夸余曰：君可配酒贺我。余请其故。岘曰：吾为国得一士。问其姓名，则庭坚也。是时岘不特善余三人，亦善庭坚。后擢台端，希旨论事，得丧战于胸中，议论变于顷刻，其意不过欲钓取高位尔。然天子察其为人，终不大用，其乡人言岘晚殊自悔。③

此外，蒋岘是陆门弟子。大琮在与真德秀之子真志道的书信中言曰：

> 刘潜夫云，曾称其人于先生之前，先生以其用心之劳称之，又以其立说之凿笑之。某屡见其力排考亭，意鄞学自慈湖、洁斋来。今观为慈湖之门者，说虽有不同，而用事不失其正。然则此又别一种学问也，学之异其害如此。④

书中提及方大琮任起居舍人时"亲聆玉音"，又称真志道旧秋"入京""登朝"，而非"来"，当写于方大琮嘉熙元年（1237 年）离朝之后。真志道生平不详，按此书中所说，志道入朝后不久就被言者攻去。而且，此"言者"曾得克庄引荐，得到真德秀的欣赏。

方大琮又与乡守张友书云：

> 昨得后村递至史君所和《读邸报》诗，足见嫉恶之意，贤士大夫所同。后村与蒋同宗寺，同郎省，而不之悟，且荐之西山，而西山亦喜之。桧之背魏公与文靖，亦犹蒋之背后村并及西山之子孙也。⑤

由此书中"荐之西山"、"背后村及西山之子孙"可以推测，上引《真运属志道》中的"其人"正是指蒋岘。蒋岘被罢的具体时间不详，应是在嘉熙元年至四年（1237—

—————————

① （宋）方大琮. 宋宝章阁直学士忠惠铁庵方公文集［M］. 北京图书馆古籍珍本丛刊第 89 册：634.

② （宋）袁燮. 絜斋集［M］. 丛书集成初编本. 北京：商务印书馆，1935：105-106.

③ （宋）刘克庄. 刘克庄集笺校［M］. 北京：中华书局，2011：5988.

④ （宋）方大琮. 宋宝章阁直学士忠惠铁庵方公文集［M］. 北京图书馆古籍珍本丛刊第 89 册：541.

⑤ （宋）方大琮. 宋宝章阁直学士忠惠铁庵方公文集［M］. 北京图书馆古籍珍本丛刊第 89 册：546.

1240）大琮在闽乡赋闲期间。其被罢后，同在闽乡的王迈、克庄与张友曾和诗称快，① 大琮此书即是读其和诗后所写，他将刘克庄遇人不淑与《绍兴正论》所言的张浚不识秦桧相提并论。

那么，如《真运属志道》所言，大琮认为蒋岘是因为推崇杨简、袁燮的学说而对真德秀不满，攻劾其子；《宋史·陈埙传》亦称他是因论学不合攻罢同尊陆学的陈埙，② 则其人可能因学术歧异而与旧日好友产生嫌隙。除此之外，郑逢辰、王伯大亦是言事激切而被蒋岘攻去。③ 除了学问方面的不满，蒋岘大概也对朱学士人的清议风气不以为然。

《两浙名贤录》亦为蒋岘立传，但未提及他反对为济王立继一事，而是强调了他与史嵩之的关系：

> 史嵩之欲开督府，与枢密李宗勉论不合，私请劾之。岘曰："宗勉无过，台谏乃耳目官，岂受私请邪？"岘尝劾郑良臣，上曰："良臣，嵩之所举。"岘对曰："公论不容，臣不知有嵩之也。"嵩之复以书罪蔡范、袁肃等，岘曰："此有用之才，不可诬也。"④

引文所述之事未见于其他存世史料。如果我们姑且相信这段记载，那么蒋岘既没有与道学派官员共同攻击史嵩之，也拒绝受史嵩之的驱使。蒋岘最终被逐，可能是因为他在两方中都得不到庇护。

在禁令施行后太学生群起而攻之的情况下，蒋岘本已主动联系道学派官员，希望双方能达成妥协；但大琮又缴李、邹录黄，给人一种不依不饶的感觉，也激怒了蒋岘。在方大琮看来，蒋岘的弹劾亦是因为担心自己即将被攻劾，所以先发制人："蒋连岁以冬月生日皆蒙见招……意亦无他，偶以火灾立论，迫于诸生之攻，非不知有故旧，不如是则无以自解。"⑤ 据此，大琮认为蒋岘并非不顾念与克庄等人的交谊，而是在政治斗争中因太学生的攻击自感孤危，为求自保而背叛朋友。

本章小结

端平、嘉熙年间大琮怀着得君行道的理想，始终将为济王伸冤、正史弥远之罪作为主要任务，以求"开明圣德"。从方大琮的文集中我们可以看到，为济王正名、为史弥远定罪是他进言一以贯之的主题。除了作为台谏的章疏与廷奏、作为起居舍人的直前之外，兼任外制官缴还录黄的职任也被大琮用以陈请此事。大琮不遗余力，抓住职任所允许的一切进言机会试图劝说理宗改变想法。大琮的处理方式显示出他对道学"祈天永命"说的坚

---

① （宋）王迈. 臞轩集［M］. 宋集珍本丛刊本第 79 册. 北京：线装书局，2004：328.

② （元）脱脱等. 宋史［M］. 北京：中华书局，1985 年点校本：12640.

③ （宋）赵汝腾. 庸斋集［M］. 四库全书本第 1181 册. 上海：上海古籍出版社，1987：296.

④ （明）徐象梅. 两浙名贤录［M］. 杭州：浙江古籍出版社，2012 年影印本：893.

⑤ （宋）方大琮. 宋宝章阁直学士忠惠铁庵方公文集［M］. 北京图书馆古籍珍本丛刊本第 89 册：498.

定信念，也显现了他作为言官不善周旋、缺乏经验。仅从奏疏来看，大琮对祈天永命之说显得过于自信，因而被理宗评价为"狂瞽"。① 实际上方大琮对自己如此作为的疑虑始终挥之不去，同时又需要直面君威的压力，这使他自从任右正言之后一直处于极其煎熬的状态。

谏官蒋岘于嘉熙元年（1237 年）攻劾方大琮、刘克庄、王迈、潘牥四人。蒋岘与大琮等人并非一直是敌对关系，他们之间的友好关系受到政争的激发逐步恶化。方大琮与蒋岘的对立起初仅仅是政见不同。争辩过程中双方各执一词，无法达成妥协，对彼此的敌意不断增长，演变为权力斗争，最终以蒋岘攻劾大琮告终。影响双方冲突的私人因素更多，不应简单理解为党派之争。后来提及此事，大琮实际上没有耿耿于怀："逐去已晚，岂敢以言者为非？人之所见，岂能强其必同哉？"② 大琮安抚真德秀之子时也寓以调停之意："事关气数，于言者何尤？"③ 希望对方不要衔怨。大琮能释怀，是因为他原本也不觉得与蒋岘多么亲近："吾与蒋公旧有契分，特察其借以进身，未尝有他语。"④ 但克庄视蒋为友，此事对他的感情造成了很大伤害。大琮原本是对蒋岘背弃克庄、真德秀这些昔日友朋无法接受，其后因为读《绍兴正论》将蒋岘与秦桧联系起来，将私人的恩怨上升为忠良与奸邪的斗争。由此也可见，道学的历史价值观在政争中加剧了士人之间的紧张关系。与大琮、刘克庄相比，王迈对蒋岘最为憎恶，但是他也没有视其为"史党"。克庄、大琮同称蒋岘是为保护自己的利益而背叛昔日友朋。蒋岘与大琮、克庄、真德秀关系的转变也表明，这一时期士人关系并非是集团论中静态、固定的样态，而是随政治局势发生剧烈的变化。

此外，方大琮所指称的"监谤之禁"，是由谏官蒋岘提出，大琮自己也书行通过的命令，其程序合法，未包含非常规的政治手段，这或许不能作为这一时期谏官力量削弱、政治腐败的证据。

四、方大琮的道学观念及其实践

本部分将以朱学的理论思想为基点，探讨方大琮的道学观念，尤其是潜藏于其一系列谏言活动背后的动机与支撑其政治行动的信念，探讨方大琮对道学正统、道德与事功问题的看法，试图呈现道学思想在南宋后期的演变以及学术和政治文化关系的复杂面相。

---

① （宋）方大琮. 宋宝章阁直学士忠惠铁庵方公文集 [M]. 北京图书馆古籍珍本丛刊本第 89 册：465.

② （宋）方大琮. 宋宝章阁直学士忠惠铁庵方公文集 [M]. 北京图书馆古籍珍本丛刊本第 89 册：610.

③ （宋）方大琮. 宋宝章阁直学士忠惠铁庵方公文集 [M]. 北京图书馆古籍珍本丛刊本第 89 册：541.

④ （宋）方大琮. 宋宝章阁直学士忠惠铁庵方公文集 [M]. 北京图书馆古籍珍本丛刊本第 89 册：527.

（一）方大琮的道学观

《宋史·道学传》为"道学"划定了一个狭窄的范围，后世学者受其影响，也多将目光锁定在"北宋五子"与朱熹及其几位门人身上；但是南宋道学的范围实际上远比传统认为的要宽广，朱熹在思想界的绝对权威也远未确立，直到南宋灭亡，道学的发展依然呈现开放多元的样态。① 那么，理宗时期普通道学士人如何理解"道"的权威？方大琮又是如何看待自北宋以来的儒学谱系和道学正统？

1. 方大琮对道学源流的辨析

方大琮推崇程朱之学，但他对道统的辨析与疑问表明他仍然处在比程朱之学更加广阔的文化语境中，他将二程之前或与二程同时的北宋儒者都包含在广义的"道统"之内：

> 圣人之道散见于诸儒答问言语之间，传得其宗者，孟轲氏而止耳，韩愈氏而止耳，荀与杨则大醇而小疵也。国朝道统一正，师儒辈出，视昔为盛。粤自柳种塗以先秦之文唱天下，尹公继之，欧文忠公又继之，而古作大振。陈图南以先天之学授种明逸，一传而穆伯长，再传而李挺之，又再传而邵康节，数学始有源。穆伯长又以《太极图》授周濂溪，二程师之，杨、谢、尹、游辈其流也，性理之学广矣。安定之门刘彝以善水利称……率皆发明体用之极致。眉山之学雄伟博洽，门人如六君子者从而光大之，卓卓为一时冠。横渠张氏、徂徕石氏、泰山孙氏与司马氏、刘氏或崇经学，或阐理窟，或以力行笃实为之唱，承学者和之，翕然大变矣。夷而考之，自大道既隐，扶持羽翼之功齐驱并驾，诚未易窥涯涘。②

大琮在荐举周敦颐后人周梅叟的奏状中曾表示"道统"为宋朝所独有，③ 韩愈则属于自孟子之后传得圣道之宗者。大琮在这里接受了韩愈的看法，认为荀子与杨雄虽有小疵，但仍在醇儒之列。至嘉熙元年（1237 年），荀子已被大琮认为"不醇"。④ 引文中"宗"与"统"有细微的差别，大琮认为宋朝诸儒振兴道统，远胜前代。从柳开—尹洙—欧阳修以古文倡道，到陈抟—种放—穆修—李之才—邵雍的先天象数之学，乃至苏门蜀学都包括在道统传承的脉络之中，性理之学也是被置于这种更广阔的北宋儒学中去考虑。宋学各家都代表了对圣人之道的追求与探索，扶持大道之功"并驾齐驱"。大琮在这里并未突出道学的特殊地位，其"圣人之道"更多地着眼于治天下经国家之道，因此可以暂且撇开道学与宋儒其他学派在"内圣"和"外王"关系认识上之分歧，强调各学派在扶持圣人之道上均有贡献。已有研究指出，重建人间秩序是宋代儒学的整体关怀，从古文运

---

① ［美］田浩. 朱熹的思维世界（增订本）［M］. 南京：江苏人民出版社，2011：302-331.

② （宋）方大琮. 宋宝章阁直学士忠惠铁庵方公文集［M］. 北京图书馆古籍珍本丛刊本第 89 册：702-703.

③ （宋）方大琮. 宋宝章阁直学士忠惠铁庵方公文集［M］. 北京图书馆古籍珍本丛刊本第 89 册：382-383.

④ （宋）方大琮. 宋宝章阁直学士忠惠铁庵方公文集［M］. 北京图书馆古籍珍本丛刊本第 89 册：517-518.

动、王安石新学到道学运动均是如此。①

大琮在上引《策问·本朝诸儒之学》还提到了道学运动兴起对宋学其他学派的挑战。他指出程颐对邵雍的数学"却而不从"，对其"我能物之，则我为物之人"之说不以为然；二程虽师从周敦颐，却对《太极图》并不重视；程颐以理一分殊阐发张载的《西铭》，杨时则反对张载的"兼爱"之说；欧阳修反对大谈性理，更与当今的学术潮流相悖，而苏学则被斥为纵横家言；这道策问题的主旨即在于鼓励诸生就自己的学术倾向辨析各派源流、异同是非："或党其师之学，或反其师之说，脉络贯穿，孰异孰同？立朝行己之端，正心治国之要，精粗本末，孰先孰后？门人之所得，何者为优？宗派之所传，何者为正？"②

从以上分析可知，大琮对宋学各学派都较为重视，他在北宋诸儒中推考今世性理之学的源流。大琮认为学术并非单线发展，其传承与扬弃都需要细加辨析，各学派中，惟有王安石新学，大琮报以完全排斥的态度："昔龟山攻荆舒学术，直以释氏鹜言之，盖诬经饰说，迷国误朝，他罪特其细耳。"③

2. 尊朱学与道学家的群体意识

方大琮素以朱学为正统。对大琮来说，闽乡原本就有传习道学的传统，这种传统来自杨时。大琮云："虽然，有一国之善士，有天下之善士，犹未以为足也，则奋乎百世之上，而百世之下闻者兴起，独无若人乎？龟山先生以道学名，发明伊洛之蕴，抽关启钥，为世指南"，杨时开百世风气之先、为世指南，更与一般"善士"不同。④"龟山之后为罗，为李，遂钟而为文公之集成，又岂偶然哉？"杨时之后罗从彦、李侗继之，而朱熹则集大成。方大琮认为，从更广泛的道学传播史的意义上来说，闽乡是"道南之地"；他强调周敦颐先于二程的地位，因为他代表了东南地区道学的兴盛；朱熹进一步发扬了"千百年僻左之闽"的道学传统，"皆我朝东南之盛者也。"⑤

大琮以朱熹为正统，但朱熹遭遇了来自永康之学、婺学等其他学派的挑战，大琮称："乾、淳间诸儒鼎立，公以一身为伊洛砥柱，几于八面应敌者，婺学有首无尾，潭学首尾俱无……永康往复亦数千言，不几操入室之戈欤？"他认为"是非无两立之理"，朝廷却对陆九渊、吕祖谦、张栻等道学家也一概加以褒奖，使后学无所适从。宝庆三年（1227年），理宗颁诏嘉赏朱熹《四书集注》，追赠朱熹太师，⑥ 在大琮看来，这一举动"岂非

① 余英时.朱熹的历史世界 [M]. 北京：生活·读书·新知三联书店，2011：7-64.

② （宋）方大琮.宋宝章阁直学士忠惠铁庵方公文集 [M]. 北京图书馆古籍珍本丛刊本第89册：702-703.

③ （宋）方大琮.李迁仲《毛诗解》序 [M].（明）郑岳.莆阳文献列传（卷9）.北京图书馆古籍珍本丛刊第19册.北京：书目文献出版社，1990年影印本：79.

④ （宋）方大琮.宋宝章阁直学士忠惠铁庵方公文集 [M]. 北京：北京图书馆古籍珍本丛刊本第89册：687.

⑤ （宋）方大琮.宋宝章阁直学士忠惠铁庵方公文集 [M]. 北京：北京图书馆古籍珍本丛刊本第89册：517-518.

⑥ （元）佚名.宋史全文 [M]. 汪圣铎点校.北京：中华书局，2016：2636.

寓轩轾之意，犹繁星中之五行欤？"① 大琮认为理宗对朱熹青眼有加，有在各学派之间区分高下的意味。他的焦虑从侧面反映出当时各学派影响力不减，尚未形成朱学定于一尊的局面。在大琮看来，这对后学并无好处。他并未正式拜入任何一个学派的师门，对孰是孰非有茫然之感。他还批评今世转益多师的学风："亦倏去骤来，或累岁，或一岁，或不能一岁……视齐民终身一师不若也。"②

实际上，大琮并不欣赏学术多元发展的局面，强烈要求学有统纪："余窃惟古今言诗者不知几家，大率惑于时王所主之传，讲师相传之说，盖久之而诸儒训释渐明。然彼此迭兴，莫相统一，不有大儒先生推本旨，粹众长，而演以已说，后学何所适从？"③

除了地缘因素，这种对学统的要求，也解释了方大琮为什么格外青睐朱学。在 12—13 世纪道学各家争鸣、开放多元的背景下，朱熹被后学视为集采众长、不偏不倚的集大成者与朱学的主流化有一定的关系。大琮虽交游广泛，但他在学派问题上并没有看上去那样宽容、广博，而是接受了朱熹对道学各派的评价。他认为袁甫只守陆学，抱怨他为林光朝请谥不够积极，又在议谥号时对真德秀在学术上的成就不够肯定："蒙斋知有象山、慈湖而已。如西山将谥文忠时，其季清夷为常博，当笔只欲作忠文，亦蒙斋意也。专门之学，其不广大类此。"④ 这是由谥议而生的议论，其实袁甫在学术上未必如此狭隘。大琮既鄙夷专门之学，却又期待朱学定于一尊，正因为他认为朱学已经综合了各家的优长，中和、纠正了各家的偏颇，是不同于"专门之学"的广博之学。

尽管如此，大琮依然将"道学群体"视为一个整体，因而不因崇朱而排斥其他学派。朱学与其他各学派在存心养心方面本有相通之处，而且大琮所处的社会网络也促进了他与不同学派士人的交流，如师从永嘉学派钱文子的曹豳。嘉熙元年（1237 年）曹豳受召任左司谏，与大琮短暂同朝而结识通书；大琮被罢乡居期间，反思端平年间言者虚骄之风，与曹豳论修身之学，颇受启发："今观公之所谓高者，乃曰自强为善，曰行已有耻，此则平实工夫也，而高莫甚焉，今世孰能之？若此论行于世，则虚骄之说破，而践履之德进，人才可成，而风俗厚矣。"⑤ 大琮由此对曹豳益发敬重。同时，大琮也引荐族弟澄孙、涓孙拜曹豳为师，为弟得名师欣喜不已："永嘉之学，有曰性命、曰经纶，然二者岂异哉？问学名节如东畎，蒙仲何幸，执经左右，以质其所闻而就正焉。"⑥ 大琮与曹豳的交往非

① （宋）方大琮.宋宝章阁直学士忠惠铁庵方公文集［M］.北京：北京图书馆古籍珍本丛刊本第89 册：709.

② （宋）方大琮.宋宝章阁直学士忠惠铁庵方公文集［M］.北京：北京图书馆古籍珍本丛刊本第89 册：455.

③ （宋）方大琮，李迁仲《毛诗解》序［M］.（明）郑岳.莆阳文献列传（卷9）.北京：北京图书馆古籍珍本丛刊第 19 册：79.

④ （宋）方大琮.宋宝章阁直学士忠惠铁庵方公文集［M］.北京：北京图书馆古籍珍本丛刊本第89 册：610.

⑤ （宋）方大琮.宋宝章阁直学士忠惠铁庵方公文集［M］.北京：北京图书馆古籍珍本丛刊本第89 册：511.

⑥ （宋）方大琮.宋宝章阁直学士忠惠铁庵方公文集［M］.北京：北京图书馆古籍珍本丛刊本第89 册：614.

常融洽，也对其学问品性表示敬服。对于永嘉之学，方大琮没有简单视其为"功利之学"，而是赞扬其将道德性命与经制事功合而为一，可谓公允。

12世纪90年代庆元党禁风雨欲来时，政治上遭遇的危机曾促使道学群体放下学术歧异，加强合作，道学群体的凝聚力得以加强。庆元党禁中道学群体的抗争影响了理宗时期师从不同学派的士人，促进他们求同存异，共同致力于行道救世。这种合作的传统在大琮看来依然非常重要。淳祐（1241—1252）年间，李昴英被台谏弹劾罢免，又因父亲去世，回到家乡广州（治今广东广州市）守丧。① 时知广州的大琮去信安慰，以叶适的经历勉励昴英：

> 当庆元攻道学时，水心先生为淮东总，迎亲未行，言者谓置于海滨寂寞之地，善类皆谓其实不然。水心未尝辨明而自定。公以部使者迎侍何尝自乐？自今观之水心笔力妙一世，虽学微有偏，而议论到处，横绝古今，百世之不朽者常存，一时言者如潦归壑今安在哉？②

从这封书信来看，大琮显然将叶适视为道学前辈。所谓学术上的偏差自是从以朱学正统的视角而言，但大琮并不介意，更无排斥之意。

不止是叶适，大琮对袁燮、杨简等先生也抱有同样的崇敬之意。与永嘉学派的曹豳通信时，大琮与曹豳就杨简的书帖一起追忆道学群体在庆元党禁中的遭遇："又携慈湖墨帖，述庆元初两学官与六士上书本末甚悉，与侍郎许跋之书见示。盖本朝每更一变，故必有扶之者，又必有坏之者，又必有争之者。争虽不胜，久而未有不定者，大率然也。"③

方大琮认为道学各学派的相通之处正是在于"说虽有不同，而用世不失其正"。④显然，各学派被行道救世这一共同的政治理想所吸引，又受到共同抗争的传统所激励，都属于"端人正士"之列。道学群体内部在政见和学问方面虽然有很大分歧，但是他们都受到相同政治理念的感召，要将圣人之道付诸实践，以此挽救财政、边事的种种危机。

总之，大琮对南宋道学各派的认识可以说是有正统而无异端，即推尊朱学的同时又将陆学、永嘉等其他学派仍然涵括于道学之内，将各学派视为一个整体，表现出道学追随者强烈的群体意识。

---

① （清）李殿苞.忠简先公行状.（宋）李昴英.文溪存稿（附录）［M］.杨芷华点校.广州：暨南大学出版社，1994：252.

② （宋）方大琮.宋宝章阁直学士忠惠铁庵方公文集［M］.北方北京图书馆古籍珍本丛刊本第89册：576.

③ （宋）方大琮.宋宝章阁直学士忠惠铁庵方公文集［M］.北京：北京图书馆古籍珍本丛刊本第89册：512-513.

④ （宋）方大琮.宋宝章阁直学士忠惠铁庵方公文集［M］.北京：北京图书馆古籍珍本丛刊本第89册：541.

（二）方大琮的"外王"与"内圣"

学界前辈学者在讨论南宋时期的道学时，或认为南宋理学关注内省，与现实脱节；①或认可道学群体救世的最终目的，但批评其只注重"正心诚意"而不屑于现实政事。②尽管如此，学者们承认道学群体内省修身的落脚点仍在及物救世。同时，也有学者强调道学家虽然特重"内圣"，但未放弃现实政治领域的努力，没有脱离建立合理人间秩序的宋代儒家政治文化主流。③

道学的最终关怀在于经世致用，那么，南宋后期的道学士人是如何处理"内圣"与"外王"关系的？与此相关联，这一时期的政治文化呈现出何种面相？本节拟围绕方大琮来展开讨论。

1. 经邦济世：道德性命的"后撤"

现实社会的改良是道学各派共同的关切，其分歧在于实现的路径而非目标。关于如何建立理想的社会秩序，朱熹的道德性命之学与浙东学者的事功之学代表了两种不同的理念。朱熹坚持认为道德的完善是改良社会的基础，在这一基础建立起来之前，任何直接寻求事功的企图都是无效的，并且会危害道德基础，应当坚决反对；④而以陈亮为代表的浙东事功学派则认为儒家之道本身就是德性与功利合一的整体，功利与道德并非对立；其重视田赋、水利、兵制等实务，要求直接寻求功利以图救世。⑤方大琮以朱学为正统，在朝期间，他试图推行的是道德性命的治世路线。

从庆元党禁到史弥远执政，道学群体与当权者的分歧一直阻碍着他们深入到权力世界之中。这一局面自理宗亲政后发生了改变。与孝宗不同，理宗接受了道学依赖道德基础的路线，不仅拔擢道学士大夫，还研习正心诚意之学。道学群体在朝廷受到重用的局面可以说前所未有。道学追随者有充分的机会向皇帝进讲学问，从而践履行道救世的理想。在《策问·朱文公遇合》一文中，方大琮将孝宗朝与今朝对比，指出朱熹立朝仅四十日，其学问并未得到践履的机会；后又有庆元党禁，道学的合法性始终没有完全取得朝廷的认可；反观今日，"扶微阳而复盛，合众正以同升，此乾、淳诸贤之所不能得，而今见

---

① 漆侠. 宋学的发展和演变［M］. 石家庄：河北人民出版社，2002：42-45.

② 廖寅. 从内地到边疆：宋代政治与社会研究散论［M］. 北京：科学出版社，2018：61-89.

③ 余英时. 朱熹的历史世界［M］. 北京：生活·读书·新知三联书店，2011.

④ 参见：（宋）朱熹. 与陈侍郎书. （宋）朱熹撰，朱杰人，严佐之，刘永翔主编. 朱子全书（21 册）［M］. 上海：上海古籍出版社，2002：1084-1085；（宋）朱熹. 答张敬夫. 朱子全书（21 册）［M］. 上海：上海古籍出版社，2002：1112；（宋）朱熹. 答路德章. 朱子全书（23 册）［M］. 上海：上海古籍出版社，2002：2560-2561；（宋）朱熹. 送张仲隆序. 朱子全书（75 册）［M］. 上海：上海古籍出版社，2002：3623.

⑤ 参见：（宋）陈亮. 陈亮集（增订本）［M］. 邓广铭点校. 北京：中华书局，1987：172-173，167-168，108；［美］田浩. 朱熹的思维世界（增订本）［M］. 南京：江苏人民出版社，2011：164-165；姜海军. 宋代浙东学派经学思想研究［M］. 济南：齐鲁书社，2017：201-218，376-416.

之……得君行道，岂不吾以欤?"① 大琮对于行道跃跃欲试的心情可见一斑。

理宗时期，边事、财政等现实危机日益加深。端平入洛开启宋蒙战争，其后成都、襄阳失守，蜀口、荆襄防线迅速瓦解，蒙军多次几近突破长江天险，宋廷有朝不保夕之忧。② 而且，自宁宗开禧北伐起，南宋为了应对军费开支大量发行会子，导致纸币贬值，财政形势不断恶化；端平入洛以及此后的宋蒙战争更加剧了这种恶性循环，南宋面临着深刻的社会经济危机。③ 在此种困境中，方大琮践行其道学思想，试图通过道德性命之学来为朝廷解决现实危机：

> 取《论语》早讲，匪徒尊其书、诵其说而已，固将见之行事也……《大学》之义讲矣，曰正心所以平天下；《中庸》之说进矣，曰修身所以治国家。然《大学》末章曰生财有大道，中庸九经曰柔远人，非今日之所最急者乎?④

方大琮在这篇策问中复言"诸贤会聚，公学显行"，这表明此时为理宗亲政后召还道学士人的时期；而大琮于末尾言"帝入东学……诸君讲贯其中，将以待问"，可见大琮写作此书时已经入朝，当作于端平三年（1236 年）方大琮任景献府教授之后。⑤ 引文中，大琮将理宗朝的两大现实问题——财政、边事与道学之行联系起来，热切期待通过践履圣人之道达到救世之效。同时，他也敏锐地观察到，理宗亲政以来，不仅褒扬、研习道学，还在官员任命方面拔擢道学士大夫，但未能在财政与边事上见其效用："圣学日新，心正身修，宜有明验。而国家之治，天下之平，财用之生，远人之柔，未能上副责治之意，何欤? 诸贤会聚，公学显行，此一大气数也，而世未被儒者之效，抑犹有待欤?"⑥

宋蒙战争的进程让大琮对宋廷的命运感到担忧，并思考应对之策。自端平二年（1235 年）起，蒙军在四川、京湖、两淮三大战场多番进攻，南宋则积极加强防备，拼死抵抗，最终将蒙军攻势遏制在长江以北，蒙古侵宋战事陷入僵局，于是转向以和佐战的策略。⑦ 嘉熙元年（1237 年）夏，大琮与僚友王与权通书时提到：

> 去冬虏使王檝与兵俱至淮，今兵退而使犹在此，不闻入觐之说；今却谓若不听其

① （宋）方大琮．宋宝章阁直学士忠惠铁庵方公文集 [M]．北京：北京图书馆古籍珍本丛刊本第 89 册：711.

② 粟品孝等．南宋军事史 [M]．上海：上海古籍出版社，2008：216-231.

③ 郑壹教．南宋战争对货币依赖性的表现与结果 [C] //宋史研究论丛（第 23 辑）．保定：河北大学出版社，2018：101-113.

④ （宋）方大琮．宋宝章阁直学士忠惠铁庵方公文集 [M]．北京：北京图书馆古籍珍本丛刊本第 89 册：711.

⑤ （宋）方大琮．宋宝章阁直学士忠惠铁庵方公文集 [M]．北京：北京图书馆古籍珍本丛刊本第 89 册：711；（宋）刘克庄．刘克庄集笺校 [M]．北京：中华书局，2011：5963.

⑥ （宋）方大琮．宋宝章阁直学士忠惠铁庵方公文集 [M]．北京：北京图书馆古籍珍本丛刊本第 89 册：711.

⑦ 顾宏义．天平：十三世纪宋蒙（元）和战实录 [M]．上海：上海书店出版社，2007：130.

入，则和必不成，且前岁听其入矣，不能止去岁之兵，何也？朝廷方为好词以遣之，小行人除二令俱往，亦欲略区处边面，以槭未去，为之少迟，距秋风仅数月，岂可更辽缓？①

大琮此处谈及的是端平三年（1236 年）蒙古使臣王檝到黄州（治今湖北黄冈市）要求与宋和议之事。由于蒙古一边猛攻淮西一边派使议和，宋方认为和议不可靠；王檝端平元年（1234 年）曾使宋通好，宋廷殷勤备至，但次年正月王檝回国后不久蒙古即大举南侵，②故大琮有"前岁"之语。大琮又谓"小臣区区，常谓上无甚失德，朝无甚乱政，而兵连祸结不解者，切疑未有以解天意尔，"③转而说到自己的谏言。这正是大琮任右正言时力陈所谓"回天心"的出发点。在奏疏中，大琮认为"更化三年，病源故在"，④需要在道德层面寻找天意未回的原因，而此原因正是济王之事。友人认同他的做法，认为"名为更化，而实未尝更者，其拔本塞源之论在此"，⑤两人都相信通过追求道德的完善是回应天心的最根本、最基础之策。大琮的理论体系实际上来自于真德秀的"祈天永命"之说。他对真德秀的推崇前已略及。"祈天永命"是从道德基础入手寻求治效，其中就包括了兄弟之大伦。这也是大琮等一众道学派官员坚持要求理宗为济王正名、立继的原因。

面对严峻的社会政治危机，理宗指责群臣不能任责："未闻献理财之实计，画强兵之实策，荐一校之实材"，作为回应，大琮承认臣僚置办实务不力，但理宗在修省道德方面存在不足，同样应当着力："自汴洛丧师、京城失伍之后，每更一变，上下相诿，废日力，违事机，至于今极矣。然下之所以望乎上者，皆所当为，而其事甚易；上之所以责乎下者，皆所必为，而其事则难。陛下何不自为其所易，而责群臣以所难哉？今内外之事急矣，不知祸变何为至此极也？所以回天心、感人心者，独非当为之事乎？"⑥大琮将正心诚意与置办实务对举，作为两条并行不悖的路径，前者"当为"，后者"必为"。

方大琮在奏疏中曾具体解释祈天永命与实政措施之间的关系：

> 本朝以忠厚立国，富强不及前代，虽变故间兴，而绵绵不绝，所恃者天也。今之未尽合乎天者，此特其一耳。议者谓此事既举，立可回天，立可弭祸。或指以为儒生

---

① （宋）方大琮. 宋宝章阁直学士忠惠铁庵方公文集 [M]. 北京：北京图书馆古籍珍本丛刊本第 89 册：491.

② 顾宏义. 天平：十三世纪宋蒙（元）和战实录 [M]. 上海：上海书店出版社，2007：115-116，130.

③ （宋）方大琮. 宋宝章阁直学士忠惠铁庵方公文集 [M]. 北京：北京图书馆古籍珍本丛刊本第 89 册：491.

④ （宋）方大琮. 宋宝章阁直学士忠惠铁庵方公文集 [M]. 北京：北京图书馆古籍珍本丛刊本第 89 册：344-345.

⑤ （宋）方大琮. 宋宝章阁直学士忠惠铁庵方公文集 [M]. 北京：北京图书馆古籍珍本丛刊本第 89 册：491.

⑥ （宋）方大琮. 宋宝章阁直学士忠惠铁庵方公文集 [M]. 北京：北京图书馆古籍珍本丛刊本第 89 册：356.

之谈，然置此不问，于人理终有欠缺，恐天亦未易回，而祸亦未遽弭也。故臣以为兵弱而土蹙、财匮而国贫、将帅乏而人材衰歇，皆今日大患，所当上下日夜相与汲汲图之。然亦宜举措服人心，修为合天理，真意实德既无一亏少于其内，而后闾钺之臣、介胄之士得以殚智竭劳于其外。上天悔祸，宗社垂佑，守固战克而和可成，兵息费省，而国为吾国矣。内之修，外之助也。①

引文中，大琮所说的"外"即具体的治兵、治财措施，"内"则指帝王与百官的正心诚意，追求道德的完善。现实迫使大琮承认内修并非"立可回天，立可弭祸"，并认可了直接追求事功的合理性，将道德性命仅仅作为经制事功的辅助。

关于改造社会现实的路径，朱学与浙东事功学派之间的分歧很大。朱熹一方面认为天下事有本末之分，治国应以道德性命为根本，它优先于对事功的探求；他批评浙东学派从具体事务入手是"枉尺直寻"、舍本逐末，且有害于道德，因此，对朱熹来说，治理国家的主要精力必须投注于通过整治人心建立起王朝的道德基础，其理论一定程度上将治兵、理财等具体实务边缘化；② 另一方面，在具体实践中，朱熹又讲求事功，他知南康军时治理荒政、兴修水利，对当地建设功莫大焉，展现出极强的务实精神。③ 而方大琮意识到道德性命的路线并不能适应时局，即使在言辞较为激烈的奏疏中，也没有轻视对事功的直接探求。他将道德性命与经制事功并举，只是讲论的重点仍是道德性命。事实上，面对川蜀、京湖战场的败局，理宗以及朝野上下对道德性命之说都流露出失望之意。大琮将两条路线并举，实际上是在为道德性命作辩护，表明不能完全置其于不顾。

在个人认知上，大琮对现实危机的关切越来越引起他对先建立道德之本，再推及事功之末这条路线的疑虑。对大琮来说，现实境况的效验使得祈天永命之说的效力变弱了。嘉熙年间（1237—1240），大琮与僚友王辰应谈及楮币与边事，又一次就道德性命的路线发出了不见其效的疑问："然窃有疑焉。乾、淳最盛际，蜀贤之聚亦盛，当时国势与人物何如？中间晨星相望，端平更化，非再聚之尤盛者乎？自两地以至要路，皆伟人布满，奏报无不行，非中外脉络之不通也，而蜀乃尔。"④ 大琮所说的"伟人"是指道学士大夫，"两地"为中书门下省与枢密院。比起孝宗乾道、淳熙时期（1165—1189），理宗端平年间道学"正人"更受朝廷重用，占据了高官要职，而现实的效验却是川蜀大部残毁，十

① （宋）方大琮. 宋宝章阁直学士忠惠铁庵方公文集 [M]. 北京：北京图书馆古籍珍本丛刊本第89册：362-363.
② 参见：（宋）朱熹. 送张仲隆序. 朱子全书（24册）[M]. 上海：上海古籍出版社，2002：3623；（宋）朱熹. 答路德章. 朱子全书（23册）[M]. 上海：上海古籍出版社，2002：2560-2561；（宋）朱熹. 答耿直之秉. 朱子全书（21册）[M]. 上海：上海古籍出版社，2002：1694-1695.
③ 关于朱熹在地方实践中对事功和治效的重视，参见：陈曦，[美] 田浩. 南宋地方官的鬼神观与地方实践——以朱熹为中心的考察 [J]. 人文论丛，2014（2）：183-201；杨国宜. 朱熹对民本思想的阐释和实践 [C] //宋史研究论文集（第8辑）. 成都：巴蜀书社，2006：329-345.
④ （宋）方大琮. 宋宝章阁直学士忠惠铁庵方公文集 [M]. 北京：北京图书馆古籍珍本丛刊本第89册：519. 本书中大琮回忆了自己嘉熙元年（1237年）被罢的经历，又首句表示自己仍在莆田乡居，当作于嘉熙元年到四年起复任福建路转运判官之前。

分惨烈。

大琮承认以往对议论的期望过高了。作为史弥远的激烈反对者，他说："淮蜀死者殆百万，反令人思宝、绍而不可得，而渐为之说曰，乱于上而清于下也。民贵为为社稷也，不能为民命主，诸贤岂能辞责……议论为虚，事为实也，置其虚而图其实，是所望于今之诸公者。"① 大琮称比起今日宋蒙战争的惨烈，史弥远主政的宝庆、绍定年间（1225—1233），宋金至少维持了和平的局面，是值得肯定的；道学群体对于今日的局面有不可推卸的责任，应当反思自身的不足，务求实效。

嘉熙元年（1237 年），枢密院都承旨王伯大（字幼学）进对，其奏疏为道学士人所称扬、传抄，两封奏疏今只保存了片段，大意指责理宗失德，亲小人、罪言者。② 与大琮的奏疏一样，王伯大的奏疏道学清议色彩比较浓重。大琮的好友王迈为王伯大直前二疏气节之高击节赞叹："读王幼学两疏，痛快大叫曰：'快哉，快哉！'家人辈以我为病风丧心，而余不觉，喜之至此极也。满饮一白，辄成十绝，先呈吾友方德润、右史刘潜夫编修且嘱其和，毋曰吾畏祸爱官职，不比狂生无藉赖也。"③ 大琮则在赞叹之余，实有批评之意："幼学此疏为嘉熙第一固宜……幼学此疏太警切，遂为人传写，既为击节久之，又太息久之。议论岂不欲其有济，而何以激为？亦大不获已耳。既于时无救，徒为言者策勋之利，重可叹也。"④ 大琮又谓"幼学大呼而去，徒使读者一快，于国事殊无补。其攻鄂渚主议者得无太甚？"⑤ 此处提到的"鄂渚主议者"或指史嵩之，不过王伯大残存的奏疏中已经不见相关内容了。大琮最后一句话锋一转，回到了道德主义的立场，言："要之委曲以济事者已多，又恐其自昏睡不觉中去时，一唤醒之，亦不为全无补。"⑥ 大琮指出朝廷为了现实事功已经在道德方面折衷太多，清议能够整治人心，以期改造现实政治，应当也不是完全无用。大琮有所反思和动摇，但始终没有放弃对道德性命的信念，在世变面前展现出内心的彷徨和迷茫。在写给王伯大本人的书信中，他还是按照道学文化圈一贯的共识称赞他，规劝之意微不可闻："直前二疏远外传诵，众闻之跃然……公不知其论之高也，所言皆人所当知者，岂不欲其行且济哉？"⑦

与家乡亲友林公遇通书时，大琮更直白地表达了他对道德性命之说的幻灭感："顾平生所欠者用世之学，其曰天命人心云者，今觉皆为空谈矣。直曰敌至无人支当耳。近论又

① （宋）方大琮. 宋宝章阁直学士忠惠铁庵方公文集［M］. 北京：北京图书馆古籍珍本丛刊本第 89 册：610-611.

② （元）脱脱等. 宋史［M］. 北京：中华书局，1985：12567-12569.

③ （宋）王迈. 臞轩集［M］. 宋集珍本丛刊第 79 册：335.

④ （宋）方大琮. 宋宝章阁直学士忠惠铁庵方公文集［M］. 北京：北京图书馆古籍珍本丛刊本第 89 册：605.

⑤ （宋）方大琮. 宋宝章阁直学士忠惠铁庵方公文集［M］. 北京：北京图书馆古籍珍本丛刊本第 89 册：621.

⑥ （宋）方大琮. 宋宝章阁直学士忠惠铁庵方公文集［M］. 北京：北京图书馆古籍珍本丛刊本第 89 册：621.

⑦ （宋）方大琮. 宋宝章阁直学士忠惠铁庵方公文集［M］. 北京：北京图书馆古籍珍本丛刊本第 89 册：507.

如此，英豪安在？"① 这与事功学派对道德性命的批评几乎一致。大琼的评论中频频出现对"英豪"、"管乐"的渴求，而"英豪"、"管乐"是与"儒者"对举的另一类人。如嘉熙二年（1238年），大琼在写给刘震孙的书信中说："边事无他动息否？昨传公安颇危，近闻无他，往往见孟珙置司岳阳，意其退步耳。子瞻身兼数器，往往人见其峻除，意和议之成，故眷寓之深。使鄂渚遇得虏住，生灵息肩，虽圣贤亦将以如其仁许之，官职岂足计哉！"② 此时，在孟珙、杜杲的防守下，宋军再一次遏制住了蒙军在淮西地区的攻势。③ 蒙古强攻不成，嘉熙二年（1238年）二月又遣使臣王檝至宋议和。④ 大琼此句所说的"子瞻"未知何人，但是嘉熙二年（1238年）知鄂州、力主和议且圣眷正浓、升迁迅速的，或为史嵩之。⑤ 尽管道学派与史嵩之势同水火，大琼亦曾显示出对"鄞党"的敌意，⑥ 但在这里表达的立场是支持和议，期待平息兵祸，与史嵩之一致；在与反对议和的李宗勉通书时，他也委婉表示和议有合理的一面，认为当前局势下，只有先息兵，楮币的情况才能有所缓解。⑦ 从他的立场来看，此处称赞史嵩之是很有可能的。因为缺少更多的证据解释"子瞻"之名，姑且置此不论。总之，大琼在这里将遏制鞑虏、解救苍生的事功视为首要，并由此以这位"子瞻"为仁人，这与朱学的立场是相歧的。

大琼还明确指出儒者的局限，认为当今的局势需要的是"管乐""英豪"。与士友史弥忞谈及边事时，大琼又一次表达了自己的担忧，他感慨道："西风渐近，可为寒心。儒生平日轻议管、乐，安得若人而与之共斯世乎？"⑧ 由此，他也反思了道德性命与经制事功两条路线，认为前者确实不能适应目前的现实情况："儒者素论曰：必修德，必畏天，必爱民，必辩君子小人，必正纲纪法度。而施之土倾瓦解之时，则言之似迂矣。是前数者非耶？儒者平日工夫，积累欲其深，防虑欲其早，使必不至于倾解之时。不幸而当其时，

---

① （宋）方大琼. 宋宝章阁直学士忠惠铁庵方公文集［M］. 北京：北京图书馆古籍珍本丛刊本第89册：621.

② （宋）方大琼. 宋宝章阁直学士忠惠铁庵方公文集［M］. 北京：北京图书馆古籍珍本丛刊本第89册：488. 本书中提到"某荆妇一病余半年，中间濒危者数，既而复宽，近又浸剧，生意如缕，情况可想"，则当作于林氏病危之际，即嘉熙二年（1238年），参见本文附录.

③ 粟品孝等. 南宋军事史［M］. 上海：上海古籍出版社，2008：227-229.

④ （元）脱脱. 理宗本纪. 宋史（卷42）［M］. 北京：中华书局，1985：816.

⑤ （明）吕邦耀. 续宋宰辅编年录校补（卷13）［M］// （宋）徐自明. 王瑞来校补. 宋宰辅编年录校补·附录. 北京：中华书局，1986：1565.

⑥ （宋）方大琼. 宋宝章阁直学士忠惠铁庵方公文集［M］. 北京：北京图书馆古籍珍本丛刊本第89册：613.

⑦ （宋）方大琼. 宋宝章阁直学士忠惠铁庵方公文集［M］. 北京：北京图书馆古籍珍本丛刊本第89册：464. 李宗勉与史嵩之因议和产生分歧，当在嘉熙二年（1238年）王檝使宋期间。李宗勉反对史嵩之之议和的主张，参见：（元）脱脱. 宋史［M］. 北京：中华书局，1985：12237. 据《宋史》的记载，此事发生于李宗勉任签书枢密院事时期，则当在嘉熙二年（1238）五月。李宗勉于本月先后升任知枢密院事、参知政事，参见：（明）吕邦耀. 续宋宰辅编年录校补（卷13）.（宋）徐自明. 宋宰辅编年录校补·附录［M］. 王瑞来校补. 北京：中华书局，1986：1567，1569.

⑧ （宋）方大琼. 宋宝章阁直学士忠惠铁庵方公文集［M］. 北京：北京图书馆古籍珍本丛刊本第89册：532.

则非命世英豪改纪而更图之，未易振起。"①大琮以这种方式维护了道德性命为救世根本的合理性，也承认目前形势所迫，为了救世，儒者的道德性命应当让位于经制事功。

陈亮因收复中原的现实问题，对道德性命之说的态度由温和转向失望与攻讦;② 大琮亦是因宋蒙战事、楮币等现实危机，对道德性命之说进行了深刻的反省。但是，他仍然抱守道德主义的立场，从未放弃从道德基础的本源出发以寻求治世的路线。在此基础上，大琮不认为经制事功会危害道德的大根本，否认两者是对立的。换言之，他对经制事功的路线要宽容得多，也重视得多。方大琮写给执政游似的信再次体现了他内心的矛盾：

今天下皆知虚议论之为无补矣，用实身能，计实利害，图实事功，甚幸甚善！光陷几危，黄解稍定。自古待夷狄，未有不终归于和，而得其和则未易。以和为款，实略岂能无？以款为备，实戎岂能撒？有略之费，有戎之费，楮贱则物贵。然退僻不用楮，处物亦数倍，谁啬其产，曷给实费？数百年来，经经无好手，大抵随病而处方，多出临时之幸中。今无贤不肖，皆愿谋事者之中，而其幸则与海内共之，否则如之何？本朝立国素弱，所恃者天。所谓内治者，下至百执事之身，一言一行，一法一制，无非与内治相关。修饬点检，不留罅漏，皆所以扶积弱之国，系永命之天。内治则外治，历考安危，鲜不相应，然亦虚论也。信书生之习闻者，未易忘也。③

信中"黄解"指嘉熙元年（1237 年）黄州（治今湖北黄冈市）守军击退蒙军一事，④ 大琮为黄州解围而高兴，从事功的重要性谈到兵事与楮币的具体问题，之后下意识论起道德性命的"内治"之说，又自嘲为书生之论。实际上祈天永命的信念根植于心，始终没有消失。

2. 个人的道德践履：修身与治世合一

在治国之道上，大琮坚持朱学的道德主义立场，力图通过帝王正心诚意，回应天心以化解宋王朝的危机；在践行道德主义路线的过程中，其思路不断调整，越来越重视经制事功，偏离了朱学的德性道德主义路线。那么，在个人层面，方大琮对"道"的践履是否与朱学的道德工夫论一致呢？

朱熹在综合二程学说的基础上，形成了十分严密、精深的理论体系。在朱熹的修身工夫论中，个人的道德修养与社会现实的改造之间仍有相当一段距离，治世与治身是分离的；朱熹强调的践履与平实工夫仍然偏重于个人道德修养的层面，并不直接与治

① （宋）方大琮．宋宝章阁直学士忠惠铁庵方公文集［M］．北京：北京图书馆古籍珍本丛刊本第89 册：621.
② （宋）陈亮．陈亮集［M］．邓广铭点校．北京：中华书局，1987：117；姜海军．宋代浙东学派经学思想研究［M］．济南：齐鲁书社，2017：203-223.
③ （宋）方大琮．宋宝章阁直学士忠惠铁庵方公文集［M］．北京：北京图书馆古籍珍本丛刊本第89 册：473.
④ 粟品孝等．南宋军事史［M］．上海：上海古籍出版社，2008：227-228.

国联系;① 其理论中"外王"的实现并非是个人直接应接具体事务而达成的，而是个人经过涵养省察一系列有条不紊的修身的程序，豁然贯通，达成心性的完善，扶正了道德的大根本，天下自然能够平治；对朱熹来说，平治天下或许还是一个渺远的目标，不应当直接去处理；在此之前则需要经过漫长、复杂的个人道德修养的过程，这才是他的理论要重点解决的问题。②

在治己修身方面，比起朱熹，方大琮受到真德秀的启发更多，注重向外探求。真德秀强化了朱学追求平实工夫的实践取向，又将治己修身与治国平天下联系起来，指明"学必施于事为有用"；③ 其"成己成人"之学认为理用为一，④ 把道德原则贯穿于实际事务中，在"内圣"的同时实现"外王"。⑤ 从方大琮与友人的论道中可以看到他接受了真德秀的理论："其精者以治身，其粗者以治世。治身固所以治世，曷尝有二哉？"⑥ 前引大琮与族弟方蒙仲的书信中，他亦称赞永嘉之学性命与经世二者均有，合二为一。从大琮的践履和反思来看，可谓治身所以治世，治世所以治身，"内圣"与"外王"为一体。

一方面，治身以治世为最终目标。大琮曾与时任尤溪（治今福州三明市）县尉的同族友人方之泰（字岩仲）讨论个人的气质、道德，他称赞岩仲得"本心之直"，并说"天赋吾岩仲以直，此岂易得？今日之当官临民，他日之正色立朝，至于富贵不能淫，贫贱不能移，威武不能屈，是一生得力处。"⑦ 此处由岩仲的道德之美推及他在地方、中央任官的成就。对大琮来说，修身总是与事君、临民联系在一起的。嘉熙元年（1237年），马天骥知南剑州（治今福建南平市），到莆田拜访大琮，后又修书问候，大琮回信勉励：

> 士君子修于家，修于乡，以为之本。其出而立朝，则观其议论于事君之际；而治郡，则观其政事于临民之际。固有未易全者，然未有大贤而不能全者。郎中以科名发其身，既迥不与人同，前之事君，兹论伟节，既足以耸动当世之观，临民自今日始。⑧

---

① 参见：（宋）朱熹．朱子语类．朱子全书（第15册）[M]．上海：上海古籍出版社，2002：1664-1670；（宋）朱熹．君子所贵乎道者三说．朱子全书（第23册）[M]．北京：上海古籍出版社，2002：3272-3273；钱穆．朱子新学案（第3册）[M]．北京：九州出版社，2011：284-294.

② 参见：（宋）朱熹．晦庵先生朱文公文集[M]．朱子全书（第21，24册）：1084-1085，1112，3623.

③ （宋）真德秀．大学衍义[M]．朱人求点校．上海：华东师范大学出版社，2010：40.

④ （宋）真德秀．西山先生真文忠公文集[M]．宋集珍本丛刊本第75册：365-366.

⑤ 蒙培元．理学的演变：从朱熹到王夫之戴震[M]．北京：方志出版社，2007：86-87.

⑥ （宋）方大琮．宋宝章阁直学士忠惠铁庵方公文集[M]．北京：北京图书馆古籍珍本丛刊本第89册：584.

⑦ （宋）方大琮．宋宝章阁直学士忠惠铁庵方公文集[M]．北京：北京图书馆古籍珍本丛刊本第89册：639.

⑧ （宋）方大琮．宋宝章阁直学士忠惠铁庵方公文集[M]．北京：北京图书馆古籍珍本丛刊本第89册：543-544. 马天骥于嘉熙元年（1237）七月出知南剑州，参见：（宋）佚名．南宋馆阁续录[M]：319.

引文中大琮认为士人以个人修养作为立身之本，进而或在庙堂议论事君，或在地方治郡临民。作为经世的两个方面，事君、临民两者应当兼顾。

关于事君与临民的关系，大琮认为两者都是行道救世的实践。士大夫无论在朝堂还是地方，无论职任轻重，都可奉行天理、随事救正。嘉熙年间（1237-1240），大琮乡居，逢知泉州（治今福建泉州市）赵涯严明法令、整治贪官猾吏，并写信给大琮讨论泉州的治理；大琮回信就泉州豪强与官吏的整治给出建议，称赞道："侍郎非固忿嫉于顽也，奉行天理而已矣。"① 此处大琮将知州的职务与"天理"直接联系起来，认为对道学的践履就体现在具体的政务之中。

马天骥、赵涯两人都是从朝廷出任地方，这一时期大琮被罢后闲居乡里，其两封回信表达的是同样的理念，即士大夫立朝事君或治郡临民都能够践行圣人之道，为国家服务。

大琮本人晚年知广州（治今广东广州市），亦以救世自任。他在与广南东路提点刑狱林宋伟通书时表示："人皆谓岭海为去天远，嘻，是何言！圣天子以一道祥刑与保厘之寄付之吾辈，此担亦非轻"；大琮又言"四方之根本在国，凡为臣子，孰不欲少效涓埃之助？如拊绥民瘼，消弭盗萌，其为根本计一也。"② 大琮认为在广治理盐寇亦是着力于"根本"之计，为国尽绵薄之力。他评价自己的治效则称："五年辛苦，仅能为遐氓全护一线气脉。晋职至再，荷上恩甚厚，称塞谓何？"③ 与立朝议论一样，治理僻远的广州也有全护气脉之功。

即使职任轻如县令，也需承当治国之责。大琮写信祝贺因打击豪强受到长官推荐的罗源（治今福建罗源县）知县林禧子，称赞其有"仁者之勇""圣贤学力"，并认为"国者邑之积"，知县所为亦关系世运。④ 大琮还认为治县最利于做平实工夫："与其攘臂抵掌，以邀一时之富贵，曷若缓步徐行，以做实地之工夫。邑与民最亲，最易行志，朝有所为，夕被其利。"⑤

尽管大琮不轻视地方官的作用，立朝议论、得君行道依然是他的终极理想，如其言："局面日急，无小大，无内外，皆当随力救世；而论思献纳之彦，则与他人不同，乃心宜无一日不在王室，中外方有望焉。"⑥ 由此可知，对大琮来说，地方官的治世之责固然重要，但身处中央的言事官对于匡扶世运的作用依然是最独特、最重要的。

① （宋）方大琮.宋宝章阁直学士忠惠铁庵方公文集［M］.北京：北京图书馆古籍珍本丛刊本第89册：514.

② （宋）方大琮.宋宝章阁直学士忠惠铁庵方公文集［M］.北京：北京图书馆古籍珍本丛刊本第89册：579-580.

③ （宋）方大琮.宋宝章阁直学士忠惠铁庵方公文集［M］.北京：北京图书馆古籍珍本丛刊本第89册：527.

④ （宋）方大琮.宋宝章阁直学士忠惠铁庵方公文集［M］.北京：北京图书馆古籍珍本丛刊本第89册：559.

⑤ （宋）方大琮.宋宝章阁直学士忠惠铁庵方公文集［M］.北京：北京图书馆古籍珍本丛刊本第89册：557.

⑥ （宋）方大琮.宋宝章阁直学士忠惠铁庵方公文集［M］.北京：北京图书馆古籍珍本丛刊本第89册：515.

即使端平在朝言事受挫，但大琮仍然期待着重回中央，以议论感动上心、弹压奸邪，以求行道救世。因而他晚年觉得回朝无望，"不复作十年前议论之想"，① 颇有失意之感。如前文所述，大琮因现实危机对祈天永命之说失望，但另一方面他对这一理论的信念与作为"正人"的责任感始终非常强烈。端平、嘉熙时期（1234—1240），道学群体"内自相攻，恐未有复聚之期"，② 则"诸贤皆去，别有一副人当来矣"；③ 大琮对朝中的道学士友王伯大"以重任相责望"，但随着嘉熙年间李鸣复、余天锡等人的起用，王伯大面对朝野于道学的质疑有孤危之感，④ 大琮勉励伯大曰：

> 今之患，外耶？内耶？显耶？隐耶？掣扶此世，必人物如龙如虎，乃足以当……某谓虽韩、富、马、吕，不能使人皆同。要之，本领端正，则发用条达，在我者然矣。其急在用人，故曰集众思，广忠益，此贤相明效也；其要在得君，故曰一正君而国定，惟大人为能格君心之非，此圣贤格言也……今榻前剀切，经闱密勿，无非为启沃之渐。一旦精神会聚于一堂之上，而功化流行于四方万里之远，则其效也。若曰："不可则止"，一闹而散，为身谋则善，如吾君吾国何？天若祚宋，其必有济。⑤

本段引文中，大琮认为不必强求意见之同，道学群体也大有可为，不可因与朝士意见有异就动辄罢职归家。这是因为言事官格正君心的责任与国运直接相关，不可轻易放弃。至于能否起到挽救现实危局的作用，大琮以"天"的庇护表达了自己的信心。

另一方面，治身是在治世中实现的。大琮将心性的修养置于事君、临民的具体政务中。这与朱熹的观点不同。在朱熹的修身工夫论中，个体精神修养的完善不是在外界实践、社会活动中实现的，而是需要专注于个体的内在省思；⑥ 具体而言，未发时的内省涵养是修身之本，容貌、辞色等的持敬工夫具有首要地位。⑦ 如朱熹所言，"大率克己工夫是自着力做底事，与他人殊不相干，紧紧闭门，自就身上子细体认，觉得才有私意，便克去……己私是自家身上事，与物未相干在。"⑧ 相应地，在实际践履中，朱熹要求学生"收拾身心，向里用力，不须向外枉费心神"。⑨

① （宋）方大琮．宋宝章阁直学士忠惠铁庵方公文集［M］．北京：北京图书馆古籍珍本丛刊本第89册：527．
② （宋）方大琮．宋宝章阁直学士忠惠铁庵方公文集［M］．北京：北京图书馆古籍珍本丛刊本第89册：491．
③ （宋）刘克庄．刘克庄集笺校［M］．北京：中华书局，2011：2556．
④ （宋）方大琮．宋宝章阁直学士忠惠铁庵方公文集［M］．北京：北京图书馆古籍珍本丛刊本第89册：509．
⑤ 同上．
⑥ 郭园兰．从《论语》"克己"诠释看朱熹学术内倾特征［J］．原道，2017（2）：75-92．
⑦ 参见：（宋）朱熹．君子所贵乎道者三说［M］．朱子全书（第23册）：3272-3273；钱穆．朱子新学案［M］．北京：九州出版社，2011：279-283；焦德明．平日涵养与临事持守——论朱子对《论语》"君子所贵乎道者三"的诠释［J］．哲学门，2018（2）：159-173．
⑧ （宋）朱熹．朱子语类．朱子全书（第15册）［M］．上海：上海古籍出版社，2002：1449-1450．
⑨ （宋）朱熹．答刘季章书．朱子全书（第210册）［M］．上海：上海古籍出版社，2002：1285．

与之相反，在方大琮的观念中，个体道德修养与社会实践是同一过程，个体道德的完善通过应接外界的具体事务实现。大琮引用陈瓘（号了斋）之言陈述这种偏重行动与实践的修身之法："了斋尝言：'学者须常自试，以观已之力量进否。'《易》曰：'或跃在渊'，自试也。此圣贤学力也。"①

任言事官时，大琮根据自己的论奏反思心性的不足。前一章已讨论过大琮在朝任言职上谏受挫，中途多次产生动摇，大琮因此深感自己论事不勇，性情太过怯懦。细看大琮的奏疏，虽然都是迂阔高调的道德性命之谈，但除了端平三年（1236 年）八月的第二封奏劄，其余均为泛泛而论，不愿意对某个人展开具体的攻击。② 理宗朝流行清议，与同朝著名的台谏杜范、吴昌裔、徐清叟等人相比，大琮显得太过宽和，他将这种谏言风格的差异归因于心性。

方大琮的好友王迈论事激切，毫无避讳，惹来台谏的多番攻劾。大琮去信王迈称："人之一身，不敢谓其无过，而幸其寡过者，非朋友切磋之望而谁？以兄之刚锐俊伟，若少敛以中和，则全德矣。如某锐滞愚拙，其所欠者甚多，而学又不足以补之，安得窃兄之所余以自增益乎？若夫养之于中，发之于外，可与天交者，此心则宜同也。"③ 大琮认为王迈性情过于刚直，自己则过于迟钝文弱。

同样的反思也见于他与乡友顾孺履的书信中："某言责在身，日对客攒眉，夜寐不交睫……天分有不齐，如实之正字之过于刚，则宜有以磨之；某之不及于刚，则宜有以振之。若补热泻虚，非所谓朋友药石之功。淳甫质弱，元城议之；志完性懦，承君激之。二公谠言鲠论，辉映青史，谁得以为弱为懦哉？则亦刘、田激发之。某则真弱矣，真懦矣，非刀圭之剂所能起，必痛下箴砭乃可。"④ 引文中大琮与孺履讨论自己性情太懦的问题，以朋友为药石，并举北宋的范祖禹、邹浩分别受刘安世、田昼激励而改正其"质弱""性懦"的事例，认为自己更加需要朋友的批评加以"激发"。

上一章谈及嘉熙元年（1237 年）方大琮缴还邹云从、李子道的补官录黄，因此彻底激怒蒋岘而被劾去，其实这一举动也是大琮矫正自己心性的尝试。大琮认为自己天分不足，偏于柔弱，并形容为"病痛"："若某之病痛，亦自知之。天赋最啬，似柔弱者稍

---

① （宋）方大琮. 宋宝章阁直学士忠惠铁庵方公文集 [M]. 北京：北京图书馆古籍珍本丛刊本第89 册：559.

② 方大琮《端平三年七月分第一劄》与《七月分第二劄》以祈天永命之说要求为济王立继、定史弥远之罪；端平三年（1236 年）的《八月分第一劄》阐述帝王正心诚意之法，要求理宗勤于修身，《八月分第二劄》攻劾王会龙、陈松龙等五人；同年《九月分缴进劄子》《九月分第一劄》均援引祈天永命之说，由近期天灾推及朝政阙失，批评了履亩政策、端平入洛等，认为从皇帝、宰辅到百官都需要回应"天怒"，并无具体的攻击对象；《九月分第二劄》与嘉熙时的两封《直前劄子》仍从"回天心"出发，委婉为济王立继陈请，强调任贤的重要性，并反对魏了翁、杜范离朝补外的除命。参见：（宋）方大琮. 宋宝章阁直学士忠惠铁庵方公文集 [M]. 北京：北京图书馆古籍珍本丛刊 89 册：341-359.

③ （宋）方大琮. 宋宝章阁直学士忠惠铁庵方公文集 [M]. 北京：北京图书馆古籍珍本丛刊本第89 册：500.

④ （宋）方大琮. 宋宝章阁直学士忠惠铁庵方公文集 [M]. 北京：北京图书馆古籍珍本丛刊本第89 册：603.

多……每临利害，辄自猛省。"① 被逐之后，他对曾同朝共事的邹应博说："某之拙且讷，尤甚于曩聚首时。盖天之赋予素啬，非月罪逐而然，中间亦尝痛下一剂，然无补于救，不待逐亦去。"② 所谓"痛下一剂"，是对柔弱之病痛的矫正，应当正是指他在被逐前通过缴还邹、李录黄再次进言一事。为济王陈请既是从道德层面为国家解决现实危机的努力，也是对个人心性的磨炼。谏言失败后，大琮倍感痛苦，对亲友说："来翰教之以所以事君、所以立身，又晓之以为好官、为好人说，甚感！甚感！今既不善事君，犹能善立身否？既不为好官，犹得为好人否？恐皆未敢必也。"③ 由引文可知，亲友来信谈及事君、立身之道，大琮表示自己作为言官不能感动上心，是因无能而失职，同时也是个人层面的立身与为人的失败。换言之，对大琮来说，"内圣"很大程度上取决于"外王"，个人的道德培养必须在社会实践中得到落实。

此后，大琮反思言者的虚骄矫激之风亦是以心性言之："扬清激浊之地，非不弹击，非不究切民隐，而人终曰是慈也……性质所少者，必学力以补之，虽亦知勉，然无虚骄霹雳之气，无恫疑虚唱之声，而曰以心求之，以义制之，可乎？"④然而，士论普遍追求清议，对大琮的评价不高；大琮承认自己需要进一步磨炼心性，勇于言事，但亦不愿以当今言者的作风"虚骄霹雳"和"恫疑虚喝"为目标。前引《与岩仲书》中，大琮对这一问题做了更加深入、系统的反思，他总结了言事的两种极端倾向。一方面，当今多数人失去了"本心之直"，论事苟合取容，"故夫人病其不能率也，率则真"；另一方面，道学家过于激切，又流于疏阔："贤者又病其太率也，率则疏"，过犹不及；大琮援引《尚书·皋陶谟》的"九德"说，认为道学士人的气性偏于"直"而流于疏阔，应该通过"学"努力克服这种弊病，达到"直而温"的平衡："人之性质岂能无偏……惟贤者能知其所偏，而日夜求以补之者，学也。所以涵养其直者，又进进于学问而不已。及其成熟，则语默动作自然中节，合于直、温之气象矣，又何有疏率之虑哉？"⑤

董槐先后从学于永嘉之学和朱学，喜言兵事，治理州县任事明敏有决，通判镇江府（治今江苏镇江市）时曾领州兵迎战李全乱军，⑥ 故大琮评价他"今通材也""先儒所谓

---

① （宋）方大琮. 宋宝章阁直学士忠惠铁庵方公文集 [M]. 北京：北京图书馆古籍珍本丛刊本第89册：639.

② （宋）方大琮. 宋宝章阁直学士忠惠铁庵方公文集 [M]. 北京：北京图书馆古籍珍本丛刊本第89册：554.

③ （宋）方大琮. 宋宝章阁直学士忠惠铁庵方公文集 [M]. 北京：北京图书馆古籍珍本丛刊本第89册：634.

④ （宋）方大琮. 宋宝章阁直学士忠惠铁庵方公文集 [M]. 北京：北京图书馆古籍珍本丛刊本第89册：606-607. 关于理宗时期道学派官员谏言流于矫激的问题，参见：（明）吕邦耀. 续宋宰辅编年录校补（卷13）. （宋）徐自明. 宋宰辅编年录校补（附录）[M]. 王瑞来校补. 北京：中华书局，1986：1567-1569，并见：廖寅. "小元祐"考——论南宋后期学术对政治的影响 [M] //从内地到边疆：宋代政治与社会研究散论：79-85.

⑤ （宋）方大琮. 宋宝章阁直学士忠惠铁庵方公文集 [M]. 北京：北京图书馆古籍珍本丛刊本第89册：639.

⑥ （元）脱脱等. 宋史 [M]. 北京：中华书局，1985：12428-12429.

入粗入细者"。① 大琮亦曾拜访南宋的抗蒙名将杜杲，与之讨论心性：

> 今之高谈诗书，以比管乐为羞，及自当事任，惊必至于倒手板，喜必至于折展齿者有之。当镇丰庐时，连岁重围，指授分画，从容赋诗，而识不惧。围解房窜，追击歼夷，推功将士，而容不矜。问何以能然，公徐语之曰："大学不云乎：'在止于至善。知止而后有定，定而后能静，静而后能安，安而后能虑，虑而后能得。'静、安、虑、得，皆以'能'言始，而曰定独以'有'言。自'有'之一字而后该'能'之四字。"某味其旨，于是觇公之止而定者有素矣，其用工为甚深。②

杜杲一生战功赫赫，端平、嘉熙年间历守安丰军（治今安徽寿县）、庐州（治今安徽合肥市），多次大败蒙军，对两淮战场的守备出力甚多。③ 大琮对其事功十分倾慕，请教杜杲在安丰、庐州之战中是如何做到临危不惧，镇静处置；而杜杲也以《大学》章句作答。大琮在本信中没有从具体的军事战术角度探讨守边的成功，而是探求达成事功的个人心性方面的原因。

大琮对于自己又如何看呢？他始终坚守朱学，但并不自以为是；由于对道德性命之说的局限有清醒的认识，他在书信中屡屡为自己的"拘儒""不武""有空言、无实画"而羞愧。④ 他的友人中，不乏边阃制帅，大琮没有认为他们缺乏内省涵养的工夫而试图劝说他们加强道德性命的修养以正根本，而是将其事功归结为心性修养的精进，确实是理、用贯通一体。与朱熹严密、精深的修身工夫论相比，大琮与士友的论说显得平实朴素，在理论上几乎可谓简陋。相应地，他们的注意力几乎完全放在外在的事功之上。

本章小结

尽管推尊朱学，但方大琮接受的道学谱系仍然比程朱一脉广阔得多，除王安石之外，他将宋学各家都涵括在道学的概念中；同时接受了朱熹所建构的接续孔孟、由"北宋五子"传至朱熹的道统。方大琮推尊朱学，强烈要求学有统纪、明辨是非，倾向于将其他学派作为朱学的陪衬。尽管如此，大琮并不视其他学派为异端，而是将道学各派视为一个整体。其对道学的认识更注重"外王"的层面，以此为各学派紧密联系的纽带，在与不同学派士人交往时，依然视他们为同道。总的来说，这一时期，道学内部各派并立，交相论驳，尽管大琮期待朱学定于一尊，但朱学的主流化实际上仍未实现。

---

① （宋）方大琮. 宋宝章阁直学士忠惠铁庵方公文集 [M]. 北京：北京图书馆古籍珍本丛刊本第89 册：542.

② （宋）方大琮. 宋宝章阁直学士忠惠铁庵方公文集 [M]. 北京：北京图书馆古籍珍本丛刊本第89 册：519-520.

③ 粟品孝等. 南宋军事史 [M]. 上海：上海古籍出版社，2008：227-229.

④ （宋）方大琮. 宋宝章阁直学士忠惠铁庵方公文集 [M]. 北京：北京图书馆古籍珍本丛刊本第89 册：621；（宋）方大琮. 宋宝章阁直学士忠惠铁庵方公文集 [M]. 北京：北京图书馆古籍珍本丛刊本第89 册：538；（宋）方大琮. 宋宝章阁直学士忠惠铁庵方公文集 [M]. 北京：北京图书馆古籍珍本丛刊本第89 册：479.

方大琮的道学观念与践履体现了道学在后朱熹时代经过理论综合的新发展及道学应用于现实政治中的进一步调整。儒学的本旨在于经世致用，但对于如何建立合理的政治秩序，朱学与事功学派之间分歧很大。研究者指出，朱熹与陈亮的王霸义利之辨，其争论焦点并非是三代与汉唐的历史价值，而是在于以何种方式应对当下的社会政治危机。① 朱熹的德性道德主义立场以个人的正心诚意、道德的改良为首要任务，其理论认为道德的基础建立起来之后方可着力于具体事务，反对直接务求事功；而事功学派则强调直接务求功利与道德基础并不冲突，功利本身就是道德的价值之一。② 道学的下一代学人中，真德秀以宁宗、理宗朝的一系列奏札与《大学衍义》推动道学的"政治化"转型，将道学思想发展为现实政治的理论指导，③ 在道德主义的基础上，综合了浙东学派的功利精神。④ 方大琮则直接受到真德秀的影响，力图将其"祈天永命"的理论应用于现实政治，在遭遇挫折后则反思了道德性命之说的局限性。在这一过程中，方大琮的现实关怀促使他偏离了道德性命的路线，越来越强调经制事功的重要性。

方大琮受现实危机的影响，在治国层面上部分放弃了德性道德主义的路线；在个人修养层面，则受到调和朱学与事功学派的真德秀之影响，以治身、治世为一体。与朱熹强调"向里用力"的修身工夫论不同，方大琮认为个体道德的完善通过应接外界的具体事务实现，其对修身的论说与实践呈现出鲜明的"外倾"特征。

结　　语

方大琮是南宋后期的一名普通道学士人，其仕宦经历、社会网络、政治理念和实践反映了该时期政治文化的复杂面相。

在修习道学的师承上，方大琮早年所接受的道学思想与家学关系不大，主要受到了同乡道学家陈宓之濡染，之后服膺真德秀的学说。端平元年（1234 年）入朝前，方大琮辗转福建路、江南西路任官，其社会网络随着官职迁转不断扩展。仕进途中，其乡里的、路级的、跨区域的社会网络同时发挥了作用，学缘、职缘、地缘网络也呈现相互促进的关系，尤以路级的职缘网络最为重要。方大琮并未正式拜入道学师门，其学缘网络的扩展依赖于因职任、地缘产生的联系。

端平时期，在宰相郑清之的支持下，理宗大力拔擢道学派官员入朝，朝廷政争较为激烈，士人关系因为政治形势的变化往往也发生剧烈变动。在对济王案的处理上，方大琮与谏官蒋岘产生分歧，双方各执一词，争辩逐步演化为政治斗争，随着政争进一步激化，蒋岘对方大琮、刘克庄的敌意不断增长，最终论劾大琮，双方原本的友好关

① 陈国灿，吴锡标. 陈亮的反理学思想和"朱陈之辩"[J]. 浙江学刊，2009（6）：54-59.
② 范立舟，何俊. 南宋思想史 [M]. 上海：上海古籍出版社，2008：226；姜海军. 宋代浙东学派经学思想研究 [M]. 济南：齐鲁书社，2017：401；[美] 田浩. 功利主义儒家：陈亮对朱熹的挑战 [M]. 姜长苏，译. 南京：江苏人民出版社，2012：113-129.
③ 范立舟，何俊. 南宋思想史 [M]. 上海：上海古籍出版社，2008：217-227.
④ [美] 田浩. 朱熹的思维世界（增订本）[M]. 南京：江苏人民出版社，2011：290-295.

系因此破裂。

就政治实践而言，端平、嘉熙时期，方大琮为济王立继谏言失败，折射出朱熹所主张的纯粹道德主义之治世路线的失败。为了因应现实危机，方大琮从这条路线后撤，承认在当时的危局下道德性命之说不足为用，应当让位于经制事功。在接受、实践道德性命之说的过程中，方大琮时刻观察现实以求效验，并据此反思这一救世路线的不足，观念亦随之发生变化。

儒学最终的关切是建立合理的人间秩序，道学各派之间的分歧在于路径而非目标。在治世的路径上，朱学与浙东学派分别代表了德性的道德主义与功利的道德主义两种立场。① 方大琮接受真德秀"理用一体"的主张，又受到现实危机的激发，认为寻求事功不会危害道德基础，而对道德基础的强调亦没有削弱对事功的重视，两者本为一体。尽管真德秀与方大琮都以朱学自居，但其对事功因素的重视及将事功融入儒家之道的看法，应当也取资于陈亮与事功学派的思想。

关于南宋思想文化的发展，学界有"内转"之说。② 受到南宋士人地方化的学说影响，一些学者认为，道学代表了南宋的地方精英独立于政府自行改造社会现实的思想。③对于部分不第士人来说，这种倾向应当是存在的，但道学群体与南宋政权亦不全然是疏离与对立的一面。从真德秀、方大琮的理论与践履来看，道学士大夫治世的努力与国家权力的运作紧密钩连。真德秀阐发人主正心诚意之学，力图将道学理论发展为现实政治的指导方针。对方大琮来说，对圣人之道的践行正是通过在政府岗位上履职而得以实现，其注意力几乎完全放在现实政务之上。在修身治己的层面，方大琮服膺真德秀的学说，将作为官僚的政事与作为学者的学术更加明确地联系起来，治身与治世合一。

方大琮强调大到宰执，小到知县，都有随事就正、护持国脉的作用，并以得君行道为终极理想。这也显示了南宋朝廷对于道学士人的政治向心力。关于学问与政事之间的关系，大琮概括为：

> 士君子修于家，修于乡，以为之本。其出而立朝，则观其议论于事君之际；而治郡，则观其政事于临民之际。④

这种以道自任的精神，两宋应当是一脉相承的。

---

① 范立舟，何俊. 南宋思想史 [M]. 上海：上海古籍出版社，2008：226；[美] 田浩. 功利主义儒家：陈亮对朱熹的挑战 [M]. 姜长苏，译. 南京：江苏人民出版社，2012：113-129.
② [美] 刘子健. 中国转向内在：两宋之际的文化转向 [M]. 赵冬梅，译. 南京：江苏人民出版社，2012.
③ [美] 包弼德. 斯文：唐宋思想的转型 [M]. 刘宁，译. 南京：江苏人民出版社，2001：524-548；[美] 包弼德. 历史上的理学 [M]. 王昌伟，译. 杭州：浙江大学出版社，2009：70-127.
④ （宋）方大琮. 宋宝章阁直学士忠惠铁庵方公文集 [M]. 北京：北京图书馆古籍珍本丛刊本第89 册：543-544.

附　　录

《方大琮年谱》补正

注：以下所引用《铁庵集》的版本均为明正德方良节刻本。

宁宗开禧三年丁卯（1207 年）

欧梅：《方大琮年谱》："去为江西漕幕。"

按：方大琮任江西漕幕不在开禧三年（1207 年），江西漕幕一职授官在嘉定八年（1215 年），正式上任在嘉定十二年（1219 年）左右，说见下文。

宁宗嘉定四年辛未（1211 年）

欧梅《方大琮年谱》："或是本年，冷宦于镡津（今广西藤县）。"

按：《翰苑新书别集》卷 2《贺江西帅真右史》："乙丑尘忝，今十五年，仅尝冷宦于镡津"。欧梅《方大琮年谱》据此认为大琮任江西幕府期间曾至广西任官，失考。实际上此时大琮仍在南剑州（治今福建南平市）教授一职的待阙期间，且《贺江西帅真右史》中所说的镡津并非广南西路藤州的镡津县（今广西藤县），而是福建路南剑州。《豫章文集·外集》卷 17 所收南剑州知州刘允济为罗从彦所作祭文即有提及："俾迪功郎、南剑州州学教授方大琮率诸生致祭于有宋罗仲素先生之墓。呜呼！大道之南，鼎峙镡津。前后相望，龟山、延平嗣源演流，实维先生，龟山之门受业者千，潜思诣极独推一人"。此书中"镡津"是"道"鼎立之地、龟山（杨时）、延平（李侗）、罗从彦的故乡，而这三人均为南剑州人，因此这里的"镡津"是指南剑州。《方舆胜览》卷 12《南剑州·郡名》记有"镡津"一条，同卷《南剑州·建置沿革》言："王延政僭位于建州国号大殷，以将乐县为镛州，延平镇为镡州"。由此可知五代时南剑州地区曾有镡州之名，后"镡津"可用作南剑州的别称。嘉定（1208—1224）年间大琮实际只历南剑州教授、江西运幹两任，作于宝庆元年（1225 年）赴任知将乐县前的《潘剑倅》（《铁庵集》卷 10）即言："初筮不出闽境，再遊仅涉及江乡。"因此《贺江西帅真右史》中的"镡津"是指南剑州，并非藤州镡津县。

宁宗嘉定五年壬申（1212 年）

欧梅《方大琮年谱》："三月，参加南剑州造祭器皿。"

按：嘉定五年（1212 年）方大琮经过七年待阙，正式上任南剑州州学教授，可补。《翰苑新书别集》卷 3《通隆兴帅曹吏部》："乙丑尘叨，忝需冷次七年，剑学俄满，又需今次四．"此处"乙丑"指开禧元年（1205 年）大琮考中进士，随即授官南剑州教授，但需要待阙七年，可知正式上任南剑州教授在嘉定五年（1212 年）。

宁宗嘉定八年乙亥（1215 年）

欧梅《方大琮年谱》："秋，调阙修门。"

按：欧梅《年谱》未记嘉定八年（1215 年）谒选注拟的具体官职，当补。一般一任三考，嘉定八年（1215 年）即方大琮南剑州教授任满，赴京注拟新差的时间。《翰苑新书别集》卷 3《通隆兴帅曹吏部》："乙丑尘叨，忝需冷次七年，剑学俄满，又需今次四．"

由此可知所注新差仍需待阙四．此书是写给江南西路安抚使的书信，所言"今次"是指江西漕幕，则南剑州教授任满之后，大琮嘉定八年（1215 年）所注差遣即江西漕幕。《铁庵集》卷 8《通漕使巩吏部》："十五年昨梦，二三考冷官"。此为大琮上任前写给时任江南西路转运判官的巩嵘的通问启书，正文已见。从开禧元年（1205 年）大琮考中进士计十五年约为嘉定十二年（1219 年），此为大琮初上任江西漕幕的时间，减去《通隆兴帅曹吏部》所言待阙的四年约为嘉定八年（1215 年），则大琮于嘉定八年（1215 年）谒选注得江西漕幕一职，开始待阙。各处记载相合。

卫泾《奏举留丙、杨恕、叶澄、俞迁、张清臣、许袚、徐清叟、方大琮乞赐旌擢状》："江南西路转运司幹办公事方大琮，志气好修，文采亦赡，早为南宫雅选，士论称之，主画漕幕，剖决详明，考其行事，允有贤业。"《铁庵集》卷 9《赵运幹》、《交代冯运幹》均有"交代某官……"之语，实际都是回复后任、移交工作的启书。以上可知大琮确切职事为转运司幹办公事。刘克庄所作墓志铭记为江西漕幕，未记具体职事。《莆阳文献列传》记为"转运司参议官"，误。

综上，嘉定八年（1215 年），大琮南剑州教授任满后赴京调选，注授新阙，得江南西路转运司幹办公事，需要待阙四。

宁宗嘉定十二年己卯（1219 年）

按：欧梅《方大琮年谱》本年未记。嘉定十二年（1219 年），方大琮待阙结束，正式上任江南西路转运司幹办公事，可补，说见上文。

宁宗嘉定十四年辛巳（1221 年）

欧梅《方大琮年谱》："大琮为江西幕府，常与朋友聚，识李宗勉（文清）、徐鹿卿、赵必健等。"

按：方大琮在江南西路隆兴府任职期间，参加当地东湖书院的讲学活动，在书院任提督一职，结交一众士友，此条可补上。《舆地纪胜》卷 26《隆兴府·景物下》记有东湖书院一条。《铁庵集》卷 30《策问·心学东胡书院》一文应当是大琮在东湖书院参与讲学所写。又《铁庵集》卷 11《东湖孙解元》："满幕文书，豁对东湖之面目……了却公家事，相为书院之周旋；得与我辈人，时理儒门之生活。"据此，方大琮在江西漕幕任上常在职务之余参加书院讲习的活动。《铁庵集》卷 11《东湖邹解元》："惠然顾我，告以有行……滥司书院之盟，宜厚春闱之彦。"据此书所言，大琮东湖书院的士友邹解元赴京参加省试，向大琮辞别。此书为大琮的回复。上引两书应当都是与东湖书院士友的应酬往来，"解元"泛指读书人。

《铁庵集》卷 17《江古心万里》："申省援剑、江、涪、潭、信五赐额以为请，独不及洪之东湖，岂以其师承来处不足张于言耶？某向忝提督，颇见士友说古心尝学其间，相语以为夸；况请额者袁洁斋为庾使日也，今古心继洁斋之职，任一道之寄，傥并以惠吉者惠洪，可乎？"此处"洪之东湖"即隆兴府的东湖书院，引文中，大琮叮咛江万里为其请额。按大琮所言，自己曾任东湖书院的提督一职，其间士友曾提起江万里在此游学之事。"袁洁斋"即袁燮，《宋史》卷 400《袁燮传》记载其嘉定（1208—1224 年）初任提举江南西路常平公事，权知隆兴府，大琮所说袁燮为东湖书院请额之事，应当就在这一时期。该书开篇提到"亟剥诵，则盼教《白鹭书院志》"，而《宋史》卷 418《江万里传》言江万里"知吉州，创白鹭洲书院，兼提举江西常平茶盐"，万历《吉安府志》卷15《学校志》有白鹭书院一条，言"淳祐辛丑郡守江万里建"，则大琮写信时应当正值淳祐元年辛丑（1241年）万里知吉州，新建白鹭洲书院，故大琮有"以惠吉者惠洪"之语，希望万里对隆兴府的东湖书院也多加关照。

《铁庵集》卷21《萧司户安之》："某曩备员江右计属，今连帅徐贰卿在油幕，偶一日与同官会滕阁，有邮筒自仓台至，则荐书双函，乃先正郎中先生举徐与某，坐中皆起相贺，某感特达之知最甚，时嘉定辛巳冬也。"由《铁庵集》卷11《谢萧仓使举改官与徐抚幹清叟同荐》标题可知前书"徐贰卿"即徐清叟。改官之事已见正文。据此，嘉定十四年辛巳（1221年）冬，方大琮与徐清叟（时任江南西路安抚司幹办公事）同得萧舜咨（时任江南西路提举常平公事）改官举状，可补。

理宗嘉定十七年甲申（1224年）

欧梅《方大琮年谱》："或是本年，请辞江西漕幕。"

按：《铁庵集》卷9《瑞守齐寺丞》："瑞今内地，甫供锦水之吟。""瑞"当指筠州（治今江西高安市），境内有锦江。《宋史全文》卷31所记理宗宝庆元年（1225年）十一月事云："筠州与御名声音相近，改为瑞州"，此前并无瑞州之名，则直到宝庆元年（1225年）大琮仍在江西漕幕任上。

理宗宝庆元年乙酉（1225年）

欧梅《方大琮年谱》："十二月，大琮改秩，知将乐县，再三请父一起去将乐县，于月末到达将乐县。"

按：方大琮直至宝庆元年（1225年）仍任江南西路转运司幹办公事，说见上文。大琮于宝庆元年（1225年）冬正式上任，知将乐县（治今福建将乐县），则应是在本年江西漕幕任满，另注差遣。大琮在江西漕幕任上得到五位路级长官举状，已见于正文，具体的改官时间和品秩未详，可能是在宝庆元年（1225年）正式完成改官。

理宗绍定六年癸巳（1233年）

欧梅《方大琮年谱》："夏，免母丧。冬，谒选赴京。"

按：《铁庵集》卷17《杜尚书杲》："某癸巳冬本注潮倅"。据此，方大琮于绍定六年癸巳（1233年）冬即赴京谒选，注得潮州通判，此条可补上。《铁庵集》卷20《邹编修应博》云："某己丑冬调选……癸巳冬、甲午春又调选。"据此，方大琮于绍定六年（1233年）赴京谒选，到端平元年（1234年）一直留在临安城，可补。

理宗端平元年甲午（1234年）

欧梅《方大琮年谱》："秋，郑清之为丞相兼枢密使，亲擢方大琮为监六部门，历司农寺簿，兼提领安边所。"

按：《铁庵集》卷14《李丞相宗勉》："十八九年前，独相公察而知之，则自江右漕幙始。癸巳冬趋选，时相公自婺召，未至，见徐直翁贰卿云，曩见相公，屡欲荐进。又见旧同幙李吏郎云：恰得相公移书，令其相语，未可轻就部。明年春既召至，则见某始缀部钥，喜形于色。"此书中"癸巳"即绍定六年（1233年），时李宗勉知婺州（治今浙江金华市），受召入朝，端平元年（1234年）方至。《宋史》卷405《李宗勉传》云："四年，差知台州。明年，直秘阁、知婺州。六年冬，召赴行在，未行。端平元年，进直宝章阁，依旧任。越月，以宗正丞兼权右司召，改尚左郎官，兼职仍旧。"此与前引书信可相印证。据前引《李丞相宗勉》一书，大琮与李宗勉在江西漕幕任上结识，后李宗勉在端平元年（1234 年）入朝前已经向郑清之推荐大琮，因而派人传话，请大琮先不要接受吏部所注差遣。此条可补上。

理宗端平三年丙申（1236 年）

欧梅《方大琮年谱》："七月，辞而后受右正言。首疏为济王伸冤，兼实录院检讨官、兼权直舍人院。"

按：方大琮任右正言在端平三年（1236 年）七月，兼实录院检讨官在同年九月改除起居舍人后，权直舍人院则在嘉熙元年（1237 年）后。起居舍人的任命，欧梅《年谱》未载，当补。

《铁庵集》卷 14《李丞相宗勉》："……居亡何，郑昭相呼语，将拟以掾属，且明言公荐。既而闻余子寿文昌疑其拙，又久而郑毅斋亦疑之，人特疑其拙耳，某盖自信其拙也。相公在言路，主之益力，而亲擢之命下矣。其将为此官也，当国者白之上曰：'此臣某所荐也。'其甫进言也，上以问公，公曰：'臣尝荐之宰相矣。'此二语，海内所共知也。"此处"郑昭相"当指时任左丞相的郑清之，但郑清之兼昭文馆大学士未见于史籍记载，存疑。郑毅斋即郑性之。由此可知，端平三年（1236 年）七月，李宗勉再次向郑清之推荐大琮，大琮被擢为右正言。郑性之、余文昌对大琮能否胜任表示质疑。此条可补上。

刘克庄《铁庵方阁学墓志铭》："三年，擢秘书郎兼景献府教授，迁著作郎，兼侍左郎官，除右正言……迁起居舍人，直前奏事……兼国史院编修官、实录院检讨官。"由此可知大琮端平三年（1236 年）任右正言后，同年又改除起居舍人，兼国史院编修官、实录院检讨官。《铁庵集》卷 24《方蒙仲澄孙》："盖自旧秋言坡引笔书纸之初，便知有此。于时诸公相从，臾为前辈论一事至十八九疏者，或以为苟欲济事，姑徐之。次月疏略引说过其实，心愧焉。又次月报阁门以二十三日上殿，而二十一夜半已他徙。"按此书作于嘉熙元年（1237 年），"旧秋"指端平三年（1236 年）七月初任右正言，"又次月"即同年九月，"他徙"即由右正言改除起居舍人。据此，方大琮改除起居舍人的具体时间在端平三年（1236 年）九月二十一日。欧梅《年谱》引此书佐证大琮嘉熙元年（1237 年）被攻劾之事，误。

刘克庄《铁庵方阁学墓志铭》："嘉熙改元，复直前言……兼权直舍人院。"据此可知，方大琮权直舍人院是在嘉熙元年（1237 年）。

理宗嘉熙元年丁酉（1237 年）

欧梅《方大琮年谱》："七月二十四日，殿中侍御史蒋岘上疏弹劾大琮等人……九月二十三日，清晨，由于蒋岘上疏，大琮等人被罢官。"

按：大琮于嘉熙元年（1237 年）七月二十四日蒋岘攻劾，朝廷随即下达了大琮罢官的命令；方大琮离朝时间应在同年九月二十一日。欧梅《年谱》将关于端平三年（1236 年）改除起居舍人的记载、关于嘉熙元年（1237 年）被攻劾罢职以及关于九月离朝的三种记载相混淆，于此多有含混之处。

《宋史全文》卷 33《宋理宗三》："五月……壬申，行都大火……辛巳，诏曰：'朕应天以实，每怀严恭寅畏之思，视民如伤……求民之瘼，尤当公听以并观。悉意以陈，尚赖直言而极谏，共图销弭，永底辑宁。'"所记为理宗嘉熙元年（1237 年）事。（《宋季三朝政要》卷 1 系火灾于嘉熙元年（1237 年）六月，《宋史全文》精确到具体日期，或当以《宋史全文》为是。）据此，嘉熙元年（1237 年）五月临安城（治今浙江杭州市）发生火灾，同月下求言诏。此后道学派官员借机为济王立继陈请，蒋岘则强调理宗与济王本无兄弟之实，并要求禁止继续陈请，事件经过详见正文。之后又有邹云从、李子道两士人应诏上书附和蒋岘，理宗降御笔，两人并补将仕郎，此命被方大琮缴黄，正文亦已论及。《铁庵集》卷 25《小五叔箫》言："况又大灾求言，扣阍者多戾气未散之说，于是副端独唱非同气之论……未几有两士人揣摩希合，反其说而用之，果以此补官，且至烦宸札。虽其文不下中舍，而补官之黄又过此，到手事却不容放去。缴章少迟，至七月十日乃上。言者闻其缴，所以愈怒，而并与其朋友俱击也。"据此可知，缴还录黄的具体时间在嘉熙元年（1237 年）七月十日；且缴黄直接导致了蒋岘的攻劾，此两事在时间上相距应当较近，而《铁庵集》卷 4 所收大琮进故事的奏劄之中，最后一封作于嘉熙元年（1237 年）七月二十三日，据此可推测大琮罢职应当在嘉熙元年（1237 年）七月。又《铁庵集》卷 14《邹参枢应龙》言："某去夏杪饯先生于六和塔，后一月某见逐。"方大琮被逐是在嘉熙元年（1237 年），而此书中"夏杪"即指六月末，则"后一月"即为七月，据此可知大琮被逐是在嘉熙元年（1237 年）七月。《铁庵集》卷 24《方蒙仲澄孙》："二十四日蒋副端之疏上，是日正当侍立，清晨从者既集，忽令告假，若有知然。若使见其读弹文，亦自无害。盖自旧秋言坡引笔书纸之初，便知有此……后旬日二十一日始出侍立，至二十四日又当侍立，又告假，而逐疏下矣。"此书中前后两次提到了二十四日蒋岘上疏弹劾之事，据其所言可知蒋岘上疏后应即批付施行，朝廷下达了大琮罢职的命令。综上，方大琮被攻劾罢职当在嘉熙元年（1237 年）七月二十四日前后。

《铁庵集》卷 23《郑倅鼎新》有"某丁酉九月二十一日夜出谏省"之语，据此，大琮离朝当在嘉熙元年丁酉（1237 年）九月二十一日。

理宗嘉熙三年乙亥（1239 年）

欧梅《方大琮年谱》："冬，妻林氏死，临终前劝大琮归故里。"

按：方大琮妻林氏病故应在嘉熙二年（1238 年）。《铁庵集》卷 40《祭妻兄林参议》云："余丁酉秋以逐归，谋诸妇，'盍迁道往拜而兄乎？'距玉融十里，亲党咸至，遂前请曰：明春赴浙幕，当相携远饯。至期，妇病，不果行。涉冬，病者逝。"此书中"丁酉"为嘉熙元年（1237 年），则"明春"当为嘉熙二年（1238 年），大琮于嘉熙元年（1237 年）被逐，归途中与妻子同去福州福清县（即"玉融"）附近拜访妻兄林致祥，大琮和林氏与致祥约定，明年致祥离乡赴任时，两人为其饯行，但到嘉熙二年（1238 年），林氏染疾，同年冬病逝。据此书可知林氏病逝在嘉熙二年（1238 年）。《铁庵集》卷 16《王大卿埜》亦提到妻子病逝："糠妇入春得病，至秋浸重，屡危而复安，甫涉冬遂不可救。平生家务最疏，以有当之者，今失此助，觉身世不复有聊赖意，惟有自怜。"此书为与王埜的第三封信，开篇言："某中夏饬数字为前茅之迎，继而闻大开黄堂，延进千里之若吏若士若民，而以其所亲承德意布宣之，未尝不为建之七邑得贤史君喜。"此书写于大琮嘉熙乡居期间，"建之七邑"指建宁府（治今福建建瓯市）七县，则可知王埜此时新知建宁府；第二封信中言"富沙据闽上流，且阜陵潜邸，又考亭西山之乡里，其俗悍然知义，其兵骄岂不知律？……都承久于闽，且有功于建之唐石。父老闻前茅将压境，皆欣欣相告曰：慈父寔来，建牙何日？其必有以尉满其所愿欲。某既为建之人喜，又不能不致先一州后天下之念。"第三封信中，大琮称本年夏季写信给王埜，作为"前茅之迎"，即为这里所引的第二封信。由此可知两封信作于同一．知建宁府一任，《宋史》卷 420《王埜传》失载，《咸淳临安志》卷 50《秩官八·两浙转运》言："王埜，嘉熙元年运判，二年知建宁府"，则可知第二、三封信均作于嘉熙二年（1238 年），则可知前引同年所写的第三封信谈到的"糠妇入春得病……甫涉冬遂不可救"亦在此．据此，林氏病故在嘉熙二年（1238 年）冬。又《铁庵集》卷 38《亡室赠恭人》："下世之二年某使闽，又二年镇广，皆奉主以行，明径需泽。"此书言林氏去世后两年大琮使闽，而大琮赴任福建运判在嘉熙四年（1240 年），则林氏病故当在嘉熙二年（1238 年）。

理宗嘉熙四年庚子（1240 年）

欧梅《方大琮年谱》："十一月，除集英殿修撰、知广州。"

按：方大琮受命知广州在淳祐元年（1241 年）。《铁庵集》卷 17《杜尚书杲》言"某辛丑夏抄自建入樵，值公里居，捧刺晋谒，萧然旧庐……某自曩夏拜公于第，以秋还司，冬半领移镇之命，又明夏抵羊城。"杜杲为邵武县（治今福建邵武市）人。此书中"辛丑"为淳祐元年（1241 年），本年大琮从建宁府（治今福建建瓯市）到邵武军（治今福建邵武市）拜访乡居的杜杲。《舆地纪胜》卷 134 云："樵溪，在邵武县"，此书中"樵"即代指邵武县。后言"曩夏拜公于第"即开篇所说淳祐元年（1241 年）拜访杜杲之事，则"冬半领移镇之命"，即改除知广州（治今广东广州市），是在淳祐元年（1241 年）；到达广州是在淳祐二年（1242 年）夏。刘克庄《铁庵方阁学墓志铭》亦系于淳祐元年（1241 年），欧梅《方大琮年谱》据"曩夏"一句否定墓志铭的说法，将大琮领移镇命断为嘉熙四年（1240 年）冬，失考。

理宗淳祐元年辛丑（1241 年）

欧梅《方大琮年谱》："春，移镇南行赴广州。"

按：大琮出发赴广在淳祐二年（1242 年）春。《铁庵集》卷 33《广州丙午劝农》："守壬寅春自闽入岭，越月至郡，已在劝耕后。"由此可知大琮从福建出发、到达广州均在淳祐二年壬寅（1242 年）；又《铁庵集》卷 22《李宪幹伯贤》："某庚子秋至建，鬓已斑斑。……会建之明冬有移镇命，明春南辕，涉夏抵羊石……"此处庚子岁为嘉熙四年（1240 年），大琮于此年到达建宁府（治今福建建瓯市），两人相聚，则"会建之明冬"为淳祐元年（1241 年），"明春"为淳祐二年（1242 年）。由此亦可知淳祐元年（1241年）改除知广州，淳祐二年（1242 年）春赴广，淳祐二年（1242 年）夏正式上任。

◎ **参考文献**

一、古籍（按正史、政书、类书、地志、文集、笔记排序）

［1］（元）脱脱等．宋史［M］．北京：中华书局，1985 年点校本．

［2］（宋）李焘．续资治通鉴长编［M］．北京：中华书局，2004 年点校本．

［3］（宋）李心传．建炎以来系年要录［M］．胡坤点校．北京：中华书局，2013．

[4] （元）佚名．宋史全文 ［M］．汪圣铎点校．北京：中华书局，2016.

[5] （宋）佚名．宋季三朝政要笺证 ［M］．王瑞来笺证．北京：中华书局，2010.

[6] （宋）佚名．南宋馆阁续录 ［M］．张富祥点校．北京：中华书局，1998.

[7] （宋）徐自明．宋宰辅编年录校补 ［M］．王瑞来校补．北京：中华书局，1986.

[8] （宋）佚名．新编翰苑新书别集 ［M］．北京图书馆古籍珍本丛刊本．北京：书目文献出版社，1988.

[9] （宋）朱熹撰，朱杰人，严佐之，刘永翔主编．朱子全书 ［M］．上海：上海古籍出版社，合肥：安徽教育出版社，2002 年点校本.

[10] （宋）罗从彦．豫章文集 ［M］．宋集珍本丛刊本．北京：线装书局，2004.

[11] （宋）陈亮．陈亮集（增订本）［M］．邓广铭点校．北京：中华书局，1987.

[12] （宋）魏了翁．重校鹤山先生大全文集 ［M］．宋集珍本丛刊本．北京：线装书局，2004.

[13] （宋）真德秀．西山先生真文忠公文集 ［M］．宋集珍本丛刊本．北京：线装书局，2004.

[14] （宋）洪咨夔．洪咨夔集 ［M］．侯体健点校．杭州：浙江古籍出版社，2015 年点校本.

[15] （宋）方大琮．宋宝章阁直学士忠惠铁庵方公文集 ［M］．宋集珍本丛刊本．北京：线装书局，2004.

[16] （宋）方大琮．宋宝章阁直学士忠惠铁庵方公文集 ［M］．北京：北京图书馆古籍珍本丛刊本．北京：书目文献出版社，1990.

[17] （宋）王迈．臞轩集 ［M］．宋集珍本丛刊本．北京：线装书局，2004.

[18] （宋）刘克庄．刘克庄集笺校 ［M］．辛更儒笺校．北京：中华书局，2011.

[19] （宋）赵汝腾．庸斋集 ［M］．四库全书本．上海：上海古籍出版社，1987.

[20] （宋）李昂英．文溪存稿 ［M］．杨芷华点校．广州：暨南大学出版社，1994.

[21] （宋）卫泾．后乐集 ［M］．四库全书本．上海：上海古籍出版社，1987.

[22] （宋）陈宓．龙图陈公文集 ［M］．宋集珍本丛刊本．北京：线装书局，2004.

[23] （宋）真德秀．大学衍义 ［M］．朱人求点校．上海：华东师范大学出版社，2010.

[24] （明）李贤等．大明一统志 ［M］．西安：三秦出版社，1990 年影印本.

[25] （清）李清馥．闽中理学渊源考 ［M］．何乃川，李秉乾点校．北京：商务印书馆，2018.

[26] （明）郑岳．莆阳文献列传 ［M］．北京图书馆古籍珍本丛刊本．北京：书目文献出版社，1990.

[27] （明）徐象梅．两浙名贤录 ［M］．杭州：浙江古籍出版社，2012 年影印本.

[28] （宋）陆游．老学庵笔记 ［M］．李剑雄，刘德权点校．北京：中华书局，2021.

[29] （宋）周密．齐东野语 ［M］．张茂鹏点校．北京：中华书局，1983.

二、论著（按出版时间先后排序）

[1] 冯友兰．中国哲学史 ［M］．北京：中华书局，1961.

[2] 黄宽重．晚宋朝臣对国是的争议——理宗时代的和战、边防与流民 ［M］．台北："国

立"台湾大学文学院，1978.

［3］胡昭曦，邹重华主编．宋蒙（元）关系研究［M］．成都：四川大学出版社，1989.

［4］漆侠．知困集［M］．石家庄：河北教育出版社，1992.

［5］胡昭曦，蔡东洲．宋理宗、宋度宗［M］．长春：吉林文史出版社，1996.

［6］苗书梅．宋代官员选任和管理制度［M］．开封：河南大学出版社，1996.

［7］冯友兰．中国哲学史新编［M］．北京：人民出版社，1998.

［8］漆侠．宋学的发展和演变［M］．石家庄：河北人民出版社，2002.

［9］邓广铭．邓广铭全集［M］．石家庄：河北教育出版社，2005.

［10］马斗成．宋代眉山苏氏家族研究［M］．北京：中国社会科学出版社，2005.

［11］顾宏义．天平：十三世纪宋蒙（元）和战实录［M］．上海：上海书店出版社，2007.

［12］蒙培元．理学的演变：从朱熹到王夫之戴震［M］．北京：方志出版社，2007.

［13］张金岭．宋理宗研究［M］．北京：人民出版社，2008.

［14］粟品孝等．南宋军事史［M］．上海：上海古籍出版社，2008.

［15］范立舟，何俊．南宋思想史［M］．上海：上海古籍出版社，2008.

［16］黄宽重．宋代的家族与社会［M］．北京：国家图书馆出版社，2009.

［17］邓小南．朗润学史丛稿［M］．北京：中华书局，2010.

［18］莆田市地方志编纂委员会．莆田市姓氏志［M］．北京：方志出版社，2010.

［19］钱穆．朱子新学案［M］．北京：九州出版社，2011.

［20］陈来．宋明理学［M］．北京：生活·读书·新知三联书店，2011.

［21］何忠礼．南宋全史（二）：政治、军事和民族关系卷下［M］．上海：上海古籍出版社，2011.

［22］陈来．宋明理学［M］．北京：生活·读书·新知三联书店，2011.

［23］余英时．朱熹的历史世界［M］．北京：生活·读书·新知三联书店，2011.

［24］侯体健．刘克庄的文学世界——晚宋文学生态的一种考察［M］．上海：复旦大学出版社，2013.

［25］梁建国．朝堂之外：北宋东京士人交游［M］．北京：中国社会科学出版社，2016.

［26］许浩然．周必大的历史世界：南宋高、孝、光、宁四朝士人关系之研究［M］．南京：凤凰出版社，2016.

［27］张其凡．番禺集［M］．广州：广东人民出版社，2017.

［28］姜海军．宋代浙东学派经学思想研究［M］．济南：齐鲁书社，2017.

［29］黄宽重．孙应时的学宦生涯：道学追随者对南宋中期政局变动的因应［M］．台北：台大出版中心，2018.

［30］廖寅．从内地到边疆：宋代政治与社会研究散论［M］．北京：科学出版社，2018.

［31］余蔚，［日］平田茂树，温海清．十至十三世纪东亚史的新可能性：首届中日青年学者辽宋西夏金元史研讨会论文集［C］．上海：中西书局，2018.

［32］［美］包弼德．斯文：唐宋思想的转型［M］．刘宁，译．南京：江苏人民出版社，2001.

[33]［美］包弼德. 历史上的理学［M］. 王昌伟，译. 杭州：浙江大学出版社，2009.

[34]［美］田浩. 朱熹的思维世界（增订本）［M］. 南京：江苏人民出版社，2011.

[35]［美］田浩. 功利主义儒家：陈亮对朱熹的挑战［M］. 姜长苏，译. 南京：江苏人民出版社，2012.

[36]［美］刘子健. 中国转向内在：两宋之际的文化转向［M］. 赵冬梅，译，南京：江苏人民出版社，2012.

[37]［美］伊沛霞. 当代西方汉学研究集萃（思想文化卷）［C］. 上海：上海古籍出版社，2012.

[38]［美］戴仁柱. 丞相世家：南宋四明史氏家族研究［M］. 刘广丰，惠冬，译. 北京：中华书局，2014.

[39]［美］柏文莉. 权力关系：宋代中国的家族、地位与国家［M］. 刘云军，译. 南京：江苏人民出版社，2015.

[40]［美］蔡涵墨. 历史的严妆：解读道学阴影下的南宋史学［M］. 北京：中华书局，2016.

[41]［日］平田茂树，余蔚. 史料与场域：辽宋金元史的文献拓展与空间体验［C］. 上海：上海人民出版社，2020.

[42] Robert P. Hymes. Statesmen and Gentlemen：The Elite of Fu-Chou，Chiang-Hsi，in Northern and Southern Sung［M］. London：Cambridge University Press，1986.

三、论文（按出版时间先后排序）

[1] 包伟民. 宋代明州楼氏家族研究［J］. 大陆杂志，1997（5）.

[2] 简杏如. 宋代莆田方氏家族的婚姻［J］. 台大历史学，1999（24）.

[3] 包伟民. "精英们"地方化了吗？——试论韩明士《政治家与绅士》与"地方史"研究方法［C］//唐研究（第十一期）. 北京：北京大学出版社，2005.

[4] 杨国宜. 朱熹对民本思想的阐释和实践［C］//宋史研究论文集（第八辑）. 成都：巴蜀书社，2006.

[5] 陈国灿，吴锡标. 陈亮的反理学思想和"朱陈之辩"［J］. 浙江学刊，2009（6）.

[6] 杨倩描. 端平"三京之役"新探——兼为"端平入洛"正名［C］//宋史研究论丛（第8辑）. 保定：河北大学出版社，2007.

[7] 孙先英. 论真德秀的"祈天永命"说［J］. 云南民族大学学报（哲学社会科学版），2008（3）.

[8] 柳立言. 科举、人际关系网络与家族兴衰——以宋代明州为例［J］. 中国社会历史评论（第11卷）. 天津：天津古籍出版社，2010.

[9] 柳立言. 宋代明州士人家族的形态［J］. "中央"研究院历史语言研究所集刊，2010（2）.

[10] 王瑞来. "内举不避亲"——以杨万里为个案的宋元变革论实证研究［J］. 北京大学学报（哲学社会科学版），2012（2）.

[11] 邓小南. 何澹与南宋龙泉何氏家族［J］. 北京大学学报（哲学社会科学版），2013（2）.

［12］黄宽重．"嘉定现象"的研究议题与材料［J］．中国史研究，2013（2）．

［13］陈曦，［美］田浩．南宋地方官的鬼神观与地方实践——以朱熹为中心的考察［J］．
人文论丛，2014（2）．

［14］杨宇勋．宋理宗与近习：兼谈公论对近习的态度［J］．中山大学学报（社会科学
版），2014（6）．

［15］林毓莎．宋代莆田六桂方氏家族及文学考论［J］．临沂大学学报，2015（2）．

［16］黄宽重．交游酬唱：南宋与元代士人的兰亭雅集［C］//唐宋历史评论（第2辑）．
北京：社会科学文献出版社，2016．

［17］方诚峰．"天"与晚宋政治——释宋理宗御制《敬天图》［J］．中山大学学报（社会
科学版），2017（2）．

［18］郭园兰．从《论语》"克己"诠释看朱熹学术内倾特征［J］．原道，2017（2）．

［19］郑壹教．南宋战争对货币依赖性的表现与结果［C］//宋史研究论丛（第23辑）．
保定：河北大学出版社，2018．

［20］焦德明．平日涵养与临事持守——论朱子对《论语》"君子所贵乎道者三"的诠释
［J］．哲学门，2018（2）．

［21］毛钦．晚宋"国是"之争与"端平入洛"之役［C］//宋史研究论丛（第24辑）．
保定：河北大学出版社，2019．

［22］李超．宋理宗继位问题再探——以赵竑与史弥远之矛盾为中心［J］．宁波大学学报
（人文科学版），2020（2）．

［23］林海南．朱熹弟子方壬家学源流述略［J］．朱子文化，2020（2）．

［24］［美］田浩．儒学研究的新指向：对"新儒学"与"道学"之区别的考察［C］//
伊沛霞．当代西方汉学研究集萃（思想文化卷）．上海：上海古籍出版社，2012．

［25］［美］蔡涵墨，李卓颖，邱逸凡．平反陈东［J］．文史，2017（2）．

［26］伊原弘．宋代明州における官戶の婚姻关系［J］．中央大学大学院研究年报，1972
（1）．

［27］Walton Linda A. Kinship, Marriage, and Status in Song China：A Study of the Lou Lineage
of Ningbo, c. 1050—1250［J］. Journal of Asian History, 1984, 18（1）．

［28］陈姿萤．方大琮与《铁庵集》研究［D］．苏州：东吴大学，2008．

［29］王丙申．晚宋理学的境遇（1208—1279）［D］．广州：暨南大学，2010．

［30］欧梅．方大琮年谱［D］．广州：暨南大学，2010．

北洋时期的"鸡公山房屋事"交涉（1918—1923）

何林珊

（武汉大学　弘毅学堂，湖北　武汉　430072）

【摘要】 鸡公山避暑地具有"准租界"的性质。"一战"后期，民国北京政府着手处理德侨在华财产，德侨在鸡公山兴建的 13 座避暑房屋随之被转租予协约国人。1921 年《中德协约》签订后，德国加紧要求恢复房屋租权，英、美等国表示强烈反对。随着交涉的深入，中国政府逐步意识到房屋是"中国产业"而非"德侨财产"。湖北交涉员陈介在外交部训令下，周旋于英、德之间，艰难调和。1922 年起，鸡公山匪祸频发，威胁到外侨的安全。由是，1923 年底，房屋租权得以全部返还德侨，交涉随之草草了结。此事件的解决，恰能体现出北洋时期地方交涉署拥有办理辖区内对外交涉事务的权力，并在一定限度内拥有自主性。但同时也折射出北京政府权威不足、外交体制不够完备和成熟、中央和地方外交机构国家主权意识欠缺等问题。

【关键词】 北洋外交；地方外交；陈介；鸡公山；《中德协约》

【作者简介】 何林珊，武汉大学弘毅学堂人文科学试验班历史方向 2019 级本科生。

一、绪　　论

（一）研究缘起

外交权本应集中于中央，但近代中国的地方政府却在外交方面分享了诸多权力。清朝在很长一段时间里并不具备"统一外交权"的观念和自觉。从 1757 年试图通过"一口通商"将对外交涉事务集中在广州，到鸦片战争后南北洋通商大臣的设置使外交重心转移到上海、天津，清政府虽在第二次鸦片战争后设立了总理衙门，但仍倾向于授权地方办理繁琐的外交事务，不愿在中央层面展开对外交涉。清末新政时期，清政府改总理衙门为外务部，又在地方设置交涉司，虽体现出统一外交权的倾向，但已然难以改变地方外交权力被总督、巡抚把持的状况。北洋时期，民国北京政府政权极不稳固，外交是其作为中央政府最重要的价值所在。交涉署制的确立，看似表明北京政府收拢了外交权，但从实践考察，地方参与并影响外交的现象始终存在。

笔者阅读档案发现，1918—1923 年外交部特派湖北交涉员公署曾办理过的一桩"鸡公山房屋事"① 交涉，就是"地方外交"的典型例证。鸡公山（Chikung Shan），位于河南与湖北两省交界地带，气候清凉，风景秀美。1903 年，传教士来到鸡公山建房避暑，此后数年，不断有外商前来购地建屋。由是，万国建筑排列山间，"云中公园"声名远扬，鸡公山成为近代中国四大避暑胜地之一。然而，外国人对鸡公山的开发并无条约根据。1908 年，清政府与英、美等国签订章程，赎回土地，收回房屋所有权，仅将房屋租权让予外侨。"一战"时期，如何处置德侨在华财产成为北京政府面临的重要问题。这些财产既是巴黎和会上谈判的砝码，又是与德国签订和约的条件，谋求提升国际地位和建立平等外交关系的政治意图使得北京政府对此采取谨慎态度。虽然，鸡公山上所有的避暑房屋均属于"中国产业"，但北京政府最初对此并没有清晰认知。1918 年，德侨建造的避暑房屋，被当作敌产转租予协约国人。在此背景下，这些房屋的租权归属，引发了牵涉多国的"鸡公山房屋事"。1923 年底，房屋租权全部返还德侨，本交涉告终。

在此次交涉中，湖北交涉署承担了具体的往还磋商工作。交涉过程并不复杂，但琐碎拖沓，效率较低，这也正是地方外交的现实处境。笔者拟以此为切入口，对北洋时期地方交涉署的作用和局限展开探讨，试图厘清北洋时期地方外交与中央外交的关系。

（二）研究综述

"北洋外交"是近年来近代中外关系史的热点领域，其中的"地方外交"话题也随之引发讨论；一战时期北京政府对德国在华利益的处置作为观察中德关系的一个窗口，素来受到学界关注；"避暑地"是近代中国比较特殊的概念，鸡公山作为其代表之一，亦有一定研究价值。故而，对于"北洋外交"和北洋时期地方外交、一战时期德国在华利益处置、鸡公山避暑地，前人已有颇多研究成果。

首先，关于"北洋外交"与北洋时期地方外交的研究。

北洋时期（1912—1928）的外交曾长期被国内学界所忽视，为数不多的研究也对其持否定和批判的态度。但如唐启华所言，"近年来学界中革命史观及民族主义的色彩已日渐淡化，近现代史中许多长期被抹黑扭曲的对象，已有重新评价的呼声"，② 加之相关外交档案次第解密，更多历史事实得以完整面貌呈现，北洋外交也开始摆脱"卖国外交""屈辱外交"的固有印象。随着国内研究的逐渐深入，越来越多学术成果肯定了"北洋外交"的重要作用。郭剑林在《北洋政府简史》中将其特点概括为：内向性外交特色、开放性外交格局、力争收回主权的外交方针，肯定了北京政府为外交近代化做出的努力。③更多学者从"废约史"的角度，将北洋外交看作其中的一个阶段。王建朗的专著《废除不平等条约的历程》肯定北京政府修约外交的成果，认为这为中国最终完全废除不平等

---

① "鸡公山房屋事"一语最早见于外交档案：《鸡公山房屋事》（1918 年 7 月 4 日），中研院近史所档案馆藏，外交档案，03-36-045-01-027。本文使用这一表述来指代 1918-1923 年间"鸡公山德侨原建避暑房屋租权归属纠纷"引发的中外交涉事件。

② 唐启华.“北洋外交”研究评介［J］.历史研究，2004（1）：100.

③ 郭剑林.北洋政府简史［M］.天津：天津古籍出版社，2000.

条约奠定了相当的基础。① 李育民的《中国废约史》在系统而细致地论述中国反对、废除不平等条约的斗争历程基础上，强调了北洋外交在"觉醒与奋争"中表现出的积极性。② 唐启华关于北洋外交的一系列专著对其评价更高：《北京政府与国际联盟（1919—1928）》聚焦于中国参与国联的历史，研究北洋外交在国际层面的表现;③《被"废除不平等条约"遮蔽的北洋修约史（1912—1928）》脱出"废约史"的框架，以大量档案为基础，扎实全面地总结了北洋时期丰富而精彩的修约历程与成果;④《巴黎和会与中国外交》则以小切口，对北洋时期外交家给予较高评价，肯定了北京政府在争取国家主权过程中做出的努力。⑤ 同时，也有很多学者直接聚焦于职业外交家群体。石源华主编了"民国外交官传记丛书"，"有褒有贬，褒多于贬"，试图重塑民国职业外交家的群体形象,⑥还在《世界知识》上设立"民国外交人"专栏，刊登近代外交官的普及性文章，呼吁学界对他们做出客观公正的评价。⑦ 金光耀等学者则更关注北洋时期卷入国内政治的亲美派外交家群体——"外交系"。他的两版《顾维钧传》给予外交系代表人物顾维钧"以公理争强权"的评价;⑧《外交系初探》则对外交系进行了较为全面的介绍，指出他们虽然希望使内政、外交相互推动，但在军阀政治下处于被动地位;⑨ 罗毅则更详实地梳理了外交系在内政和外交两方面的活动，着重分析其对北京政局的影响，认为其本质上仍是"寄生于北洋体系内的政治群体"。⑩

海外学界对北洋外交的关注则更早。20 世纪，欧美学界的马士（Hosea Balbu Morse）、波赖（Robert Pollard）等学者一直对其持较为肯定的态度，但近年来研究渐少。日本学者坂野正高、植田捷雄在 20 世纪 50 年代就对此有所关注，评价也较为中肯。

近来研究最为全面深入的当属川岛真。《中国近代外交的形成》一书与既往研究相比有较大突破：他将视域置于整个亚洲世界，从"近代化"与"文明国化"两个维度考证

① 王建朗. 废除不平等条约的历程［M］. 南昌：江西人民出版社，2000.

② 李育民. 中国废约史［M］. 北京：中华书局，2005.

③ 唐启华. 北京政府与国际联盟（1919—1928）［M］. 台北：东大图书股份有限公司，1998.

④ 唐启华. 被"废除不平等条约"遮蔽的北洋修约史（1912—1928）［M］. 北京：社会科学文献出版社，2010.

⑤ 唐启华. 巴黎和会与中国外交［M］. 北京：社会科学文献出版社，2014.

⑥ 石源华主编的"民国外交官传记丛书"，包括石建国著《陆征祥传》、张礼恒著《伍廷芳传》、陈雁著《颜惠庆传》、金光耀著《顾维钧传》、完颜绍元著《王正廷传》、钱玉莉著《陈友仁传》、杨菁著《宋子文传》，共七部，由河北人民出版社于 1999 年出版。

⑦ 例如：石源华. 异域忠魂：壮烈殉国的九外交官［J］. 世界知识，2007（21）：58-59；石建国，王景岐. 倡导禁烟的外交官［J］. 世界知识，2010（20）：58-59；关培凤，郑延禧. "失言"外交官与驻台总领事［J］. 世界知识，2011（23）：62-63；石心怡，刘驭万. 从宗教活动家到外交官［J］. 世界知识，2013（18）：62-63.

⑧ 金光耀. 顾维钧传［M］. 石家庄：河北人民出版社，1999；金光耀. 以公理争强权：顾维钧传［M］. 北京：社会科学文献出版社，2022.

⑨ 金光耀. 外交系初探［C］//金光耀，王建朗. 北洋时期的中国外交. 上海：复旦大学出版社，2006.

⑩ 罗毅. 外交系与北京政治：1922-1927［D］. 上海：复旦大学，2013 年.

了中国清末民初的外交政策与外交实践，思考了中国传统外交观念的深远影响，并指出北洋时期的外交行为主体具有多元性。这种"多元性"很大程度上就指向"地方外交"。他从制度和实例两方面考察了北洋时期的地方对外交涉机构，主要对交涉署的辖区、职能和影响展开研究，提出此时期的外交事件根据重要程度由中央和地方分级处理，但在实践中出现了"中央-地方权力失衡"的问题。①

在此之前，学术界对地方外交问题已有一些概述性讨论。上世纪末，郑永年认为以"省"的外交为代表的地方外交是民国时期中国的一种"准"外交形式，② 在北洋外交中占据较为重要的地位。王立诚在《中国近代外交制度史》③ 中用较大篇幅论述了清末的交涉使司和北京政府外交部特派交涉员公署这两个有延续性质的地方外交实体，但认为交涉员大多是军阀的附庸。日本学者塚本元则侧重于个案研究，深入挖掘了发生在湖南和福州的两起中日冲突事件，认为中央和地方在外交上呈"互补关系"。④ 进入 21 世纪，有关地方外交的研究和讨论更多。马振犊、唐启华、蒋耘所著的《北京政府时期的政治与外交》对此有所涉及，介绍了北洋时期的地方对外交涉机构，但总体评价不高，观点与王立诚相似。⑤ 同时，也有不少成果直接以地方交涉署为研究对象，如蒋贤斌《试论近代的地方外交交涉机关》，对其进行了概述性研究;⑥ 如程子健《北京政府时期的江苏交涉署研究》，具体研究了某一地方的交涉署。⑦

近年来，关于北洋时期地方外交的个案研究也不断涌现。纪浩鹏以"苏州日租界茧行交涉"为出发点，梳理了苏州地方各机构和北京的农商部、外交部等各部门与日方进行的多层级交涉，以此案观照近代中国通商口岸中外贸易纠纷，认为在不平等条约体系框架之下，近代中国的交涉实践中面临着更多复杂问题。⑧ 郭循春具体研究了中日围绕凤凰山铁矿的交涉，指出：北洋时期对外交涉的参与者包括涉及地方利权的多重主体，这不仅为央地的利益博弈提供了很大空间，也容易被列强利用，成为其攫取利益的工具。⑨ 阎高阳对比研究了 1913 年在山东、湖北、江苏发生的三起中日地方冲突，指出北洋时期的地

---

① ［日］川岛真. 中国近代外交的形成［M］. 北京：北京大学出版社，2012.

② Yong-nian Zheng. Perforated Sovereingty：Provincial Dynamism and China's Foreign Trade［J］. *The Pacific Review*，1994（3）：301-321.

③ 王立诚. 中国近代外交制度史［M］. 兰州：甘肃人民出版社，1991.

④ ［日］塚本元. 福州事件と中国日本交渉——「軍閥期」北京政府外交部の役割の一例［C］//中研院近代史研究所. 第三届近百年中日関係研討会論文集上册. 台北：中研院近代史研究所，1996；塚本元. 北京政府期における中央外交と地方外交（1919～20）——以湖南日中両国人衝突事件の外交の処理を事例に［J］，法学志林，1998（3）：1-35.

⑤ 马振犊，唐启华，蒋耘. 北京政府时期的政治与外交［M］. 南京：南京大学出版社，2015.

⑥ 蒋贤斌. 试论近代的地方外交交涉机关［J］. 江西师范大学学报，2000（4）：52-56.

⑦ 程子健. 北京政府时期的江苏交涉署研究［D］. 南京：南京师范大学，2016.

⑧ 纪浩鹏. 合乎新规还是依循旧约：苏州日租界开设茧行之争（1924-1925 年）［J］. 安徽史学，2018（3）：70-78.

⑨ 郭循春. 北洋政府中央与地方的利益争夺——以中日凤凰山铁矿交涉为例［J］. 史学月刊，2019（6）：58-68.

方对外交涉在制度与实践上具有一定的落差。① 以上成果使得北洋时期地方外交的面貌更为生动具体，也为之后的个案研究提供了值得借鉴的范式。

其次，关于"一战"时期北京政府对德国在华利益处置的研究。

对"敌侨"和"敌产"的处置能够一定程度上反映出战争时期的国家关系，一战时期北京政府对德国在华利益的处置就是北洋外交的一次重大实践。学界对一战时期中德关系在侨民方面的研究较多，张开森、简雯、吕承恩等都对此进行了深入探索。② 对于德侨在华财产处置的问题，关注度也在逐渐上升。唐启华曾对北京政府处置德产的过程进行过梳理，指出：中国对德产的没收与清理"取得了很大的财政利益，并成为日后对德索赔之有效筹码"。③ 剑桥大学的孟嘉升（Ghassan Moazzin）以一战时期协约国主导的经济战为背景，深入研究德华银行这一个案，认为中国在处置德产时遭受较大的协约国压力。④ 魏兵兵的《公法、主权与利益：一战时期北京政府对德侨财产之处置》一文，基于北京政府、协约国集团和德国的力量对比，考察中国国内政府和民众层面的态度，对这一问题做出了综合性论述，得出北洋外交自主性逐步加强的结论。⑤ 韩康康《一战及战后北京政府对德债务处置研究》则围绕债务问题展开具体的论述，借此探究中德关系的演变与复杂的国际环境。⑥ 综合而言，关于这一领域的研究学术价值很高，但在个案发掘的广度上还有丰富和深入的空间。

最后，关于鸡公山及其避暑房屋的研究。

鸡公山与庐山、莫干山、北戴河并称为近代中国四大避暑胜地，一些学者对避暑地的形成、性质、发展等情况展开了研究。美国学者 J. E. Spencer 和 W. L. Thomas 的 The Hill Stations and Summer Resorts of the Orient 是早期近代避暑地研究的重要成果，概述了欧美殖民者于 19 世纪至 20 世纪前半叶在亚洲开辟的避暑地。⑦ 费成康是国内较早关注这一问题的学者，他在《中国租界史》中指出，避暑地是 19 世纪末、20 世纪初来华的传教士和外商在凉爽的深山与滨海地区开辟的居留地，外国人在其中仿行租界制度，使之成为一种"近似租界的特殊区域"，也可称为"准租界"。⑧ 李灿、吕晓玲和李南的研究成果，

① 阎高阳. 民初地方外交问题之考察［D］. 上海：华东师范大学，2020.

② 张开森. 1918 年在华德侨处置案引发的中外交涉［J］. 近代史研究，2011（3）：80-89；简雯. 一战时期北京政府德侨处置问题初探［D］. 长沙：湖南师范大学，2012；吕承恩. 欧战前后中国政府对德侨问题之处置（1914-1921）［D］. 花莲：台湾东华大学，2016.

③ 唐启华. 被"废除不平等条约"遮蔽的北洋修约史（1912—1928）［M］. 北京：社会科学文献出版社，2010.

④ Ghassan Moazzin. From Globalization to Liquidation：The Deutsch-Asiatische Bank and the First World War in China［J］. *Cross-Currents：East Asian History and Culture Review*，2015（2）：601-629.

⑤ 魏兵兵. 公法、主权与利益：一战时期北京政府对德侨财产之处置［J］. 史学月刊，2019（12）：52-69.

⑥ 韩康康. 一战及战后北京政府对德债务处置研究［D］. 长沙：湖南师范大学，2020.

⑦ J. E. Spencer，W. L. Thomas. The Hill Stations and Summer Resorts of the Orient［J］，*Geographical Review*，1948（4）：637-651.

⑧ 费成康. 中国租界史［M］. 上海：上海社会科学院出版社，1991.

则更为细致而详实地分析了四大避暑地在 19 世纪末期形成的原因和发展情况。①

鸡公山的研究，涵盖了自然地理、房屋建筑、历史沿革以及外交关系等诸多领域。总体考察，姜传高和王道普编撰的《鸡公山志》详尽地介绍了鸡公山的各项情况，是研究鸡公山不可多得的史志材料。② 张明瑜强调了鸡公山开发对区域近代化的积极作用。③ 胡欢欢则更关注传教士这一特殊群体，论述了传教士如何对鸡公山这一中西杂糅的二元社会的整体风貌和管理制度产生影响。④

作为"准租界"，中外关系层面的研究在鸡公山的研究中占有重要地位。河南信阳政府主持编写的《重修信阳县志》"大事记·交涉篇"较为翔实地记录了清朝末年"鸡公山外人租地交涉案"的基本情况，为研究提供了较为原始的史料。⑤ 田青刚聚焦于 1908 年之前鸡公山的外交纠纷，认为该交涉相对成功地维护了国家主权。⑥ 川岛真则认为 1921 年"鸡公山案"是交涉署参与决策并处理地方事件的典例，分析了央地之间关于房屋租权问题的往还磋商。⑦ 李艳艳对这两个时段均有涉及，梳理了房屋管理事务和租权归属引发的纠纷，并概括了交涉体现出的自主性、时效性等特点。⑧

综上所述，关于本文的研究主题，前人已有相当多的高质量学术成果可资借鉴。但是，现有研究均未将"鸡公山房屋事"交涉的过程梳理完全，并存在一些错漏之处；以湖北交涉署为研究对象，讨论北洋时期地方外交的成果也还很少。故而，本文的主题具有进一步研究的价值。

（三）研究方法

本文以档案史料为基础，主要运用中研院近史所藏《北洋政府外交部档案》、湖北省档案馆藏《外交部特派湖北交涉员公署档案》、"Archives Unbound：Papers of British Consulates and Legation in China 1727-1951"等档案资料，试图还原出"鸡公山房屋事"交涉的原始形态。但由于本文的研究对象影响较小，德、英、美、日等国留下的相关记录较少；且交涉整体上集中于地方层面，而目前对外国驻华领事馆档案的整理并不充分；加之笔者语言能力有限，本文档案材料的来源仍以中文档案为主。同时，由于档案记录相对简省、单薄，本文还综合运用《申报》、*The Weekly Review* 等报刊材料，尽可能借助多元史料，更生动地呈现出本交涉的完整面貌。

---

① 李灿. 中国四大避暑胜地比较研究［D］. 杭州：浙江大学，2006；吕晓玲：近代中国避暑度假研究（1895-1937 年）［D］. 苏州：苏州大学，2011；李南. 中国近代避暑地的形成与发展及其建筑活动研究［D］. 杭州：浙江大学，2011.

② 河南省《鸡公山志》编纂委员会. 鸡公山志［M］. 郑州：河南人民出版社，1987.

③ 张明瑜. 论鸡公山避暑地的形成与影响［D］. 开封：河南大学，2008.

④ 胡欢欢. 传教士与近代鸡公山社会变迁（1903-1938）［D］. 武汉：华中师范大学，2014.

⑤ 河南省信阳县志编委会. 重修信阳县志［M］. 信阳：河南省信阳县志总编室，1985：733-741.

⑥ 田青刚. 鸡公山外人购地建屋案交涉述论［J］. 信阳师范学院学报（哲学社会科学版），2011（3）.

⑦ ［日］川岛真. 中国近代外交的形成［M］. 田建国，译. 北京：北京大学出版社，2012.

⑧ 李艳艳. 鸡公山避暑房屋纠纷与交涉研究［D］. 长沙：湖南师范大学，2015.

二、"鸡公山房屋事"之背景（1903—1919）

第一次世界大战期间，在协约国施压下，民国北京政府着手处理德奥侨民在华财产。鸡公山德侨原建避暑房屋最初就被视为德侨在华财产的一部分，由是，一场牵涉中、德、英、美等国的交涉事件围绕鸡公山展开。但是，这座静立于中国内地的山峰，是如何在近代成为一个汇聚了大量外侨的避暑胜地，又是如何卷入处置德侨在华财产这一事件当中的呢？

（一）鸡公山外侨房屋租权的取得（1903—1908）

鸡公山处于亚热带向南温带的过渡地带，海拔较高，湿润凉爽，"虽盛夏须御袷衣"①；且素来人烟稀少，开发程度低，植被保持良好，"林壑深秀，旷宇天开"②。这块清凉"宝地"，满足了长居于汉口周边外侨的避暑需求。1902年，芦汉铁路汉口至信阳段开通，美国美瑙会路德宗传教士李立生（Daniel Nelson）和施道格（Sorensen Stokke）乘车寻找避暑之地，发现毗邻铁路的鸡公山气候宜人、山清水秀，遂起在此消夏之意。

避暑需要有房可住，而鸡公山上显然没有足够的住房可供大量外国人同时消夏。但截至当时，不平等条约并未赋予外国人在中国内地置地的权利。中美《望厦条约》中的"合众国民人在五港口贸易，或久居，或暂住，均准其租赁民房，或租地自行建楼"③，只允许外国人在通商口岸租地建屋；中法《北京条约》中的"任法国传教士在各省租买田地，建造自便"④ 本身具有争议，根据孙江的研究，不仅是"非法的条文"，至多也只允许法国天主教以"天主堂公产"的名义在中国内地置地⑤；后来中美《通商行船续订条约》虽允许美国教会"在中国各处租赁及永租房屋、地基"⑥，但仍强调这些财产属于"教会公产"。这就说明，任何人都无权以私人名义在鸡公山租买田地、建造房屋。

然而，1903年至1904年，新教教士李立生和施道格却相继从鸡公山上的地主手中买下大片土地，在两任信阳知州曹毓龄、徐佐垚的许可下缴纳税款，建造房屋，且均未在地契中标明其地为"教会公产"。1905年，二人还通过美国领事和西文报纸极力宣传鸡公山，吸引来大量教士与外商。一开始，他们充当中间商，"购买地基，转售洋商教士"⑦，后来，外侨甚至直接同当地人展开交易，并且不经过中国官厅。1905年，山上已建成27

---

① 重修信阳县志［M］：55.

② 重修信阳县志［M］：55.

③ 五口贸易章程：海关税则（1844年7月3日），王铁崖．中外旧约章汇编第一册［M］．上海：上海财经大学出版社，2019：47.

④ 续增条约（1860年10月25日），王铁崖．中外旧约章汇编第一册［M］：134.

⑤ 孙江．《北京条约》第六款中法文本之辨析——兼论巴黎外方传教会广东地契文书［J］．清史研究，2018（3）：127.

⑥ 通商行船续订条约（1903年10月8日），王铁崖：中外旧约章汇编第二册［M］．上海：上海财经大学出版社，2019：171.

⑦ 宗教：各省教务汇志［N］．东方杂志，1907-7-25（7）：22.

处西式房屋，形成了"每岁三伏日，贵官富贾及西人往避暑者百数十人，佳胜不亚庐山"①的"盛况"。

鸡公山上外国人日益增多，凿石建屋，日夜不歇，引起地方官厅的关注。如上文所言，外国人的行为没有条约依据。但庚子事变后，清政府已经逐渐形成了条约观念，完成了从"要盟不信"到"以为信据"的转变，认同"公法当重"，信守条约。② 1905 年 9月，信阳署理州事龚缪查明，外国人所有地产均非"教会公产"，时任河南巡抚陈夔龙立即向外国方面提出"撤屋退地，追价给领"的要求。湖广总督张之洞了解此事后，一面令当时负责湖北涉外事务的江汉关道照会各国驻汉口领事，希望其国限制教士、商人的行为，一面要求湖北督抚尽快收回土地。次年，继任河南巡抚张人骏继续办理此案，将违规允许李、施纳税建房的两任知州革职，增派人员赴汉口进行交涉。1908 年 1 月，江汉关监督齐耀珊、豫南汝光兵备道吴嵚与汉口领事团领袖领事英国人埃·霍·法磊斯（Everard Duncan Home Fraser）正式签订《鸡公山租屋避暑章程》和《河南鸡公山租地章程》。③

《鸡公山租屋避暑章程》承认土地由传教士以教会名义购买，掩饰了外国人违约置地的事实；明确将鸡公山上 923 亩土地收回，定为鄂豫两省官地，另有 347 亩土地被定性为教会公产，并强调"不得转卖洋商"；对于外国人自行建造的房屋，同意让出租权，称承租者为租户。

在此有必要对本文最重要的"租权"概念做出阐释。这一表述常见于当时的外交档案，前人在相关研究中也大多直接沿用。费成康认为，避暑地是外国人通过欺蒙或违法的行径永租或购买土地后形成的区域，"除较早被中国收回的鸡公山避暑地外，外人在这些避暑地中都仿行租界制度……成立名叫'避暑会'之类的自治机构"，导致避暑地成为非法的"准租界"。④ 但他关于鸡公山的说法其实并不准确。1918 年 2 月，曾有一位名为特鲁乃得的法国人以"鸡公山董事会"的名义致函湖北交涉署，提出"停止德人租屋权利"的要求。可见，虽然鸡公山被收回时明确外国人"不得有自治之权力"，但事实上一直存在由外国租户组成的自治机构，司管理之职。因而，鸡公山避暑地事实上同样具有"准租界"性质，中国政府不得不将租权让渡给购地的外国人。这种"租权"与一般的租赁权或居住权存在区别。鸡公山避暑房屋的承租人，可以是个人或团体，他们依据章程，从地方官厅处获得房屋的使用权，并可以经过官厅，将房屋转租他人，其权利是双向的；同时，在一般情况下，只要按时缴纳租捐，就能永久享有房屋使用权，故"租权"也与"永租权"有相似性质。总而言之，鸡公山避暑房屋的"租权"较为特殊，应当置于避暑地这一背景下理解。

《鸡公山租屋避暑章程》正文共十条，主要围绕四个关键问题展开：

第一，房屋所有权。对于尚未建房的租户，允许在被收回的地基上建造房屋；对已建

---

① 重修信阳县志 [M]：55.
② 李育民. 晚清中外条约关系研究 [M]. 北京：法律出版社，2018：103.
③ 重修信阳县志 [M]：734-736.
④ 费成康. 中国租界史 [M]：320-322.

成房屋的租户，中国官厅将根据"房屋图式及订造合同或帐目清单"确定价格，回购房屋，再转租予原建者。房屋所有权均归中国官厅所有。官厅可根据现实情况确定回购时间，无论何时，任意租户均不可拒绝。

第二，租金与租期。无租期限制，租户只要在每年"西历三月初一日"前缴纳"屋价百分之八"的租金，获得租照，就"自无撤租不令居住之事"。但明确若无特殊情况，外国人只能在夏季居住。

第三，转租。允许租户将官厅为回购的房屋租权转移给他人，但须遵守必要流程，"如该租户向他人典卖或转租，或遗给亲故，均应先行知照地方官更名注册"；而中国官厅有权将没有按期缴租的房屋"任便招租，并按出租价最大者租给"，"其原租户不得再有异言"。

第四，管理。治安等公共事务，由中国设立警察局办理，但只在夏季工作；房屋建造修理事务，由鸡公山工程局承办。租户须每年缴纳公益统捐以享受警察局和工程局的服务。

同时签订的《河南鸡公山租地章程》则规定了将鸡公山河南官地划出一部分，招本国人承租，承租之地也可以转租，但"应报局核明注册……不得私相授受，致滋流弊"；并明确"如本国人或外国教士，有将所建之屋，转租洋商店住者，查出勒令退租，并将原租户酌予科罚"，这也是防止有人效仿李立生、施道格的行为；但仍然同意将土地租给各国教会建屋避暑，当作教会公产。此后，中外还签订了《避暑警察章程》等一系列附属条款，对鸡公山进行分工明确的规范化管理。继任湖广总督赵尔巽又将鸡公山上官地和教会公产之外的土地划为森林地，管辖权分属鄂豫两省的森林公司，预防外国人重施故技。

至此，清朝末年的鸡公山外人购地纠纷基本宣告解决。虽然《章程》规定，此后无论何处"均不得再有借口援案办理"，获得同样的租屋避暑权利。但不可回避的是，在鸡公山上，外国教会获得了租赁土地的权利，外国人取得了房屋的租权。德侨也由是获得了鸡公山避暑房屋的租权。此后，英、美、德、日、比、荷等国越来越多的商人被吸引来到鸡公山，鸡公山真正跻身近代中国四大避暑胜地之列。然而，所有《章程》都没有明确规定租户的租住期限，这种模糊的"永久性"为后来的争端埋下伏笔。

（二）"一战"期间德国在华财产处理问题

1914年7月末，第一次世界大战正式在欧洲大陆爆发。8月初，中国宣布"严守中立"。但随着日本对山东的进犯，北京政府开始谋求参与对德作战，以便战后收回失地与主权。1917年3月14日，中德绝交。其后，为争取更优的参战条件，北京政府与协约国集团进行了艰难的谈判拉锯。8月14日，北京政府对德宣战。

断交后，德国在华权益由荷兰代为照管，其中包括德国政府享有的特权以及政府和侨民的财产，而北京政府也面临着如何对其进行处理的问题。近代以来，德国势力进入中国相对较晚，对华的单独特权主要集中在胶澳地区，与其他列强通过"一体均沾"和片面最惠国待遇共享的权利更多。故而，对此的处置并不困难，宣战后，北京政府迅速废止德国在华特权。

财产的处理问题则更为棘手。德国注重对中国的经济侵略，通过投资等商贸活动攫取了大量经济利益，在华的公私财产都数目庞大。就其分布情况考察，"德侨财产在我国各省者，以直隶、江苏、湖北、湖南为最多"。① 魏兵兵认为，北京政府出于"希望通过奉守国际公法展现'文明国'形象，获得国际社会的认可"之由，对德侨财产的处置总体上较为温和谨慎，但后来在协约国的压力下逐渐"由宽而严"。② 具体考察，参考当时较为权威的《奥本海国际法》，"一战"初期各交战国往往不会没收敌侨私人的土地、财产，并会对其加以保管。然而随战事发展，许多国家会对敌侨私产采取非常的战时措施，致使这些财产遭受重大损害，从而打击敌国的财务及商务，但战时被出售敌产的购买者，不得取得这项财产的任何权利。③ 中德绝交后，北京政府就开始对在华敌产进行调查清算；宣战后，则迅速出台《处置敌国人民条规施行办法》，对德侨私产"查明封存或设法保管"，"查明财产种类、数量等，造具清册，签字存案"。允许地方官厅根据现实情况，保存或变卖。保存的财产若有损失，除非是不可抗力因素，或"或非出于不注意之缘由"，地方官厅应承担责任；若变卖财产，则"须将变卖金额造册注明，并应得该移居或出境者之同意"。④ 后由于英、美等国的介入，财产处置办法有所变化，较之从前稍显严厉，但从1919 年初正式出台的《管理敌国人民财产条例》看，仍以保护为主：成立管理敌国人民财产事务局，要求各地核算敌侨在华的动产和不动产，由地方官厅接收管理，承担看守之责，期间产生的费用从财产中抵扣。⑤ 并在《实施细则》中补充，"财产若易于损坏，或不便于保管，或其保管费不久可超过其原有价值者"，可以"由司法官厅拍卖"，保管所得金额。⑥ 在此期间，出现了大量围绕敌侨财产管理的交涉事件，如禅臣洋行房产纠葛案⑦、封收上海烟台德国邮局暨德和水线公司交涉案⑧等。

"一战"结束后，巴黎和会召开，中德进行谈判，最终签订《中德协约》，规定中国政府不能没收德侨私产，两国开始协商归还战时被冻结、管理的财产。北京政府对德侨财产处理的实践，从欧战开始，一直延续到战后 20 世纪 20 年代中期，将在下文具体展开。

三、"鸡公山房屋事"的前期交涉（1918—1921）

鸡公山上的避暑房屋被收回后，鄂豫地方官厅出于管理之便，对所有房屋进行了编

---

① 北京通信 [N]. 申报, 1919-07-06（7）.

② 魏兵兵. 公法、主权与利益：一战时期北京政府对德侨财产之处置 [M].

③ [德] 奥本海. 奥本海国际法"下卷——战争与中立" [M]. 岑德彰，译. 上海：上海社会科学院出版社，2017 影印本：129, 164.

④ 处置敌国人民条规施行办法 [A]. 中研院近史所档案馆藏外交档案, 03-36-174-07-048.

⑤ 全国图书馆文献微缩复制中心. 民国外交部第一次世界大战档案汇编第一册 [M]. 北京：全国图书馆文献缩微复制中心, 2009：220-228.

⑥ 民国外交部第一次世界大战档案汇编第一册 [M]. 北京：全国图书馆文献缩微复制中心：224.

⑦ 民国外交部第一次世界大战档案汇编第一册 [M]. 北京：全国图书馆文献缩微复制中心：399.

⑧ 民国外交部第一次世界大战档案汇编第二册 [M]. 北京：全国图书馆文献缩微复制中心, 2009：881.

号,根据其所处地域,划分为鄂界某号或豫界某号,截至 1915 年,有编号的房屋共计 131 座,其中鄂界 67 座,豫界 64 座。① 其中,13 座由德侨建造,但在"一战"期间,有大约 20 座由德侨承租。

1917 年 8 月对德宣战后,普通德侨可以自愿选择离开中国,留居境内者则须"移居于指定地点"。② 大量原居于汉口等地的德侨被迫持旅游证照前往鸡公山。外交部特派河南交涉员许沅认为应当加以阻禁,③ 而外交部下令允许德侨暂居。④ 但如此绝非长久之计,德侨长居会造成政府开支增加,甚至引发混乱。于是,湖北、河南两省督军商议,将他们安置到汉口福来德洋行。⑤ 11 月,德侨全部离开鸡公山。

1918—1919 年,战事未了,德国租户依然无法前往鸡公山避暑。湖北、河南地方在协约国压力之下,陆续将这些空置的房屋转租,房屋内放置的家具等动产,也大多被地方官厅在德侨不知情的情况下转移或变卖。当一战结束,德侨希望返回鸡公山时,矛盾就出现了。

"鸡公山房屋事"交涉,可以 1921 年 5 月《中德协约》签订为界,划分为前、后两个阶段,主要责任一直由外交部特派湖北交涉署承担,本章将对其前期努力进行梳理。

(一) 湖北交涉署办理"鸡公山房屋事"的权力来源

20 世纪中叶劳特派特 (Hersch Lauterpacht) 修订的《奥本海国际法》指出,一个国家的最高机关"有权在国家全部外交关系上代表该国家"。⑥ 如今,"外交"也通常被认为是以主权国家为主体,以和平手段对外行使主权的一种行为。既然外交权应由中央政府掌握,地方何以有权开展外交活动?但随着学界关于晚清和北洋时期"地方外交"的研究成果不断增多,这一提法也逐渐被接受,"鸡公山房屋事"交涉就被认为是地方外交的一次典型实践。

北洋时期,羸弱的北京政府内外交困,军阀割据严重,中央政府权威不足,国家政权极不稳定。虽然北京政府明白外交有助于彰显自身正统性,是其作为中央政府最重要的价值所在,但"权威失坠"的现实导致它无法牢固地把控外交权,难以实现对地方交涉署的"集中控制"。另外,"近代不平等条约制度客观上造成了外交概念的扩大"⑦,治外法权的存在和外国列强的压力使地方官必须承担一部分对外交涉责任。与此同时,"近代

① 鸡公山划收官地图 (1915 年 8 月) [A]. 湖北省档案馆, LS031-015-0674-0001.
② 处置敌国人民条规施行办法 [A]. 中研院近史所档案馆外交档案, 03-36-174-07-048.
③ 德国商民持旅行各照赴鸡公山休息者已达百余人嗣后再有请照赴山似应停止 (1917 年 8 月) [A]. 中研院近史所档案馆外交档案, 03-36-045-01-001.
④ 现寓鸡公山之德人暂勿勒令离山 (1917 年 10 月) [A]. 中研院近史所档案馆外交档案, 03-36-045-01-005.
⑤ 咨复租界内德人已迁至特别区居住 (1917 年 10 月) [A]. 中研院近史所档案馆外交档案, 03-36-045-01-007.
⑥ [波兰] 劳特派特修订. 奥本海国际法上卷第一分册 [M]. 王铁崖, 陈体强, 译. 北京: 商务印书馆, 1989: 105.
⑦ 王立诚. 中国近代外交制度史 [M]. 兰州: 甘肃人民出版社, 1991: 181.

化"的交涉署制取代了晚清的交涉使司制度，专业外交人员的配备使地方的确具备了妥善处理中外交涉事务的能力。由是，地方外交在北洋时期的合理性和重要性得以凸显。

显然，北洋时期的"地方外交"绝不是指地方拥有独立的"外交权"，而是指地方在事实上具有一定办理对外交涉事务的权力。川岛真的阐释较为合理贴切："地方政府处理发生在自己管辖区域内的外交事件。处理重大事件的前提是向中央的外交机构咨询。地方政府的交涉对象是领事。并且，地方政府需要有进行外交交涉的制度后盾。"① 具体到"鸡公山房屋事"，中央政府赋予湖北交涉署处理辖区内外交事件的权力；在处理过程中，交涉员积极地与外交部沟通；他的交涉对象也基本都是各国驻汉口领事。综上，用"地方外交"来概称鸡公山避暑房屋纠纷中湖北交涉署的行为具有合理性。

但是，鸡公山是鄂豫两省界山，在地理区划上属于河南信阳，依照常规，更倾向于是河南交涉署的管辖区域。事实上，1919 年之前，鸡公山避暑房屋尚未真正引发中外交涉事件，涉外事务的确基本均由河南交涉署处理，只在涉及较大问题时，才由湖北方面统筹办理。如 1914 年收缴的两省房屋租捐就由"湖北交涉署汇齐"②。但 1919 年之后，几乎所有围绕"鸡公山房屋事"的对外交涉活动，都转由湖北交涉署主导。

其原因是多方面的。汉口开埠较早，是长江中游地区的经济中心，外侨数量较多，外国利益较大，导致湖北地方需要与外国交涉之处很多，可谓"交涉繁要"，而河南的政治、经济地位都相对低，"交涉较简"。出于这一原因，湖北早在 1910 年就设置了新的地方外交机构——交涉使司，北洋时期，则规定由江汉关监督兼任外交部特派湖北交涉员，设立湖北交涉公署；河南则并未在清末设置交涉司，到北洋时期才设立交涉署。③ 因此，湖北交涉署办理外交事务的传统与经验更为丰富。同时，由于湖北区位优势明显，各国基本都在汉口设有领事馆。这些领事馆级别较高，辖区广大，负责包括河南在内的中西部多个省区。对于外国领事而言，无论是面谈还是致函，湖北交涉署都是更便捷高效的选择。因而，在北洋时期所有交涉署中，湖北交涉署为"甲级"，规模最大，级别最高，河南交涉署仅属"丁级"，为最末。④ 另外，鸡公山避暑房屋争端发生时，正值直系军阀执掌北京政府大权，对湖北的控制更为直接有力。因而，在本事件的处理解决过程当中，湖北交涉公署扮演了最为重要的角色，承担了绝大部分责任，河南交涉公署更多承担的是辅助、协办、调查的工作。

除此之外，还需考虑鸡公山作为"避暑地"的特殊性。如前文所述，避暑地中的外国人享有一定自治权，对这类区域的管理牵涉到中外利益，错综复杂，甚为棘手。中央若不清楚当地具体情况，贸然实施垂直管理，很可能导致冲突。一战时期，协约国对中国事务常常插手干预，敏感地带就更容易出现问题。越来越多外国人请求过户避暑地内的不动

---

① ［日］川岛真. 中国近代外交的形成［M］. 田建国，译. 北京：北京大学出版社，2012：420.

② 呈送鸡公山房租报告书由（1914 年 5 月）［A］. 中研院近史所档案馆外交档案，03-42-002-02-009.

③ 王立诚. 中国近代外交制度史［M］. 兰州：甘肃人民出版社，1991：185.

④ ［日］川岛真. 中国近代外交的形成［M］. 田建国，译. 北京：北京大学出版社，2012：155.

产，北京政府疲于应对，于 1919 年订立《避暑地管理章程》并《租建章程》，针对直隶北戴河、江西牯岭（庐山）、浙江莫干山、河南湖北交界处鸡公山做出规定，统一了四大避暑地内外国人关于不动产的各项权利。其中第五条规定"避暑地由该管地方官厅监督管理界内一切事务"①，中央将管理权最大程度下放至地方，只要求地方定期将管理办法上呈中央即可。这标志着湖北交涉署取得了处理鸡公山事务的更大自主权。

（二）《中德协约》签订前湖北交涉署的交涉活动

《处置敌国人民条规施行办法》赋予地方处置敌侨财产的权力，《避暑地管理章程》给予地方管理避暑地事务更大的自主权。由是，湖北交涉公署承担起了"鸡公山房屋事"交涉的责任。

北京政府对在华敌产的统计数据显示，湖北德侨活动较多，遗留财产也多，鸡公山在其中的占比并不高，但遗留于河南估值近两千两的财产，均位于鸡公山②，其中就包括了避暑房屋以及德侨对其之投资。可见，虽然德侨在鸡公山只拥有房屋的租权，但当时北京政府并没有意识到这一问题，而是将房屋看作德侨私产，这正是"鸡公山房屋事"发生的前提。

1917 年 12 月中旬，《民国日报》《新闻报》等报纸刊登消息称，德侨库石希望前往庐山，被江西交涉署拒绝。③ 暂居汉口的德侨开始担心第二年无法回到同为避暑地的鸡公山。1918 年 2 月 6 日，荷兰公使贝拉斯（Jonkheer Frans Beelaerts）照会外交总长陆征祥，称德侨对此类谣言感到"恐慌"，希望北京政府保留德侨赴鸡公山避暑之权，但陆征祥并未给出正面回应。④ 2 月中旬，鸡公山董事会总董特鲁乃得致函湖北交涉署，提出：鸡公山避暑房屋极为紧俏，既然中国已对德宣战，"德人在山之租地、租屋等权利"都应该被收回，现有的 18 座德侨原建房屋应当转租予协约国人。⑤ 等到 2 月底，"西历三月初一日"的缴租日迫近，协约国方面更为心切。英国使馆参赞巴尔敦（Sydney Barton）照会外交次长高而谦，重申鸡公山董事会的主张，高而谦表示同意，⑥ 当即饬令鄂、豫交涉署停收德侨 1919 年的租捐，⑦ 不准德侨返回鸡公山。虽然湖北省长王占元认为，庐山等避暑地并未阻禁德侨，惟鸡公山阻禁与章约相悖。⑧ 但外交部仍在 3 月初令交涉署将德侨房

① 呈送避暑地管理章程请鉴核施行由（1919 年 3 月）[A]. 中研院近史所档案馆外交档案，03-16-059-04-001.

② 调查敌侨财产报告（1917 年 3 月）[A]. 中研院近史所档案馆外交档案，03-36-137-01-001.

③ 德侨请赴牯岭被拒 [N]. 民国日报，1917-12-12（10）.

④ 鸡公山德人避暑事（1918 年 2 月）[A]. 中研院近史所档案馆外交档案，03-36-045-01-015.

⑤ 鸡公山董事会总董请停止德人在该山租屋权力（1918 年 2 月）[A]. 中研院近史所档案馆外交档案，03-36-045-01-017.

⑥ 鸡公山德人租屋事（1918 年 2 月）[A]. 中研院近史所档案馆外交档案，03-36-045-01-019.

⑦ 停收鸡公山敌侨房租事（1918 年 2 月）[A]. 中研院近史所档案馆外交档案，03-36-045-01-020.

⑧ 鸡公山董事会总董函请停止德人在鸡公山租屋避暑（1918 年 2 月）[A]. 中研院近史所档案馆外交档案，03-36-045-01-022.

屋租予协约国人，家具允许协约国人租买。德侨听闻此事，再次通过荷兰使馆翻译卓思麟（Paul Reitler Josselyn）向王景岐提出严正抗议。① 但这已然于事无补，根据 1908 年《章程》规定，租捐未被按时收缴就等于租权的丧失。至此，1918 年上半年，德侨租权基本全部被转移，只有极个别居于汉口的德国"患病妇孺"被允许前往鸡公山避暑。②

此后两年多，"鸡公山房屋事"没有发生较大的争端。直到 1921 年初，中、德两国的谈判接近尾声，和约的签订已属可知的未来。就德侨避暑房屋租权归属一事，中、德、英等国又展开了密集交涉。新任湖北交涉员陈介开始在地方层面做出努力。值得注意的是，他曾留学日、德，系统全面地学习了国际法与外交知识，是典型的新式外交人才。

1921 年 2 月，湖北交涉员陈介上呈北京政府外交部，称荷兰驻汉口领事巴克乐转达了德商韩贝（G. Hempel）等人希望返回鸡公山避暑的请求，虽然陈介认为"现在战事早已终止，德商承租前修之屋，当然继续有效"，但如今协约国人均未退租，租权的返还在事实上存在困难。③ 而仔细研究 1908 年《章程》后，他发现了其中矛盾之处：既明确房屋原建者享有租权，又规定按时交租等同续租。如今德侨"援章群来"而"协约国商人仍愿继续缴租"，《章程》的漏洞使双方都有正当理由。他感到棘手，在 2 月 25 日快邮代电紧急询问外交部。④ 一周后，外交部才回复称，如今"和约未定"，本案应从缓办理，但须尽快"规定适宜租期，不能漫无限制"。⑤ 同时，英国公使艾斯顿（Beilby Francis Alston）在与外交总长颜惠庆会晤时，提出续租鸡公山避暑房屋的诉求，颜惠庆同样以中德协约尚未签订为由推脱，但表示"磋商之际，自不便准许他人长期租赁德人产业"。⑥ 不久后，德国公使也表示，协约国人获得的租权仅具战时"临时性质"，如今两国已恢复和平状态，德侨房屋的租权与房屋内的家具财物都应物归原主。⑦ 但根据现存档案，外交部并未对此进行回复。

至此，各方关于德侨房屋租权的整体性交涉告一段落。以上中外、央地之间的沟通传递出以下信息：其一，中国中央和地方都倾向于将租权返还德侨；其二，外交部希望依照

---

① 鸡公山租房事（1918 年 2 月）[A]. 中研院近史所档案馆外交档案，03-36-045-01-025.

② 德侨移居自以湖北鸡公山地方较为合宜函请查核见复（1918 年 5 月）[A]. 中研院近史所档案馆外交档案，03-36-045-02-020.

③ 德商原租鸡公山鄂豫两界官房应否继续有效请鉴核令遵由（1921 年 2 月）[A]. 中研院近史所档案馆外交档案，03-16-020-01-001.

④ 德商欲续租鸡公山房屋应否令现住各商让回如何停服乞电示祗遵由（1921 年 2 月）[A]. 中研院近史所档案馆外交档案，03-16-020-01-003.

⑤ 德商请继续承租鸡公山房屋事仍遵前令办理由（1921 年 3 月）[A]. 中研院近史所档案馆藏，外交档案，03-16-020-01-004.

⑥ 英人拟租汉口鸡公山德人避暑房屋事（1921 年 3 月）[A]. 中研院近史所档案馆外交档案，03-11-004-03-001.

⑦ 鸡公山房屋应仍租与德侨之理由及所有家具物件等项归还原主由（1921 年 3 月）[A]. 中研院近史所档案馆外交档案，03-16-020-01-006.

即将签订的平等条约办理此事；其三，外交部要求湖北交涉署弥补旧章程中类似"永租权"的缺漏；其四，虽然德侨享有的只是避暑房屋的租权，但中国方面此时仍认为避暑房屋属于德侨财产。

1921年4月，湖北交涉署迎来了第一个具体事件：德侨克烈尔请求恢复房屋租权。1915年，英国人高尔生依照章程办理相关流程，将自己建造并承租的豫界第13号避暑房屋转租予德国人克烈尔的妻子。[①] 1918年，"因宣战关系将原租户德商克烈尔撤租"后，房屋先后被租予河南交涉署秘书和汴洛铁路局。但1921年，该房屋空置，不存在需要迫令现租户退租的情况，"揆之情理，似可以照准"。[②] 5月11日，在德方催促下，湖北、河南交涉署加紧协商，认为完成外交部尽快"规定租期"的命令并不简单，克烈尔的请求却不难办，故一致同意，从1921年起，恢复德侨克烈尔的租权。[③] 这一事件的解决，明确体现出地方自主处理小规模事务性交涉"时效性强"的优势。

由是可知，《中德协约》签订前夕，英、德两方关于继续或拿回鸡公山避暑房屋租权的诉求都提上了日程，给北京政府外交部和地方交涉署带来了一些压力，但总体上态度较为和缓。同时，由于和约未定，处置德侨财产的新条例还未确定，中央政府显得较为谨慎；地方交涉署则在遵守外交部指令的前提下，酌情满足德侨诉求，具有一定的自主性。总体而言，在"鸡公山房屋事"的前期交涉中，中国方面已经意识到1908年《章程》无法满足"一战"后的新形势，开始寻求方法弥补漏洞；但没有意识到避暑房屋其实并非德侨财产。

四、"鸡公山房屋事"的后期交涉（1921—1923）

1921年5月20日，北京政府与德国政府正式签订《中德协约》。其附件中规定"中国政府……对于在中国德人和平营业允许给予以完全保护，并除按照普通承认国际法原则或中国法律所规定外，不再查封其财产"。[④] 同时，王景岐与德国特派总领事卜尔熙（Herbert Von Borch）在和约正式签字前所商讨的"德人在中国之财产为中国政府所没收者"应当"归还原主"也变相地得到了承认。[⑤] 由是，北京政府和地方官厅基本停止了对德侨在华财产的清理，战时被冻结、没收的财产也被陆续归还原属德侨。

由"和约未定"到"和约既成"，鸡公山避暑房屋租权的返还有了新的条约支持，其

① 江汉关监督兼任外交部特派湖北交涉员公署关于德侨克烈尔转租英人高尔生避暑房屋并扩修的函、饬及相关材料（1915年9月30日）[A]. 湖北省档案馆，LS049-001-0008-0001.

② 江汉关监督兼任外交部特派湖北交涉员公署关于鸡公山房屋德侨房屋交分情形暨英领抗议不许转租办法的呈及相关材料（1922年6月9日）[A]. 湖北省档案馆，LS049-001-0010-0003.

③ 江汉关监督兼任外交部特派湖北交涉员公署关于准予德侨克烈尔以8两租银续租鸡公山豫界13号官房的函及相关材料（1921年5月11日）[A]. 湖北省档案馆，LS049-001-0008-0004.

④ 中德协约（1921年5月20日）. 王铁崖. 中外旧约章汇编第三册 [M]. 上海：上海财经大学出版社，2019：159.

⑤ 中德事（1920年9月）[A]. 中研院近史所档案馆外交档案，03-23-042-03-012.

处理就进入了新阶段。本章将以湖北交涉署为中心，对《中德协约》签订之后的交涉进行梳理。

（一）从"德侨财产"到"中国产业"：中国政府认知的转变

由于协约签订时已近 6 月，"西历三月初一"的交租期限早已过去，德侨想在当年夏季前往避暑的愿望已然落空，各方也就没有在协约签订后紧锣密鼓地展开交涉。直到 1921 年 11 月，卜尔熙才照会北京政府外交部，再次表明恢复德侨租权的诉求。他认为鸡公山避暑房屋的租权与其中家具属于德侨在华财产的一部分，理应依据《中德协约》予以恢复，战时被"清理"而损失的部分也应当想办法"抵偿"，希望外交部可以转令湖北交涉署办理。同时，他附上一份德国租户的信件，陈明德方坚持的理由。该租户认为，中国在回购房屋时，不仅没有考虑德侨装修房屋、购置家具的投资，也未曾补偿房屋可供出售或转让的"用益物权"成本，支付的费用远低于实际产值，德侨在最初就被"亏待"了；而协约国租户却只需花费低廉租金，就能享受德侨经营多年的美好住宅；另外，他急切地希望德国政府可以尽快与中国政府交涉，以免协约国人抢先支付下一年的租捐。① 北京政府外交部认为德方请求符合《中德协约》的规定，旋即训令湖北、河南交涉署，等现租户"租约期满"就将租权返还德侨，并赋予交涉员就近与德国领事接洽之权。②

湖北交涉员陈介收到指令后，深入调查各避暑房屋情况。他发现，虽然战时被当作敌产转租的房屋有 20 座左右，但真正由德侨出资建造的房屋其实是 13 座，6 座位于湖北境内，7 座位于河南境内。1922 年 1 月，陈介密陈外交部。他判断，德侨的坚决态度很大程度上源于中国回购房屋时估定的价格低于德侨的投入。由于 1908 年《章程》规定"租价按屋价百分之八纳收"，所以德侨既不满意自身获得的补偿，也不满协约国人花费小额租金就能占有租权。而战时转租的确只是"暂时特别通融办法"。所以，出资建造了房屋的 13 户德侨之租权应当被返还，其余仅为承租人的德侨则不应当享受这一"优先租住权利"。他拟定的解决方案如下：由于《章程》中没有租期限制，外交部所谓的"租约期满"可以理解为次年的缴租日，协约国人对于 13 座德侨原建房屋的租期就当以此为限，届时租权将返还德侨。③ 外交部认为这一方案"颇属公允"，表示同意。④

然而，租权返还并非只是中德两国之事，手中还握有房屋租照的协约国人绝不可能袖手旁观、"坐以待毙"。2 月初，英、美领事很快联系陈介，认为协约国租户每年都按时缴

① 请恢复德侨在鸡公山所有之权利由（1921 年 11 月）[A]. 中研院近史所档案馆外交档案，03-16-020-01-007.

② 鸡公山德侨房屋俟租约期满即行发还由（1921 年 11 月）[A]. 中研院近史所档案馆外交档案，03-16-020-01-008.

③ 密陈拟议允准德商恢复租住鸡公山原建房屋办法请迅核示由（1922 年 1 月）[A]. 中研院近史所档案馆外交档案，03-16-020-01-010.

④ 所拟恢复德商鸡公山房屋办法应准如议办理由（1922 年 1 月）[A]. 中研院近史所档案馆外交档案，03-16-020-01-011.

纳租金，没有撤租之理，美国领事甚至随函附上银票一纸，提前支付了美人葛廉士所租豫界第 30 号房屋的租金。陈介则表示依照《中德协约》，房屋建造者应当优先恢复租权。但是，两国领事旋即指出："房屋乃中国之产业"，"并非德侨产业，不能援用新立商约"。①

此可谓切中肯綮。中国方面之所以强调区分原建房者和仅承租者，是因为默认了应依照协约归还德侨蕴含于房屋中的财产，因而出资建房的租户优先享有租权。但事实上，中国已出价回购房屋，其所有权完全属于中国。故而，"鸡公山房屋事"中涉及的德侨财产，其实只有房屋内的家具财物。然而，一直以来，各方交涉的重点显然并非这些实在的物品，而是避暑房屋的租权。从 1918 年德侨被禁止前往鸡公山、房屋被转租，到 1921 年外交部以"和约未定"为由搪塞，再到 1922 年中国初步同意将房屋租权返还德侨，一切都是在"处置德侨在华财产"的大背景下进行的。这一错误认知，恰恰反映出外交部和交涉署主权意识的欠缺。

时间已至二月下旬，缴租期限迫近，各方都想抢先缴纳租金以占有租权，催促愈急。面对英美领事的抗议，陈介接收了德侨租捐，但并未发给租照。② 英、美、德对这一做法都很不满意。③ 英、美认为陈介已经决定将房屋转租予原建德侨；德国则不满陈介没有给出确切答复。三国公使先后照会北京政府外交部，态度坚决如故。外交部终于认识到问题的严重性，并在英、美"提示"下意识到避暑房屋是"中国产业"，认为应当以《章程》为先，"兼顾英美感情"，否定了先前同意的"将租权返还原建德侨"的解决办法，要求湖北交涉员陈介与各国领事"婉切磋商"，再将新办法上呈外交部。④ 至此，"鸡公山房屋事"的交涉重心正式下沉到地方。

（二）湖北交涉署的"妥筹解决"

1922 年 3 月，交租日期已过，陈介与英、美、德领事围绕 13 座德侨原建的避暑房屋周旋数日，以"有眷属在汉之德侨尽先租给"为原则，草拟了一份解决办法，上呈外交部（见表 4.1）。

① 密陈英美二领反对拟准德侨恢复在鸡公山所建房屋租权一案交涉情形祈鉴核由（1922 年 2 月）[A].中研院近史所档案馆外交档案，03-16-020-01-012.

② 德人原建鸡公山避暑房屋现届交租时期的方面纷来争租应如何办理乞迅赐示遵由（1922 年 2 月）[A].中研院近史所档案馆外交档案，03-16-020-01-013.

③ 恢复鸡公山德侨住房权力一事请将来照内所称应俟租约期满之限制取消由（1922 年 2 月）[A].中研院近史所档案馆外交档案，03-16-020-01-015;据汉口总领事详称鸡公山有中国房屋数所前租与英人此时官宪拟将租约撤销仍行租与德人等情电令汉口交涉员切勿行其主张而免各该英人所执租约之利转付他人由（1922 年 2 月）[A].中研院近史所档案馆外交档案，03-16-020-01-016;据本国驻汉口总领事呈称中官宪将鸡公山中国房屋现在租给美人者改租德人实与原订相约有违请令行阻止由（1922 年 2 月）[A].中研院近史所档案馆外交档案，03-16-020-01-017.

④ 电转英美公使关于鸡公山案来函并饬妥筹解决由（1922 年 3 月）[A].中研院近史所档案馆外交档案，03-16-020-01-018.

表 4.1　　　　　　　　　　1922 年德侨原建避暑房屋租给办法（草拟）

房屋界属号数	原建德侨	1921 年租户	1922 年办法（草拟）
鄂界第 9 号	巴福赐（H. Bass）	法商康成乐	暂准继续租住
鄂界第 11 号	锡孟（A. Simon）	英商柏森	收回由原建造人租住
鄂界第 12 号	恩格尔（F. Engel）	英商杜德	收回由原建造人租住
鄂界第 17 号	巴斯（H. Bass）	英商和禄门	收回由原建造人租住
鄂界第 18 号	雷里克（G. Rohreke）	英商娄兰	暂准继续租住
鄂界第 19 号	舒尔慈（Ad. Schultze）	英医生马毅良	收回由原建造人租住
豫界第 3 号	美最时（Melchers）	英商泰和洋行	已退租 由原建造人租住
豫界第 11 号	克里门（Clément）	英人凌太太	暂准继续租住
豫界第 27 号	培尔哈（P. Bernhard）	英商哈尔森	暂准继续租住
豫界第 29 号	韩贝（G. Hempel）	比商义品洋行	收回由原建造人租住
豫界第 30 号	石格师（R. Sachse）	美商葛廉士	收回由原建造人租住
豫界第 31 号	葛禄宝（C. Grapow）	比商万兴洋行	暂准继续租住
豫界第 36 号	南佛尔（F. Newel）	意商柯伦博	暂准继续租住

资料来源：《呈报德商要求恢复鸡公山避暑房屋租权一案所有遵拟兼筹并愿通融办法缘由缮列一览表连同油印该山租屋章程呈请鉴核如蒙载可即祈迅赐照复英美两使请其另驻汉领事遵照仍俟讯示遵行由》（1922 年 3 月），中研院近史所档案馆藏，外交档案，03-16-020-01-022。

　　陈介将这一办法称为"半租半续"。他表示，这已是"极力通融"的结果：德国领事谅解中国交涉工作的困难，对各德侨进行了疏通，"已有允就调停之意"；但英国领事默思（G. S. Moss）"固执如故"，[1] 并且多次来函抗议，对现拟解决办法"表示强烈反对"；更为棘手的是，美、意等国领事，大多"视英领态度为标准"。[2] 夏季即将来临，租户们即将上山，本年的最终方案也亟待确定，陈介在一周内多次致电外交部，请求中央层面能采取行动。

　　4 月，北京政府外交部终于照会英使艾斯顿，表示：1908 年《章程》第二条"如该租户照此交纳，自无撤租不令居住之事"仅针对房屋原建租户而言，而之前德侨丧失租权也并非出于"过期未纳租银"之故，如今返还不算违背章程，希望英方谅解原租户的"特别之权利"。[3] 而后又针对房屋"并非德侨产业，不能援用新立商约"进一步做出解

---

　　[1]　呈报德商要求恢复鸡公山避暑房屋租权一案所有遵拟兼筹并愿通融办法缘由缮列一览表连同油印该山租屋章程呈请鉴核如蒙载可即祈迅赐照复英美两使请其另驻汉领事遵照仍俟讯示遵行由（1922 年 3 月）[A]. 中研院近史所档案馆外交档案，03-16-020-01-022.

　　[2]　鸡公山避暑房屋权前拟兼顾办法以为通融英领复来抗议应如何应付祈迅与英使交涉并将办法示遵由（1922 年 3 月）[A]. 中研院近史所档案馆外交档案，03-16-020-01-026.

　　[3]　鸡公山案已饬汉口交涉员勉为调解由（1922 年 4 月）[A]. 中研院近史所档案馆外交档案，03-16-020-02-003.

释：虽然房屋归中国所有，但"原建造人之永享租权亦属私人权利"，应当予以恢复。① 这相当于将原建德侨的租权纳入《中德协约》规定"归还原主"的范围中。基于此，外交部同意了陈介拟定的"半租半续"办法。

但英国方面不可能如此轻易让步，艾斯顿提出了新的解决办法：由中国出资建造新的避暑房屋租予德侨，这样一来，1923 年英人就可以继续租住现在的房屋。② 很显然，这是一项损害中国利益的提议，但外交部并未拒绝，并将其转达给湖北交涉署。陈介出于对地方利益的考量，回复称，鸡公山上已无建屋空地，且湖北、河南地方财政困难，实在无力承担建房费用，这一提议恐难实施。③

随着汉口天气日趋炎热、有碍健康，英国公使艾斯顿、美国公使舒尔曼（Jacob Gould Schurman）、德国公使博郇（Adolf Boyé）均数次催促外交部，希望尽快下发租照。而经过陈介与英、德领事的"婉切磋商"，他感觉到此事"可望在本年解决"。④ 终于，6 月 9 日，陈介暂时成功安抚了各国驻汉口领事，拟定了阶段性解决办法，如表 4.2 所示：

表 4.2 　　　　　　　　　　**1922 年德侨原建避暑房屋租给办法**

房屋界属号数	原建德侨	1921 年租户	1922 年处理办法
鄂界第 18 号	雷里克	英商娄兰	收回由原建造人租住
鄂界第 19 号	舒尔慈	英医生马毂良	收回由原建造人租住
豫界第 3 号	美最时	英商泰和洋行	收回由原建造人租住
豫界第 29 号	韩贝	比商义品洋行	收回由原建造人租住
豫界第 30 号	石格师	美商葛廉士	收回由原建造人租住
鄂界第 9 号	巴福赐	法商康成乐	暂准继续租住
鄂界第 12 号	恩格尔	英商杜德	将租权转予英商贝来（Bailey）
鄂界第 11 号	锡孟	英商柏森	暂准继续租住
鄂界第 17 号	巴斯	英商和禄门	暂准继续租住
豫界第 11 号	克里门	英人凌太太	暂准继续租住
豫界第 27 号	培尔哈	英商哈尔森	暂准继续租住

① 处分鸡公山避暑房屋简章（1922 年 4 月）［A］. 中研院近史所档案馆外交档案，03-16-020-02-010.

② 鸡公山避暑房屋事（1922 年 4 月）［A］. 中研院近史所档案馆外交档案，03-16-020-02-012.

③ 鸡公山英商租住德商所建房屋事前呈处分办法似难变更唯夏令已迫究应如何乞赐取决电示以便填给租照由（1922 年 4 月）［A］. 中研院近史所档案馆外交档案，03-16-020-02-015.

④ 鸡公山德产案正在婉切筹商业已稍有头绪本年可望解决所有处分情形容俟商决再行具由（1922 年 5 月）［A］. 中研院近史所档案馆外交档案，03-16-020-02-019.

续表

房屋界属号数	原建德侨	1921 年租户	1922 年处理办法
豫界第 31 号	葛禄宝	比商万兴洋行	暂准继续租住
豫界第 36 号	南佛尔	意商柯伦博	暂准继续租住

资料来源：《江汉关监督兼任外交部特派湖北交涉员公署关于退回德商巴斯等 8 家前缴鸡公山官方 1922 年捐租银的函及相关材料》（1922 年 6 月 28 日），湖北省档案馆藏，LS049-001-0010-0006。

不难看出，本办法在形式上与几个月前提出的"半租半续"一致，只是其中"租者"与"续者"产生了一定变化。决定能否租住的标准不再是有无眷属在汉，而是国家态度与租户个人意愿。通过陈介的努力协调，英商娄兰等 5 位租户自行退租，将房屋租权转予原建德侨，其余 8 户则获准再住一年。同时，由于一直以来，鸡公山避暑房屋的出租合同不甚规范，容易被外国人抓住漏洞，让交涉陷入尴尬境地，陈介提出，从 1923 年起，对租照范式进行修改，使用中英双语，择要摘录章程数条，加以解释，抄录在租照的背面。[1] 此举有助于避免各国租户与公使误解章程，混淆不同条文所指的对象和年限，从而达到预防这一方面扯皮行为的目的。

至此，1922 年的租权归属已然厘清，各国租户纷纷携眷上山，对北京政府外交部和湖北交涉署的抗议与催促终于告一段落。

之后的交涉就开始围绕 1923 年的租权归属。由于美国本就只有一位租户，利益牵扯不深，现在又已经将租权让出，故基本退出交涉。只余下英、德两国仍然拒不退让。1922 年 7 至 8 月，德国方面渐为强硬，催逼加紧，不复数月前的"谅解"和"允就调停"。德使博邺接连致函外交部，表示今年已颇具"退让精神"，[2] 要求德侨租权应于明年全部归还。[3] 如此压力之下，外交部只能训令湖北交涉署加紧办理、刻期呈复。[4]

面对德方由宽转严的态度和外交部的"雷霆钧令"，陈介不敢怠慢。他不仅亲自调停，还推动德、英、法商直接对话磋商。与此同时，鸡公山上的形势发生了变化。1922 年 11 月，美国总领事馆将一封鸡公山美文学校校长塞兰德（Roy Thelander）的亲笔信转交陈介，信中称匪祸严重，要求中国当局加强警力，保护美国人的生命和财产安全。[5] 12 月，《密勒氏评论报》（*The Weekly Review*）在评论华中形势时也指出"鸡公山上的外国人

---

① 陈明鸡公山德侨房屋处分情形暨英领抗议不许转相办法再新订租照拟俟明年改办是否有当祈鉴核示遵由（1922 年 6 月）[A]. 中研院近史所档案馆外交档案，03-16-020-02-028.

② 关于鸡公山房屋一事其尚未归远者请令汉口交涉员于今年夏季以后完全归还希允可速复由（1922 年 7 月），中研院近史所档案馆外交档案，03-16-020-02-035.

③ 关于鸡公山房屋一案务请查照前函以切实训令汉口交涉员于本年夏季以后将尚未归还之房屋全部给还原主由（1922 年 8 月）[A]. 中研院近史所档案馆外交档案，03-16-020-02-037.

④ 鸡公山德人房屋事仰速拟办法刻期呈复由（1922 年 8 月）[A]. 中研院近史所档案馆外交档案，03-16-020-02-039.

⑤ American Consulate General to Chen Chieh, Nov. 1. 1922, Political, Economic, and Military Conditions in China: Reports and Correspondence of the U. S. Military Intelligence Division, 1918-1941 [A]: 213.

因为河南土匪的威胁而被迫离开"。① 可见，鸡公山周边并不安宁，颇有"山雨欲来风满楼"之势。在陈介的努力和现实的推动下，许多租户的态度有所松动。截至12月，陈介已将法商康成乐所租鄂界第9号房、意商柯伦博所租鄂界第36号房收回；比商万兴洋行和英商柏森也表示，愿意在1923年夏季前将租权返还德侨；只有四位英国商人：贝来、和禄门、哈尔森、凌太太，依旧"坚决不允让"。

于是，陈介采取了新的处理方式。他在未预先告知北京政府外交部的情况下，与英国副领事默思、德国副领事佘福同时会面，以私人名义进行了三方谈判。② 会晤磋商之后，初步拟成中英双语的"解决'鸡公山房屋事'六项条件"，附文如下：

（1）鸡公山德人所有基地价格表由那总领事备办一份
（2）基地由贝来及和禄门二君自行选择
（3）所择之基地二段由中国官厅向德国业主购买
（4）各该基地建造房屋
（甲）由中国官厅建造租与贝来及和禄门二君居住或
（乙）由贝来及和禄门二君自建中国未将房屋赎回以前不纳租金
（5）房屋造成后，德人愿付贝来及和禄门二君款项作为妨害权利之赔偿费（数目由双方自定）贝来及和禄门二君然后迁入新屋（新屋租金或较原屋为钜）
（6）凌太太及哈尔森所租之豫界第十一及第廿七两号房屋仍可租住，不生问题，德国原建屋人尚未来汉，德人对于各该号房屋之要求须完全拒绝（永久放弃）。
前项办法若不能解决时，则双方须保持其要求，不能有新歧视。

但此办法其实颇有损害中国利益之处。第三条完全无视了中国政府对鸡公山土地的所有权，违背了《河南鸡公山租地章程》，也与事实相悖。陈介表示明确反对，称"向来无此办法"；第四条甲目中，英方旧事重提，要求"中国官厅建造"房屋，亦属无理。同时，德国领事那谊则对"德人对于各该号房屋之要求须永久放弃"表示"碍难承认"，认为此条款侵犯了己方利益。外交部收到陈介呈报后，没有直接进行批示。虽然会谈取得了一定进展，但由于并未达成一致，此案仍被暂时搁置，三方希望等待现实情况变化再做进一步讨论。本次"私人会谈"颇有"不了了之"之意。

这种"不了了之"不难理解。"鸡公山房屋事"的根源在于英德双方均拒不退让。人多地少，需求多而房屋少，只有租户租房的意愿完全消退才有可能彻底解决这一矛盾。但若鸡公山上依旧清凉舒爽，匪祸能在避暑季前被肃清，租户很难自行退租。纵使陈介周旋

① News from Central China [N]. The Weekly Review, 1922-12-09（23）：68.
② 此次谈判相关内容，参考江汉关监督兼任外交部特派湖北交涉员公署关于鸡公山房屋德侨房屋事的呈及相关材料（1922年9月6日）[A]. 湖北省档案馆，LS049-001-0010-0008；江汉关监督兼任外交部特派湖北交涉员公署关于德人请求恢复鸡公山权利一案谨将英德各领磋商条件情形报送的函及相关材料（1922年12月20日）[A]. 湖北省档案馆，LS049-001-0010-0009；鸡公山德人房屋事英德两领事历次谈判仍未能解决情形祈核示由（1922年12月）[A]. 中研院近史所档案馆外交档案，03-16-020-02-042.

于各国驻汉口领事之间，极力调和，也难以让各方满意。

1923 年春夏之交，鸡公山上波澜更盛，事态升级。1923 年 5 月，《益世报》有报道称"鸡公山以北、信阳州以南有大帮土匪集合"；① 6 月，《大陆报》（The China Press）刊登消息"鸡公山外人寻求更多警卫"；②《益世报》更是直接指出保护鸡公山的责任遭到各部门推诿③。在此情况下，出于自身安全考虑，外国租户即使再不舍鸡公山的宜人气候，想要逃离此地也很正常。由是，陈介的调解工作更趋于顺利。6 月，他向外交部报告，德侨原建的 13 座房屋中，已有 11 座的租权被返还，仅余英人凌太太所租豫界第 11 号房和比商万兴洋行所租豫界第 31 号房尚未归还。④

9 月，凌太太违规张贴招租告示，试图将房屋私下出租，违反了 1908 年《章程》。⑤陈介抓住此番机会，果断地以违规之由将她的租权收回，并归于原建德侨克里门（Clément）。不久之后，比商万兴洋行也将租权让出。

至此，1923 年底，"鸡公山房屋事"终于画上了句点。

总而言之，外交部与湖北交涉署从始至终都更支持德国方面的诉求，《中德协约》签订以后，这种倾向则更为明显。而德侨原建避暑房屋租权最终得以全部返还，基本可以归因于以下三点：北京政府外交部在中央层面的交涉、湖北交涉署的妥筹解决、山中匪祸的威胁，孰轻孰重，其实难以准确衡量。中央和地方两个层面的交涉就如同一个循环：中央的交涉成果势必影响地方的交涉活动，而地方交涉的结果又促使中央展开新一轮交涉。在英、德双方都拒不退让的情况下，事件很难有所进展。必须承认，是湖北交涉署的努力打破了这种消极的"平衡"。陈介在各领事和外商之间的调停疏通，推动了德、英、法商直接的对话磋商，使得多位租户自愿返还了租权；以私人名义促成的三方会谈，虽然没有取得实质性进展，但也提出了几条具有建设性的意见；另外，陈介审时度势，当机立断，援引《章程》收回凌太太租权，亦展现出了较高的专业素养。虽然事件的最终解决，是由鸡公山上的匪祸和周边的战乱所推动的，但在此过程中，陈介领导湖北交涉署，上通北京政府外交部，旁交英、德领事馆，极力通融，艰难调和。地方外交在"鸡公山房屋事"交涉中起到的作用应当被重视。

但很显然，这一结局颇有"戛然而止"之意。早在交涉之初，外交部就提出应尽快"明确租期"。但直到事件结束，鄂、豫交涉署也没能够通过改订章程或修改合同完成这一指令。1908 年《鸡公山租屋避暑章程》关于租期的漏洞仍然未被填补，房屋的"永租"性质依旧没有发生改变。综合之后的鸡公山相关档案资料考察，1924 年起，湖北交涉署的交涉就回归了 1918 年之前的状态，主要任务再度围绕房屋修理、工程验收、人员

---

① 京汉警报鸡公山以北信阳州以南有大帮土匪 ［N］. 益世报（天津版），1923-05-29（2）.

② Chikungshan Foreigners Want More Guards ［N］. The China Press，1923-06-19：4.

③ 鸡公山之保护互相推诿 ［N］. 益世报（天津版），1923-06-21（6）.

④ 呈复鸡公山德侨原建避暑房屋英侨要求续租近来交涉情形由（1923 年 6 月）［A］. 中研院近史所档案馆外交档案，03-16-020-02-046.

⑤ 江汉关监督兼任外交部特派湖北交涉员公署关于克理门与凌太太房屋事请转知和衷商办的函及相关材料（1923 年 12 月 11 日）［A］. 湖北省档案馆，LS049-001-0010-0016.

调派等琐碎的问题。①"鸡公山房屋事"漫长而艰难的交涉，并没有从根本上解决鸡公山存在的矛盾与问题。13 座德侨原建房屋租权的返还，仅仅标志着狭义上 1918—1923 年"鸡公山房屋事"交涉的终结，而并不意味着鸡公山、甚至所有避暑地，从此以后的涉外房屋纠纷都有例可循。这种"戛然而止"恰反映出了北洋时期地方外交的不规范、不成熟。

五、结　论

"鸡公山房屋事"交涉，始于北京政府对德侨在华财产的处置，以德侨原建房屋租权全部返还的结局告终。作为典型个案，此次交涉能够较为准确地勾画出北洋时期地方外交的特点和处境。交涉主要由湖北交涉员陈介在外交部训令下主导完成，一方面体现出"中央—地方"两级外交行政体系的运行状态，地方交涉署在地方性外交事件中发挥着不容忽视的作用；另一方面揭示出北洋外交仍然受制于列强，尚处于觉醒和抗争的艰难时期。

北洋时期的交涉署制，目的在于加强中央对地方纵向的领导和控制，由此，地方外交也获得了制度保障。在实践中，地方拥有一定自主性，既有一定对外交涉的权力，有助于更简便迅速地解决地方性交涉；又有一定自由裁量的空间，有时会出于特殊利益，对外交部的指令进行拖延、推诿，或者先斩后奏。但是，地方外交不具有独立性。地方交涉署的设置、职责、权力来源和权力行使等方面都是限定的。地方交涉署日常主要负责搜集和管理情报，维护租界治安，保护外国人财产不受非正当侵害，处理辖区内交涉事件；其运行受到外交部的领导、省级政府的制约、军阀政治的影响。以上情况也正是外交体系不成熟的表现。总体而言，地方的对外交涉权力，是中央政府外交权在基层的延伸。两者层级鲜明，分工合作，共同构筑了北洋时期的外交体系。

唐启华认为，很长时间以来，"革命史观与民族主义的政治宣传与神话，支撑了近代史诠释架构"，导致对北洋外交的评价一直很低，② 进而提出要重新评估北洋外交，并对北洋外交的成就给予了很高的评价。然而，透过"鸡公山房屋事"这一地方外交的实践，不难发现：避暑房屋的租期问题始终没有得到解决，关于交涉过程的档案记录也不甚完善；外交部和湖北交涉署始终没有意识到任何一国的侨民都不应对"中国产业"拥有特殊权利，诚然，这背后或许隐含借此种利益交换推动《中德协约》签订、争取外国公使对北京政府支持等目的，但们之所以将"租权全部返还德侨"视为理想结果，实质上仍以理解为北京政府尽力将自己的利益"奉献"给德侨。可见，北洋外交确实存在着办理程序规范性不足，主权意识薄弱，对国家利益的认知不清晰、维护不坚决等诸多问题。

总而言之，北洋时期的中国外交，体制尚不成熟，仍处于近代化的初级阶段。近代中

---

① 相关档案有湖北交涉公署关于前复估鄂界各号官屋先速修、估价银两待拨到再领的训令及相关材料》（1925 年 5 月 5 日）［A］.湖北省档案馆，LS049-001-0017-0008；湖北交涉公署关于派李颂煊赴鸡公山验收工程的训令（1925 年 8 月 25 日）［A］.湖北省档案馆藏，LS049-001-0018-0008 等.

② 唐启华.巴黎和会与中国外交［M］.北京：社会科学文献出版社，2014：206.

国的特殊背景下，北洋外交被不平等条约体系所束缚，面临重重困难；羸弱的中国在国际上话语权小，北京政府更难以掌握外交主动权。纵然湖北交涉署在"鸡公山房屋事"交涉中极力通融、竭力调和；纵然职业外交家在国际舞台上"以公理争强权"，以"修约"为"废约"奠基础，但这种"不成熟"导致的失意不可避免地成为了北洋外交极具代表性的面相之一。

◎ **参考文献**

一、史料

1. 未刊档案

［1］中研院近史所档案馆. 北洋政府外交部外交档案 ［A］.

［2］湖北省档案馆. 外交部特派湖北交涉员公署档案 ［A］.

［3］National Archives（United States）. Political, Economic, and Military Conditions in China：Reports and Correspondence of the U. S. Military Intelligence Division, 1918-1941 ［A］.

2. 已刊档案

［1］全国图书馆文献缩微复制中心. 民国外交部第一次世界大战档案汇编 ［M］. 北京：全国图书馆文献缩微复制中心，2009.

［2］王铁崖. 中外旧约章汇编 ［M］. 上海：上海财经大学出版社，2019.

二、论著

1. 中文著作

［1］郭剑林. 北洋政府简史 ［M］. 天津：天津古籍出版社，2000.

［2］王建朗. 废除不平等条约的历程 ［M］. 南昌：江西人民出版社，2000.

［3］李育民. 中国废约史 ［M］. 北京：中华书局，2005.

［4］唐启华. 北京政府与国际联盟（1919—1928）［M］. 台北：东大图书股份有限公司，1998.

［5］唐启华. 被"废除不平等条约"遮蔽的北洋修约史（1912—1928）［M］. 北京：社会科学文献出版社，2010.

［6］唐启华. 巴黎和会与中国外交 ［M］. 北京：社会科学文献出版社，2014.

［7］石建国. 陆征祥传 ［M］. 石家庄：河北人民出版社，1999.

［8］张礼恒. 伍廷芳传 ［M］. 石家庄：河北人民出版社，1999.

［9］陈雁. 颜惠庆传 ［M］. 石家庄：河北人民出版社，1999.

［10］金光耀. 顾维钧传 ［M］. 石家庄：河北人民出版社，1999.

［11］完颜绍元. 王正廷传 ［M］. 石家庄：河北人民出版社，1999.

［12］钱玉莉. 陈友仁传 ［M］. 石家庄：河北人民出版社，1999.

［13］杨菁. 宋子文传 ［M］. 石家庄：河北人民出版社，1999.

［14］金光耀，王建朗. 北洋时期的中国外交 ［M］. 上海：复旦大学出版社，2006.

［15］金光耀. 以公理争强权：顾维钧传 ［M］. 北京：社会科学文献出版社，2022.

［16］王立诚. 中国近代外交制度史 ［M］. 兰州：甘肃人民出版社，1991.

［17］马振犊，唐启华，蒋耘. 北京政府时期的政治与外交 ［M］. 南京：南京大学出版

社，2015.

[18] 费成康. 中国租界史 [M]. 上海：上海社会科学院出版社，1991.

[19] 河南省《鸡公山志》编纂委员会. 鸡公山志 [M]. 郑州：河南人民出版社，1987.

[20] 河南省信阳县志编委会. 重修信阳县志·点注本 [M]. 信阳：河南省信阳县志总编室，1985.

[21] 李育民. 晚清中外条约关系研究 [M]. 北京：法律出版社，2018.

2. 中文译作

[1] [日] 川岛真. 中国近代外交的形成 [M]. 田建国，译. 北京：北京大学出版社，2012.

[2] [德] 奥本海. 奥本海国际法"下卷——战争与中立" [M]. 岑德彰，译. 上海：上海社会科学院出版社，2017.

[3] [波兰] 劳特派特. 奥本海国际法上卷第一分册 [M]. 陈体强，译. 北京：商务印书馆，1989.

3. 中文论文

[1] 唐启华. "北洋外交"研究评介 [J]. 历史研究，2004（1）.

[2] 石源华. 异域忠魂：壮烈殉国的九外交官 [J]. 世界知识，2007（21）.

[3] 石建国，王景岐. 倡导禁烟的外交官 [J]. 世界知识，2010（20）.

[4] 关培凤，郑延禧. "失言"外交官与驻台总领事 [J]. 世界知识，2011（23）.

[5] 石心怡，刘驭万：从宗教活动家到外交官 [J]. 世界知识，2013（18）.

[6] 金光耀. 外交系初探 [C] //金光耀，王建朗. 北洋时期的中国外交. 上海：复旦大学出版社，2006.

[7] 罗毅. 外交系与北京政治 [D]：1922-1927. 上海：复旦大学，2013.

[8] 蒋贤斌. 试论近代的地方外交交涉机关 [J]. 江西师范大学学报，2000（4）.

[9] 程子健. 北京政府时期的江苏交涉署研究 [D]. 南京：南京师范大学，2016.

[10] 纪浩鹏. 合乎新规还是依循旧约：苏州日租界开设茧行之争（1924—1925年）[J]. 安徽史学，2018（3）.

[11] 郭循春. 北洋政府中央与地方的利益争夺——以中日凤凰山铁矿交涉为例 [J]. 史学月刊，2019（6）.

[12] 阎高阳. 民初地方外交问题之考察 [D]. 上海：华东师范大学，2020.

[13] 张开森. 1918年在华德侨处置案引发的中外交涉 [J]. 近代史研究，2011（3）.

[14] 简雯. 一战时期北京政府德侨处置问题初探 [D]. 长沙：湖南师范大学，2012.

[15] 吕承恩. 欧战前后中国政府对德侨问题之处置（1914—1921）[D]. 花莲：台湾东华大学，2016.

[16] 魏兵兵. 公法、主权与利益：一战时期北京政府对德侨财产之处置 [J]. 史学月刊，2019（12）.

[17] 韩康康. 一战及战后北京政府对德债务处置研究 [D]. 长沙：湖南师范大学，2020.

[18] 李灿. 中国四大避暑胜地比较研究 [D]. 杭州：浙江大学，2006.

［19］吕晓玲．近代中国避暑度假研究（1895—1937 年）［D］．苏州：苏州大学，2011.

［20］李南．中国近代避暑地的形成与发展及其建筑活动研究［D］．杭州：浙江大学，2011 年.

［21］张明瑜．论鸡公山避暑地的形成与影响［D］．开封：河南大学，2008.

［22］胡欢欢．传教士与近代鸡公山社会变迁（1903—1938）［D］．武汉：华中师范大学，2014.

［23］田青刚．鸡公山外人购地建屋案交涉述论［J］．信阳师范学院学报（哲学社会科学版，2011（3）.

［24］李艳艳．鸡公山避暑房屋纠纷与交涉研究［D］．长沙：湖南师范大学，2015.

［25］孙江．《北京条约》第六款中法文本之辨析——兼论巴黎外方传教会广东地契文书［J］．清史研究，2018（3）.

4. 外文论文

［1］Yong-nian Zheng. Perforated Sovereingty：Provincial Dynamism and China's Foreign Trade［J］. The Pacific Review, 1994（3）.

［2］Ghassan Moazzin. From Globalization to Liquidation：The Deutsch-Asiatische Bank and the First World War in China［J］. Cross-Currents：East Asian History and Culture Review, 2015（2）.

［3］J. E. Spencer and W. L. Thomas. The Hill Stations and Summer Resorts of the Orient［J］. Geographical Review, 1948（4）.

［4］［日］塚本元．福州事件と中国日本交渉——「軍閥期」北京政府外交部の役割の一例》［C］//中研院近代史研究所．第三届近百年中日関係研討会論文集上冊．台北：中研院近代史研究所，1996.

［5］［日］塚本元．北京政府期における中央外交と地方外交（1919～20）——以湖南日中両国人衝突事件の外交的処理を事例に．法学志林，1998（3）.

Moral Disagreement from the Viewpoint of Moral Relativism
（道德相对主义观点下的道德分歧）

郭甲午

（武汉大学　弘毅学堂, 湖北　武汉　430072）

【作者简介】郭甲午, 武汉大学弘毅学堂人文科学试验班哲学方向 2018 级本科生。

Introduction

In this paper, I will explain how, if detached moral relativism is true, there is genuine moral disagreement between groups and how it is possible for there to be progress when looking at moral disagreement. In the first section, I will introduce what is detached moral relativism and define what is genuine moral disagreement is. In the second section, I will argue that Torbjörn Tännsjö, who defends a kind of detached moral relativism, fail to provide a sufficient account of how different group can have a moral disagreement. In the third section, I will develop his original account to a series of more plausible accounts by replying to several counter-example cases to those accounts. In the fourth section, I will argue that how the account of moral disagreement based on detached moral relativism can leave room for the possible progress in some moral disagreements. In order to do so, I will identify two more types of moral disagreement.

1. Detached Moral Relativism and Genuine Moral Disagreement

1. 1　Detached Moral Relativism

Moral relativism claims that there is no single true morality. There are different ways to further formulate this thesis. One way is characterized by "appraiser relativism," the view that "a moral judgment is valid if, and only if, it accords with the norms of the appraiser's social group" (Lyons 1982). David Lyons claims that moral relativism suffers from the problem of incoherence. Using his examples, Alice and Barbara morally disagree with each other over the abortion that their friend Claudia is about to have. Alice believes it is wrong, and Barbara believes it is right, so the problem is that there is a contradiction between them. One version of relativism may endorse that contradiction by saying they are both true, but it is odd that it is true to say something is both morally right and wrong. Appraiser relativists such as Gilbert Harman avoid this problem by construing moral judgments like "A ought to do B in circumstance C" as an elliptical way— "in relation to moral framework M, it would be morally wrong of A not to do B in circumstance C" (Harman 1996). So, the two different speakers, Alice and Barbara are just talking about something different and therefore not contradictory at all. But Lyons could further charge that Alice and Barbara, as a matter of fact, are indeed in conflict. At least, they appear to be in conflict intuitively. So, it leaves the burden of explanation to the relativists why two people, who according to appraiser relativists, are not in conflict, but appear to be in conflict.

Moral relativism may take several approaches to explain this contradiction. Some moral relativists, such as David Wong, argue that when applying different moralities to the same agent about the same action, they can rise to conflicting judgments, but they are not about contradicting the truth, rather; they are in conflict in a practical sense. Some relativists simply deny that moral judgments are true or false (they may hold them to be more or less justified), but the rest of them admit that moral judgments are true and false (although the way they doing it may different) (Wong, 2003). I call this type of moral relativism detached moral relativism, which distinguishes the conflict of truth-condition with the conflict in a practical sense and holds that moral judgments are true or false. For the sake of simplicity, I would call the set of moral norms that an agent ought to follow the moral universe.

1.2 Intra-Universe Moral Disagreement, Inter-Universe Moral Disagreement and Genuine Moral Disagreement

To define genuine moral disagreement, I will partly borrow Folke Tersman's systematic examination of the phenomenon of moral disagreement. It is often held that, people have a moral disagreement, if and only if they have conflicting moral judgments. To further elaborate on this common view, he defines several terminologies. First, he defines "apparent moral disagreement" as "the case where an ethical sentence is accepted by one person and rejected by another." It is easily noticed that such a "disagreement" is apparent. For instance, as Richard Hare and others have claimed, some ways of utilizing a moral sentence is in an "inverted commas sense" (Hare, 1952). Consider the disagreement between two sentences:

Sentence 1: It is morally wrong for the Chinese not taking care of their parents.

Sentence 2: It is not morally wrong for the Chinese not taking care of their parents.

Hypothetically, this sentence is uttered as an answer to the question: "What obligations do the Chinese's children have for their parents?" Obviously, the disagreement between the two claims is not a real moral disagreement. That is because although they indeed have conflicting moral judgments, the disagreement between them is not in a moral sense; they are merely disagreeing with each other on what is empirically true. Therefore, he further defines that, "an apparent moral disagreement is real, on the other hand, if it manifests a real conflict of moral convictions. "

At this stage, we can tell how one conceives a real moral disagreement depends on one's own view of what the nature of real moral judgments is. Detached moral relativists endorse two claims. First, moral judgments are truth-apt beliefs for the people in the same moral universe. Second, for people from different moral universes, their moral judgments, as long as right in their own moral universe, are compatible beliefs in terms of truth-condition. However, those convictions may not be compatible in practical sense.

Now, we can conclude that the mixed account of moral disagreement may be offered by the detached moral relativists. They can distinguish two moral disagreement. First, for the moral disagreements between the people from the same moral universe, the moral disagreement between them is intra-universe moral disagreement. Whether moral disagreement of this kind is solvable depends on how their moral universe is construed. Second, for the moral disagreements between the people from different moral universes, the moral disagreement between them is inter-universe moral disagreement. Specifically, if both sides of the moral disagreement are actually true in their own moral universe, then it is a genuine moral disagreement. The account of genuine moral disagreement has always difficult for the relativists. They need to answer the question suggested by the opponents of (detached) moral relativism. The question is that, using Bernard Williams's words, the relativist "has to say why there is no conflict and also why it looked as if there were one" (Sturgeon, 1994). They answer "why there is no conflict?" by claiming that they are both true, but they still need to answer "why it looked as if there were one?"

Relativists such as David Wong has explained why people always make the error to confuse the inter-universe moral disagreement with the intra-universe moral disagreement (Wong, 2006), but what I want to explain in the next three sections is what exactly genuine moral disagreement is, and what exactly we mean by saying that people are in conflict in practice.

2. Torbjörn Tännsjö's Account of Genuine Moral Disagreement

Torbjörn Tännsjö is a detached moral relativist. He adopts a non-naturalist account of morality. When it comes to the moral disagreement of people across different moral universes, he rejects the idea of semantic relativism, which is that our moral utterances are implicitly indexical to ourselves or our cultures. He argues that each moral universe has its own moral terms that cannot be defined (like "right" and "wrong"). Although those moral terms look the same (by spelling), they are actually different because they refer to different socially constructed properties, so they are not really contradicting each other logically or semantically. He proposed that they are in conflict in a practical sense. For example, the only way (he calls it the satisfaction-condition, in contrast to the truth-condition) to satisfy the normative claim "Vegetarianism ought to exist" is to be a vegetarian. And the only way to satisfy the normative claim "vegetarianism ought not to exist" is to not be a vegetarian.

What this account of genuine moral disagreement is supposed to accomplish is vague. In a sense, this account answers the question: What necessary and sufficient conditions must two people from different moral universes have while (1) they are making conflicting moral judgments about a certain action and (2) they are both morally right? To satisfy the demand of (2) is obvious. As long as two people's moral judgments are indeed true in their own moral universes, they are both right. In order to satisfy the demand of (1) at the same time, Tännsjö argues that two people are in conflict in the practical sense; that is, the satisfaction-conditions of their moral judgments are in conflict. Now, I shall argue that this account is insufficient for answering the question.

I shall begin after noting one point. We, for now should restrict the range of moral discourse to only using the deontic concepts, mainly, obligation (ought), permission (permissible), and prohibition (forbidden) (Hansson, 2003). Whether the deontic concepts or the evaluative ones (concepts such as "good", "bad" or "courageous") are more basic and which branch of concepts can be reduced to another branch is off the table. There are two reasons to do so. One is that, when it comes to moral disagreement, Tännsjö only concerns the claims that have normative force. Second is that, if we adopt Tännsjö's moral relativism, it is hard to say if the people from different moral universes can really disagree with each other with (morally) evaluative concepts. I will discuss this in more detail when I explain the counter-examples cases against my modified version of Tännsjö's account.

From the example about vegetarianism provided by Tännsjö, we can grasp the idea of what he means by "satisfaction-condition." Satisfaction-condition is the actual action that satisfies the demand of a moral claim for an agent. When two satisfaction-conditions are in conflict, it means that if one satisfaction-condition takes place, then the other one cannot. But claims such as "it is permissible to get an abortion" cannot have a single actual action as its satisfaction-condition. From the practical sense, "it is permissible to get abortion" has two kinds of actual actions that satisfy its demand: getting an abortion or not getting an abortion. What if the case is like this? One moral universe has the common sense morality that "it is permissible to get abortion," and another moral universe has the common sense morality "it is not permissible to get abortion." Coincidently, there is no single agent in the former moral universe actually getting an abortion, perhaps due to some technical reasons. So, every actual action in the former moral universe is not getting an abortion. It is obvious though that the actual actions are not in conflict in a practical sense, yet there still remains a moral disagreement between people from different moral universes. What is obvious is that we need to add some modality power to the account.

3. Modified Versions of Tännsjö's Account

3.1 First modified version

To address the lack of the modality power of the account, we can modify the principle by redefining the "satisfaction-condition" in a modality sense, that is, the satisfaction-condition is the possible action that satisfies the demand of a moral claim of an agent (we will call it the modified version from now on). We can take the possible world approach to help us understand this definition. The possible world approach of modality has two basic claims (Ney, 2014):

(1) "X is possible" is true if and only if there is at least one possible world in which X is true.

(2) "X is necessary" is true if and only if in all possible world in which X is true.

The definition of "X is impossible" is the negation of (1) which is " 'X is impossible' is true if and only if in no possible world in which X is true. " I define the morally ideal possible worlds are the subset of possible worlds which are satisfied with the X-moral claims. Now we can parallel the modality concepts with the deontic concepts of morality:

(1) "X is permissible" is satisfied if and only if there is at least one morally ideal possible world in which X is the case.

(2) "X is obligatory" is satisfied if and only if in all morally ideal possible world in which X is the case.

(3) "X is forbidden" is satisfied if and only if in no morally ideal possible world in which X is the case.

Now, the conflict between "abortion is permissible" and "abortion is not permissible" is more clearly represented. "Abortion is permissible" is satisfied when there is at least one morally ideal possible world in which an abortion takes place. It is possible that every actual case in one moral universe no abortion takes place, but there is at least one possible world where abortion takes place. "Abortion is not permissible (forbidden) " is satisfied when there is no morally ideal possible world in which abortion takes place. Here is the conflict; they are in conflict in the morally ideal possible world in which an abortion takes place. In this world, "abortion is not permissible" is not satisfied. It is a very practical conflict. Imagine that a possible world is morally right for both the former and the latter moral universes (in their own definition of the property "right") and there is a person about to get an abortion. In that moment, when the person gets the abortion, the possible world turns to another possible world that is morally right only for the pro-abortion moral universe. The people from the anti-abortion moral universe would like their claims to be satisfied in every single morally right possible world. However, it is impossible to satisfy the demand of the anti-abortion moral universe.

3.2 Two Counter-Example Cases of the First Modified Version

There are cases where the satisfaction-condition of two different moral claims of the people from the different moral universes that are the same, however, the moral disagreement still occurs. Here are two cases:

Case 1: Imagine two different moral universes, universe A and universe B. In their own definition of moral terms, they have a right moral claim, "We ought to bury the dead." Universe A rightly claims that they perform this action to show their sincere respect for the dead. In contrast, universe B rightly claims that they perform this action to show their intense disrespect for the dead. In that case, the action is very same (burying the dead), both universe A and universe B would agree that this action is right. All possible actions would satisfy the claims, but their moral judgments about burying the dead are in conflict.

Case 2: It is a comparatively more realistic case. Suppose that universe A rightly claims that (in any circumstance), women have the right to decide whether to get an abortion or not. Universe B rightly claims that (in any circumstance), the government can do whatever is needed (including forcing women to get abortions) for the purpose of population control. Therefore, getting an abortion is permissible in both moral universes, so every possible action would satisfy the claims, however, intuitively, their moral judgments about the abortion are in conflict.

3.3 Analysis of the Two Counter-Example Cases

It is apparent that all moral judgments in the two cases involve other moral judgments. In case 1, although the judgments "we ought to bury the dead" are same, the other moral beliefs involved are different. In universe A, the belief is "we ought to respect the dead." In universe B, that belief is "we ought to disrespect the dead." We can say that they are in disagreement, not about whether they should bury the dead, rather, whether they should respect the dead. This account now seems adequate for utilizing the modality analysis of moral disagreement. But, this approach could be impossible. We should consider whether the terms (in this case, "respectful" and "disrespectful") are moral or non-moral.

First, if they are moral words, then it is possible that they are not contradicting in any sense, for they are moral terms from different moral universes. Recall that the claim of Tännsjö's relativism we presupposed, that definition of moral terms can be different across different moral universe, even though they may be same in spelling. This claim makes it impossible to illustrate the disagreement using the possible actions that satisfy moral terms such as "respect" and "disrespect." For the word "disrespect" in universe B is not the negation of the word "respect" in universe A, it is only the negation of the word "respect" in universe B.

Second, if they are not moral words, their meanings may be the same. In this case, of course they engage in some kind of disagreement. However, due to the fact that the words that conceive the disagreement are non-moral words, the disagreement is not a moral disagreement. Either way, there is the possibility that there is actually no moral disagreement. That is not what we want to do, we want to explain the moral disagreement, not to explain away the moral disagreement. Of course, we can take the bullets in Case 1 by claiming that they are not in moral disagreement; however, in Case 2 (or other cases based on Case 2's structure), this approach is not an option because by generalizing the structure of Case 2, we can create a moral disagreement that involves no evaluative terms that we cannot identify as moral or not.

In Case 2, the moral judgment, "Women are allowed to get an abortion" is same. The judgment of Universe A, "Women have the right to decide whether to get an abortion or not" and the judgment of Universe B, "The government can do whatever is needed for the purpose of population control," are not necessarily in a conflict in a practical sense. We can argue that those judgments are based on non-moral facts, but we can assume that there are three moral judgments A, B, C are based on the moral facts and create this framework:

(a) If you believe that A is right, then you logically necessarily believe that C is right.

(b) If you believe that B is right, then you logically necessarily believe that C is right.

Of course, the satisfaction condition of C and C are not conflicting. However:

(c) If you believe that B is right, then you logically necessarily believe that B' is right.

(d) B' is conflict with A in the practical sense. That means the satisfaction-condition (possible actions that satisfy the demands of a moral claims) of B' is conflict with the satisfaction-condition (possible actions that satisfy the demands of a moral claims) of A.

In Case 2, A is the moral judgment that "Women have the right to decide whether getting an abortion or not"; B is the moral judgment that "The government can do whatever is needed for the purpose of population control"; C is the moral judgment that "women are permissible to get abortion." B' is the moral judgment that is necessarily held by the Universe B such as "In the case that the will of a woman of getting an abortion or not contradict with the will of the government to perform population control, the women do not have the right to decide whether getting an abortion or not."

It could be argued that C is actually not "women are permissible to get abortion," but "women are permissible to get abortion when it is their wish" or "women are permissible to get abortion when the government need to perform that in order to the cause of population control".
It could be true, but it does not matter. Since that it is does not matter whether Case 2 is a qualified counterexample to the first modified version. It is the framework inspired by Case 2 that truly fatal to the first modified version.

3.4 The second modified version

In this case, we cannot take the bullets to say that it is possible for there is no moral disagreement at all. But we can still modify our account to encounter a reply to this attack. In order to do so, we need to define antecedent moral judgment at first. For moral judgment p and q, p is q's antecedent moral judgment if and only if, if you believe that p is right, then you logically necessarily believe that q is right. Inversely, q is p's consequent moral judgment. For example, in the previous assumption, A is the antecedent moral judgment of C, B is the antecedent moral judgment of B'. Although it is true that the satisfaction-condition of the moral judgment "women are permissible to get abortion" is not conflict by the persons from Case 2, the satisfaction-conditions of the antecedent moral judgments or the consequent moral judgment of it are actually in conflict. Now, the proposal can be characterized as the following: the satisfaction-condition (possible actions that satisfy the demands of a moral claims) of their moral judgments or the judgment's antecedents moral judgment or the consequent of the antecedents are in conflict.

It seems can explain the framework inspired by Case 2, but Case 2 actually implies a hidden information, that is, both people from two moral universes are well-informed of each other's related moral judgments. Intuitively, if they are not well-informed about each other's related moral judgments, the moral disagreement will not take place in the first place (In Case 2, the related moral judgments are A and B). New proposals have to include this epistemic restriction, otherwise, it is too strong. If this is the case, then every moral discourse between people from different moral universes can be characterized as a form of moral disagreement (as long as their moral universes are fundamentally inconsistent), for there could always be some hidden judgments that could raise conflict. Now, we can change the new proposal as follows: the satisfaction-condition (possible actions that satisfy the demands of a moral claims) of their moral judgments or the judgment's antecedents moral judgment or the consequent moral judgments of it which are well-informed by both appraisers are in conflict.

Generally, in the paper this far, I explain how, if detached moral relativism is true, there is genuine moral disagreement between groups. For fulfilling this purpose, I examine the concept of detached moral relativism, intra/inter-universe moral disagreement and genuine moral disagreement. I then develop my version of moral disagreement based on Tännsjö's account. To sum up, I will leave my explanation as an improvement over the Tännsjö's account, it is very likely that there could be further objections to my final proposal. The next parts of this paper are about to argue that there can be progresses when looking at the moral universe, even if there are genuine or not a typical intra/inter-universe moral disagreement.

4. It is Possible for there to be progress when looking at moral disagreement

4.1 There can be progresses when looking at the inter-universe moral disagreement

Detached moral relativism normally faces the charge of how could the genuine moral disagreement leave the room for progress. The main thesis is that, since the persons in inter-universe disagreement can be both right in their own moral universes, they do not have any justify reasons to improve or change their moral commitments. David Wong's pluralistic of relativism, as a detached moral relativism, have some strong responds toward this kind of charge.

i. David Wong's Pluralistic Relativism

It will be helpful to introduce Wong's version of relativism. Since my formulation of the new types of moral disagreement will largely base on Wong's theory. Wong's moral relativism can be described as a kind of relativism with constraints. He calls his moral relativism as pluralistic relativism. Pluralistic relativism holds that there is no single true morality, but it recognizes significant limits on what can count as a true morality (Wong, 2006). Not all moral systems are equal. Some are true and adequate, while others are false or inadequate. The criteria for judging the truth or adequacy of a particular moral system are not entirely relative. There are universal constraints and local criteria. Wong has given us a naturalist account of the nature of morality by providing a set of universal constraints that are the necessary conditions for anything to be qualified as a morality. A moral system is true and adequate only if it meets both the constraints and criteria. There are some specific constraints:

1. An adequate morality should serve the social function of morality, which is to promote social cooperation.

2. It should be consistent with naturalistic accounts of human nature as we know it from naturalistic and evolutionary studies of human psychology. (Huang, 2014)

...

One constraint is very important in the following discussion, the value of accommodation: "An adequate morality should include the value of accommodation of moral disagreement." (Wong, 2006)

ii. How pluralistic relativism leaves room for progress in inter-universe moral disagreement

First, and the most important, is that, there are wrong and inadequate moral universes. Not all moral universes are true and adequate. If it does not satisfy the universal constraints and local criteria, it is false and inadequate. So, the people inhabit in this moral universe should reject them. In the case that there is an inter-universe moral disagreement takes place and at least one of the side's the moral universe is not true and adequate, even the persons are right according to their own moral universe, they could be wrong. Since people should not follow a wrong and inadequate moral universe.

Second, even if in the case that both sides' moral universes are true and adequate, pluralistic of relativism still can leave room for progress. It involves the constraint I mention above: accommodation. Accommodation serves to the moral disagreement both intra or inter-universe. As Wong suggests that, instead of fully endorsing or rejecting other's (true) moral universe, we could broaden our views by acknowledging that there is a way of life that is acceptable, even if it is not compatible with our way of life and we do not follow them. That is the value of accommodation. The accommodation is possible because that there are some basic values that cannot reduce to each other for all adequate moral universe. The reason that they are different adequate moral universes is that they show different priorities toward the basic values and the different prioritizations cannot be realized by a single moral universe. I have argued that genuine moral disagreement take place only if the appraisers in conflict have informed the other's reasons (the related moral judgments) to form their beliefs. So, genuine moral disagreement requires understanding. So people can understand others' moral universe to a certain extent. Therefore, accommodation is possible even in the genuine moral disagreement. By accommodation, first, one can see the values and moral themes accepted by other individuals and cultures as developments of choices that one might have made in different circumstances. Second, the accommodation itself is a moral progress, since the realization of this value, in a large extent, yield people living a better life with the people in different moral universes.

Third, besides the realization of accommodation, there is another possibility for Wong's relativism can provide progress when inter-universe moral disagreement occurs. He talks about learning from other morality and integrating it into one's own: "If one opens up one's mind to new sources of value, one should sometimes go beyond acceptance of the new toward incorporating it into one's commitments. In other words, our moral commitments must remain open-ended and flexible, to a certain degree indeterminate with respect to what values it affirms and what the relationship of priority is among those values in case of conflict. We must remain ready to affirm values and priorities that are not presently encompassed by our current commitments" (Wong, 2006). I believe Wong is talking about something could happen in our moral life, but whether is this learning and integrating other's moralities can happen in the level of moral universes is remain skeptic. I think if a moral universe does not encompass the guidance for individuals to morally right act in certain circumstances, then it is just inadequate. In this sense, what Wong says about learning and integrating is way a to help an inadequate moral universe into adequate.

4.2 "You may have several moralities just as you may have several languages."

Like many moral relativists, Gilbert Harman has compared moral relativity to the relativity of language. When conceiving the comparison, he points out that "you may have several moralities just as you may have several languages" (Harman, 2015). This thought is very inspired. There is a possible approach to specify this analogy, that is, people may inhabit several moral universals simultaneously. Take a most intuitive example, a busy transnational couple may depend on their parents to take care of their children. Suppose that the parents of both sides take the same amount of time to take care of their grandchildren and when doing it, the children stay in their grandparents' own communities.

In this case, we can believe that the children are inhibited in at least two different moral universes, if there are indeed any different moral universes. Now the account of moral disagreement I propose in the former section of my paper is quite arbitrary, that is because this account seems to explain only the case of moral disagreement when two persons are in another different moral universe. That is, this account presupposes that the two parties in moral disagreement are in only one moral universe rather than multiple moral universes. From the perspective of empirical observation, it is possible for a person to be in more than or equal to two different moral universes. Or, at least, it is possible for two or more moral universes to formulate some degree of moral constraint on one's behavior at the same time. This fact seems to indicate that this account is inadequate or lacks explanatory power from the very beginning. The solution to save this account is simple: to state that people can be in only one moral universe. We can simply borrow Wong's formulation: A moral universe is an adequate morality. Moral universes are objective to the individual. Therefore, we can say, one can only inhabit in one moral universe; if she believes something that is inconsistent with the moral universe, she is simply, wrong.

4. 3 Moral Tradition

The proposal that people can only be in one mora universe seems to explain everything. But it is not. The reason is that, even if people can inhabit only one moral universe, people can belong to moral traditions that are inconsistent with the moral universe they inhabit in.

Let's define moral tradition from all the way down. Moral tradition is a bunch of moral norms that are fundamentally coherent. They are part of a moral universe (or, they can be an entire moral universe with reasonable supplement). Moral norms, follows to Wong, are the norms that in imperative form (A is to do B under conditions C) abstracted from the practices and institutions of a society that serves to regulate conflicts of interest, both between and within persons. To say that they are fundamentally coherent means they do not contradict each other by showing the different priorities toward different basic moral values. They can be incoherent on a shallow level, but deeply, they have same prioritization of basic moral values. To say that they are a part of a moral universe, that means, add with what left included; those norms can be an adequate true morality. The reason to categorize a specific bunch of moral norms as one moral tradition is not just because they are fundamentally coherent. Also, they should have some realistic or practical relation. They may adopt by a group of people with the same or similar cultural features. They may deprive from a same cultural source, or whatever. The point is that (1) people can have moral judgments justified by the moral norms of a moral tradition and (2) they can be motivated by the moral tradition. Since the moral traditions are moralities (they can be wrong moralities, but they are), the belief and motivation are moral too.

4. 4 New types of moral disagreement

If the people can be motivated to perform an action and justify their action by the moral traditions that are not consistent with the moral universe they inhabit in, then we can at least categorize two new types of moral disagreement other than the simply intra/inter-moral disagreement.

i. The first new type

Note first that David Wong adopts a hybrid view of externalism and internalism of moral reasons. Roughly speaking, moral reasons is internal to human nature but external to (some) motivational system (Huang, 2014). To say that they are internal to human nature, that means whether we have a motivating reason or not, is largely dependent on what our human nature generally can be motived. However, the reasons are not existing in everyone's motivational system, but it is in human nature for us to be capable of being motivated to be moral. Besides, he distinguished the justify reasons and motivating reason. I endorse the distinguishing too. Moral reasons are justifying reasons that can be seen as the considerations weighing in favor of or against an agent's doing something (Wong, 2006). A justifying reason is not necessarily one that would motivate A to do X. Wong gives an account of how justifying reasons can be motivating. Since moral psychology is not what I focus on, I would call this account the complicated moral psychological process. The following discussion would agree with Wong's view of moral reasons.

The first type is closer to genuine moral disagreement. That is the case that the moral disagreement is based on the same moral tradition (that is, the persons in conflict are motivated to perform an action and justify their action by the same moral tradition), and the persons in moral disagreement are from different true and adequate moral universes, however, the moral tradition (s) that one (or both) person (s) is (are) motived to perform the action and justify the action by is (are) inconsistent with her (their) own moral universe (s).

There are two reasons why we should not consider this type of moral disagreement as a kind of inter-universe moral disagreement. One is that, this new type of moral disagreement involves not only belief, but motivation as well.

Beliefs are justified by (justifying) reasons. Beliefs are truth-apt, so if we only consider the beliefs, we can simply judge whether the persons in the inter-universe disagreement is right by their own moral universes. If they are both right and satisfy the constraints I discuss in the former part of the paper, then they are in genuine moral disagreement. If it is not a genuine moral disagreement, then at least one of the persons in conflict is wrong. That means the wrong person ought to correct her judgment by adopting the right justifying reason, and therefore, motivating by them. There must be a tendency for her to be motivated to act in the right way. However, moral tradition can provide at least the same strong justifying reason (that means, it can offer a complicated psychological process as the moral universe does), even if this justifying reason is wrong according to the person's moral universe. Now, there is no tendency for her to be motivated to act in the right way.

The second reason is that this moral disagreement involves other moral universes than the two moral universes in which the persons in disagreement inhabit. Moral traditions are not bunches of norms that may be inconsistent with a moral universe and therefore fallible. They are, as a matter of fact, something else. Theoretically, the moral tradition is itself fundamentally consistent and consistent with another moral universe that they originally belong to. In a practical sense, the moral tradition is a moral tradition because the moral norms of it have some practical relations (historical, intellectual, etc.) with each other. Historians, anthropologists, psychologists or researchers in other disciplines may discover and study those relations. I believe that, normally, a moral universe is a combination of several moral traditions. The combination is not static, rather, it is dynamic, and there are tensions among the traditions.

ii. the second new type

The second type is the moral disagreement conceived by the people who now inhabit in a same true and adequate moral universe. However, they are motivated and justify their action by the different moral traditions. And they are both "right" according to the moral traditions, however, at least one of them "wrong" according to the moral universe they inhabit in.

The reasons why we should consider this type of moral disagreement as a new one is basically same with the two reasons I mention when discussing the first new type. There are a lot merits to pay attention to this type of moral disagreement. Firstly, people are easily confused this disagreement with the inter-universe moral disagreement, especially the genuine moral disagreement within it. Genuine moral disagreement happens when the both sides of the disagreement are right in their own moral universes, however, it is very likely for people confusing the moral traditions with moral universe, since they are coherent and has the potential to become an adequate moral universe.

Secondly, the reason for people belongs to moral tradition that are inconsistent with their moral universe is often practically and forcefully. People in this situation has to come up with a way to live their life. Since that they may form false beliefs and the moral reasons that justify the beliefs usually have some motivating force, all those things could cause a lot of trouble for those people, both interpersonal and intrapersonal. Focusing to this type of moral disagreement is helpful to those people.

4. 5　How could there be progresses when looking at the new types of moral

First, in these two types of moral disagreement, although the moral universe in discussing is, as it is presupposed, true and adequate. However, when these two types of moral disagreement take place, it may be a signal that the moral universe is not true and adequate anymore. At least, the moral universe in the case does not successfully realize the value of accommodation. Remember the universal constraint for moral universe: An adequate morality should include the value of accommodation of moral disagreement. The different moral universe may adopt different ways to realize this value. However, if the justifying reasons for a group of people is so strong, so as to block the (right) justifying reasons to promote the process of the complicated moral psychology, then perhaps the moral universe is not true and adequate anymore. The progress can therefore take place by the method how pluralistic relativism leaves room for progress in inter-universe moral disagreement.

Second, if we insist that the moral universe is true and adequate, then we can assume that the moral universes in question successfully realizes the value of accommodation. Remember I introduce that the accommodation serves both intra and inter-universe moral disagreement. We could still use the approaches I mention above to make progress in these two new types of moral disagreement. As long as the people in the disagreement have a certain understanding of why people they disagree with claims the conflict moral judgments, there are room for progress.

Conclusion

Generally, in this paper, I explain how, if detached moral relativism is true, there is a genuine moral disagreement between groups and how it is possible for there to be progress when looking at the moral disagreement. For fulfilling the former purpose, I define what is detached moral relativism and distinguish intra-universe moral disagreement from inter-universe moral disagreement. I specifically examine one of the cases in inter-universe moral disagreement, the genuine moral disagreement. Based on the Tännsjö's account, I developed two modified versions of genuine moral disagreement. The first modified version based on evaluating Tännsjö's proposals appeals to work in modal logic, and the second modified version is based on logic and epistemic analysis. To achieve the latter purpose, I borrow David Wong's pluralistic relativism (as one of the detached moral relativism) to explain how it is possible for there to be progress in moral disagreement, even in genuine moral disagreement. I then raise a worry that if pluralistic relativism is true, perhaps there are other types of moral disagreement than the intra-universe moral disagreement and inter-universe moral disagreement. In the end, I argue that even this worry is true, pluralistic relativism still can leave room for progress in moral disagreement.

◎ **References**

[1] Hare, Richard. The Language of Morals [M]. Oxford: Clarendon Press, 1952.

[2] Harman, Gilbert. Moral relativism is moral realism [J]. Philosophical Studies, 2015, 172 (4): 855-863.

[3] Hansson, S. O. "Deontic Logic" in Hugh LaFollette (ed.) The International Encyclopedia of Ethics [M]. Chichester: Blackwell Publishing, 2003.

[4] Huang, Yong. "Introduction" in Yang Xiao and Yong Huang (ed.) Moral relativism and Chinese philosophy: David Wong and his critics [M]. Albany: State University of New York Press, 2014.

[5] Lyons, David. "Ethical Relativism and the Problem of Incoherence" in Michael Krause and Jack W. Meiland (ed.) Relativism: Cognitive and Moral [M]. Notre Dame: University of Notre Dame Press, 1982.

[6] Ney, Alyssa. Metaphysics: An Introduction [M]. New York: Routledge, 2014.

[7] Sturgeon, Nicholas L. Moral Disagreement and Moral Relativism [J]. Social Philosophy and Policy, 1994, 11 (1): 80-115.

[8] Tännsjö, Torbjörn. Moral Relativism [J]. Philosophical Studies, 2007, 135 (2): 123-143.

[9] Tersman, Folke. Moral Disagreement [M]. New York: Cambridge University Press, 2006.

[10] Wong, David B. Natural Moralities: A Defense of Pluralistic Relativism [M]. New York: Oxford University Press, 2006.

[11] Wong, David B. "Response to Yong Huang" in Yang Xiao and Yong Huang (ed.) Moral relativism and Chinese philosophy: David Wong and his critics [M]. Albany: State University of New York Press, 2014.

[12] Wong, David B. "Moral Relativism" in Hugh LaFollette (ed.) The International Encyclopedia of Ethics [M]. Chichester: Blackwell Publishing, 2003.

Feminism as paradigms

—an attempt to analyse feminism by a Kuhnian method

（何为女性主义：库恩范式视角下的分析）

胡天一

（武汉大学　弘毅学堂，湖北　武汉　430072）

【摘要】 Feminism and Kuhnian method of paradigm are both popular topics. There is a rich field to explore in this parallel between feminism and science, this essay aims at figuring out whether a Kuhnian way to view feminism is plausible and to show the special perspective under the method.

【关键词】 narration；feminist movement；Kuhn；paradigms

【作者简介】 胡天一，武汉大学弘毅学堂人文科学试验班哲学方向 2019 级本科生。

Introduction

Feminism is an important academic topic as well as influential social movement. However, the demarcation problem of feminism remains an unsolved question. There are various of different feminism topics and feminist schools, and the forms of feminism thoughts and the feminism movement changes through times. I will try to figure out whether a Kuhnian way to view feminism is plausible and this will lead to a perspective to understand feminism movements. The argument will start by pointing out an overoptimistic attitude towards feminism. As an objection to it, I would try to prove how Kuhnian paradigm might fit the history of feminism descriptively and also argue how it could be a good view to analyse feminism normatively. The descriptive view will be proved through a history review, followed by a clarification of the definition of paradigm. After that, there would be a set of examples to show some advantages of the theory. Feminism and Kuhnian method of paradigm are both popular topics. There is a rich field to explore in this parallel between feminism and science, feminists start to use the method of paradigm for a long time. Simone de Beauvoir has depicted the living paradigms of women in her famous *Le Deuxième Sexe*. Chris Beasley had launched a great interpretation into the diversity of feminism in her *What is feminism*? At the same time, Lorna Finlayson was the one who pointed out that the narration of the history is a feminist issue. Margret Walter's detailed history research on feminism acts as a basis for any later history analysis. Yuanzujie and Wuyihong of Sichuan university had achieved many accomplishments under this method in their research into sisterhood. However there remains a rich field to investigate of viewing feminism itself as a series of paradigms.

I

"It seems that I'm standing here, dressing suit and tie, discussing serious issues with all the male friends here indicates that we are equal, but it's not the case. I can stand here owing to great luck. I was lucky enough that my mother didn't eat sex transforming medicine to turn my sex into a boy. I was lucky enough that I wasn't one of the 30 million female babies killed by abortion. I was lucky enough that, in China, where female accounts for 70 percent of the illiterate, I got sound education. I have spent all my luck to stand here ..."

The speech above was delivered by Huang Sihan, a famous female debater, on the International Chinese Debating Competition, while she was defending the motto of "ladies first."

It is hard to find another topic which is as inspiring, insightful influential as well as controversial as feminism. Both as an important academic topic and influential social movement, feminism is undergoing endless misunderstanding and criticism. Therefore, I would like to start my essay by giving several objections to some overoptimistic claims about feminism.

The first mistake may be the opinion that men and women have already reached equality. The saying by Sihan could act as powerful objection to those claims. We are tired of the claims saying that females are now having access to everything men have always had access to do. It is true that Angela Merkel led Germany for decades, however, this single piece of evidence cannot cover up the inequality in CDU where male senators take up 70% of the chairs. According to the Global Gender Gap Report[①], political empowerment remains the field with largest gender gap, meanwhile, economic participation and opportunity is the area with second largest gender gap. Less than 5% of CEOs of fortune 500 companies are women. Obviously, we shouldn't be deceived by some superficial phenomenon and draw an overoptimistic conclusion.

However, believing that gender equality is an achieved target is a ridiculously extreme understanding of the world. More people opposed to feminism's campaign hold a less extreme belief. Instead of believing the current situation is good enough, they bear the view that the current feminism campaign is needless.

One approach to this belief is a historical progressivism view. Some people think that the inequality between genders is a byproduct of an unenlightened, backward society. They believe that with the development of the economy, females will gain their equality.

This kind of claim finds its evidence from the fact that most countries with smallest gender

---

① World Economic Forum. Global Gender Gap Report 2021 [J]. 2021-3.

gaps are those developed countries, yet if we take a more careful look at the list offered by the Global Gender Gap Report, we will find some clear counterexamples. Countries with most advanced technology and economy like the USA do not lead the rank. Other examples like Japan and Qatar with high economic level and large gender gap proved that culture may play a more crucial role than simple economy in gender equality. At the meantime, the good appearance of Nicaragua and Rwanda act as objections from the other side to the myth of Western-Centric theory that women in the third world countries need rescue since they live in uncultured societies.

Besides the factual evidence, the attempt to build a necessary connection between gender equality and economic development also failed. Engels once asserted that the Inequality would disappear with the socialization of production in the communism society, since production is no longer controlled by a certain kind of people, but by the society. Beauvoir objected that the socialization of production does not lead to gender equality. She mentioned Spartan society as an example famous for its socialized living style but far from gender equality.

Women are not born, but constructed. Inequality will not vanish automatically without deliberate endeavor to overcome the structural oppression upon women. In other words, feminism's campaign acts as an independent movement with the efforts of a particular group of people.

The last overoptimistic view I am opposed to is popular even among feminists themselves. It's a reversed version of historical progressivism, with more focus on feminism's campaign itself. This sees feminism as an accumulating process in which women gain their rights one by one, from one particular area to another. This understanding of the history of feminism indicates that we will win the fight sooner or later if we keep up the current activities like demonstrations, lectures and academic analysis etc.

I'm holding a more pessimistic about the feminist movement owing to the chaotic current situation and the strong backlash against feminism. In my opinion, the last misunderstanding of the feminist movement originates from viewing feminism as a continuous and progressive process which is an outcome of a mythical narrative, that women gain political rights from the first wave, labor equality from the second wave. To summarize, this view could form an argument like this:

P1, There is an ultimate goal for the feminist movement

P2, The history of feminism is a continuously progressing process, namely the feminist practices and theories are successively connected to each other.

C We will finally reach the ultimate goal.

In my opinion, the statement is false descriptively for it ignored the diversity and historical discontinuity of feminism. Diversity means that feminism is a cluster of theories could not be simply concluded under an essentialism view and historical discontinuity means that the history of feminism could not be formed in a chronological successive model. Also, just like the point made by Lorna Finlayson that how we narrate the history of feminism plays a vital role in feminism[1].

---

[1] Lorna Finlayson. An introduction to Feminism [M]. Cambridge: Cambridge University Press, 2016.

For instance, traditional narration of feminism with the waves may misguide us into believing that feminism is an invention of J. S. Mill himself while the feminism pioneers like Hildegard of Bingen had dedicated herself to the education of females. I'll show more examples in the following argument to demonstrate the misleading power of the traditional narration of the feminist movement. In other words, despite its descriptive error, a dangerous normative power hidden behind it.

What is feminism?

The core claim of premise one is an essentialist understanding of feminism. If there is ultimate goal of feminism, then there must be an internal essence of it leading to the fulfilment of it. However, the diversity of feminism makes this oversimplified statement. Just list the theories' name of different positions in feminism would be strong enough to show how difficult it is to find a universal essence of feminism. And my position is that it is just impossible to achieve this goal descriptively because of the internal incompatibility of different theories which would be discussed in the later part of this essay. However, the assertion I am making here is stronger, I would argue that it is hard to find a satisfied definition for feminism even in a single feminism trend. My example would be the controversial discussion on equality in liberal feminism. Traditionally, there are two trains to define feminism[1]. The first one is a positive definition to give a direct description of feminism as an action or a thinking trend aiming at the equality between men and women, while the second define feminism in a negative way. As an example of the first train the *Encyclopedia of Feminism*, 1987 said

"the advocacy of women's right based on a belief in the equality of the sexes"

No matter what version is offered, this way of defining feminism see equality as a key element. From Locke to Anderson, we have witnessed the heated discussion of the concept of equality yet without an ultimate theory. In my opinion, each theory may contribute to gender equality but none of them are clear and adequate to depict the real equality scene for us.

If we view the position of liberal feminism as a simple extension of classic liberalism offering women equal access to vote, education and other occupations, then it witnessed the workplace discrimination due to pregnancy. Women would be less likely to be hired unless they had sworn not go for their maternity leave. Their occupations are less stable than men since the covid-19 had witnessed a much larger women unemployment tide than men.

The equality of welfare and resources had maintained women's right to gain equal treatments, but it may ignore many basic needs of females. For example, there should be more toilet pit in female restroom while less pits are needed for male. Another example happened during the covid, many hospitals had failed to provide female doctors and nurses with enough pads, just because

---

[1] Chris Beasley. What is Feminism? [M]. London: SAGE publication London, 1999.

they hadn't realized it was necessities for female. Due to sex difference, the welfare and resources needed varies.

In response to critics that egalitarianism had destroyed individual responsibility by taking property from people who deserve it to maintain equality of result. Philosophers like Richard Arneson, G. A. Cohen, or Ronald Dworkin introduced luck as an element into their theories. Though diverse, according to Elizabeth S. Anderson, these theories share two premise that: 1, people should get compensation for undeserved misfortune, 2, the compensation should only come from the undeserved fortune of others. It seems that these theories, mainly luck egalitarianism, has balanced responsibility and distribution justice. However, these theories could be problematic under Anderson's criticisms, especially under a gender perspective. Firstly, the principle that people should be left alone if their suffering was caused by their own inadvertence will lead to horrible facts. For example, New Orleans is a place which has more probability to be attacked by the tornadoes, therefore, the fact that everyone learned this in geography class means that they would be required to take the responsibility for their decision to live in New Orleans according a luck egalitarianism view. However, the result would be that the government should not invest resources into the reestablishment of the certain regions or, at least be more willing to help those regions with less possibility to be affected by the tornadoes than New Orleans. A feminist instance would be girls of unintended pregnancy. It is true that any kinds of contraceptives could fail in a certain probability. But according to luck egalitarianism those ladies who couldn't afford higher quality contraceptives will be less likely to be access to abortion service since they should take responsibility for their decision. Just as Anderson's criticism, this theory is too cold to people suffering, though they may be in responsibility for their own choices. Another objection may lie on how to define bad luck. Following the theory of luck egalitarianism, those who want to get compensations would need to prove their inferior status, namely owing the discrimination to the bad luck. Let's take women into consideration, it will follow by the premise of luck egalitarianism that to get help from the government, they need to prove their gender is in some ways bad luck, or inferior to men. That would be ridiculous, according to Anderson, that would be "Belittle the inner disadvantage and elevate private contempt to officially recognized truth 'Status'. No one will agree that being a female is a natural weakness, but they do need compensation due to a patriarchy structure and history. Therefore, these approaches may find it hard to deal with the status of gender differences.

The approach of relational equality may inspire us to new perspectives, but there remains to be great ambiguity in what is a fair relation. According to Anderson's strategy, the theory of equality guarantees the ability and freedom of all people to function as human beings, as participants in the system of productive cooperation, and as citizens. One possible reason for feminists to object to relational egalitarianism maybe its gender blindness, since Anderson didn't take careful consideration about whether it is different to be a woman, a female worker or a female citizen. Though this does not necessarily lead to the failure of relation egalitarianism, it remains to be an unanswered feminism question. Another approach may be a property one, though Anderson and her successors claimed that this approach would eliminate all the all oppression, it would be impossible to realize true equality if their claiming only seek to guarantee the basic need of every one for the economical gap between the two sexes won't eliminate under her strategy. And according to Cohen, the respect to each other and the political right equality is just illusion in a society without property equality. ①

What's more, although the feminism is mostly concerned with political powers and right, the feminists also wage discussions in other field which could not been covered by only political theories. All these theories for equality view women as separate individuals, but females as a group is also a perspective that should not be ignored. Feminism theories occur in epistemology, aesthetic or philosophy of science. Female as a group with distinct perspective and standpoint also needs more place in art, literary and culture field, which couldn't be covered by simple equality for materials or rights.

It could be difficult to define feminism positively since there isn't a perfect theory for equality, then some philosophers had tried to define it in a negative way, for example by suggesting that Feminism is a movement against or opposed to certain things. J. Grimshaw defined feminism as a perspective that seeks to eliminate the subordination, oppression, inequalities and injustices women suffers. (Feminist philosophers, 1986). But it is difficult to define the subordination, oppression, inequalities and injustices that women are suffering clearly. For instance, the second wave feminists view family as a oppression tool and labeling themselves by denying giving birth to a child while there successor tend to emphasize on the choice of women. In brief, the negative strategy does not eliminate the problem of the diversity of equality theories but replaced it with other ambiguous concepts in need of more clarification. ②③

Both the ways above are trying to define feminism in an essentialism version, setting a fixed goal for the campaign and presupposing that we are advancing whatever the pace is. There is a close connection between the essentialism definitions and the problematic narration of feminism history. If there were a clear goal to achieve or a particular enemy to defeat, it would be plausible to accept a single-dimensional model of feminism history. Since a fixed goal infers a single criterion. ④

Now we had witnessed the failed attempt find a single criterion for feminism in the liberal feminism trend and the situation won't change if one only turn to another trend of feminism for other trend also have their internal tension like Marxism feminists disagree on the relationship

① The Stanford Encyclopedia of Philosophy for Egalitarianism, Wed Apr 24, 2013.

② 马德普，[加] 威尔·金里卡. 中西政治文化论丛 [M]. 天津：天津人民出版社，2006.

③ Will Kymlicka. Contemporary Political Philosophy: An Introduction [M]. Oxford: Oxford university press, 2001.

④ The Stanford Encyclopedia of Philosophy for Feminist Philosophy [M]. 2018-6-28.

between capitalism and patriarchy etc. So that, instead of introducing another essentialism definition, a historicism view may be more plausible. What I'm proving here just act as an objection to P1, which is the claim that there could be an ultimate goal for feminism, and the following part will be an objection to P2 as well as my descriptive argument to see whether Kuhnian paradigm method will suit the development of feminism.

II

Feminism as paradigms

Waves, generations and paradigms

There's no denying that paradigms is not our historicism option, so that I would compare it with another two, namely the wave approach and the generation approach, to show the advantage of the paradigms descriptively.

A simple historicism approach maybe a generation one in light of the fact that feminists of different generations are more likely to hold different beliefs about feminism. This model sometimes work well since different generations of feminists were born and cultivated in different environment, leading to their different perspectives about the issue. For instance, Friedan once noted that unlike the pioneers of the second wave feminism who must fight to gather their rights, their daughters, born with the achievements of second wave, tend to feel safer about their basic rights. So that they are less passionate on the politic struggle but more focused on the topics about their working career. However, this model is also complained to be inadequate not only for its inaccuracy but also for its prejudice. Tuin once complained that she was excluded from a second wave orient writing practice simply because she was from a different age group. We can also imagine a more personal approach with a younger feminist complaining "why can't I be a second wave feminist for my thought is closer to Beauvior than to a post-modern writer. "

A wave model is the most widely used model to narrate the development of feminism. According to Iris van der Tuin, the wave metaphor function as a proper description of the crests and undercurrents alternate of the feminist movement. Feminism are often divided into three or four chronological waves. The first feminist wave crested around 1900 and the second wave of feminism is generally dated between 1968 and 1980, while the third wave is supposed to be the movement after 1990. There remain unclear whether there is a fourth wave, if there is, it refers to the feminist movement after 2010 and deeply connected to the development of the internet. The wave metaphor implies a successive relation (they presume a progress narrative) and a pattern of sequential negation. [1] Though widely accepted, the wave model is constantly being doubted. I can list at least three powerful critiques against the wave model. First of all, the wave model

---

[1] Van der Tuin, Iris, Eds, R. Buikema, G. Griffin, N. Lykke. Advances in Feminist Studies and Intersectionality [M]. London and New York: Routledge, 2017: 15-28.

ignores the internal tension within one certain wave, for instance, the division of liberal feminism, Marxism feminism and radical feminism in the second wave. Secondly, it is a quite Western-centric view since the feminist movements in other region like China and the Arabic world are largely omitted at least in the first two waves. Also, the model is usually narrowed down temporally, being blind to the feminists between the waves or before the first wave. Due to these critiques, many feminists tried to develop more accurate models to narrative the history of feminism. For example, Tjitske Akkerman has introduced a new model which classify the history of feminism into six period. ①②

Paradigm may be one of the most abused words which had been used in multiple ways even by Kuhn himself. According to Margaret Masterman, Kuhn had used paradigm in 21 different ways in the well-known The Structure of Scientific Revolutions. After being criticized and misunderstood, Kuhn made a clarification about paradigms in 'Second Thoughts on Paradigms' which emphasized the strong connection between paradigm and science community. According to Kuhn's second thoughts, the key to paradigm is a series of exemplars advocated by a group of followers. ③④⑤

As a concept borrowed from philosophy of science, I'd like to define a paradigm of feminism as a combination of

1, a series of shared beliefs

2, a series of shared topics

3, a series of shared exemplars like a certain book or a certain event

4, a particular analytical methods and practice model

I'd like to mention that feminism is a combination of theories and practices. A paradigm could include a lot of thinking and practice, it could be political demonstrations, academic activities, or a certain lifestyle. In brief, the paradigm is all the things the feminists do to entitle themselves to be regarded as feminists. themselves as feminists. Exemplars in feminism involves influential theories like Beauvoir's theory about the "other" or Judith Butler's "Gender Performativity". It also involves widely concerned issues like the US Supreme Court decision on abortion in Roe vs Wade.

The way I adopt paradigm here is more likely to be a metaphoric use rather than claiming a fixed structure matching Kuhn's overall picture of science since its controversial to find a similar puzzle solving process to match the normal science in Kuhnian theory.. Instead of giving the

---

① Susan Archer Mann, Douglas J. Huffman. The Decentering of Second Wave Feminism and the Rise of the Third Wave Science & Society [J]. Science and Society. 2005: 56-91.

② Tjitske Akkerman, Siep Stuurman. Perspectives on Feminist Political Thought in European History: From the Middle Ages to the Present [M]. London and New York: Routledge, 1998.

③ [美] 托马斯·库恩. 科学革命的结构 [M]. 纪树立, 译. 福州: 福建人民出版社, 1981.

④ The Stanford Encyclopedia of Philosophy for Thomas Kuhn. 2018-10-31.

⑤ [美] 托马斯·库恩. 必要的张力 [M]. 纪树立等, 译. 福州: 福建人民出版社. 1981.

current approaches another name to reemphasize the diversity of feminism, I'm trying to improve the current model into a more plausible one. The approach of generations is problematic, but the crucial insight that feminist communities plays important roles is still plausible. However, the paradigm view won't simply classify the position of feminists according to their generation but a cluster of shared features. Also, there are obvious difference between a paradigm approach and a wave approach. Firstly the paradigm approach does not ignore the feminists spatiotemporal outside the wave, but view them as the pre-paradigm figures. In addition, the diverse trends within a certain wave will be organized as sub-paradigms within a big paradigm under a paradigm approach. At last, a paradigm approach does not assert a necessary successive link between different paradigms and the sequential negation pattern are viewed as a basic belief shift just like the different understanding on time of the Newton paradigm and the Einstein paradigm.

The mainstream narration of the history is focused on the feminism movements in the western countries, my analysis will also start from those examples, but trying to find out what is ignored.

Before further arguments, I have to clarify that I am both making a descriptive claim and a normative one. I'd like to argue for paradigms from two aspects. Firstly, I'd like to show its factual basis through a reinterpretation of the history of feminism, then, I'd like to point out the advantages of analyzing the theory using the concept of paradigm. However, it would be too ambitious yet even impossible to cover all the history details in such a small scale writing, so that I would only list some factors which serve two purpose, first to act as plausible counterexamples to other strategy of definition and then to prove it is possible to build up a paradigm based feminism history. After that, I would pay more focus on the normative perspective to show how a paradigm approach could help us to analyze to problem we are facing.

Let's start with the descriptive part.

Pre-paradigm periods.

I'd like to use pre-paradigm to describe the feminism movements before the first waves. In this period, feminism involves dispersive insights and practices of the pioneers. Hildegard of Bingen, living at late 11th century has been known as the first feminist who act 'unfemininely'. She was an impressive writer and gave education to girls of her convents. An English women Julian of Norwich (1342-after1416) was suspicious of the fixed gender role in a religious perspective. She doubted why it was the matter that she could not talk about the grace from God just because she was a woman. Jane Anger was an English poet who challenged the priority of Adam to Eve, in other words, Man to women. I'm not going to list all the pioneers' thinking and their practices, since what I want to argue here is that thoughts and practice of education equality, fixed role or patriarchy appeared long before the first wave, before the Enlightenment and liberalism thoughts. We can even find a embryo of the sex-gender division in the work of Ibn Qayyim, who was an 14 century Muslim scholar discussing 'unutha' or 'femininity' as a quality taught but not intrinsic. But feminists in this period did not form strong community with shared platform to communicate and express their thoughts and expand their practice from individual charity to a social movement. Earliest feminism thoughts has showed some connections to religious, maybe caused by the easier access to literacy of clergies, while secular feminist writers of 17th and 18th centuries were mainly ladies from aristocratic families with access to literacy and learning

The first wave

We could divide the first wave of feminism into two periods. I'll call the first stage an intellectual period. The secular feminism was born from the novels and poems of feminism writers. Those ladies were gentlewomen with good backgrounds. Bathsua Makin (1600—1675), the pioneer of education equality was governess to a daughter of Charles the first. Anne Bradstreet (1612-1672), the author of The Women's Sharp Revenge, was daughter of governor of Massachusetts Bay colony. In that period, being a feminist means a well-educated lady, writing stories about women and criticizing the inequality in education, working and later, the political rights.

The period continued to the age of Mary Astell (1666-1731), Mary Wollstonecraft (1759-1797), and Margaret Fuller (1810-1850). J. S. Mill (1773-1836) and William Thompson (1775-1833) became two famous male figures who advocated feminism. Feminism didn't become a political movement until time came to 19th century, when poems and novel were replaced by booklets and pamphlets, feminists left studies and editorial offices. Feminism movement paid great effort to joining the political issues of that time like the Abolition Movement. Feminists submit petition letters and carry out demonstration. Barbara Smith (1827-1891) had met with her friends at the Langham Place. John Neal started to deliver lectures, and females from all classes had become a joint effort in the great triumph of the suffrage movements. It would take countless books to describe that age of passion, telling the story of those brave and eloquent ladies so that I am not capable to draw about the whole picture of that period. However, one thing i want to mention was how the feminists different from the ladies in the intellectual period. In that days, feminism was no longer a issue on the writing desk, but more about matters on the streets and in the parliaments.

As theories, the first wave feminists based their theories on the enlightenment and classical liberalism, they focus on education and political rights, longing for liberation under public-private structure. The key feature for the first wave is the notion of sameness, they assume that men and women are the same. Women are seen as capable of doing what men used to do especially in their capacity to reason. ①

The second wave

The feminism movements of early 20th century were the aftermath of the first wave, but the second wave appeared suddenly. The idea of viewing women as distinct, different from men could

---

① ［美］埃莉诺·弗莱克斯纳，艾伦·菲茨帕特里克. 一个世纪的抗争 [M]. 陈洁瑜，译. 北京：中信出版社，2020.

be hardly found in the works of the first wave but appeared in the pre-paradigm period. The prophet Joel of late 16th century believes that women's distinct role in the society could offer revolutionary ides to the world (though she expressed her idea in a mystical way. The problem of procreation was published more in the anti-feminism newspaper, making disgusting jokes about women giving birth to a baby in the Congress, than in the theory of the first wave feminists.

Just like Kuhn found it hard to answer when did Lavoisier discovered oxygen, it is hard to decide when did the notion of difference started to become popular. Simone de Beauvoir was not the first feminist who pointed out the idealization of feminine traits, but it was she who started the heated analysis of the distinct feminine experiences, which acts as a key feature of the second wave. Following her, it was Betty Friedan and Juliet Mitchell. The feminist movement is no longer a campaign only focused on politics, and longing for certain rights. Being a feminist in the second wave indicates a practice to deconstruct the cultural oppression women suffers. Therefore, lots of important new concepts like gender and sex division, patriarchy or standpoint were invented. New methods like a Marxist analysis or psychoanalysis were introduced into feminism.

The topics of the second vary. We can make a long list including public-private distinction, patriarchy-capitalism connection, positive elements in femininity, formation of masculinity and femininity, justice versus care etc. Though diverse, the theories and the movements of the second wave were trying to find out general feminine features, the campaigns lay great emphasis on sisterhood which hopes to unite all the women. "Sisterhood is powerful" was one of the most popular feminist slogans, while feminists are those who care about issues like body, abortion, and pornography. Feminists means a middle-class lady, who kept reading books of Germaine Greer and Gloria Steinem, attending locally based organizations of "consciousness raising", and paying close attention to big issues like Roe v. Wade. ①

Speaking of the feminism practices in that period, the ladies founded organizations like National Organization of Women in the US (Betty Friedan act as an important figure) and played vital roles in other social movements like the anti-Vietnam War movement, becoming a crucial group of the society movements. A typical exemplar in the political field along the whole period was the Equal Rights Amendment, attracting so much attention that the failure of it almost ended the second wave. ②③

The third wave

After ten years struggling in the 1980s, it is widely acknowledged that the Third wave appeared after 1990 with new ideas and new discourses. Rebecca Walker, daughter of the famous second-wave black feminist Alice Walker, was the first figure who declared " I am the Third

① Butler, Judith. Gender Trouble: Feminism and the Subversion of Identity [M]. New York: Routledge, 1969.

② [法] 西蒙娜·德·波伏娃. 第二性 [M]. 郑克鲁, 译. 上海: 上海译文出版社, 2011.

③ 李银河. 妇女: 最漫长的革命 [M]. 北京: 中国妇女出版社, 2007.

Wave" in her famous *Becoming the Third Wave*①. Third wave arise where the sisterhood failed. The key of the third wave was the difference between women which was criticized to be ignored or undervalued during the second wave. When dealing with problems involving different women, the second wave feminists tend to minimize their difference and build up a shared sisterhood. However, the third wave feminists will emphasize these difference to develop their theories. And since the politics of the third wave are intersectional, it sees justice for women as connected to larger projects such as decolonization. Though complex, we can find four major perspectives contributing to most new discourse of third wave feminism: intersectionality theory as developed by women of color and ethnicity like Bell Blair Hooks' theory criticizing the second wave for its alleged essentialism②; postmodernist and post-structuralist feminist approaches which critically questioned the notion of coherent identities and viewed freedom as resistance to categorization or identity; feminist postcolonial theory, referring to a global approach and diversity of feminist movement in different regions; and the agenda of the new generation of younger feminists who chronologically followed the second wave with distinct reflection on the second wave. ③④

After a review to the history, I would emphasize on some feature of Kuhnian paradigms to demonstrate my idea.

Pre-paradigms

As noted, there appeared to be a period during which feminist thoughts and practice is dispersive and unstructured before the first wave. Beauvoir called feminists of that age as lonely protestors to the cruel fate that women suffer. The 30 years between two world wars act as another example of pre-paradigms. Different ideas appeared, but those theories are not well structured. Some magazines directed at women were published, the names of them, *Woman and Home*, *Good Housekeeping* that showed a conservative tendency. However dissenting voices appeared on the magazine *Time and Tide*, topics like unmarried mother, widow and guardianship of children were discussed. These topics, unlike first wave topics like education and voting, focus more on the unique experience of women, and these topics had later become important issues for second wave feminists to inquire into. Virginian Woolf and Rosa Luxemburg were typical figure of female thinkers that age. Woolf admitted that she was anxious of being titled as 'a feminist' when her book, *A Room of One's Own* was first published, she attacked the word 'feminism' as 'an old word, a vicious and corrupt that has done much harm in its days and is now obsolete', but she also defended Rebecca West from the attack from men in her book. Rosa Luxemburg had

---

① Walker, Rebecca. Becoming the Third Wave [M]. Ms. January/February, 1992: 39-41

② [美] 贝尔·胡克斯. 女权主义理论——从边缘到中心 [M]. 晓征, 平林, 译. 南京: 江苏人民出版社, 2001.

③ Margaret Walter. Feminism: a very short history [M]. Foreign language teaching and research Press, 2008.

④ 付翠莲. 在平等与差异之间: 女性主义对自由主义的批判 [M]. 北京: 社会科学文献出版社. 2013.

expressed many ideas about the equality between two genders yet viewing feminism as a byproduct of World Socialist Movement. Feminists of that time had started to reflect on the first wave while their attitude about feminist problems were not that firm. After the disturbances of the war, the Universal Declaration of Human Rights had acknowledged both equal rights for women as to marriage, during marriage, its dissolution and special care and assistance in their role as mothers. Together with the Marxism thought, new paradigms of Liberal feminism, Marxist feminism and Radical feminism were formed. Also, during the revival of Conservatism of the 1980s, feminism went through a low tide with reflection to the second wave.

Revolution and Crisis

The change from the first wave to the second is not a continuous accumulating process but a revolutionary transform, the Copernicus point is that first wave feminists is the notion of sameness, they assume that men and women are the same, while second wave feminists view women as distinct, different from men. The turning point from the second wave to the third wave was second wave feminists believed general feminine features while third wave emphasized on the diversity among women themselves.

The reason for the changes were crisis, namely the failure of the theory. Kuhn describe this process as theories' unacceptable departure from the reality. In our investigation of feminism, it refers to the phenomenon that a theory's core proposition and its relevant practice lose its directive significance in reality. For example, the National Union of Societies for Equal Citizenship (NUSEC) was a first wave feminist institution aims at "obtain other reforms, economic, legislative and social as are necessary to secure a real equality of liberties, status and opportunity between men and women." The NUSEC's predecessor was National Union of Suffrage Societies, which spared no effort to the Suffrage movement. The NUSEC had witnessed the fact that though women got the equality to sit at the parliament, they still suffer from discrimination in divorce, guardianship of children and prostitution. In other words, the equality strategy of the first wave feminism failed to match the real need of women. After Eleanor Rathbone became the president, the goal of NUSEC changed from demanding equality with men into demanding what women need to fulfil the potentialities of their own nature and to adjust themselves to circumstance of their own life."

The crisis was even worse during the shifting period between the second and the third wave. Firstly, the slogan "sisterhood is powerful" of the second wave became questionable after the feminists faced inevitable communication barriers caused by racial, class and age difference. Secondly, an increasing recognition of the more intractable struggling of women in the third world affected by colonialism and neocolonialism revealed the deficiency of the second wave thoughts. Also, a internal tension inside the second wave also lead to problem. In 1970, feminism could attract thousands American women to the street, protesting with slogans like "education equality", "abortion is our right", "children need 24 hour care". However, after a decade, feminists could no longer unite women all around the United states with an agreed principle.

Despite the increasing backlash power, the endless internal conflicts of the feminist community is also an important cause. For example, the late second wave feminists seemed to be too keen on opposing pornography while ignoring the real sex exploit caused by poverty. According to Friedan, the pornography separated the feminist movement, leading to the allying of some feminists with the right-wing community.

A micro example of the paradigm shifting could be showed clearly from the thinking of Betty Friedan, who experienced a Wittgensteinian shift of thought, showed from her famous books, the Feminine Mystique and The Second Stage, revealing totally different paradigm to multiple topics. [1] Friedan was once the leader of the second wave feminism who viewed politic rights as the key of feminist movement and spent ten years fighting for anti gender discrimination and abortion right. But witnessing the confusion of younger women, feeling guilty longing for a child, dropping into the illusion of divorce equality and struggling with the balance between working and family, Friedan had appealed paying more attention to family and viewed family as the new battlefield of the feminist movement while involving men into feminism, changing from the sisterhood against men's patriarchy to the concern about how men suffer from patriarchy, which is a vital issue in the third wave. [2][3] " we must overcome the gender opposition of the first stage, overcome our negative emotion and move to the second stage," Friedan wrote " to build up a new system based on real gender equality. " [4]

Incommensurability

Paradigms are incompatible to each other. Feminists of different paradigms may not admit the legitimacy of other paradigms. The difference of different paradigms could be divided into four dimensions.

Firstly, as for basic beliefs the three waves hold totally different understanding on sameness and difference. As mentioned several times before, first wave feminists insist on a notion of sameness between men and women in certain field like the rational ability. Meanwhile, the second wave feminists were more likely to share a female essentialism, an attempt to minimize the divergence between women and build up a wide based sisterhood. However, no matter how different the third wave feminists' beliefs are, their starting point was the ignored and not eliminable identity differences among women, resulting to their attempt to combine feminism with other important issues like race or cross cultural communication.

The second difference lies in the topics. we can hardly find problem of abortions, body

---

① 肖克. 贝蒂・弗里丹女性主义思想转型原因析论 [J]. 山西师大学报（社会科学版），2014（5）：126-131.

② ［美］贝蒂・弗里丹. 女性的奥秘 [M]. 程锡麟，译. 哈尔滨：北方文艺出版社，1999.

③ ［美］贝蒂・弗里丹. 第二阶段 [M]. 小意，译. 南京：江苏人民出版社，2007.

④ 原祖杰，武玉红. 从"姐妹情谊"到"女性差异"——美国女性史研究范式的转变 [J]. 社会科学战线，2021（7）：10.

issues which is crucial in the second wave, in the writing of first wave feminists. In addition, we can find different standpoints and approaches to one same topic. First wave feminists view marriage as public issues, so that they paid great effort for the protection to married women by law. At the meantime, radical feminists of second wave focus on the politics of the private sphere, dealing with ideas, attitudes, and cultural values whilst Marxism feminists thinks that the problem of marriage is the ignorance of domestic labors. Also, The second wave's notion that the personal is political was more likely to be seen as a double-edged sword that highlighted not only how personal issues were political, but also how personal lifestyle choices should not undermine feminist ideals which required that social change to be part of one's everyday life, leading to the burning bra movement or resistance to using make-ups or wearing high heels. The new generation, in its attempt to open up and broaden feminism, introduced a number of less restrictive ideas, strategies and ways of conceptualizing feminism that sparked condescension, controversy and rather hostile critiques from their second wave sisters (Kaminer, 1995; Baumgardner and Richards, 2000, 224-234). ①

At last, but not least, feminists of different paradigms use different methods and concepts to express their thought. In the first waves, social contract and rationalism are weapons to construct arguments. Meanwhile, second wave feminists use new concepts like gender and patriarchy. The third wave feminists, concentrating on the minorities of the society invented concept like intersection to describe the newly found problems.

To most people's surprise, Virginia Woolf, a typical figure for the first wave intellectual feminists, had been one of the sharpest criticizers to feminism while third wave feminists may find her opinion ridiculous that what women need is just right to earn a living. As noted in the history review, the difference within different feminist paradigms may not be smaller than those between feminism and conservatism. ②

Historical discontinuity

My favorite part about Kuhnian paradigms is it showed that science topics are not necessarily connected. And one of the big difference between a paradigm model and a wave model is that whether there is a necessary successive relation between different paradigms. The paradigm does not claim that there is no relationships, but only concerns whether the successive relation is necessary or not. When it comes to feminism, there couldn't be an ultimate theory for feminism for there's always different group of people suffering different oppression. Some topics in feminism appears without a status of being necessarily women only issues, though being discussed by feminists, but may not be strictly a feminist issue. The care ethics is an example.

---

① Kaminer, Wendy. Feminism's Third Wave: What Do Young Women Want? [N]. New York Times Book Review, 1995-6-4.

② [英] 塔比·杰克逊·吉, 佛雷亚·罗斯. 女性主义有什么用 [M]. 吴庆宏, 译. 上海: 译林出版社, 2018.

Gilligan invented the division of care ethics and justice ethics to show the difference ethical tendency from the life experience of female. She discovered that female way of morality requires a mode of thinking that is contextual and narrative rather than formal and abstract and she call them two different voices which are fundamentally incompatible. But a powerful critic was that female should not be bound with care, or this would cause a limitation of gender role, capability or reasoning mode. Care ethic is a theory beyond gender which offer us an insightful perspective to deal with ethic problems. For Gilligan herself, she also realized the problem of tying care perspective with gender, so that she tried a lot to clarify the influence of the living experience which is acquired but not nature. ①

I'm not claiming that care ethics was discovered randomly, actually, it could hardly discovered by male philosophy since mostly, female are in the condition to suffer more and have a tendency to care, however, that does not means that care ethics should be bound with feminism and female experiences.

Ⅲ

Advantages

In the last part, I'd like to show the advantages of the Kuhnian paradigm by going through some concrete examples.

The first two advantages should be explained from a historical perspective which help us to get a deeper understanding of the origin and the evolution of feminism.

The paradigm model, could remind us of those important sources of thinking and vital figures ignored by the mainstream narrative of history, namely the historical progressivism view. We are not paying enough attention to those pre-paradigm feminists like Hildegard of Bingen or Julian of Norwich, but giving more applauds to J. S. Mill, I'm not asserting that Mill is not a vital figure, however, many ideas which were used to be believed originating from Mill and other first wave figure could been invented by pioneers long before but without much attention.

Also, as mentioned before, some necessary bond or limitations should be eliminated by a paradigmatic method. More researches on the pre-paradigm period may lead to different understandings of the history of feminism. For example, the claim that feminism born from the Enlightenment may fail for the close connection between early feminists and religions. The instance about care ethics was another evidence which shows how the method work to change some deeply believed bias in our mind.

The following advantage would be attitude towards diversity of feminism, I will show two examples and then prove how paradigms can help.

① ［美］卡罗尔·吉利根. 不同的声音：心理学理论与妇女发展 ［M］. 肖巍，译. 北京：中央编译出版社，1998.

Veil

Should wearing the veil been abandoned according to feminists? The veil wearing problem has become a controversial problem in recent years. The answer may be apparent according to the traditional feminism paradigms. Many people have taken it for granted that veil is a symbol of the discrimination suffered by the Islamic women under the Islamic tradition, like a famous comment on the internet: "Bikini and Veil, civilization and barbarism. Qasim Amin, famous Islamic feminist in the first wave, had been a pioneer to the abolition of the veil. However, the voice from the Muslim women may make a difference, unlike the claim Amin made that the veil wearing will limit the opportunity to education, some Muslim ladies found it less pressured to attend education with veils. Zenab Fawaz, an Egyptian feminist pioneer believed that wearing veil did not act as an obstacle for women to attend education. In the history, veil act as a protection to the property of Islamic women, who gained independent property right much earlier than the US ladies. Muslims also view the right to wear veil as a resistance to the culture aggression of the western world. In 2004 an Armed group from Iraq kidnaped two French reporter as the extreme protest to the French law of forbidden the wearing of veils in schools. Abandoning the veil, instead of being an action to liberate Muslim women, had become a new discrimination on women in Egypt. That's why soon after the Mubarak's fall in 2012, a TV channel of veiled ladies begun broadcasting as protest to the discrimination they suffered during the secular movement.

Whether wearing veil is good to Islamic women remains to be a controversial problem, however what I want to emphasize is that the position we took in tradition paradigm may not act well in reality, viewing feminism as paradigms may arouse our attention to those important topics usually omitted in the old paradigms, especially in the perspective of multiculturalism. ①②

Abortion

Roe vs Wade is a battle between feminism and life supremacy. Freedom to abortion is an important issue of the American feminists, the normal paradigm is that feminists should act as firm supporter to prevent girls from unintended pregnancy, however, feminists in China will be much prudent because some Chinese mothers would not like to give birth to girls, therefore, unlimited abortion could be disaster to Chinese girls. The difference may lie on the different patterns through which the two countries carried out the feminism movement. The US had a long history of feminism movement with spontaneous organizations and activities, in which it took tragic struggle to achieve the equality of gender legally. The situation in China is much different since men and women gained equal rights protected by the law the moment the new China was born. As a result of a government-lead feminism movement, Chinese women, especially in less advanced region are less likely to be influenced by the feminism theories. Therefore, tradition is the only thing dominating their worldview. When they got the chance to have abortions, they were more likely to

---

① 周华. 埃及女性主义思潮研究 [M]. 北京: 时事出版社, 2018.
② 马楠. 从埃及大选看埃及 "面纱女性" 节目的开播 [J]. 考试周刊, 2013 (4): 194-195.

kill a female baby under the influence of traditional thoughts that only a male baby could inherit the lineage.

Since people live in different condition and social environments, there isn't a feminist claim for abortion, but multiple views about the problem under different paradigms.

Through these comprehensive exemplars, it seems that the conflicts between paradigms could be a disaster for those who holding a grand unified theory. Paradigm is also a way to stop the endless conflicts. For Kuhn, the different paradigms does not mean the end of science, they act more like division of labour. The Physics community would do their thing while the chemists do their. The key point is that if we accept the paradigm model of feminism, we could eliminate the dangerous arrogance of one's own paradigms, since every communities are just doing their job in their way, respect can be built instead of bias. For the examples, abortion is important, but Chinese citizens should be allowed to find their own way to solve their problems. To be more specific, paradigm theory allows as well as remind us to be tolerant to the difference among different culture and trends, which will be a power weapon to relieve the inner division of feminists while reunited everyone cares the feminism issues again.

The last argument I would made is not only an advantage but also an alert to all feminists. Susan Faludi introduced the word "backlash" as reference to the violent attack and criticism exerted on feminists. All the feminist problem raised were twisted into results of indiscreet and hysteria of feminists. Attacks to the private life of Mary Wollstonecraft, noting her as Hyenas in skirts, has showed great similarity to the slogans of anti-feminism in 1970s, like "feminists are single women who lack men" these attacks as well as its strategy of twisting fact and communication-refused personal attack were disgusting. What the enemies tried to do is define feminism in a horrible way to attack feminism. The phenomenon appeared as a reflection of feminism and while those slanders to feminism worked, feminists encountered crisis.

However, these behaviors are not the patent of anti-feminists. In 2012, Warren Farrell, being entitled as a notorious scholar by feminists, famous for his book *the Myth of Male Power* (1993), delivered a speech in Toronto University about behalf of men's issues. The speech was sieged by feminists, male and female, they did all those things that anti-feminism did, shouting 'fuck Warren Farrell', noting all the attender of the speech 'fucking scum', and attacking Farrell as 'rape apologist', though Farrell had been a feminist for half of his life. Another well-known event may be the lecture held by Canadian association for equality, titled 'From Misogyny to Misandry to Intersexual Dialogue', the event was shut down by a group of feminists, pulling the fire alarm illegally.

After 1975, the "Encuentro" organization, a national feminist organization started to involve women who consider herself as a feminist to establish links globally. People shouting 'Fuck Warren' and pulling the alarm surely noted themselves as firm feminists, but should feminism be like that?

I don't really agree with most of the claims that Farrell made, the point is that feminism is not just different academic schools or social movements we attended, but paradigms we create and define by practice. Demarcation always has something to do with power. When Popper invented his Falsification definition of science, he was not just trying to define science, but also excluding something from scientific community, namely the astrology, psychoanalysis and Marxism. So that what is feminism matters, practically, especially when there is no ultimate legitimacy guarantee for what we are doing. If not, the backlashes will affect the movement, defining what feminism is in their way as noted before. The attackers may not listen to the argument made by feminists. Feminism become emotional, especially in the internet environment where conflict and hate are easily incited. Viewing feminism as paradigms, means us, who noted ourselves as feminists, is the ones to decide what is feminism, so we should always be careful about what we are doing. ①

Conclusions

We can investigate feminism from two dimensioOns. First is a vertical dimension or a history dimension while the other dimension is a horizontal dimension or a cultural dimension. Viewing feminism as successions of paradigms could help us finding the voice of women who suffered, suffering or will suffer which were usually omitted. Instead of sinking into mud of quarrel, admitting the legitimacy of other paradigms may act as a better way. What we should abandon is dangerous arrogance and over optimistic while stay humble and compassionate.

---

① 李杰. 后现代女性主义理论的范式推进及其研究困境 [J] . 河北学刊, 2007 (27)：253-255.

Deciding on One's Own — An Alternative Possibility
（关于新法兰克福式反例的探讨：
什么是"自己决定做"以及自己决定做什么）

莫蕙榕

（武汉大学　弘毅学堂，湖北　武汉　430072）

【摘要】The flicker of freedom strategy has served as a major method to defend the Principle of Alternative Possibilities against challenges posed by the Frankfurt style case. The recently-discussed flicker theory, namely the fine-grained version of flicker strategy, argues that the alternative possibility is still open to the agent since deciding to A differs from deciding on one's own to A. However, a new Frankfurt style case is provided by Bradford Stockdale in which the agent is morally responsible for deciding on his own to A but could not have done otherwise. I argue that based on a finer depiction of "on one's own", the morally responsible agent in the new Frankfurt style case still has alternative possibility.

【关键词】Moral responsibility, alternative possibilities, flicker of freedom strategy, Frankfurt-style case, deciding on one's own

【作者简介】莫蕙榕，武汉大学弘毅学堂人文科学试验班哲学方向 2019 级本科生。

1. Introduction

Generally, people believe that moral responsibility requires the power to do otherwise. This widely-shared intuition was formulated into a principle called the Principle of Alternative Possibilities (PAP): "agents are morally responsible for their actions, only if they could have avoided performing them or could have done otherwise when they performed them." (Robert Kane & Carolina Sartorio, p. 32). However, Harry Frankfurt tries to challenge PAP by providing a counterexample following.

Black … wants Jones to perform a certain action. Black is prepared to go to considerable lengths to get his way, but he prefers to avoid showing his hand unnecessarily. So he waits until Jones is about to make up his mind what to do, and he does nothing unless it is clear to him … that Jones is going to decide to do something other than what he wants him to do. If it does become clear that Jones is going to decide to do something else, Black takes effective steps to ensure that Jones decides to do, and that he does do, what he wants him to do … Now suppose that Black never has to show his hand because Jones, for reasons of his own, decides to perform and does perform the very action Black wants him to perform. (Frankfurt 1969, pp. 288-289)

Supporters of the Frankfurt style case think that PAP is false because in the above case, Jones has moral responsibility for what he performed since Black plays no role in his decision-making process, but Jones could not have done otherwise than performing actions Black desired for Black's guarantee.

A major method to defend PAP against the Frankfurt style case is the flicker of freedom strategy. The "flicker of freedom strategy" is coined by John Martin Fischer though he questions the efficacy of that strategy. According to Fischer, the flicker strategy defends PAP by arguing that the agent in Frankfurt style cases has the alternative possibility, namely the flicker of freedom (1994, p. 134). That is to say, the morally responsible agent in the Frankfurt style case could have done otherwise than what he is morally responsible for, so the Frankfurt-style case does not succeed in challenging PAP. The recently-discussed flicker theory focuses on the difference between deciding to A and deciding on one's own to A. Justin Capes refers to this kind of flicker theory as the fine-grained version of flicker strategy because it maintains that a precise differentiation between what the agent is and is not responsible is needed for assessing the Frankfurt style cases properly (2014, p. 428). It is argued by Peter van Inwagen that the agents in the Frankfurt style case are not responsible for the unavoidable behaviors but having those kinds of behaviors on their own (1983, p. 181). Capes with Philip Swenson, share the similar opinion with Inwagen that the agent only has responsibility for deciding on his own (2017 p. 976).

However, another flicker theorist, Michael Robinson, thinks that in the Frankfurt style cases, the agent is morally responsible for both deciding to A and deciding on his own to A (2019, p. 217). According to Robinson, one's responsibility for A-ing derives from his responsibility for his deciding to A, and the latter one derives his own decision to A (2019, p. 217). Therefore, he asserts that one is basically morally responsible for a decision made on his own and derivatively morally responsible for making or performing that decision (2019, p. 217).

Some objectors to PAP dispute the fine-grained version of flicker of freedom strategy. One common objection is the robustness question put up by John Martin Fischer. Fischer that although some alternative possibilities remain open to the agent, those flickers are not robust enough to help to account for the agent's moral responsibility (1994, p. 140). Besides, Robert Kane points out that in Frankfurt style case, when the counterfactual intervener does not get involved, the agent is morally responsible for what he does, including doing A on his own and doing A itself (2005, p. 85). Additionally, Eleonore Stump suggests that it is possible to construct a Frankfurt style case in which there exists no alternative to doing O (action performed on his own) (1999, p. 316). Based on Stump's blueprint, recently, Bradford Stockdale provides a new Frankfurt style case in which the morally responsible agent could not have done otherwise than deciding on his own to A (2021, p. 13). Especially, in the new Frankfurt-style case, the counterfactual intervener, namely the deterministic process D, is initiated by the agent Gary himself at t to ensure that the decision to take his wife out for dinner will be made at t2. Reviewing the usage of "on one's own" in the literature on Frankfurt-style cases, Stockdale claims that "on one's own" implies that "the decision was not a result of external coercion or force" (2021, p. 8). Then, in the light of that definition of "on one's own", Stockdale points out that the decision produced by D at t2 should still be regarded as the one made on Gary's own because there is no external force involved in the initiation of D and D's producing the decision (2021, p. 8). Therefore, according to Stockdale, although Gary is morally responsible for deciding at t2 on his own to take his wife out for dinner, he could not have done otherwise than that because whether that decision is made by his indeterministic deliberation or D, that decision is made on his own (2021, p. 8).

I argue that the new Frankfurt style case is not able to challenge PAP effectively because the morally responsible agent still has alternative possibility. This article will review the new Frankfurt style case provided by Stockdale initially. Then I will distinguish the actual sequence from the alternative sequence. I will provide a finer depiction of "deciding on one's own" and point out that Gary has both moral responsibility and alternative possibility to deciding on his own to A simultaneously. To put it in the least way, even if it is granted that Gary decides on his own at t2 to take his wife out for dinner in both actual and alternative sequences, the actual decision and the alternative decision are subtly but fundamentally different.

2. The New Frankfurt-style Case

Stockdale has tried to prove that PAP is false by providing a new Frankfurt style case, in which the basically morally responsible agent could not have done otherwise than what he is basically morally responsible for. The setting of his new Frankfurt style case is a world of local indeterminism which does not exclude all the instances of deterministic causation. In this Frankfurt style case,

> A very forgetful self- control guru, Gary, knows that it is his twenty-fifth wedding anniversary today... Knowing that he is always forgetting even the most important things as a result of getting lost in his work, Gary wants now, at a time t (before he begins work for the day), to ensure that he will decide at a later time, t2 (after he gets off work that day), to take his wife out for dinner (Stockdale 2021, p. 6).

To ensure that the decision to take his wife out for dinner will be made at t2, Gary then "initiate a deterministic process (D) that will cause him to decide at time t2 to take his wife to dinner unless his indeterministic deliberation issues in a decision at t2 to take his wife out to dinner (Stockdale 2021, p. 6)".

After initiating the deterministic process D, "as soon as he starts working, he forgets about his intention to decide at t2 to take his wife to dinner. He also forgets that he initiated and possesses D (Stockdale 2021, p. 6)". Although Gary creates D himself, he is insensible to the existence of D since he has forgotten it completely. Then, Gary's being unaware of D in his brain equals the agents' being unaware of the counterfactual intervener in their brains in other Frankfurt style cases.

"Prior to t2 Gary remembers that it is his anniversary and decides on his own at t2 to take his wife out for dinner as a result of his indeterministic deliberation (Stockdale 2021, p. 6)." From t to t2, "D is screened off from the rest of Gary's consciousness and, as such, plays no role in Gary's deliberation (Stockdale 2021, p. 6)." Let us call that sequence the actual sequence. In the actual sequence, the deterministic process D does not intervene in Gary's process of deciding and at t2 Gary makes the decision to take his wife out for dinner by his indeterministic deliberation.

But theoretically, it is possible that Gary at t2 does not decide on his own to take his wife out for dinner. Consequently, "D would have resulted in the decision at t2 to take his wife out (Stockdale 2021, p. 6)". Correspondingly, the sequence in which D intervenes and Gary's decision at t2 to take his wife out for dinner is produced by D refers to the alternative sequence. Regarding the decision to take his wife out for dinner, flow Chart 1. illustrating what happened in Gary's brain from t to t2 is provided.

A successful challenge to PAP requires that the morally responsible agent Gary has no alternative possibility. In the actual sequence, without further argument, people can understand and accept readily that at t2 Gary decides on his own to take his wife out for dinner. But there may be some doubts about that in the alternative sequence, the decision at t2 produced by D is also made on Gary's own.

To solve that problem, Stockdale carefully reviews the usage of "on one's own". In Frankfurt's original text, "on his own" is used as following- "whether [Jones] finally acts on his own or as a result of Black's intervention, he performs the action" (Frankfurt 1996, p. 836). Namely, "on one's own" is contrary to intervention from Black. Based on this, Stockdale commented that "on one's own" has been widely used to "pick out an action performed in the absence of force by another agent" (2021, p. 8). Since D is made by Gary himself instead of another agent, the operation and result of D should also be considered as the decision made on Gary's own.

In light of the understanding that the decision processed by D is also made on Gary's own, whether the decision is reached by his indeterministic deliberation or the deterministic process D, Gary decides on his own at t2 to take his wife out for dinner. Therefore, Stockdale argues that the

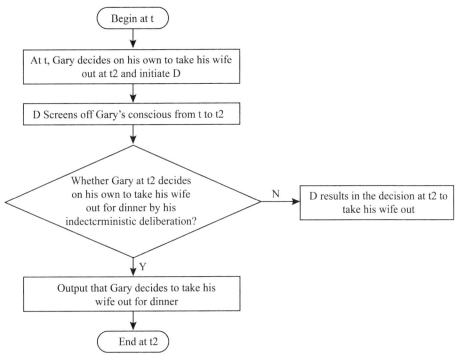

Chart 1   What happened in Gary's brain from t to t2

new Frankfurt style case is designed in which "Gary is basically morally responsible for deciding on his own to A even though he could not have done otherwise than that for which he is basically responsible, that is deciding on his own to A" (2021, p. 13). Since Gary is regarded as morally responsible and he has no choice but to decide on his own to A, Gary's case seems to succeed in challenging PAP.

3. What is Deciding on One's Own

Apparently, it seems that in essence, Gary has only one choice which is to decide on his own to A. But virtually, he has 2 options. One is to make the decision at t2 to take his wife out for dinner by his indeterministic mental process in the actual sequence. The other is to make the decision at t2 to take his wife out for dinner by the deterministic process D in the alternative sequence. For convenience, I will call the former the actual decision and the latter the alternative decision hereafter.

According to Stockdale, Gary could not have done otherwise than deciding on his own to A (2021, p. 13). In the actual sequence, Gary at t2 decides on his own to take his wife out for dinner. Doubtlessly, "A" here refers to "taking his wife out for dinner". If the new Frankfurt style case is able to challenge PAP, then Gary could not have done otherwise than deciding on his own at t2 to take his wife out for dinner. That is to say, the alternative decision should be exactly the same as the actual one, namely to be made on Gary's own at t2 to take his wife out for dinner.

In the alternative sequence, D is initiated for Gary's own decision at t to take his wife out for dinner at t2. It should be noted that D will not intervene if Gary does decide at t2 to take his wife out for dinner. As the interference of D suggests, for whatever reason, Gary at t2 does not decide as he did at t. The earlier decision at t to take his wife out for dinner at t2 is made on Gary's own. But it is also Gary who at t2 does not make that decision as well. That is to say, what Gary decided voluntarily in the past may be different from, even contradicts with what he decides now.

It is contended by Stockdale that "on one's own" is used to discern an action performed without force of another agent (2021, p. 8). Nonetheless, this definition fails to figure out which one should be regarded as the decision made on one's own provided that a decision made by the agent earlier contradicts with the one made later. To better assess the new Frankfurt style case, a more accurate depiction of what is "deciding on one's own" is hence needed.

Generally, when we take a decision as the one made on the agent's own, not only does it require that the decision is not made by the external force, the decision should also satisfy the agent's wish (See Chart 2).

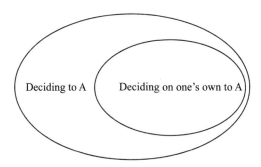

Chart 2   Deciding on one's own to A is the subset of deciding to A

But one's wish often changes. From the perspective of one's internal activities, he might hesitate to choose one among a number of options and thus change his mind, even for several times in struggling with those options. From the perspective of the external world, things are changing as he deliberates. His intention to A or not to A is of high possibility to be changed with his knowledge of those changes in the world.

People ordinarily make their own decisions by keeping or adjusting a certain choice in their mind to meet their changing wishes. As a result, before the end of one's decision-making process, there will be a series of preferred choices that have been thought to be one's decision eventually at different times.

The process of changing one's mind and choice has an end as the process of decision-making has an end. For convenience, let us call the moment of the end of the process of making a certain decision as E. E is more significant than other moments in the whole process of making a certain decision. Up to E, the agent has knowledge of changes in the world as much as he can since he could not precisely foretell what will happen after E in the future. He also struggles with various options in his mind as long as he can because after E, the changes of the agent's wish seem to be meaningless to making that decision in the sense that they are unable to undo or adjust the decision that has been made at E. After all, no one is able to change what happened in the past. That is to say, up to E, the agent's wish has experienced all changes that are meaningful for making a certain choice.

In the whole process of making a certain decision, the agent decides on his own to A if his wish sticks to A from beginning to end. But provided that more than one option has been preferred by the agent, the option approved or chosen at E seems to be the decision made on the agent's own. That is because up to E, the agent's wish has undergone all the changes that are significant for making a certain choice. Intuitively, a decision made on one's own indicates that the decision satisfies one's wish. The options once preferred by the agent can not be taken as the decision made on the agent's own because they no longer satisfy his wish after his wish changes. But there are 2 reasons for the option chosen by the agent at E to be the decision made on his own. One is that as far as the agent is concerned, it satisfies his wish best than all the other options. The other is that it is chosen at E, the moment that the agent's wish will not have any change meaningful for making a certain decision. Therefore, the one chosen latest will be the decision made on one's own since it suits one's wish at E and one's wish at E will no longer have any change significant for making a certain decision.

Hence, I argue that the choice made latest should be taken as the decision made on his own when a choice preferred in the past differentiates from, or even conflicts with one's choice made latest in the process of making a certain decision. To make it clearer, let us consider 3 possible situations in which Gary's decision at t to take his wife out for dinner at t2 will differ from his decision at t2.

(1) at t2 Gary is indifferent about deciding to take his wife out for dinner

In this condition, at t2 Gary shows no preference to deciding to take his wife out for dinner or not. Although at t2 he does not decide to take his wife out for dinner on his own initiative, he has no intention of changing or objecting the decision he made at t to take his wife out for dinner. Therefore, the decision made at t to take his wife out for dinner was not against Gary's will at t2 and could be taken as Gary's own decision.

However, since Gary at t2 does not decide to do things other than take his wife out for dinner, nor does he want to change this decision made at t. Gary's decision at t to take his wife out for dinner is the final one in his whole deliberation. Regarding the decision to take his wife out for dinner, Chart 3. illustrating what happened in Gary's brain from t to t2 in the situation (1) that Gary is indifferent to making that decision is provided.

(2) at t2 Gary can be persuaded by D to decide to take his wife out for dinner

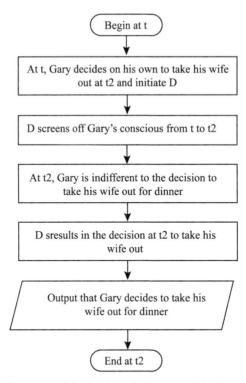

Chart 3 What happened in Gary's brain from t to t2 in the situation（1）

At t2, Gary does not decide on his own to take his wife out for dinner. That fact may be resulted by that Gary wants to do something else at that time. For example, Gary finds himself having lots of work to do and the deadline is approaching. So at t2 he prefers to work overtime to finish them rather than taking his wife out for dinner. But the deterministic process D just reminds him in 25 years, what a good wife she is and how she enjoys having dinner with him on every anniversary. Gary feels that he should spend time with his wife on having dinner. Then Gary is persuaded by D and decides to take his wife out for dinner at t2 and to do the overwork after dinner.

In this case, Gary changed his mind twice. He initially at t wanted to take his wife out for dinner. Then at t2 he would like to work overtime instead. But finally, before the decision was made, his wish changed and he choice to take his wife out for dinner suits his wish better than the other one. Regarding the decision to take his wife out for dinner, Chart 4. illustrating what happened in Gary's brain from t to t2 in the situation（2）that Gary can be persuaded to make that decision is provided.

（3）at t2 Gary is extremely unwilling to decide to take his wife out for dinner

The fact that Gary does not decide at t2 to take his wife out for dinner also suggest that he might be unwilling to decide to do that anymore. Let us suppose that at the very moment t *

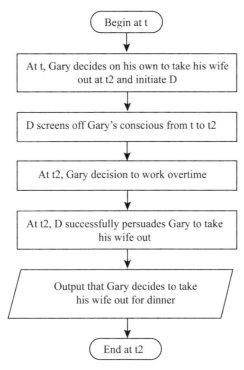

Chart 4   What happened in Gary's brain from t to t2 in the situation (2)

before t2, Gary happened to know that his wife was actually cheating on him. Gary flew into a rage and wanted to get divorced. It is doubtlessly that sooner, at t2, Gary will not want to invite his wife out for dinner to celebrate their 25th anniversary.

Since at t2, Gary does not decide on his own to take his wife out for dinner, D intervenes. D represents Gary's decision at t to take his wife out for dinner. Then Gary's own decision at t to take his wife out for dinner and his own decision at t2 not to take his wife out for dinner are in conflict. Under this condition, it is weird that Gary will still decides on his own to take his wife out for dinner to celebrate their anniversary. Gary's decision at t seems to be against his present will and his decision at t2 is preferred to be the one made on Gary's own intuitively. Regarding the decision to take his wife out for dinner, Chart 5. illustrating what happened in Gary's brain from t to t2 in the situation (3) that Gary is extremely reluctant to make that decision is provided.

As discussed above, generally, the choice made later is taken as the decision made on one's own when the option preferred earlier differs, or even collides with the one preferred later.

4. What Does Gary Decides to Do on His Own

If the new Frankfurt style case is able to challenge PAP, then the morally responsible agent Gary has no alternative possibility to deciding on his own to A, whether in the actual sequence or

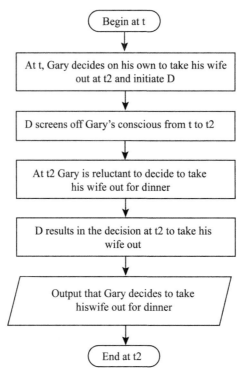

Chart 5   What happened in Gary's brain from t to t2 in the situation（3）

the alternative sequence. That is to say, what Gary decides on his own to do in the actual and alternative sequences should be exactly the same. But the above condition could not always be satisfied. Hence the challenge made by the new Frankfurt style case is not sufficiently efficient. Let us consider the circumstance in which at t2 Gary is reluctant to decide to take his wife out for dinner. There may be little confusion about the actual decision, which is directly made by Gary for his own deliberation. In actual sequence, what Gary at t2 decides on his own to do is taking his wife out for dinner.

The key point of the puzzling question lies in the alternative decision. Intuitively, some people may still consider the alternative decision taken by the deterministic process D to be made on Gary's own. That is because the decision made by D is the result of Gary's own decisions at t: (1) to take his wife at t2 and (2) to initiate D for guarantee. The former one supports that the content of D's decision, namely taking Gary's wife out for dinner, is voluntarily acknowledged by Gary while the deterministic way of decision-making is rationalized as Gary himself chooses to initiate D voluntarily. To make it clearer, I would like to break up the complex alternative decision into 2 simpler decisions and discuss each one in detail.

From the perspective of the content of the decision, Gary's former decision at t to take his wife out for dinner may be the reason why some people will take the alternative decision to be the one made on Gary's own. After all, it is Gary himself that makes the decision at t to take his wife out later at t2. Nevertheless, in sec. 3, I have argued that in the alternative sequence, D's interference implicates that Gary at t2 does not make the decision on his own to take his wife out for dinner. Thus, it is possible that Gary at t2 is extremely unwilling to decide to take his wife out for dinner. In that situation, since at the very last moment of Gary's own deliberation, just before the interference of D, Gary is reluctant to make the decision to take his wife out for dinner. As I have argued in sec. 3, the choice made latest best satisfies one's wishes and is ordinarily preferred to be the result of the decision made on one's own. So Gary's decision made at t2 not to take his wife out for dinner is the one made on his own.

Under this circumstance, Gary at t2 decides on his own not to take his wife out for dinner while the decision at t2 to take his wife out for dinner is just a necessary result of the initiation of deterministic process D. To successfully challenge PAP, it is required that Gary has moral responsibility for an action but could not have done otherwise than that. In the new Frankfurt style case, Gary is morally responsible for deciding on his own at t2 to take his wife out for dinner. But he is able to make that decision at t2 by himself in the actual sequence while he can decide on his own at t2 not to take his wife out for dinner and be coerced by D to do so in the alternative sequence.

Then, speaking of the latter decision at t to initiate the deterministic process D for assurance, Gary does take it on his own, which seems to rationalize the ways of making the alternative decision, to let D intervene his process of deciding. Gary's decision at t to initiate D could not pose an effective challenge to PAP as well.

People tend to take Gary as morally responsible for this action. However, Gary has alternative possibility than initiating D **at t** for guarantee. For instance, he could have had a much more moderate reminder or set an alarm clock that would not forcibly change his mind if Gary would not decide at t2 to take his wife out, or just done nothing to ensure **that at t2** he will decide so and let nature take its course. Since the moral responsibility for initiating D and the alternative possibility both exist, the latter decision to initiate D itself could not pose a challenge to alternative PAP.

PAP refers to that one is morally responsible for an action only if he could have done otherwise than performing that action. According to Stockdale, PAP is false because Gary is basically morally responsible for deciding on his own to A and could not have done otherwise than deciding on his own to A (2021).

In the new Frankfurt style case, Gary at t2 decides to take his wife out for dinner. He makes that decision by his indeterministic mental process in the actual sequence while he takes that decision for the deterministic process D in the alternative sequence. There are 2 things decided by Gary in the 2 sequence. One refers to decisions made at t and t2 on Gary's own to take his wife out for dinner. The other one is made on Gary's own at t to initiate D for Guarantee.

If A is referred to "take his wife out for dinner", then Gary does have the moral responsibility for at t2 deciding on his own to take his wife out for dinner. But as I have pointed out, at t2 Gary could decide on his own to take his wife out for dinner in the actual sequence or not decide like that and let D interfere in the alternative sequence.

If what A means is to "initiate the deterministic process D for guarantee", then Gary does have moral responsibility for at t deciding on his own to initiate the deterministic process D for guarantee. However, Gary still has the alternative possibility as he could have chosen to set an alarm clock that would not change his mind arbitrarily at t2 or just to do nothing for assurance.

Thus, in the new Frankfurt style case, whichever action "A" refers to, Gary is morally responsible for deciding on his own to A while he could have done otherwise than deciding on his own to A. PAP maintains that one is morally responsible for performing an action only if he could have done otherwise than performing it when he performs that action. The new Frankfurt style case is consistent with PAP. In this way, PAP is not effectively proven wrong by the new Frankfurt style case.

5. Subtle Difference in the Decision-making Ways

In Gary's case, the actual decision and the alternative decision are collectively referred to "deciding on one's own", which hence mistakes 2 individuals of the same kind as one individual. Admittedly, the alternative decision and the actual decision are both made on Gary's own, but the content of the 2 decisions differs. Even if we granted that the alternative decision and the actual one are both made on Gary's own at t2 to take his wife out for dinner, there still exist subtle differences that can't be neglected in the decision-making ways.

Due to the difference in decision-making time, the actual decision enjoys relatively higher flexibility than the alternative decision. The actual decision is voluntarily made for the moment at t2. The agent is able to take various factors into consideration initially and then choose as he wants and discard options unwanted. For example, let us imagine, in Gary's case, at t * which is later than t but a little bit earlier than t2, Gary suffers from acute appendicitis. Even though he remembers his anniversary and decides to take his wife out for dinner, he has to change his plan considering his physical condition. In fact, he is able to have a change at present.

But the alternative decision was determined by Gary's decisions in the past. At t, Gary decides to take his wife out for dinner later at t2 and initiate the deterministic process D for assurance. Nonetheless, it is impossible for humans to go back and change what happened and what they did in the past. So a decision made in the past can hardly ever be altered at present whether it is desirable for the agent now or not. In the new Frankfurt style case, the fact that the alternative decision will be made at t2 is actually fixed by Gary at t. Hence, for Gary at t2, whatever he meets or however unwilling to take the alternative decision he is now, the fact that he once made the alternative decision that he decides at t2 to take his wife out for dinner, or the deterministic process D will intervene him to do so, can't be changed by him. That is to say, for an agent who is going to take a decision at present, the actual decision can still be altered according to his own will while the alternative decision is fixed and immutable.

6. Conclusion

For a long time, people believed in PAP that the agent is morally responsible for performing an action only if he could have done otherwise than performing that. PAP seems to be proven wrong by the Frankfurt style case. Recently, the flicker theorists try to defend PAP by a fine-grained version of flicker of freedom, which differentiates deciding to A from deciding on one's own to A. Some flicker theorists argue that because until the very moment of the end of the agent's making decision by himself, whether decide on his own to A is up to him, the alternative possibility exists and PAP is not persuasively proved false. However, Stockdale provides a new Frankfurt style case in which the basically morally responsible agent could not have done otherwise than deciding on his own to A.

I have discussed this new Frankfurt style case in detail. I have differentiated the actual sequence from the alternative sequence. In the actual sequence, Gary at t2 decides to take his wife out for dinner by his indeterministic deliberation while he at t2 decided to take his wife out for dinner for deterministic process D in the alternative sequence.

I have provided a finer depiction of what is "deciding on one's own" which helps to solve the problem of figuring the decision made on one's own among different decisions made by the same agent at different times. I have argued that among a variety of choices have been preferred by the agent, the choice made latest should be taken as the decision made on one's own. Firstly, the choice made latest is the most desirable one among all the options as far as the agent considers. Secondly, except the option chosen latest, other options have been preferred by the agent could not satisfy him any longer as his wish change and thus could not be taken as decisions made on his own. But after E, the changes of the agent's wish will be meaningless in terms of making a certain decision since he could not change what happened in the past. So the option chosen finally will be the decision made on the agent's own as it will satisfy the agent's wish and the agent's wish will no longer be changed meaningfully after E.

In the alternative sequence, it is possible that Gary is reluctant to decide on his own at t2 to take his wife out for dinner although he decided like that at t. As mentioned previously, when the option preferred in the past collides with the one preferred later, the latter one should be taken as the decision made on one's own. Therefore, in the alternative sequence, at t2, Gary decides on his own not to take his wife out for dinner and his decision to take his wife out for dinner is the result of initiating deterministic process D.

In order to challenge PAP, it is required that in the new Frankfurt style case, Gary is morally responsible for deciding on his own to A while could not have done otherwise than deciding on his own to A. But I have pointed out that whichever decision "A" refers to, Gary has moral responsibility and alternative possibility simultaneously. For one thing, Gary is morally responsible for deciding on his own at t2 to take his wife out for dinner, but he could have decided not to take his wife out for dinner and triggered the interference of D. For another thing, Gary is morally responsible for deciding on his own at t to initiate D, but he could have done otherwise, such as setting an alarm that will not arbitrarily change his mind.

Even if we granted that in the alternative sequence, Gary's decision at t2 produced by D is also made on Gary's own, it could not be denied that the actual decision could still be changed according to Gary's wish while the alternative is immutable since it is guaranteed. In this way, the morally responsible agent Gary still has alternatives.

Therefore, for morally responsible agent Gary, the alternative possibility always exists. Hence, I argue that the new Frankfurt style case is not able to challenge PAP.

◎ References

[1] Capes, Justin A, Philip Swenson. Frankfurt Cases: The Fine-grained Response Revisited [J]. Philosophical Studies, 2017, 174: 967-981.

[2] Capes, Justin A. The Flicker of Freedom: A Reply to Stump [J]. The Journal of Ethics, 2014, 18: 427-435.

[3] Fischer, John M. The Metaphysics of Free Will: An Essay on Control [M]. Cambridge: Blackwell Publishers, 1994.

[4] Frankfurt, H. Alternative Possibilities and Moral Responsibilities [J]. Journal of Philosophy, 1969 (66): 829-839.

[5] Kane, R, Carolina Sartorio. Do We Have Free Will?: A Debate [M]. New York: Routledge, 2022.

[6] Kane, R. A Contemporary Introduction to Free Will [M]. New York: Oxford University Press, 2005.

[7] Robinson, M. Robust Flickers of Freedom [J]. Social Philosophy and Policy, 2019 (36): 211-233.

[8] Stockdale, B. Moral Responsibility, Alternative Possibilities and Acting on One's Own [J]. The Journal of Ethics, 2021, doi: 10.1007/s10892-020-09353-z.

[9] Stump, E. Alternative Possibilities and Moral Responsibility: The Flicker of Freedom [J]. The Journal of Ethics, 1999 (3): 299-324.

[10] van Inwagen, Peter. An Essay on Free Will [M]. New York: Oxford University Press, 1983.

An analysis on varieties of epistemic luck
（一种对知识论运气类型的分析）

刘逸尘

（武汉大学 弘毅学堂, 湖北 武汉 430072）

【摘要】 The Gettier problem shows that knowledge is not justified true belief. A promising way to solve the Gettier problem is to argue that there is an anti-luck condition of knowledge, which means that knowledge excludes luck. However, there are counterexamples like Nozick's Jesse Jame case show that sometimes luck in epistemic justification process can be harmless to knowledge. Thus, we need to say more about anti-luck condition. This paper follows Duncan Pritchard's analysis of anti-luck condition and provides a new definition of the kind of epistemic luck that is incompatible with knowledge in term of casual relation. Arguing that this definition is able to solve the problem of Pritchard's account of anti-luck condition.

【关键词】 Knowledge, Anti-luck condition, epistemic luck, casual theory

【作者简介】 刘逸尘, 武汉大学弘毅学堂人文科学试验班哲学方向 2018 级本科生。

1. Introduction

The Gettier problem, originated from Edmund Gettier (1963), challenges the traditional analysis of knowledge that Knowledge is Justified True Belief by providing counterexamples. Consider the second counterexample given by Gettier: Smith believes in (q) Jones owns a Ford and has adequate evidence for believing (q), like he always see Jones drives this Ford for commute. Now imagine Smiths has a friend Brown, Smiths has no idea about Brown's current location. However, Smiths now constructs another belief (p) Jones owns a Ford or Brown is in Barcelona. It is obvious that (q) entails (p), since Smith has adequate evidence of believing (q), we can say he also has adequate evidence to believe (p). However, now things turn out that Jones does not owns a Ford, but coincidentally, Brown is in Barcelona. This means that in this case, Smith believes (p), and (p) is also justified to be true, but Smith doesn't know (p).

This counterexample shows that knowledge is not justified true belief. A popular solution to

Gettier problem is arguing that there is an anti-luck condition. This model of knowledge argues that knowledge is justified true belief and it is not a matter of luck that the belief is true. This approach seems to be appropriate since in Gettier's case, it is a matter of luck that Brown is in Barcelona, so we can say that it is matter of luck that (p) is true.

However, JTB + anti-luck condition model of knowledge is challenged by some counterexamples, such as Nozick's (1981) case of "Jesse James". It tells a story about a bystander sees the face of a bank robber and recognizes that the robber is Jesse James since the mask of Jesse James is blew by a sudden wind. The Jesse James case presents us a case that it is a matter of luck that the bystander's belief is true, but the bystander still get knowledge. Jesse James case shows that there are some kinds of luck which have no harmful effect on the formation of knowledge. The Jesse James case shows that there are some kinds of luck that are compatible with knowledge. Thus, we need to say more about the anti-luck condition of knowledge. In particular, we need to provide an account of the kind of luck that is incompatible with knowledge.

This paper will provide a new, general definition of the luck that is incompatible with knowledge, which I call it "epistemic bad luck". There will be three sections in following pages. I will review the analysis of epistemic luck of other epistemologists like Peter Unger and Duncan Pritchard in the section 2 and in section 3, I will propose my definition of epistemic bad luck which is based on Pritchard's analysis on epistemic luck. At last, I will respond to some possible objections to this definition of epistemic bad luck in the section 4.

2. A review of anti-luck epistemology

It is worth noticing that anti-luck epistemology in early days doesn't provide a clear definition of epistemic luck. Peter Unger (1968) provides a "non-accidental" theory of knowledge, arguing that "for any sentential value of p, (at a time t) a man knows that p if and only if (at t) it is not at all accidental that the man is right about its being the case that p" (1968, p. 158). We can see here the notion of epistemic luck overlaps with the notion of accident. However, the notion of accident is still an unclear one for Unger:

> To provide an analysis of when something is an accidental, is more than I am (now) capable of doing. Nor can I show in any helpful detail how our notion of an accident or of something being accidental, may be used to express or reflect the various interests we might have. Thus, I will rely on a shared intuitive understanding of these notions. (Unger, 1968, p. 159)

We can see here that Unger is not able to give us a definition of accident. Thus, the notion of epistemic luck is still an intuitive one. Unger is also not able to provide an analysis of how epistemic luck does damage to the formation of knowledge. He only sensed that epistemic luck has such effect so we need a "complete absence of the accidental" in the knowledge forming process.

However, Unger notices that not all kinds of "accident" are incompatible with knowledge. So he gives us an analysis of "irrelevant accident" in his paper, arguing that there are harmless types of epistemic luck:

> Thus, it may be accidental that p and a man may know that p, for it may nevertheless be that it is not all accidental that the man is right about its being the case that p. In other words, a man may know about an auto accident: when the car accidentally crashes into truck. He knows that the car crashed into the truck and accidentally did so. (Unger, 1968, p. 159)

Unger here argues that though in this case a man accidentally knows p since p itself is an accident, the man is not accidentally right about p since in this case there is no accident in the "relation concerning the fact and the man". However, this approach is still problematic because in Unger's analysis we only know there are some irrelevant accidents (it is still unclear since the notion of accident is unclear), but don't know why it is an irrelevant one.

After Unger's non-accidental theory of knowledge. Duncan Pritchard gives us a comprehensive, systematic analysis of epistemic luck. Before we start to review Pritchard's anti-luck epistemology, I must say that my review doesn't provide a full-map of Prichard's anti-luck epistemology since his anti-luck epistemology has to fulfill more task like dealing with the challenge of skepticism. My review will be focus on how his anti-luck epistemology can solve Gettier problem.

Pritchard starts with the notion of luck, arguing that the intuitive understanding of epistemic luck like "accident" and "chance" are not enough for providing an analysis of why we intuitively think that knowledge should exclude luck. He proposed his definition of epistemic luck with the help of modality:

> (L1) If an event is lucky, then it is an event that occurs in the actual world but which does not occur in a wide class of the nearest possible worlds where the relevant initial conditions for that event are the same as in the actual world. (Pritchard, 2005, p. 131)
>
> (L2) If an event is lucky, then it is an event that is significant to the agent concerned (or would be significant, were the agent to be availed of the relevant facts) (Pritchard, 2005, p. 132)

Pritchard argues that the conjunction of (L1) and (L2) is a decent definition for the notion of epistemic luck since it grasps most basic intuitions about the notion of epistemic luck. Such as the intuition of "accident" and "chance", the intuition about the modal property of luck. Another achievement of this definition of epistemic luck is to confirm epistemic luck's basic unit to put his effect on the formation of knowledge—the lucky event, which will be the basis of our discussion in later sections. Back to Pritchard's analysis of the notion of epistemic luck, after giving this notion, he then quickly proposes his claim of anti-luck condition on knowledge by applying his notion of epistemic luck to the case of true belief:

> **(AL)** *S's true belief is non-lucky iff there is no wide class of near-by possible worlds in which S continues to believe the target proposition, and the relevant initial conditions for the formation of that belief are the same as in the actual world, and yet the belief is false.* (Pritchard, 2006, p. 281)

As Pritchard (2006) pointed out (AL) is very similar to the safety principle in recent debate in necessary condition of knowledge. Thus, (AL) can be seen as Pritchard's analysis to Gettier problem, the beliefs in Gettier-style cases fail to become knowledge since they don't satisfy (AL). It is obvious that (AL) also faces the challenge of Jesse James case. Pritchard's response to the cases is to argue the epistemic luck in this case is "benign" which follows Unger's approach. He provides a more detailed systematic analysis of the types of "benign" epistemic luck. However, this response doesn't solve the problem in Unger's approach. It still doesn't tell us why "benign" epistemic luck is harmless while the epistemic luck in Gettier-style case seems to be harmful.

I need to explain more about the problem of Pritchard's anti-luck epistemology here. First, his notion of "benign" epistemic luck is not a systematic, general, or unified notion. It just refers to a cluster of different epistemic luck that is compatible with knowledge. In other word, this notion of "benign" epistemic luck only tells us that there are such kinds of epistemic luck that are "benign", which means that they don't violate the anti-luck condition. However, it is not enough for explaining why "benign" epistemic luck doesn't violate anti-luck condition. We need an argument like: an epistemic luck is benign iff they have property p. In particular, an argument like: an epistemic doesn't violate (AL) iff they have property p.

3. General definition of epistemic bad luck

On the basis of section 2, we can say that though Pritchard's analysis of epistemic luck and lucky event is reasonable and comprehensive, it is still problematic since it doesn't tell us why "benign epistemic luck" is harmless. We need to explain why in the case of "benign epistemic luck", for example, the Jesse James case, the event in this case is lucky while the agent's belief satisfy (AL). Thus, we need to give an account of the kind of luck that incompatible with knowledge, which I call it "epistemic bad luck". My general definition of epistemic bad luck is given below:

General definition of epistemic bad luck: *an epistemic luck is bad when it doesn't cause* *a epistemic justification process towards the target proposition.*

This general definition of epistemic bad luck draws a distinction between "benign" epistemic luck and epistemic bad luck in term of causal relation. It argues that the reason that epistemic bad luck has a harmful effect on formation of knowledge is because it doesn't have a casual relation with the agent's epistemic justification process. However, this definition is vague and ambiguous since many terms in this definition is unexplained. For example, the term "epistemic justification process" is unclear. What is an "epistemic justification process"?

The answer is that: the term "epistemic justification process" refers to the story about how an agent gets knowledge: first, the agent senses a target proposition by its experience or something else, then has a doxastic attitude towards target proposition and justified it. Someone may argue that this explanation is still unsatisfied since it doesn't provide a clear definition of the epistemic justification process. Therefore, this general definition is not really making a distinction since we don't know what is a "epistemic justification process". However, I think this explanation is enough for us to propose an argument that explains why in Jesse James cases, the lucky event causes such a process of epistemic justification. The argument can be presented as follows:

(1) A process of justification is something that always starts with an agent's doxastic attitude to target proposition.

(2) If the lucky event doesn't happen, then the agent in Jesse James case will not have a doxastic attitude towards the target proposition "the bank robber is Jesse James".

(3) Because of (2), the lucky event in case of Jesse James causes the agent doxastic attitude towards a target proposition.

(4) Therefore, the lucky event in case of Jesse James causes a process of epistemic justification

The (1) and (2) in this argument are obvious true since the story about the bystander get the knowledge about the identity of the robber will not happen without the doxastic attitude towards the target proposition, and the bystander will not have this doxastic attitude if the lucky event doesn't happen. Then we can say that there is a counterfactual relation between the lucky event and the doxastic attitude towards the target proposition in Jesse James case since (2) is true. Thus, we arrive (3) since I consider counterfactual analysis is a decent analysis for causal relation. After knowing that there is a causal relation between the lucky event and the beginning of the process of epistemic justification, we can conclude (4).

After doing a clarification of the terms in general definition, now the task is to explain the reason how drawing such a distinction can help us to explain benign epistemic luck can satisfy (AL). Considering a case of epistemic bad luck. For example, the case of Gullible John. In this case, a friend of John tells John a lie that John's house is on fire. John trusts his friend's lie due to his trusting nature, which means that he now has doxastic attitude toward proposition "my house is on fire". Then he goes back home and finds that his house is really on fire. In this case, John doesn't know his house is on fire, and that's because his belief was true by accident, and it indicates that John's belief is not able to justified to be knowledge no matter this proposition is true or false.

Considering the nature of a doxastic epistemic justification theory may help us to understand why epistemic luck in Gullible John case is incompatible with knowledge, a doxastic epistemic justification implies that once the target proposition is justified to be true by the agent, then the agent will have a belief. However, in the cases like Gullible John, the proposition "my house is on fire" is not justified to be true when the John starts to have a belief that his house is on fire. John justifies his belief to be true after he **had** belief that his house is on fire.

Things are really different in Jesse James case, in that case, the bystander has his belief and justifies his belief to be true **at the same time**. Unlike the Gullible John case, the lucky event "the bystander gets the visual experience of the robber's face" doesn't determine that the proposition "the robber is Jesse James" is true. It is more like the lucky event makes the agent in the case aware of a target proposition and its truth value. The lucky event starts the agent's process of epistemic justification.

I need to clarify what I mean here. I don't argue that the epistemic bad luck is incompatible with knowledge since its lucky event has the property of determining the truth value of beliefs. There are many cases of epistemic luck is compatible with knowledge while its lucky event is determining the truth value of beliefs. For example, the car crash case we mentioned in section 2, in that case, the lucky event "a car crash happens" determines the truth value of the belief. The reason that all epistemic bad luck are incompatible with knowledge is that they don't have the property of making agent aware of propositions.

From the analysis above, now we can conclude that: epistemic bad luck has harmful effect on the formation of knowledge is because it only has the property of determining the truth value of beliefs. The benign epistemic luck has no harmful effect on the formation of knowledge because **it makes the agent aware of the target proposition**, which means that the lucky event has an ability to cause a process of epistemic justification. On the basis of this conclusion, we can see that why benign epistemic luck satisfies (AL): In case of Jesse James, in order to make "the relevant initial conditions are the same as in the actual world", we must say that the lucky event is occurred in wide class of nearby possible world. Because if the lucky event "the mask slips off from the bank robber's face" doesn't happen, then the bystander won't have a doxastic attitude towards the target proposition "the robber is Jesse James." However, if this lucky event is occurred, then the agent's belief must be true since in this case the lucky event determines the truth value of the target proposition. Therefore, the belief in Jesse James case can satisfy (AL).

4. Objections

The general definition of epistemic bad luck explains why in Jesse James case; the bystander's belief can satisfy anti-luck condition in term of causal relation. Thus, it can be seen as a version of Goldman's causal theory of knowledge (1967), and the objections to casual theory of knowledge are also against general definition.

One objection is the case of *a priori* knowledge. The objection argues that a prior knowledge, like mathematical knowledge is possible even if there is no casual connection between mathematical facts and our processes of justification for believing mathematical facts. For example, when a man says that a mathematical axiom is true, it doesn't seem that he need to prove that he knows this mathematical axiom. He knows that axiom once he believes this axiom is true.

A possible response to this objection is that: it is impossible for *a priori* beliefs to be true by accident since they are true in virtue of their meanings. Thus, we don't need a anti-luck condition for beliefs about *a priori* facts. However, this response is not valid, because there are counterexamples show that *a priori* beliefs can be true by accident. One of them is the bad mathematician case, in that case, a mathematician argues a certain mathematical proposition is true, and he is right, that proposition is true. But the problems are, there is a mistake in the mathematician's proof of proposition. Thus, the mathematician's belief is true by accident since it is a matter of luck that the mistake doesn't prevent him/her from getting the right conclusion.

The case of a priori is a serious objection to casual theory of knowledge. Goldman (1967) avoids this objection by claiming that casual theory of knowledge is a model of a posteriori knowledge, which makes his theory become a weaker claim on the notion of knowledge. This is also a huge problem for my general definition. In case like bad mathematician case, the lucky event seems to be compatible with knowledge, but there is no casual relation with the lucky event and the agent's process of justification. My response is that there is no knowledge in bad mathematician case, in that case, the mathematician gives a wrong justification about a proposition. Thus, though the mathematician is true by accident, it is still not knowledge since it is unjustified.

Another objection to this casual theory is the deviant casual chains, an example of deviant casual chain challenges this general definition is an adaptation of the hologram case. The original version is that: a man steps into a room and gets the visual experience of seeing a vase. He then believes that there is a vase in the room, and he is right since there is a vase in the room. However, the cause of his belief is getting the visual experience of a hologram of the vase, instead of seeing the actual vase. However, in this adaptation, seeing the hologram of the vase is a lucky event since when the man steps into this room there are 50 percent of probability that the switch of the hologram is turned on. This case of deviant causal chain shows that there is a possibility that a lucky event has a harmful effect on formation of knowledge, while causing the justification process of target proposition.

The solution of this problem may be is a quick fix on the general definition of epistemic bad luck. The fixed version can be seen as follows:

A fixed General definition of epistemic bad luck : *an epistemic luck is bad when it doesn't cause an epistemic justification process towards the target proposition or **its causal chain to epistemic justification process is deviant.***

It is obvious that this solution need to provide an analysis of the notion of "deviant". Reconsider the hologram case, and compared it with a case of benign epistemic luck it seems that the lucky event "getting the visual experience of the hologram" doesn't determine the proposition is true. A sentence like "it is true that there is a vase in the room since I see the hologram of a vase" is clearly false, while in Jesse James case, a sentence like "it is true that the robber is Jesse James in the room since I see the face of the robber." The problem of deviant causal chain comes from the distinction between "the visual experience of hologram" and "the visual experience of robber's face". From above analysis, I can now try to give a definition of a deviant causal chain:

Deviant causal chain : *an epistemic luck's casual chain is deviant iff its lucky event is not an adequate evidence for justifying the agent's belief.*

According to this notion of deviant causal chain, the conclusion we made in section 3 needs to be revised: Epistemic bad luck has harmful effect on the formation of knowledge is because it has the feature of determining the truth value of the agent's belief or not being an adequate evidence for justifying the agent's belief. The benign epistemic luck has no harmful effect on the formation of knowledge because it has both the features of being an adequate evidence for justifying the agent's belief and making the agent aware of the target proposition.

◎ **References**

[1] Gettier E L. Is justified true belief knowledge? [J]. Analysis, 1963, 23 (6): 121-123.

[2] Goldman, Alvin I. A causal theory of knowing [J]. The journal of Philosophy, 1967, 64 (12): 357-372.

[3] Nozick R. Philosophical explanations [M]. Harvard University Press, 1981.

[4] Pritchard D. Epistemic luck [M]. Clarendon Press, 2005.

[5] Pritchard D. Anti-luck epistemology [J]. Synthese, 2007, 158 (3): 277-297.

[6] Unger P. An analysis of factual knowledge [J]. The Journal of Philosophy, 1968: 157-170.

从《论语》诠释看太宰春台的经世思想与秩序追求

张馨月

（武汉大学　弘毅学堂，湖北　武汉　430072）

【摘要】太宰春台的《论语》诠释展现出明显的经世主义倾向，其中也蕴含着对于社会秩序、政治秩序的强烈追求。其一，春台提倡"学以成文"，而其根本目的在于躬行实事，将"先王之道"运用于现实。其二，春台倡导统治者通过学《诗》认知天下人情，引导、教化民众"去邪归正"，达到更好的统治效果。其三，春台对外在事功的推崇体现出极端化与绝对化的倾向，反映出功利主义在社会风气中的盛行。其四，通过对"易道"思想的把握，春台巧妙地处理了"先王之道"与"诸子之术"之间的割裂，事实上抛弃了"先王之道"的现实应用。其五，春台通过道德价值与信仰价值的消解，使儒学与神道成为了巩固统治的手段，而将终极追求落实在政治秩序的方面，这种"工具理性"倾向的背后展露出法家思想的影响。事实上，对于《论语》等古书的"经典诠释"与学者自身真实的思想主张之间存在一定的断裂，如何深入认知这种现象，并以其反思、指导相关的研究工作，值得更进一步的思考。

【关键词】太宰春台；论语；经世思想；秩序追求；经典诠释

【作者简介】张馨月，武汉大学弘毅学堂人文科学试验班国学方向 2019 级本科生。

引　言

中国儒学传播到日本之后，在江户时代（1603—1868）发展到了鼎盛，以《论语》为代表的儒学经典对全社会的思想与文化产生了巨大的影响，一直绵延至今。儒学在江户日本繁衍出了朱子学、阳明学、古学等诸多流派，彼此之间的学说理论各有不同，相互辩驳、轮回消长，极大地丰富了日本儒学的面貌。

在多样化的学术派别中，古学派无疑是最具有强烈冲击力与深远影响力的一支。继山鹿素行（1622—1685）、伊藤仁斋（1627—1705）之后，荻生徂徕（1666—1728）高举"古文辞"的旗帜，从《论语》进而通向"六经"去探寻古道，以政治学与礼学的视角来观照孔子儒学；徂徕门人众多，形成"古文辞学派"，又称"萱园学派"。荻生徂徕的时代象征着日本儒学的发展达到巅峰，而后其弟子太宰春台较好地继承了徂徕的学术理论，并将经世主义、功利主义等思想倾向进一步发扬光大。

太宰春台（1680—1747）名纯，字德夫，号春台，又号紫芝园。他在 32 岁时欣然拜入徂徕门下，在继承师说的同时逐渐构筑起自己独特且完整的学说体系，并在某些方面对其师进行冷静的审视与批判，于其所建构的古学框架之下进行捍卫、尝试突破、弥补缺憾。春台博学宏识，至天文、律历、算数、字学、音韵、医方等，无不该通，尤其留心于经济之学。① 春台的学术规模颇为庞大，在易学、诗学、春秋学、论语学、孝经学、政治论等方面都有著作，此外也有一些学术随笔等杂著。② 在此之中，春台著有《论语古训》十卷，对中日两国历代的《论语》注释进行了择取与节录，"专为正文明古训，以便论说"③；又编成《论语古训外传》二十卷，将《古训》中"所考证古书文，及诸家异同之说，与夫愚案取舍之辩"④ 别录于其中，阐明个人的考据与观点。因此，这两部书可以看作春台儒学思想的汇聚，在对《论语》的诠释中，包含了诸多不同角度、不同面向、不同领域的理论体系的根基。

目前中日学界对于太宰春台的研究已取得较为丰富多样的成果。在关于春台个人的专题研究方面，韩东育对春台思想中"时·理·势·人情"的四大理论支柱进行了探讨，指出春台思想"脱儒入法"的特质，强调《易经》对其"物理形上学"的重要影响，并归纳出春台对于徂徕学从无用向有用、从"圣人之道"向"诸子之术"的过渡与转移路径，搭建起日本近世"新法家"的叙述框架。⑤ 进而韩东育又对春台"富国强兵"之策论加以考察，指出其经济策与理论体系之间存在的自我矛盾。⑥ 蓝弘岳指出春台通过"重构徂徕学"的方式完成自己的学问，并论述其在"道""性""孝"、君臣秩序与宗族制度、日本批判等方面的独特理论体系。⑦ 张崑将则对朝鲜儒者丁茶山与春台的《论语》诠释进行了比较研究，简要论述了春台的解经方法与学术立场，同时涉及人性论、管仲

---

① 张文朝. 江户时代经学者传略及其著作［M］. 台北：万卷楼图书股份有限公司，2014：145.

② 据前代学者统计，春台著作大略如下：易学有《周易反正》《易占要略》《易道拨乱》；诗学有《诗书古传》《朱氏诗传膏肓》；春秋学有《春秋三家异同》《春秋历说》《春秋拟释例》；论语学有《论语古训》《论语古训外传》《论语正文》. 孝经学有《古文孝经孔安国传校正音注》《古文孝经正文》《古文孝经序略解》《古文孝经国字解》. 其他经学、儒学著作还有《六经略说》《圣学问答》《辩道书》《孔子家语增注》等。此外，春台还有政治论著作《经济录》《产语》；文学理论著作《文论》《诗论》；老学著作《老子特解》；佛学著作《修删阿弥陀经》. 其他各类杂著有《亲族正名》《乱婚传》《律吕通考》《三器考略》《倭读要领》《倭楷正讹》等. 又有随笔与汉文集《斥非》《独语》《紫芝园漫笔》《春台先生紫芝园稿》等。以上统计参考：张文朝. 江户时代经学者传略及其著作［M］. 台北：万卷楼图书股份有限公司，2014：145. 张文朝. 日本江户时代《论语》学之研究［M］. 台北：中研院文哲所 . 2018：218.（另据早稻田大学图书馆藏古籍加以校补）

③ ［日］太宰春台. 论语古训（卷一）［M］. 江户嵩山房元文四年本：序4.

④ ［日］太宰春台. 论语古训外传（卷一）［M］. 江户嵩山房延享二年本：1.

⑤ 韩东育. 太宰春台的"人情物理"论与法家哲学的展开［C］//日本近世新法家研究. 北京：中华书局，2003.

⑥ 韩东育. 太宰春台的"人情物理"论与法家哲学的展开［C］//日本近世新法家研究. 北京：中华书局，2003.

⑦ 蓝弘岳. 徂徕学的重构——太宰春台的"圣人之道"与日本批判［C］//张文朝. 日本江户时代《论语》学之研究.

论、愚民论等课题。① 张文朝对春台的《诗经》观进行了研究，分析其人情论、"断章取义"说等核心思想主张。② 王鑫则对春台的《易经》思想进行探讨，关注其对于"易道"特殊性的认知，以及"易道"与"常道"理论背后的政治理念。③

近现代学者在对日本思想史，及其中的一种或多种命题进行整体性把握的时候，也常常会对春台的思想特质加以观察。永田广志在日本哲学思想史的叙述中，简单地关注到春台思想中的经济学、宗教论、合理主义、伦理说与国家起源说等命题。④ 源了圆介绍了春台"贵谷贱商"的经济观点，及其对"富国强兵"的首倡与鼓励商品经济的主张等。⑤ 宋洪兵指出，春台关注的焦点是公私分治、政教分离的"政治优位观"，他在日本近世史上首次为法家"霸道"平反。⑥ 王健在对日本"神体儒用"精神特质进行分析时，注意到太宰春台对日本文化主要是神道文化的批判。⑦ 张崑将把徂徕、春台等归入"实证性的实学"，认为他们是从"利用厚生"的技术论观点考量有用性的；进而通过考察春台对孟子政治思想的辩驳，证明其对人性论的挑战与对事功的推崇。⑧ 甘怀真注意到春台对"义人说"的反对，认为他已经意识到儒学与当时新的武士道的对立。⑨ 中村春作指明春台对徂徕"古文辞"等学说特质的反感，同时认识到《论语古训》中"徂徕式课题"的丧失，为后代研究者指出了春台儒学、政治学研究的空间与可能价值所在。⑩ 黄俊杰注意到春台"反观念论的"伦理学，其强调"以义制事，以礼制心"，切断了人心与世界的关系。⑪ 吴伟明分析了太宰春台等德川儒者对《易经》的研究与应用，指出其对文字训诂的重视与对《易经》政治意义的强调，以及神道批判的立场。⑫ 此外，他亦通过分析春

① 张崑将. 丁茶山与太宰春台的《论语》解释之比较 [C] //德川日本儒学思想的特质：神道、徂徕学与阳明学. 台北：台湾大学出版中心，2007.

② 张文朝. 太宰春台的《诗经》观及其对朱熹之批评 [C] //日本江户时代古学派对朱熹《诗》观之批评. 台北：中研院文哲所，2019.

③ 王鑫. 易道与政道——太宰春台的易学研究 [J]. 東アジア文化研究科紀要创刊号，2012（3）：207-223.

④ [日]永田广志. 日本哲学思想史 [M]. 陈应年，姜晚成，尚永清等，译. 北京：商务印书馆，1983.

⑤ [日]源了圆. 德川思想小史 [M]. 郭连友，译. 北京：外语教学与研究出版社，2009.

⑥ 宋洪兵. 徂徕学与儒法治世观 [C] //成中英. 本体的解构与重建——对日本思想史的新诠释. 上海：上海社会科学院出版社，2005.

⑦ 王健. 儒学在日本历史上的文化命运——神体儒用的辨析 [M]. 郑州：大象出版社，2006.

⑧ 张崑将. 日本德川时代古学派之王道政治论：以伊藤仁斋、荻生徂徕为中心 [M]. 上海：华东师范大学出版社，2008.

⑨ 甘怀真. 日本近世的"公法"与"君臣之义"——以赤穗事件为例 [C] //高明士. 东亚传统家礼、教育与国法（二）：家内秩序与国法. 上海：华东师范大学出版社，2008.

⑩ [日]中村春作. 荻生徂徕之〈论语征〉及其后之〈论语〉注释 [C]. 金培懿，译. //张崑将. 东亚论语学：韩日篇. 上海：华东师范大学出版社，2012.

⑪ 黄俊杰. 从东亚视域论德川日本儒者的伦理学立场 [J]. 外国问题研究，2016（1）：4-10.

⑫ 吴伟明. 易学对德川日本的影响 [M]. 香港：香港中文大学出版社，2009.

台对幕府的拥护，对其"正名论"与"正统论"思想进行了探讨。① 阿里木·托和提则从不同的理论侧面说明了仁斋学、徂徕学对于朱子学的解构与重建，其中太宰春台作为徂徕学的第二代表人物接受考察，其"理""气"哲学、人性论与人情学说、功利主义的"礼""乐""仁""义"道论等思想内容，都得到了较好的归纳与总结。②

在以上述论著为代表的研究成果中，许多学者都关注到了太宰春台思想中的某些特质，对其不同侧面进行了分析。然而在这之中，关于春台《论语》诠释的研究始终没有占据重要的地位。许多学者将《古训》及《外传》仅仅看作对荻生徂徕《论语徵》的补充，因而较少加以关注；事实上，春台虽以依循徂徕的学术立场为主，同时也增加了许多个人的发展与思辨。同时，由于《论语》文本中蕴含了多种不同面向的诠释空间，因此通过对太宰春台的《论语》诠释进行考察，能够对其思想中的多个侧面加以把握，进而形成一种宏观视角下的认知脉络。在考察的过程中，可以看到春台所展现出的极其鲜明的经世主张，以及对政治秩序的高度强调。

一、"学以成文"与躬行实事

作为《论语》全书开篇的第一句话，"学而时习之"向来受到东亚儒者极高的重视。儒者都认同"学"在孔门思想中的重要地位，而对所"学"之具体对象的理解又造成了多种多样的诠释理路。黄俊杰归纳出中日韩三国儒者释"学"的不同进路与特点，进行了比较研究。他提出，日本儒者对"学而时习之"章的解释，存在三种不同的进路：其一，以"学"为学修己治人之道，尤指"先王之道"；以伊藤仁斋、荻生徂徕等为代表。其二，以传统文化为"学"之内容；以太宰春台、中井履轩等为代表。其三，在社会日常生活的脉络中解释"学"；以皆川淇园、东条弘等为代表。③

黄俊杰认为，太宰春台开启了"将'学'之内容解释为传统文化尤其是《诗》《书》《礼》《乐》的学习"④ 的解释进路。事实上这种表述并不确切，因为春台是首先自其师徂徕处继承了此种观点，而后将其发展为自己独特的一套学问体系的。徂徕的诠释以"先王之道"为基点，也曾推进其理论："学者，谓学先王之道也。先王之道，在诗书礼乐；故学之方，亦学诗书礼乐而已矣。是谓之四教，又谓之四术。"⑤ 在此基础上，春台进一步发展出"学道艺"的基本观念："古之所谓学者，学道艺也。道艺者，诗书礼乐之谓也。古人所业皆事也，非如后世徒诵其文也。"⑥

何谓"道艺"，其来源又是什么？春台注"君子博学于文"章曰："'道艺'见《周

---

① 吴伟明. 德川日本的中国想象：传说、儒典及词汇的在地化诠释 [M]. 北京：清华大学出版社，2015.

② アリム・トヘテイ. 日中儒学の比較思想史研究：その解体と再構築に向けて [M]. 东京：明石书店，2020.

③ 黄俊杰. 德川日本《论语》诠释史论 [M]. 上海：上海古籍出版社，2008：164-171.

④ 黄俊杰. 德川日本《论语》诠释史论 [M]. 上海：上海古籍出版社，2008：167.

⑤ [日] 荻生徂徕. 辨名 [C] //荻生徂徕（日本思想大系 36）. 东京：岩波书店，1973：249.

⑥ [日] 太宰春台. 论语古训外传（卷一）：4.

礼》，凡先王之所以教国子导民者是也。"①《周礼》中描述"教国子"内容较为丰富，有教以德行者，亦有教以"乐德""乐语""乐舞"者等，其所教内容绝不仅限于诗的诵读，而是广泛涉及唱诵、奏乐、舞蹈等多种实际技艺，最终目标在于通过这些技艺以明其中义理。这也就是春台所谓"学道艺"的具体内涵。因此，春台对于徂徕观点的发展主要在于对"艺"的强调；其所学之"诗书礼乐"并非徒诵经典文章，而更注重在"道艺"方面的实践。事实上春台本人也在躬行这种学问，如其注"子语鲁大师乐"一章曰：

> 翕，谓八音合奏也。作乐之始，八音合奏，翕如其盛，故古注以为盛亦是也。纵之者，言八音各自奏其所奏，不倚他器之声律也。始也众乐互相倚和，至是放纵其声，无所牵制，故曰纵之也。纯，不杂也。何晏云："和谐也。"朱熹云："和也。"皆非也。皦，明也。八音虽和，而其清浊高下，自尔分明，故曰皦如也。邢昺云："绎如也者，言其音络绎然相续不绝也。"朱注依之，是也。八音之奏，彼此更有断续，要归络绎不绝耳，故曰绎如也。凡乐自翕如至绎如，八音克谐，无相夺伦，斯之谓成，不则不成乐，故结之以"以成"二字。凡此数者，必学乐而后知之。注家多不习乐事，徒以字义言之，如谓翕为五音六律之合，谬矣。②

春台依实际奏乐时的诸种情形来解孔子之言，此皆躬行学乐而后才能知者。又如其注"师挚之始《关雎》之乱"章曰："盖后世之乐有乱声，在乐之始，众管乱奏，故谓之'乱'。恐古乐亦有之，其乱在《关雎》之始，故曰'《关雎》之乱'。"③亦是从后世奏乐的实际情形来推断古乐。春台又以孔子"与人歌而善，必使反之，而后和之"为"古者听歌学歌之礼"④，亦即以此来佐证古人"学道艺"之事。

事实上，学诗书礼乐之"道艺"即为"学文"。春台注"君子以文会友"章曰："文，谓诗书礼乐也。文，吾所学习。学习，所以会友也。……君子恶孤陋，耻寡闻，故学文必会友。仁，吾所必行，得友辅之。故会友，所以辅仁也。不然，则其所会，特饮食宴游之友已也。"⑤"学文"可以"会友"，进而得以"辅仁"。更重要的目的在于，学习本身能够修饰人性固有的缺陷，以至成德。在这种目标下，春台提出了"学以成文"的口号："夫质不待学，文必由学。是故，虽有其质，苟不学文，则不免为乡人。……此章（"质胜文则野"章）言文质，如无轻重。而其实君子之所以为君子者，在学以成文。"⑥人性本身的"质"是不须学的，然而"人性不齐，不能无疾"⑦，任何人都存在自身的缺陷，只有通过后天的学习才能培养其才德，"学以成文"即成为君子的必要条件，"文"具有绝对的重要地位。

---

① ［日］太宰春台. 论语古训外传（卷六）：24.
② ［日］太宰春台. 论语古训外传（卷三）：20.
③ ［日］太宰春台. 论语古训外传（卷八）：11.
④ ［日］太宰春台. 论语古训外传（卷七）：22.
⑤ ［日］太宰春台. 论语古训外传（卷十二）：25.
⑥ ［日］太宰春台. 论语古训外传（卷六）：17.
⑦ ［日］太宰春台. 论语古训外传（卷十一）：11.

尽管要博学道艺以成文，君子仍需以基本的道作为学问之基准，而不能为诸家诸技耗费过多精力。在"攻乎异端"一章中，春台论曰：

> 异端，犹言多端也。……皇侃曰："异端，谓杂书也。"邢昺曰："异端，谓诸子百家之书也。"二说皆是也，唯其以异端指书而言，未必然也。盖古之时，亦有百家众技，岂可专指书策而言哉？……夫君子学欲博而攻欲专，若所攻多端，非徒无益，必害于我道艺。故孔子恶之。①

春台认为，学问要博通，但其所攻、所治之业需专精，否则将有害于道艺。类似地，其注"游于艺"曰："然艺不止六，君子亦暇习之，唯不如工人专攻一艺，故曰'游'也。"② 春台关于"百家众技"对"道艺"之损害的警觉，或许与当时儒者群体的风气有关。江户巨儒荻生徂徕去世之后，徂徕学迅速发生分化，可分为以太宰春台、山县周南等为代表的"经世派"，及以服部南郭、安藤东野等为代表的"美文派"。丸山真男指出，这两派追随者都有意无意地将自己所继承的一面当作徂徕学本身加以绝对化，从而无视对方的领域，导致在同一平面上争执不下。其中春台与南郭的争执最为激烈。春台痛骂所谓"古文辞"学者，又痛斥曰："圣人之道，治天下国家，外无所用。……舍是不学，徒以著诗文过一生者，非真学者，与琴棋书画等曲艺之辈无异也。"③ 尽管如此，"徒以著诗文过一生者"的势力愈发昌盛，徂徕学中以经世为目的的危机意识逐渐被淡忘，到处只是冲溢着"浮薄的人文趣味"。④ 徂徕学的主流在发展过程中逐渐脱离了儒学的义理和对社会政治的关注，而演变为单纯追求才艺的流派。⑤ 春台作为徂徕学术思想与经世理念最重要的继承者，面对整个社会中学者团体愈发"浮薄"的风气，只能暗自痛惜却也无可奈何。然而与服部南郭等人不同的是，春台倡导"道艺"的目的在于明"先王之道"，其根本上都要落实于现实方面的应用，是为指导君主统治、提供政治策略准备的。这种经世的倾向在春台之处，反而得到了更加坚定的守护。

二、诗学之用与人情的"去邪归正"

如果说"学以成文"是内部的人格修养，春台思想中对于外部教化的强调则要更加显著。一方面，"学以成文"的理念落实于个人身上，即表现为对主体之才德的修饰与培养；另一方面，统治者从先王遗文中提取相关信息、学习治理原则，进而对民众施以教化

---

① ［日］太宰春台. 论语古训外传（卷二）：14-15.

② ［日］太宰春台. 论语古训外传（卷七）：6.

③ ［日］丸山真男. 日本政治思想史研究［M］. 王中江，译. 北京：生活·读书·新知三联书店，2000：92-93.

④ ［日］丸山真男. 日本政治思想史研究［M］. 王中江，译. 北京：生活·读书·新知三联书店，2000：92-93.

⑤ 王健. 儒学在日本历史上的文化命运——神体儒用的辨析［M］. 郑州：大象出版社，2006：175.

和引导，又是自外而内进行的一种德性的熏陶与行为的规约。在后者之中，春台对《诗》的理解与运用尤其值得关注。

获生徂徕将"先王之道"的本位从《论》《孟》之书上升到了"六经"，春台将此观点完全继承下来，认为道之实体在于"六经"。相比徂徕以"古文辞"作为由"六经"通向圣人之道的工具，春台则消解了"古文辞"的作用，使得"六经"本身直接成为了治理天下的工具。① 其中，《诗》的作用便在于帮助统治者认知、引导天下之人情。春台对此种诗学之用加以高度强调，主要沿袭其师徂徕的诗学理念，并进一步对"人情"学说进行了体系化的铺张。其注"诗三百"章曰：

> 思无邪，思如字平声，念也。邪，不正也。凡《诗》出于人情，人情有邪正。去邪归正，《诗》之所以导情也。大序所谓"发乎情，止乎礼义"者，非惟"变风"为然也。是故，《诗》三百篇，虽其言不同，而其所以用之乡党邦国者，无非先王之所以导情。导情如之何？曰：去邪归正而已矣。②

其注"兴于诗"章又曰："夫《诗》三百篇，而天下之人情尽焉，可以动天地，感鬼神，况于人乎？是故歌咏者，听闻者，苟得其意，莫不兴起。此《诗》之所以有益于人也。"③ 春台认为，《诗》出自于"人情"的自然表达，同时也蕴含了天下全部的人情；人情本身是有邪正的，而《诗》的作用就在于引导其"去邪归正"，是统治者用以教化民众的一种手段，即所谓"导情"。

在倡导人情论的同时，春台首先否认了传统人性论的意义，抹杀了对于人类天性善恶的基本价值判断，认为人性的本然面貌不应受到责备。春台指出："君子诲人，不责其出于天性者，必告之以其须学而后能之者。此教道之常也。"④ 君子不责人之天性，而是通过教导其学习的方式来弥补天性的缺陷，正如前章所论之"学以成文"。之所以不责天性，是因为人性的"弱点"是所有人都不可避免的，君子、小人都具有同样的基本欲求，这些便构筑成了春台所说的"人情"；只是君子通过"学文"能够正确地处理这种欲求，

---

① 春台对徂徕所推崇的"古文辞"学说并不十分信任，到了晚年更是对其批判有加。表面看来，徂徕与春台对于"六经"的体认仅存在方法论层面的不同，而事实上"古文辞"的加入直接使徂徕营建起了一个特殊的文化场域，这是春台所不具备的。中村春作就曾论述道，在徂徕所断定的"古文辞"的背后，存在一个"以与语言密切联系之形态存在的古代文化性事实"，通过这些回归到古代语境中的文句，学者才得以认知"先王之世"的政治性、文化性的世界，进而又能获得一种"观察现实世界的有效新观点"。（［日］中村春作. 获生徂徕之〈论语征〉及其后之〈论语〉注释［C］//张崑将. 东亚论语学：韩日篇. 上海：华东师范大学出版社，2012：213-214.）可见，徂徕通过"古文辞"具化出了一个能够直接加以凝视的"先王之世"的客体，而春台仅仅将"六经"当作工具用以指导当下的政治实践。中村春作仅指出春台身上"徂徕式课题的丧失"，并未进行深入的探讨。其实这体现出了二者对于经学根本取向的不同，春台的目的显然要务实许多，也具有更加浓厚的工具色彩。
② ［日］太宰春台. 论语古训外传（卷二）：1-2.
③ ［日］太宰春台. 论语古训外传（卷八）：6-7.
④ ［日］太宰春台. 论语古训外传（卷二）：9.

使自己不犯小人之过错。例如，人情本身都会趋利避害，但仁者懂得不沉溺于利益："然人情莫不好利，己欲之，人亦欲之。唯仁者为能推其所欲。"① 对于富贵的欲求也是如此："盖富，人之所同欲。虽圣人，岂无是心哉？惟其有命在天，不可侥幸，是以弗求。"② 又如，人情皆欲为子择婿，而君子选择的标准与常人不同：

> 为子择婿，人之情也，君子与人无异。虽孔子岂异于人哉？惟君子所择者，择其人性行可以立于世否，能免于罪庆否而已。若夫富贵贫贱，浮沈穷达，乃一时之通塞，不足以为终身之荣辱，故君子不问也。此其所以与常人异也。③

可见人情为人所皆同，而君子有能力陶冶、修饰许多人情固有之事，以使其行为不违于仁道。这个修饰的过程，也就是前文所提及的"去邪归正"；这是一种引导与教化的功能。

为何《诗》具有"导情"的功效？原因在于《诗》为"义之府"，其中蕴含天下人情，通过对其中义理进行因时而异的解读，能够发挥丰富多变的教化功能。春台认为：

> 夫诗者何也？人情之形于言者也。人无不有情，而情各不同。人君有人君之情，士大夫有士大夫之情，庶民有庶民之情……君子小人，皆有其情。
>
> 三百篇《诗》，多不详其作者。有士大夫所为焉，有出于闾里细民之口焉，要之其人岂皆君子哉？惟其言也，善恶皆出于情实，故能尽天下理义，后之君子有取焉。④

因此，《诗》中蕴藏了社会各阶层的真实人情，通过合理的解释则能尽天下之义。为达成这种多样化解读的目的，春台将"断章取义"作为诗学运用中的一种重要方法。此所谓"断章取义"不同于今日的贬义用法，春台注"贫而无谄"章时对其进行了论述："《春秋传》曰：'《诗》《书》，义之府也。'又曰：'赋诗断章。'凡《诗》无定义，唯人所取。子贡因闻处贫富之道，遂引《诗》以成其义，是能'断章取义'，得《诗》之用者也。故孔子奖之。"⑤ 可见，"断章取义"即指根据不同的现实需要引《诗》，赋予其当下所需之义；亦即以经书之文成就解读者自身之义。"凡《诗》含蓄多义，随事取之，其用不穷。"⑥ 这也正是经典古书文本所共有的一种特质，因此春台在探讨"断章取义"的同时，事实上已经把握到了今日所谓"经典诠释"的某种路向。

先王利用《诗》以导情，是为了更好地施行政策、统领民众。因此，"知人情"对于

---

① ［日］太宰春台. 论语古训外传（卷四）：13.
② ［日］太宰春台. 论语古训外传（卷四）：13.
③ ［日］太宰春台. 论语古训外传（卷七）：9.
④ ［日］太宰春台. 读朱氏诗传［C］//朱氏诗传膏肓（卷上）. 本石町武阳书肆延享三年本：1,
3.
⑤ ［日］太宰春台. 论语古训外传（卷一）：25.
⑥ ［日］太宰春台. 论语古训外传（卷三）：9.

统治者而言是非常重要的："君子不知人情，不可以莅民。为政而不知人情，必有不行。"① 君主可以通过亲身视察或诵《诗》的方式来知人情，进而在制定政策、施行统治的时候，因循人情就成为了重要的行为准则："凡施政事者，协人情，则民易从。悖人情，则民不从。协人情者，行人之好、乐、喜也。悖人情者，行人之恶、苦、忧也。……古圣人之为政，皆协人情者也。"② 韩东育指出，这样一种对人情归趋和走向的捕捉，已成为了春台政治论的基本点。③ 在此基础之上，春台发展起了一套以统治阶级为目标受众的政论学说，力求从古代经典中领会先王统治的基本方法，将其运用于现实的政治实践。更进一步地，春台将这种经世的目标推演到了极致，便发展成为一种极端的、绝对的事功倾向；这种倾向导致了内在德性的"消解"，而将一切评判标准都着眼于外在的表现方面。

三、外在事功倾向的极端化与绝对化

徂徕思想被后世的批判者斥为"本于功利"，其"功利"主要就体现在先王之道的"外部性"方面。子安宣邦指出，徂徕将所谓先王的"制作"看作基于"人的自然"的，或将之作为不可或缺的契机的，由人自己所做的"外部化"的营为。也就是说，先王制礼作乐的结果是从外部对人、对民众加以改造，而并不是一种内部的道德修养。徂徕明确指出外在功名的不可弃，其"外部"言说是对始于子思、孟子等后世儒家的"心学"之"内部"言说的解构性批判；太宰春台对其思想加以推进，直接导致了"内部"的割弃与"外部"的绝对化判断，遭到更加激烈的反驳。春台论曰："先王之治天下，虽以修身为本，以礼义治外耳，无治心者。无论内心如何，外面守礼义无犯者，即为君子。"④ 其言论在 18 世纪引起了强烈的反响，使得徂徕学派甚至被作为"反儒家"的异端言说而加以排斥。⑤

为什么先王不论内心，而仅从外在仪礼判断君子？在《论语》所载孔子关于"仁"的探讨中，春台建构起了用以支撑的证据。其注"雍也仁而不佞"曰：

> 仁者，德也。藏于内而难见，故唯于事功上见之。夫子常言"不知其仁"，意皆如此。孔子以仁为教，门人谁不力行者？况仲弓孔门高第，夫子何不知其仁？唯有其德而未见其功，则夫子亦不敢轻与其仁耳。朱熹以心说仁，故不通也。如以心，则孔

① ［日］太宰春台. 读朱氏诗传［C］//朱氏诗传膏肓（卷上）. 本石町武阳书肆延享三年本：1.
② ［日］太宰春台. 经济录·经济总论［C］//徂徕学派（日本思想大系37）. 东京：岩波书店，1972：24-25.
③ 韩东育. 太宰春台的"人情物理"论与法家哲学的展开［C］//日本近世新法家研究. 北京：中华书局，2003：158.
④ ［日］太宰春台. 圣学问答（卷下）. 江户嵩山房享保二十一年本：20.（译文参考：［日］子安宣邦. 江户思想史讲义［M］. 丁国旗，译. 北京：生活·读书·新知三联书店，2017：162.）
⑤ ［日］子安宣邦. 江户思想史讲义［M］. 丁国旗，译. 北京：生活·读书·新知三联书店，2017：159-162.

门诸子，谁非仁人，而夫子亦何难其人如此哉？①

　　春台认为，孔门弟子皆能力行仁德，只是因为未有事功故孔子不言其仁。不难发现，此段论述中存在明显的逻辑断裂：其一，孔子虽教以仁，门人弟子便能全部力行仁德吗？其二，即使弟子皆以仁为追求，便一定能在内心中完全达到仁的标准吗？如果注意到这两点不确定性，就无法证明孔门弟子心中皆具仁德，更不能说明孔子言仁的判定标准在于事功。但春台刻意忽略了这些问题，只为建构起仁德"唯于事功上见之"的理论依据。而后在"孟武伯问子路"章中，春台亦言："仁必见其事迹而后可以验之。如徒有是心而未行其事，己犹不能自信，况他人逆知之哉？"② 事实上不仅是对于门人弟子的评论，孔子亦不愿称自己为仁，也是出于此种原因。见"若圣与仁"章：

　　　　纯按圣者，作者之称，夫子之不敢也宜矣。仁乃凡百君子之所志，夫子何不敢焉？盖孔子言仁，必以事功言，观《论语》中论仁诸章可见矣。夫子平日不敢轻与人仁，其敢轻自许乎？夫君子虽有仁心，苟不行其事，何以见仁之功？苟不见仁之功，则不敢轻称其仁。他人既然，孔子独不然乎？此夫子之所以不敢也，岂徒谦云尔哉。③

　　春台认为，若以内心而言，孔子及其弟子皆足以称为仁人。而孔子既不许他人之仁，亦不称自己为仁，正是因为没能做到于事功上见仁。由此可见，春台所谓行仁之事，绝非道德的培养与践行，否则孔子如何不可称为仁？其所强调的"仁"的落点，最终都在于政治事功的层面；这是一种政治优位论的思维，亦反映出经世的终极追求。

　　春台沿袭师说，认为仁的根本目标在于"安民"。"盖仁之为德，以安民为功。……君子之道，或出或处，或进或退，苟其德足以安民，则可以为仁。"④ 相比徂徕较为不同的一点在于，徂徕将"君子"作为"在位者"之称；春台并不强调君子必然"在位"，但其欲行先王之道，以安民为己任，则不得不求于禄位，否则难以实现其志向。其注"子张学干禄"章曰："夫士志于道，思欲行之。然行道在禄位，苟无禄位也，其所学而得者，不过乎独善其身耳。此古之君子所以欲仕也。"⑤ 古之君子以入仕途为基本追求，最终目的不在独善其身，而在行道于天下，这也就是真正的"仁"之所在，同时也是君子必行之"义"。"故子路曰：'不仕无义。''君臣之义，如之何其废之？''君子之仕也，行其义也。'是知言也。"⑥ 春台尊奉"以义制事，以礼制心"⑦ 的原则，故而高度强调这种"君臣之义"，将其作为士人行道的基本路径。

---

① ［日］太宰春台．论语古训外传（卷五）：5.
② ［日］太宰春台．论语古训外传（卷五）：7.
③ ［日］太宰春台．论语古训外传（卷七）：24.
④ ［日］太宰春台．论语古训外传（卷五）：18-19.
⑤ ［日］太宰春台．论语古训外传（卷二）：16.
⑥ ［日］太宰春台．论语古训外传（卷二）：16.
⑦ ［日］太宰春台．论语古训外传（卷五）：19.

因此，对人之道德的判断转化成了对其礼仪践行程度的判断，而对"仁"的判断事实上转化成了对其人"安民"之功的判断；有实际事功者才可称为仁，而无事功者哪怕内心充满仁德，但因为没有能够把控内心、评判内心的客观标准，所以无法证明其仁。这样一种评判标准，自然容易导致所谓"伪君子"的横行。事实上，与其说是功利主义的标准导致了风气的转移，不如认为春台的学说只是在理论层面反映了这样的社会现实。永田广志敏锐地指出，由于儒教道德本身对于当时的日本民众而言，已经转化为了"外面"的而非"内心"要求的东西，所以春台的伦理说无非就是这种事实在观念上的反映而已。① 可以看到，来自中国的儒学理论在江户日本遭遇了种种"变异"，这些脱离原意的诠释往往受到该社会固有精神风貌的影响，是在现实语境中孕育而生的"本土化"产物。这也近似于黄俊杰所提出的经典解读者的"历史性"特征，每一名解释者都是生存在复杂的社会、政治、经济、历史文化的网络之中，既被这些网络所制约，同时又是它们的创造者。②

在某种意义上，即便是如古学派这类高度尊崇中华文化、寻求恢复古书本义的学者，其学说中也蕴含了极高的本土思想的比例，而中国文化最终只不过是外来的"他者"。正如黑住真所说，徂徕愈有"中华"色彩的同时也就愈有"日本"色彩，"中华"与"日本"在其身上是相互"特殊"与"相映"的。③ 春台亦不例外，其利用儒学理论所进行的种种诠释与思想的发扬，终极目标都在于解决现实社会中的"日本问题"。在这种经世主义的导向之下，具有局限性的孔子儒学并不能使春台得到满足，以法家思想为代表的先秦诸子学说亦成为其取以效法的对象。这使得春台无法被狭义地理解为某种原初"儒学"的信奉者（古学派名义上以"恢复古学"为宗旨，故而容易造成类似的误解），其思想中仍有许多复杂的面向值得关注。然而春台本人毕竟以孔子与"六经"为准则，将"先王之道"作为最高的信仰目标；这种来源于儒家的终极关怀与现实的诸子学说之间必然会产生割裂，那么春台将如何处理这种割裂？在此之时，春台对于"易道"思想的吸收，便逐渐显现出其特殊的功用。

四、易道思想与"先王之道"的名存实亡

在春台看来，儒家的《诗》《书》《礼》《乐》《春秋》"五经"都属于先王治天下之"常道"的范畴，而《易》则与它们不同，"易道"中其实蕴含了关乎历史变化的哲学，有助于解释"常道"在历史发展中的应用与衰亡。春台论曰：

> 以上五经者，先王治天下之常道。斯以是治国家，应能保百世之末，政无弊坏，

---

① ［日］永田广志. 日本哲学思想史［M］. 陈应年，姜晚成，尚永清等，译. 北京：商务印书馆，1983：147.

② 黄俊杰. 从儒家经典诠释史观点论解经者的"历史性"及其相关问题［C］//黄俊杰. 中国经典诠释传统（一）：通论篇. 上海：华东师范大学出版社，2008：257.

③ ［日］黑住真. 荻生徂徕——差異の諸局面［J］. 现代思想，1982，10（12）：390.（转引自张崑将. 日本德川时代古学派之王道政治论：以伊藤仁斋、荻生徂徕为中心［M］. 上海：华东师范大学出版社，2008：13.）

国无危乱。然先王之天下以及末世，亦有弊政生焉，乱臣贼子出焉，国家危难，卒至于祸乱起而至于灭亡焉。是则阴阳消息之理，物极必变，天地之有常数故焉。是则易道也。……治国家者若不知此理，临事而起疑惑，故有大过也。①

因此，基于易道本身的阴阳与数理，在现实中展现为政治的历史性变化，而易道则更接近于一种解释其变化的历史哲学。② 然而在春台看来，这种思想绝不仅限于"认识历史"，其最终目标必然在于把握、调控当下政治。正如王鑫所说，易道的"数"与"阴阳"所教导的是对于政治的历史性命运的体察，"时"所引向的则是对于当下政治所处历史境遇的辨知与把握；只有在此基础之上，才能相应地采取措施，实现盛衰兴乱之间的转化。③

"时"的思想所导向的其实是"变"的哲学，在政治方面则体现为自古以来的重要命题——"经权关系"。"经"与"权"所对应的是"常"与"变"的哲学认知在政治理论方面的具体化，中国传统儒学通常认为，任何社会变革都只有在终极价值观（"经"）所允许的范围内才能动作，强调"经"的绝对价值，而日本儒学显然要更强调实用性、适应性与灵活性。④ 在"可与共学"章的注解中，春台展现出了对"权"的高度评价："'权'者，通变之谓。……处变而得其义之谓权，即《中庸》所谓'时措之宜'也。……权者，处变之方，圣智之所为。虽适道之君子，未易行之。"⑤ 春台认为体现出"处变"之哲学的"权"是"圣智之所为"，是非常重要且难度很高的一种行事准则，哪怕是得道之君子也难以把握它。而若能准确地理解、运用易道的思想，加以对当下社会现实及其在历史中所处位置的具体辨知，"处变得义"之"权"就能对经世的政治实践起到很好的指导作用。值得关注的是，春台在此种理念之下对江户儒学中高度敏感的一个命题——"汤武放伐"，进行了讨论。其注"子谓《韶》"章曰："若旧说，则舜武之德为有优劣，是大非孔子之意也。尧舜汤武皆古之圣人也，其德岂容有优劣哉？特其所居之地，所遇之时，有难易逆顺之异耳。"⑥ 此说是对尧舜禅让、汤武放伐事件的一种特殊处理，消解了"革命""放伐"所带来的道德危机，认为只是所遇时势不同，因此古代圣王采取了不同的应对方法。这是一种对"时"的把握，应用"变"的思想以求得圣王的统

① ［日］太宰春台．经济录・易道［C］//徂徕学派．（日本思想大系 37）．东京：岩波书店，1972：44.（译文参考：王鑫．易道与政道——太宰春台的易学研究［J］.東アジア文化研究科紀要創刊号，2012（3）：221.）
② ［日］太宰春台．经济录・易道［C］//徂徕学派．（日本思想大系 37）．东京：岩波书店，1972：44.（译文参考：王鑫．易道与政道——太宰春台的易学研究［J］.東アジア文化研究科紀要創刊号，2012（3）：221.）
③ ［日］太宰春台．经济录・易道［C］//徂徕学派．（日本思想大系 37）．东京：岩波书店，1972：44.（译文参考：王鑫．易道与政道——太宰春台的易学研究［J］.東アジア文化研究科紀要創刊号，2012（3）：221.）
④ 王健．儒学在日本历史上的文化命运——神体儒用的辨析［M］.郑州：大象出版社，2006：239.
⑤ ［日］太宰春台．论语古训外传（卷九）：20-21.
⑥ ［日］太宰春台．论语古训外传（卷三）：22.

治，其最终带来的功效足以抹杀过程中的不足。春台的这种观念亦显示出结果主义的倾向——只要最终结果为善，便无须以方法之差异作所谓的优劣判断。

与易道所展现出的"变"的思想不同，所谓"常道"在春台的认知中已成为了一种近乎凝固的、不可变更的客观性存在，这种观念亦沿袭自徂徕。张崑将比较了伊藤仁斋与荻生徂徕的王道政治论之差异，指出仁斋所言为"王道"，徂徕所言为"先王之道"，两种用辞本身蕴含的思想意义并不相同。言"王"者的关怀面倾向于普遍之"王"，是抽象意义的相对的"王"；而言"先王"者则有特殊的指称对象，必须是尧舜一类垂立后世的古代圣王，是具体意义的绝对的"王"。① 因此，徂徕的"道"具有规范性及历史性，是具体实用性的。② 也就是说，古学派关于"王道"的论述从仁斋至徂徕产生了质的变化，其内涵从一种普遍意义的"道"转变为了特殊意义的"道"，凝固而成了客观的实体。

与徂徕相似地，春台将具象化的"先王之道"作为终极的治理准则，而不赞成后世儒者自"心学"而言的道与礼义。如何可知春台的"道"是一种具象化的实体？其注"信近于义"章曰："荻先生曰：'义者，先王之义。礼者，先王之礼。'按先生此说，实先贤所未发也。若朱熹以事之宜为义，节文为礼，则礼义乃在心之礼义，今日吾人所制，焉知其不人人殊乎？故曰：朱熹未尝知礼义，以其不称先王也。"③ 若以"心"作为判断礼义的方法，则是今人根据自身之体察制造的，没有一个固定的准则。只有先王所制之礼义，才是合理的规范标准，其必然是一种固定且实有的事物。春台又驳斥朱熹理学曰："惟其谓道为事物当然之理，非也。孔子所谓道者，指先王之道而言。若云事物当然之理，人之所共由，则所谓道者，乃吾人之道，随其所见，言人人殊，岂可以一切正人乎？"④ 可见"道"为先王制作之道，而非今人各自穷理所得、所见之道。同时，这种"先王之道"作为至高无上的绝对准则，是不能受到后人的议论的："道可遵行也，不可议也。道而可议，非先王之道也。"⑤ "道不可议"的原则直接将所谓"先王之道"提升到了近乎"信仰"的地位；这种道是强制要求后人去遵行的，而不可遭受任何的怀疑与非议，甚至是简单地进行修正。春台指出，圣人亦不能脱离先王之道而以心为判："夫中正无定体，苟不遵先王之道，何所取法？孔子虽圣，岂得以其心之中正裁人哉？"⑥ 即便是孔子，也不能通过心中的"中正"准则来裁人，而必须依循先王所设之道。此种论述实际上取消了个人主观判断的能力，归之于完全客观的标准。

这种强调先王之道"绝对权威"的思想，是否与春台所提倡的易道之"变"有所矛盾？事实上，先王之道在被"神化"的同时，也遭遇了一个僵化甚至于灭亡的过程。当脱离开《论语》的桎梏，春台便无余地展现出其现实主义的思想倾向："一概以古道而行

---

① 张崑将. 日本德川时代古学派之王道政治论：以伊藤仁斋、荻生徂徕为中心 [M]. 上海：华东师范大学出版社，2008：92.

② 张崑将. 德川日本儒学思想的特质：神道、徂徕学与阳明学 [M]. 台北：国立台湾大学出版中心，2007：12.

③ ［日］太宰春台. 论语古训外传（卷一）：21.

④ ［日］太宰春台. 论语古训外传（卷一）：23.

⑤ ［日］太宰春台. 论语古训外传（卷四）：9.

⑥ ［日］太宰春台. 论语古训外传（卷五）：23.

于今，若与时龃龉，则断不可行。及其不可行也，乃谓古道于国家之治也，其终也无益者，是大误也。然则论治之道，以知时为最要者也。"① 因此，"古道"（即先王之道）虽然本身具有最高的指导价值，但不可一味地照搬至今日，必须考虑其与当下的社会现实是否相协，这也就是易道"知时"的思想。韩东育指出，虽然春台将"圣人之道"视作国家治理的根本政策加以维护，但对于衰世、乱世时诸子之术，特别是法家之术的有用性却毫不怀疑。当直面"时"的变化时，如何去"无用"而尚"实用"，成为了其必须思考的重大理论课题。② 正如其注"君子博学于文"章曰："盖孔子之时，虽未有诸子百家，然如老聃接舆原壤沮溺之属，已有其渐。彼皆有所以为道，可以治国，可以教民，而其言皆有可听者焉。虽然，举而错之天下，而不可及二帝三王之治，何则？非先王之道故也。"③ 因为诸子百家之言"皆有可听者"，于是当春台认识到江户日本社会的种种衰世迹象之时，出于现实主义的考量，他便选择将于当世"无用"的先王之道弃置一旁，而采纳更加"实用"、能够解决实际社会问题的诸子之术。先王之道在名义上被尊崇到了至高的地位，实际上却在现实社会面前名存实亡了。

当一种思想理论成为了不可置疑的权威时，其原有的生命活力事实上也就走到了终点。一方面是不可违背的先王之道，一方面是实用性更强的诸子之术，春台从易道思想中对"时"的把握导出了"变"的程式，以此为方法填充了二者之间的裂痕。在对战国诸子学说进行考察时，春台捕捉到了法家所提供的众多宝贵的思想理论与治国方法，开始将其源源不断地引入到当代政论之中。在法家思想的熏陶下，春台极端的事功倾向与政治学说相互融合，构成其极具"工具"色彩的行事准则，进而对儒学、神道等原本富于"价值"的思想资源进行了改造。

五、作为"工具理性"的儒学与神道

王健在对儒学应用于日本的历史境遇进行分析时，认为儒家思想是根据不同的历史需要，按照"社会效用"原则来构成不同的社会意识体系的。在江户时代，封建幕藩的武家政体需要面对自身存在的合法性问题，选择通过道德秩序建构的方式来获取社会的稳定与发展，因而日本儒学承担起了将政治秩序道德化、理性化的功能。④ 这个任务主要由

① ［日］太宰春台．经济录·经济总论［C］//徂徕学派．东京：岩波书店，1972：22.（译文参考：韩东育．太宰春台的"人情物理"论与法家哲学的展开［C］//日本近世新法家研究．北京：中华书局，2003：177.）

② 韩东育．太宰春台的"人情物理"论与法家哲学的展开［C］//日本近世新法家研究．北京：中华书局，2003：181.

③ ［日］太宰春台．论语古训外传（卷六）：24.

④ 关于此类合法性论证的手段，在政治学领域早已深入的探讨。如莫斯卡与帕累托的理论便指出，在任何社会里统治精英都力图找到其独占权力的合法与道德依据，并将其描绘成一种得到普遍认同的学说、信仰的逻辑与必然结果。它通过建构"道德原则"来为精英统治作维护，事实上不过是统治阶级为自身披上的一件合法性的外衣。德川幕府主要利用的即为儒家道德的建构，这套理论的触角足以延伸至人们生活的方方面面。

朱子学和阳明学完成，思想家通过儒学话语系统的论述，尝试将外在的社会政治秩序转换为建立在人们内心的道德秩序，以此种稳定性来换取统治的合法性。王健认为，古学派的思想路向亦是一种道德秩序建构，为不同的社会群体建立起了具体化的道德理念。①

事实上，通过对太宰春台的分析不难发现，古学派的尝试并不在于道德秩序的建构，而在道德"价值"的消解。春台倡导不论内心而只论外在礼仪，直接拒绝了对礼法规范的合理性加以探讨，要求完全遵守这些规范以成为一个合格的人。被要求不论内心原则而直接遵从的，表面上是以儒家"先王之道"为基准的礼法制度，实际上是当时的幕府统治秩序。在皇室与幕府"双中心"的江户政治环境下，春台支持幕府的立场是十分鲜明的。他认为京都朝廷不过是装饰，而幕府才是实至名归的权力中心；他歌颂幕藩制为"善意"与现实政治的完美结合，可媲美中国古代圣王的封建制度。② 春台为了拥护幕府统治，甚至提出幕府将军应使用与身份相称的王者称呼："今之大将军海内是则日本国王也……吾考和汉先人之礼制，无比'王'更合适之尊号。"③ 春台既将幕藩制与中国封建制相类比，以幕府将军为封建之"王"，可见其所倡导的礼法秩序实为现实政治秩序，民众所需遵奉的"古代圣王"实可类比为当下的德川幕府。在这种现实目标的导向之下，春台关于儒学思想的言说显示出了"工具理性"的特征。

在春台对于先王统治与教化措施的解读中，即可看到某种以儒家道德为"手段"的政治倾向。春台注"其为人也孝弟"章曰：

> 此孝弟者，在上君子之孝弟也。安民为仁，君子之仁，至于安民，裁见其效。安民之道，在教之孝弟。孟子曰："人人亲其亲，长其长，而天下平。"此之谓也。然教民孝弟，岂得人人而诲之？亦君子躬行诸上而小人自效诸下耳。昔者明王有养老之礼，世子入学而与庶人齿。四代圣王，所贵不同，而同尚齿，皆所以教民孝弟也。④

仁的核心在安民，这是君王统治的根本目标。在上位的君子须自身躬行孝悌，而后以上行下效的方式教民以孝悌，以成安民之效。因此，君主行孝悌的目的不再是个人德行的修养，而根本上在于引导、教化民众，通过推行这种礼制的规约以达成巩固统治的效果。于是对君主而言，更重要的在于有孝悌之行，而非有孝悌之心；在位者的本意是通过彰显"道德"的手段，试图建构更加稳定的社会秩序。此外，对于一名具有仁德的君主而言，其行为本身就可能成为判定道德与正误的标准。春台注"惟仁者能好人，能恶人"章曰：

① 王健. 儒学在日本历史上的文化命运——神体儒用的辨析 [M]. 郑州：大象出版社，2006.
② 吴伟明. 易学对德川日本的影响 [M]. 香港：香港中文大学出版社，2009：52.
③ [日] 太宰春台. 经济录·凡例 [C] //徂徕学派. 东京：岩波书店，1972：11.（译文参考：吴伟明. 德川日本的中国想象：传说、儒典及词汇的在地化诠释 [M]. 北京：清华大学出版社，2015：134.）
④ [日] 太宰春台. 论语古训外传（卷一）：6.

"好人恶人，君子小人皆有是心。然常人于人，好其所好，恶其所恶，未必有所利，而不能无所害。是谓不能好恶于人。惟仁者存心于安民，故其好人恶人，虽亦有利有不利，而要归安民，是谓能好恶于人。"① 春台认为，常人的好恶本身是随其个人而定，没有明确的标准规约的；而仁者所好恶的标准在于安民，因此无须论证其标准内在逻辑的正确性及有利与否，皆可视作合理。这种观念也许会导向一种较为极端的政治倾向，即统治者用以裁决的标准全在于能否稳定统治，而部分敏感的关于"真理"的探讨便可能沦为政治的牺牲品，遭受权力的倾轧。由此可见，当以安民为核心的事功理念成为了"仁"的真正目标，道德教化便很难不成为一种虚空的礼法约束，丧失了崇高的信念追求而变成为纯粹的统治工具。

这一切教化与治理的方法都起源于春台相信，民众本身是相对愚昧、无法习得君子之德行的。其注"道之以政"章曰："且'正'云者，君子之行，非所以望于凡民也。'来'云者，德礼所感，莫问正与不正。"② 也就是说，普通民众是不具有"正行"的能力的，而仅能受到统治者德礼的感化以"来"，无须问其正与不正，只是对上位者的追随而已。春台否定了平民大众对于道德与礼法规范的内在判断能力，让他们单纯作为统治者的追随者而存在；这也正是功利主义的上行下效所能达到目的的原因所在。

因此，为了达到更好的治理效果，提倡"愚民"政策的法家思想倾向自然而然浮现在春台的政治主张中。在注"民可使由之，不可使知之"一章时，春台毫无保留地展露出了这种主张：

> 夫天下之人，有君子焉，有小人焉。有君子可以治民，有民可以养君子。其必一君子可以治众民，然后天下治。若使天下之人，家喻户晓，而民咸为君子，是天下无民也。无民，非国也，其君子亦且无所使。……故虽尧舜之世，民自民矣，非上之人不能喻之，亦非可教而弗教。如秦人愚黔首然，以其不可故也。然其间有能出类拔萃者，乃其人天性特异，不待教令而知之者，实千百人中一人而已。孟子云："人皆可以为尧舜"，此无稽之言也。③

站在国家建构的角度，春台认为必有"一君子"而"治众民"，不可以教育君子的方式去教育天下民众，如此才能维持国家的统治。进而春台将秦人愚民政策与尧舜之世相类比，皆以证明"民不可教"。既不可教，便设立礼法规范以约束之，于是则有上述作为"工具理性"的儒学。继而，统治者欲使民众的精神思想有所依归，设立神佛信仰以安抚之，于是又有了作为"工具理性"的神道。

神道信仰原是日本本土文化中较为核心与基础的组成部分，而春台的主张一方面否认了"神的后裔"天皇的中心地位，一方面又将神道教众多的民间信仰归为先王用以导民的政治手段，展现出明显的对于神道价值信仰的反叛。春台承认神道的实用性，但否定其

---

① ［日］太宰春台. 论语古训外传（卷四）：2-3.
② ［日］太宰春台. 论语古训外传（卷二）：2-3.
③ ［日］太宰春台. 论语古训外传（卷八）：8.

历史性与真实性。他认为圣人本身并不相信神道，而是假托鬼神之名施以教导，利用它作为手段去教育迷信的太古愚民；这就是"圣人以神道设教"之意。① 春台否认神道在日本的久远历史，认为其最初亦来自于中国的圣人之道。因此，神道在春台的认知体系中，与儒学教化之功用亦颇为相似。如其注"乡人傩"曰："先王之礼，类儿戏者固多，奚翅傩哉？况傩，祭祀之属；为之，所以安民，圣人初不嫌类儿戏耳。所谓'以神道设教'者，熹何足以知之乎？"② 春台认为，傩戏就属于古代圣王"以神道设教"的一种，是为安民而设。因此无须问其合理与否，只看作先王用以教化、安抚民众的方法便足矣。

由此可见，不论儒学或是神道，其本源皆归于"先王之道"中的某种统治手段。春台将这种理念运用于现实政治，愈发扩展范围，将佛教也包含在内。永田广志指出，春台将"祈祷祭祀"和"佛事"作为"治理小民之道"的必要性提到显著的地位，而他个人采取的则是一种无神论的态度。③ 如果儒学的道德教化与神道的信仰全部丧失了超越的价值，仅仅作为"工具"而存在，那么春台思想中的终极理念体现在何处？毋宁说是以"安民"为代表的对于政治秩序的追求。春台极重经世，试图从儒家经典中汲取各种"道"的理念以佐证自己的政治经济策略，而其在现实中影响更大、产生贡献更多的，事实上在于对法家学说的吸收与应用。在这种兼容并蓄的思想倾向的背后，其实是江户学者对于中国思想资源进行的极具本土色彩的改造，使其能更好地为日本的社会现实服务。更进一步或许可以说，无论如何将江户学者的理论主张与来自中国的儒、法、道等思想流派相比附，其根本上所反映的仍然是本土思想的存在形态，无论环境还是目的都与原始的中国文化存在巨大的差异。

余论："经典诠释"与个人思想的断裂

上述太宰春台的诸多思想主张都具有一个共同的特点——以经世为根本目的，在这个根本目的基础之上建构起来的，则是对于政治秩序的绝对追求。春台论述所采取的往往是统治者的视角，其所渴求的目标受众亦是在上位的君主。在这种导向之下，他将《论语》文本所记载的孔子思想加以个性化的解读，部分性地"曲解"文义使其与个人的思想主张相吻合，以此来完成自身理论体系的合理性建构。

然而在透过《论语》诠释尝试窥探春台思想的同时，仍有一些潜藏的问题不时显现出来。如在第三章中曾经提到，春台主张"无论内心如何，外面守礼仪无犯者，即为君子"，此论出自其答门人弟子之问的记录汇编——《圣学问答》。而在对《论语》的注解与诠释中，春台亦表达过如下观点："《檀弓》载子路曰：'吾闻诸夫子：丧礼，与其哀不足而礼有余也，不若礼不足而哀有余也。祭礼，与其敬不足而礼有余也，不若礼不足而敬

---

① 吴伟明. 易学对德川日本的影响 [M]. 香港：香港中文大学出版社，2009：79-80.

② [日] 太宰春台. 论语古训外传（卷十）：20.

③ [日] 永田广志. 日本哲学思想史 [M]. 陈应年，姜晚成，尚永清等，译. 北京：商务印书馆，1983：146-147.

有余也.' 由是观之，丧以哀为本，祭以敬为本。"① 如此，在"慎终追远"章中，春台依古训与《檀弓》为说，提出"丧以哀为本，祭以敬为本"。这种观念强调实际情感的核心地位，将其放置于纯粹的礼节之上，似乎很明显地与春台重礼而不重心的论述相悖离。此处仅为一例，而在《论语古训外传》中，显露出与春台真实思想之矛盾的篇章实不在少数。为什么会出现这样的矛盾？或许，这恰恰是由"经典诠释"本身所限定的"经典"框架导致的。

尽管在对《论语》的诠释中，春台无处不在地展现着个人思想对经典诠释的渗透，但其一切论述毕竟是在《论语》原文与本义的基础之上展开的，不可施加过多的"曲解"而离题千里。《论语》中的每字每句所表现出的原始思想，及其经过历代流传与阐释后早已定型的基本的文本面貌与解读路向，都决定了"经典诠释"本身必然是在一定的形态范围之内进行，而其中最平实易懂的文本含义尤其不可变更。因此，春台诠释时的许多内容都只是依循古训与师说来为《论语》作注，事实上并不一定能反映出其真实想法与价值取向；它们只是春台进行文本解读时的一种客观叙述，而不可一律视作其个人绝对认同的思想理念。正如在《论语古训外传》中，春台只是利用大量机会阐述仁德重在事功的观念；而只有在脱离《论语》文本框架的《圣学问答》等论著中，他才会表现出完全"无论内心"的极端事功倾向。即便春台本人始终以信奉孔子、遵循先王之道自居，其真实思想仍与原始的中国儒学存在着极大的差异与断裂，而在《论语》诠释中两套思想体系的"杂交"无法抹去所有的裂痕，最终便表现为前文所述的种种矛盾。因此，《论语》诠释究竟能在多大程度上代表春台本人的思想，是一个无法忽略又难以处理的问题。

事实上，先前已有学者认识到"显性"文本与"隐性"思想之间的割裂性，进行了相关的探讨。王汎森在考察晚清汪士铎《乙丙日记》中表现出的激进思想时，将传统文人在不同文体写作中的情境设定分为"公""私"两个方面，认为"公"的文字所表述的思想较为冠冕堂皇、义正词严，而在"私"的语境中则更为自由，可能保留一些不满、复杂、矛盾的情绪。汪士铎在公开文本中表现出的对传统的捍卫，及其在生前不愿刊行的《乙丙日记》中对于儒家最激愤、最极端的批判，就很好地反映出了历史与思想发展的两个层次。② 这种现象与上述太宰春台的思想矛盾有相似之处，然而二者亦不可一概而论。首先，春台编著《论语古训外传》的最初目的，可能并非出于"公"的考量③，而《圣

---

① ［日］太宰春台. 论语古训外传（卷一）：18.
② 王汎森. 汪梅翁与《乙丙日记》——兼论清季历史的潜流［C］//中国近代思想与学术的系谱. 长春：吉林出版集团有限责任公司，2011：60-93.
③ 在《论语古训外传》篇首的《刻论语古训外传序》中，春台弟子水野元朗详细叙述了刊行《外传》的过程。元朗指出，《论语古训》刊行之后，春台又著成《外传》，"藏在巾笥，未肯示人"；后春台以《外传》教元朗，元朗"受而卒业，微显阐幽，焕若发矇焉，不知手之舞之足之蹈之，乃请属工图不朽"。然而春台否定了元朗刊行《外传》的请求，认为需待知己而后发之。元朗"数请不措"，最后春台才终于改易，曰："道之兴废皆命也，云安知此书遇之子而得行于世之非天命也？之子数请，吾执其不可，亦不可乎？吾其与之。"于是《外传》最终付梓。以上内容见：［日］太宰春台. 论语古训外传（卷一）：序1-4.

学问答》及其他政治经济论著更不可归入"私"的领域;在社会上流通更广泛、影响更深远的那些文本,恰恰展现出了春台身上鲜明的法家色彩。其次,江户日本的社会环境与清朝相比,也存在较大的差异。总体而言,从古学派的兴盛至宽政"异学之禁"① 之前,德川幕府都没有实行严格的意识形态控制,阳明学、仁斋学、徂徕学等不同于朱子学的"异端"学说大多可在社会上进行公开宣讲,这种较为宽松的思想环境使得学者不必为自己的新学说加以掩饰。因此,汪士铎日记所反映出的是学者在不同语境中表现出的不同思想侧面,而太宰春台的《论语》诠释更多展示出经典文本对其经说的框架限制,其中内容并非全部等同于学者个人的思想立场。在此基础之上,这种高度受限的经典诠释在当时社会中的地位与功用究竟如何,也值得进一步的思考。

类似地,对于其他一切学者的经典诠释而言,也都存在这样的断裂。作为一种外来的"异质"思想,中国儒学不过是被借用来表达固有价值的一套话语体系而已,它的根本理念从未在江户日本的"异域"土壤中真正生根发芽过。一些学者早已注意到这一点,如丸山真男指出,在德川时代的日本,作为一般意识形态被人们尊奉的是天下太平,而作为价值体系被人们尊奉的是秩序价值和现世主义,儒教在这几个方面明显优于佛教;然而就每个人的信仰来说,无论是上层权力者还是普通民众都对佛教深信不疑。② 黄俊杰则提出日本学者的经典诠释是一种"脉络性的转换",即将原生于中国文化脉络的诸多儒学经典中的概念或价值观,置于日本文化或思想家之思想体系的脉络之中进行新的解释。③ 吴伟明亦指出,日本是按照其主体性有选择地吸纳与改造中国文化的,中国文化"在地化"后只保留词汇和形式,而内容及精神基本上被日本的东西所取代。④ 由此可见,在以《论语》为代表的诸多经典诠释之中,中国儒学仅仅是"话语",而日本的本土思想才是真正的精神内核。《论语》在江户日本(或可延伸至全时间与全空间中的东亚世界)的"渗透"与"在地化"程度究竟有多高,其对日本社会产生的巨大影响又是以何种方式进行的? 在关于中国儒学的经典诠释与日本学者的真实思想存在无法避免之割裂的前提下,诠释内容究竟能在多大程度上与解经者的个人立场相等同,而对于"经典诠释"的研究又应在怎样的方法与旨归中进行? 这些问题或许值得更进一步的思考与探讨。

---

① 天明七年(1787)至宽政五年(1793)年间,日本江户幕府老中松平定信实行幕政改革,史称"宽政改革"。改革采取重农抑商、禁止异学等措施,后以松平定信的被迫辞职而宣告失败。松平提出"异学之禁",一方面发扬官学朱子学,一方面禁止阳明学、古学等异端开坛讲学,也禁止在幕吏录用考试时使用异学。尽管如此,在一些藩校中阳明学与古学仍占主流,朱子学的正统地位并不绝对。参考:[日]清水正之.日本思想全史[M].王丹,译.北京:九州出版社,2020:166-167;[日]丸山真男.丸山真男讲义录(第六册)[M].唐永亮,译.成都:四川教育出版社,2017:222.
② [日]丸山真男.丸山真男讲义录(第六册)[M].唐永亮,译.成都:四川教育出版社,2017:221.
③ 黄俊杰.德川日本《论语》诠释史论[M].上海:上海古籍出版社,2008:36.
④ 吴伟明.德川日本的中国想象:传说、儒典及词汇的在地化诠释[M].北京:清华大学出版社,2015:11-12.

◎ 参考文献

一、古籍

（一）原始古籍

［1］［日］太宰春台．论语古训（卷一至十）［M］．江户嵩山房元文四年本，现藏于早稻田大学图书馆．

［2］［日］太宰春台．论语古训外传（卷一至二十）［M］．江户嵩山房延享二年本，现藏于早稻田大学图书馆．

［3］［日］太宰春台．圣学问答（卷上、下）［M］．江户嵩山房享保二十一年本，现藏于早稻田大学图书馆．

［4］［日］太宰春台．朱氏诗传膏肓（卷上、下）［M］．本石町武阳书肆延享三年本，现藏于早稻田大学图书馆．

（二）点校古籍

［1］［日］吉川幸次郎等．荻生徂徕［M］．东京：岩波书店，1973．

［2］［日］赖惟勤等．徂徕学派［M］．东京：岩波书店，1972．

二、论著

（一）中文论著

［1］陈玮芬．近代日本汉学的"关键词"研究：儒学及相关概念的嬗变［M］．上海：华东师范大学出版社，2008．

［2］成中英主编．本体的解构与重建——对日本思想史的新诠释［M］．上海：上海社会科学院出版社，2005．

［3］董灏智．"四书化"与"去四书化"：儒学经典在"近世"中日两国的不同际遇［M］．北京：中国社会科学出版社，2018．

［4］［日］渡边浩．东亚的王权与思想［M］．区建英，译．上海：上海古籍出版社，2020．

［5］高明士编．东亚传统家礼、教育与国法（二）：家内秩序与国法［M］．上海：华东师范大学出版社，2008．

［6］郭连友主编．日本哲学与思想研究［M］．北京：社会科学文献出版社，2019．

［7］韩东育．日本近世新法家研究［M］．北京：中华书局，2003．

［8］韩东育．从"脱儒"到"脱亚"——日本近世以来"去中心化"之思想过程［M］．台北：台湾大学出版中心，2009．

［9］韩东育．从"请封"到"自封"——日本中世以来"自中心化"之行动过程［M］．台北：台湾大学出版中心，2016．

［10］韩东育．从"道理"到"物理"——日本近世以来"化道为术"之格致过程［M］．台北：台湾大学出版中心，2020．

［11］黄俊杰．德川日本《论语》诠释史论［M］．上海：上海古籍出版社，2008．

［12］黄俊杰．东亚文化交流中的儒家经典与理念：互动、转化与融合［M］．上海：华东师范大学出版社，2012．

［13］黄俊杰编．东亚儒者的《四书》诠释［M］．上海：华东师范大学出版社，2008．

［14］黄俊杰编 . 中国经典诠释传统（一）：通论篇［M］. 上海：华东师范大学出版社，2008.

［15］［日］井上哲次郎 . 日本古学派之哲学［M］. 王起，译 . 北京：中国社会科学出版社，2021.

［16］吕玉新 . 政体、文明、族群之辩：德川日本思想史［M］. 香港：香港中文大学出版社，2017.

［17］［日］清水正之 . 日本思想全史［M］. 王丹，译 . 北京：九州出版社，2020.

［18］［日］丸山真男 . 日本政治思想史研究［M］. 王中江，译 . 北京：三联书店，2000.

［19］［日］丸山真男 . 日本的思想［M］. 区建英，刘岳兵，译 . 北京：三联书店，2009.

［20］［日］丸山真男 . 丸山真男讲义录（第六册）［M］. 唐永亮，译 . 成都：四川教育出版社，2017.

［21］王汎森 . 中国近代思想与学术的系谱［M］. 长春：吉林出版集团有限责任公司，2011.

［22］王家骅 . 儒家思想与日本文化［M］. 杭州：浙江人民出版社，1990.

［23］王健 . 儒学在日本历史上的文化命运——神体儒用的辨析［M］. 郑州：大象出版社，2006.

［24］王青 . 日本近世儒学家荻生徂徕研究［M］. 上海：上海古籍出版社，2005.

［25］王中田 . 江户时代日本儒学研究［M］. 北京：中国社会科学出版社，1994.

［26］吴伟明 . 易学对德川日本的影响［M］. 香港：香港中文大学出版社，2009.

［27］吴伟明 . 德川日本的中国想象：传说、儒典及词汇的在地化诠释［M］. 北京：清华大学出版社，2015.

［28］严绍璗 . 日本中国学史稿［M］. 北京：学苑出版社，2009.

［29］［日］永田广志 . 日本哲学思想史［M］. 陈应年，姜晚成，尚永清等，译 . 北京：商务印书馆，1983.

［30］［日］源了圆 . 德川思想小史［M］. 郭连友，译 . 北京：外语教学与研究出版社，2009.

［31］张崑将 . 德川日本儒学思想的特质：神道、徂徕学与阳明学［M］. 台北：台湾大学出版中心，2007.

［32］张崑将 . 日本德川时代古学派之王道政治论：以伊藤仁斋、荻生徂徕为中心［M］. 上海：华东师范大学出版社，2008.

［33］张崑将编 . 东亚论语学：韩日篇［M］. 上海：华东师范大学出版社，2012.

［34］张文朝 . 日本江户时代古学派对朱熹《诗》观之批评［M］. 台北：中研院文哲所，2019.

［35］张文朝主编 . 日本江户时代《论语》学之研究［M］. 台北：中研院文哲所，2018.

［36］张文朝编译 . 江户时代经学者传略及其著作［M］. 台北：万卷楼图书股份有限公司，2014.

［37］［日］子安宣邦 . 江户思想史讲义［M］. 丁国旗，译 . 北京：三联书店，2017.

［38］［日］子安宣邦 . 孔子的学问：日本人如何读《论语》［M］. 吴燕，译 . 北京：三

联书店，2017.

（二）日文论著

［1］アリム・トヘテイ. 日中儒学の比較思想史研究：その解体と再構築に向けて［M］. 东京：明石书店，2020.

［2］赵熠玮. 江户日本的古文辞学与四书注释［M］. 天津：南开大学出版社，2019.

三、论文

（一）中文论文

［1］陈东. 日本人《论语》注释书解题［J］. 孔子学刊，2014（00）：56-94.

［2］董灏智. 江户古学派新诠与解构“四书”的道德论取向［J］. 外国问题研究，2016（1）：28-38.

［3］傅永军. 论东亚儒学的存有形态［J］. 山东大学学报（哲学社会科学版），2018（1）：18-26.

［4］高悦. 近世日本徂徕学的“礼乐”思想研究［D］. 长春：东北师范大学，2019.

［5］韩东育. 徂徕学与日本早期近代化的思想启蒙［J］. 历史研究，2002（5）：113-125.

［6］韩东育. 日本近世学界对中国经典结构的改变——兼涉朱舜水的相关影响［J］. 社会科学战线，2010（11）：211-219.

［7］黄俊杰. 从东亚视域论德川日本儒者的伦理学立场［J］. 外国问题研究，2016（1）：4-10.

［8］刘莹.“学以致道”与“习以成德”——以《论语徵》为例试析荻生徂徕的道论［J］. 儒家典籍与思想研究，2017（00）：182-199.

［9］王鑫. 易道与政道——太宰春台的易学研究［J］. 東アジア文化研究科紀要创刊号，2012（3）：207-223.

［10］许美祺. 日本经世学的体系化——论太宰春台经世学的理论特点与学术贡献［J］. 浙江学刊，2019（6）：167-176.

［11］张士杰. 科学与谬误——日本近代学术思潮与《论语》研究的新态势［D］. 天津：天津师范大学，2012.

（二）日文论文

［1］［日］前田勉. 太宰春台の学問と会読［J］. 日本文化論叢，2012（20）：61-82.

［2］［日］野村兼太郎. 太宰春台の経済論［J］. 三田学会雑誌，1932（26）：195-236.

［3］应扶苏. 论太宰春台经世济民思想的转变：对日本近世经济合理主义思想的考察［D］. 广州：广东外语外贸大学，2006.

［4］［日］中村春作.“気質の性”の行方：太宰春台論［J］. 広島大学教育学部紀要，1992（40）：261-268.

［5］［日］竹村英二. 太宰春臺の学問方法：荻生徂徕の「訳」論に鑑みて［J］. 21世紀アジア学会紀要，2009（7）：73-78.

"文"士与"帝"王：唐以前曹丕形象研究

陈耀辉

（武汉大学　弘毅学堂，湖北　武汉　430072）

【摘要】曹丕在唐前的形象总体呈现着多面、复杂、不断深化、符号化的特点。具体而言：作为代汉立魏的文帝曹丕，最初的形象在魏蜀吴对立的政治局势中存在极端溢美或贬斥的倾向。晋绍魏统后，在《世说新语》等野史小说的加工下，他又常常作为气量狭小、骄奢淫逸的帝王形象出现，六朝期间对其政治作为的整体评价便并不高。曹丕形象的文学面向，最初呈现为邺下集会中的贵公子形象，这在魏晋诗文描摹下变得真实细腻、鲜活丰满。时序更迭，曹丕形象日渐模糊化为邺下风流、雅集群贤的符号，并凭其诗文、文论创作而作为三曹、七子的文人群体中的一员而存在。另外，作为一国国君或储君重视一代之文学的典型，曹丕恢弘文治的形象也播扬于南北朝，成为曹丕形象在六朝时的另一个面向。在唐前，曹丕形象的多样面向彼此互动相当频繁，或因"位尊减才"，或因"更尚文词"而被认为"非懿德之君"等，但随着文学接受与文学批评的深入发展，作为文士的曹丕形象日渐成熟，不再依托于传统帝王之评价体系，成为后世曹丕形象中的重要组成部分。

【关键词】曹丕；形象史；文学之自觉；邺下

【作者简介】陈耀辉，武汉大学弘毅学堂人文科学试验班国学方向 2019 级本科生。

引　言

曹丕（187—226 年），字子桓，汉魏时期著名政治家、文学家、文学批评家。曹魏开国皇帝，谥号文，史称魏文帝，为魏武帝曹操次子，与乃弟陈留王曹植均为卞夫人所生，在曹操晚年与曹植有立嗣之争。建安十六年（211 年），他被立为五官中郎将、魏副丞相，后在吴质、司马懿、贾诩等协助下夺得嗣位，217 年立为魏太子，并于公元 220 年接受汉献帝禅让，废汉立魏。他于执政期间推行九品中正制、平定边患、伐吴蜀而未遂，黄初七年（226 年）去世，时年四十岁。曹丕一生经历曲折丰富，幼时便开始从其父曹操四处征战、见过"白骨露于野，千里无鸡鸣"的残酷战乱；十余岁时曹操平定河北，曹丕便在相对繁荣稳定的邺城、南皮等地生活；后来历经储位之争而立为太子、最后荣登九五、改换朝代几乎登顶权力的巅峰。

但即使身为帝王，曹丕历史书写和形象塑造的话语权却并不属于他自己。在魏晋六朝的漫长历史中，从宴饮游乐的公子，到阴险刻薄的政客；从诗赋欲丽的文人，到骄奢淫逸的昏君……总的来看，曹丕之为"魏文帝"，既是绍续基业、代汉自立的"帝"王，也是雕琢词句、精研文学的"文"士。这种"文"与"帝"之间巨大的话语张力使得曹丕形象更加复杂多变、面向丰富。

有碍于其曹魏立国君主之特殊地位，魏晋六朝政权对曹丕的历史书写往往也沾染政治立场。同时，随着《燕歌行》和《典论·论文》等佳作流传，曹丕的诗赋文章则与其人物品评逐渐分离，文论思想被《文心雕龙》等吸收发展、绮丽文辞被谢灵运、江淹等研习，形成了独特的接受过程。文士曹丕和帝王曹丕相互交织，而作为文士的、文治代表的曹丕形象日渐在"文学之自觉"的时代潮流下①，逐步成熟。

一、研 究 综 述

1943 年郭沫若的《论曹植》是近现代学术研究中较早关注曹丕、肯定曹丕的文章。郭沫若还通过封建意识、同情心理解释旧时人们对曹植的偏爱与对曹丕的厌弃，力图为曹丕正名。虽则他称曹丕为"旧时明君的典范"仍有过誉之嫌，但确为之后重视曹丕的文学成就、客观梳理曹丕接受史并剖析成因等奠定了基础②。20 世纪 80 年代前，曹丕研究十分有限，推进缓慢，黄节③对曹丕诗歌进行了初步的整理，余冠英在《三曹诗选》中指出建安文人的"真正中心和主要领导人物乃是曹丕"④。其他的研究大多停留在文学史书写中的粗线条带过，曹丕的七言诗、乐府诗、散文等的创作成就、文学批评的成就均得到了初步肯定和阐发，但都还集中于对其文学风格的评析、与丕植优劣的讨论。

20 世纪 80 年代以来，曹丕研究开始打破传统窠臼，曹丕的文学接受史研究逐步展开。章新建、程天祜、丁复、许善述等都在一定地促进了对曹丕在建安文学中的定位

---

① 鲁迅 1927 年 7 月在广州夏期学术演讲会上发表的《魏晋风度及文章与药及酒之关系》中指出，"曹丕的一个时代可说是'文学的自觉时代'，或如近代所说是为了艺术而艺术的一派"。此文后收入鲁迅《而已集》，可参看：鲁迅. 而已集 [M]. 北京：人民文学出版社，1980：97-125. 这一论断对后世的中古文学史、艺术史研究仍产生重大影响。但也有学人指出，文学自觉时代的某些特征渊源已久，应前提自汉代、乃至战国后期始，更有学者不赞成使用"文学自觉"的话语来描述中古思想界、文化界的现象。可参看龚克昌. 论汉赋 [J]. 文史哲，1981（1）：61-70；张少康. 论文学的独立和自觉非自魏晋始 [J]. 北京大学学报（哲学社会科学版），1996（2）：75-81；赵敏俐. "魏晋文学自觉说"反思 [J]. 中国社会科学，2005（2）：155-167，207-208 等。但本文认为，既然选择以文学对中古时代的思想界加以研究或言说，在保有对彼时材料所提及的"文学"概念的审慎态度下，使用"文学自觉"的命题未为不可。

② 原文写于 1943 年 7 月，后同《屈原研究》等九篇一同收入《历史人物》中。可参看：郭沫若. 论曹植，历史人物 [M]. 北京：人民文学出版社，1979.

③ （汉）曹操、（魏）曹丕撰，黄节注. 魏武帝魏文帝诗注 [M]. 北京：人民文学出版社，1958.

④ （汉）曹操等撰，余冠英选注. 三曹诗选 [M]. 北京：人民文学出版社，1956：10.

和影响的研究。他们都较客观地认识到了曹丕在建安文学中的接受情况①。但如今，曹操、曹植已经存在相对完备的整体性研究②，形象史方面，曹操以其在小说、戏剧中丰富的艺术形象而得到关注，其形象变迁始终充斥着英雄与奸臣的复杂对立；而曹植则以其八斗之才和独特生命体验深得后世骚客所爱，不仅成为建安文学成就的巅峰代表之一，而且也有仙道化、神秘化的色彩掺入。正如孙明君所说："在三曹研究中，曹丕研究最为冷清"③，曹丕形象史相较之下仍有诠释空间，如田晓菲在分析"文学之建安"被建构的历史中，以曹丕的怀旧书信为起点，因此也点明了谢灵运、萧统文学集团对建安的追慕和想象，④ 不过其旨趣不在曹丕其人之形象，更着重于建安文学风格的经典化，可再阐发。

仔细梳理唐前曹丕文士形象及君主形象的研究：

首先，曹丕在六朝的文学接受史研究成果虽多，却也尚未深入其对曹丕文士形象的建构之中加以分析。河南大学的宋战利在博士学位论文中专辟一章明确历史分期，强调其文学与政治的互动，并在文末对曹丕研究材料加以进一步整理⑤，但仅初步触及历代对曹丕文学成就的接受，文本仍有较大阐释空间，且材料混杂，尚需辨别。黑龙江大学范瑶琦的《魏晋六朝文人笔下的曹丕》从《文心雕龙》《诗品》《文选》《三国志》《世说新语》五部典籍入手分析其形象，框架清晰，但少有留意文人创作或廷对奏议中的曹丕形象，取材有一定局限⑥。而随着六朝文学研究的发展，上述诸文本与曹丕的接受关系也多有讨论，如王莉从《文选》选录曹丕、曹植诗文入手对建安文学的接受史进行整体和异质性分

---

① 章文侧重曹丕诗歌与乐府民歌传统的继承及之后对乐府诗的影响，程文和许文均侧重其对文学革新的影响，关注到了其诗风文风转变对后世文人的导向作用。具体可参见：章新建. 曹丕诗歌与乐府 [J]. 安徽大学学报，1984（2）：73-76；程天祜. 试论曹丕对文学革新的贡献 [J]. 社会科学辑刊，1986（5）：91-97；许善述. "子桓以下，纯乎魏响"——也谈曹丕诗风之变 [J]. 安庆师院社会科学学报，1997（2）：46-51；关于曹丕研究的具体研究综述，另可参看：童瑜. 20 世纪后二十年曹丕研究综述 [J]. 哈尔滨学院学报，2005（12）：66-70；或宋战利. 曹丕研究 [D]. 郑州：河南大学，2007.

② 曹操和曹植的诗歌接受史相对完备，如孙娟有《曹植诗歌接受史研究》，王津有《唐前曹植接受史》，祖秋阳有《曹操诗歌唐前接受研究》等，王玫的《建安文学接受史》虽间涉曹丕文学在后世之接受，但视角偏向于宏观，不够专门和深入。可参看：孙娟. 曹植诗歌接受史研究 [D]. 青岛：中国海洋大学，2010；王津. 唐前曹植接受史 [D]. 济南：山东大学，2014；祖秋阳. 曹操诗歌唐前接受研究 [D]. 长春：吉林大学，2015；王玫. 建安文学接受史研究 [D]. 福州：福建师范大学，2002.

③ 孙明君. 汉魏文学与政治 [M]. 北京：商务印书馆，2003：234.

④ 田晓菲认为，"文学建安"形成过程中有三个重要时刻，即曹丕在怀旧和哀悼中首先创造；次谢灵运作八首拟诗及序，"比建安更像建安"的文学想象成为主流；再次萧梁诸王以其自己的期待加以构造，并在《文选》中定格浪漫化的建安。具体可参看：[美] 田晓菲. 赤壁之戟：建安与三国 [M]. 张元昕，译. 北京：生活·读书·新知三联书店，2022：17-75.

⑤ 宋战利对曹丕研究资料的汇辑很有参考价值，辅之以《三曹资料汇编》，为本文提供了大量对曹丕的文学和政治书写的材料。后来宋文扩成《魏文帝曹丕传论》出版，亦可参考。可参看宋战利. 曹丕研究 [D]. 郑州：河南大学，2007. 河北师范学院中文系古典文学教研组. 三曹资料汇编 [M]. 北京：中华书局，1980：45-50.

⑥ 范瑶琦. 魏晋六朝文人笔下的曹丕 [D]. 哈尔滨：黑龙江大学，2015.

析①；张叹凤从《文心雕龙》对曹丕的评鉴进行了深入分析②等；姜骁函虽重在研究唐代曹丕诗歌的接受史，但对唐前的评价及诗歌流传史有所考察，也有涉及曹丕形象的演变③。

其次，曹丕作为君主形象的演变历代研究仍属不足。刘晗将所有"魏主"形象作为整体对象作历时考察④，涉及曹丕时则仍集中于《三国志》《世说新语》之描述，赵鑫的《曹魏史传散文研究》涉及了《魏略》对曹丕形象的塑造⑤。同时，历代曹魏与蜀汉正统论的争议研究中，往往会有对曹丕形象演变的梳理。徐冲⑥对《后汉书》和《东观汉记》等的及周梦梦⑦对《汉晋春秋》的正统观研究对揭示当时丰富的曹丕形象有一定启发。

此外，由于丕、植对曹操继承人位置存在权力斗争，而曹植落败后"以势窘益价"，六朝时期逐渐形成了"抑丕扬植"的接受偏好，所以丕植优劣论的研究也有一定借鉴意义。王玫的《"抑丕扬植"倾向的形成与演变》⑧、郭燕茹的《丕植优劣论研究》⑨系统梳理了丕、植优劣论的演变，同时指出背后的接受原因涉及道德观念、权威崇拜、审美期待等。

综上，曹丕研究起步晚、研究空间大，而直接梳理曹丕形象史的研究成果并不多，退一步来看，作为帝王或文士的曹丕形象也多浅尝辄止于少数典籍，取材较为局限，前人多关注曹丕作为建安文学的代表，进行宏观的解释与把握，但在"曹丕是什么样子的曹丕"这种形象呈现的问题上仍然存在较大研究空间和价值。而限于阅历与笔力，本文将视线聚焦到曹丕形象初步产生分合流变的唐以前，厘清此处线索，或许可一窥曹丕形象各面向的雏形，为了解、研究之后诗文创作、小说、戏曲等各类文献中的曹丕形象提供基础。

二、研 究 方 法

历史人物的形象史研究一般属新文化史、观念史研究范畴，如《制造路易十四》从路易十四被"制造"的形象入手探求背后的社会文化成因⑩。一方面，这种学术旨趣在中国古代史学研究中，日渐成为对历史书写的反思，对已然建构的历史形象的解构和剖

① 王莉. 萧统《文选》选录曹丕、曹植诗文比较论［J］. 西部学刊，2015（12）：38-42.
② 张叹凤. 刘勰《文心雕龙》对曹丕的评鉴与曹丕文学的独特审美价值［J］. 四川大学学报（哲学社会科学版）2009（4）：98-104. 实际上学界早已注意到，《文赋》、《文心雕龙》和《诗品》在传统文论意义上对《典论·论文》的接受和转化已远超简单的对诗赋创作的接受。
③ 姜骁函. 曹丕诗歌在唐代的接受研究［D］. 大连：辽宁师范大学，2021.
④ 刘晗. 三国"魏主"形象的生成与传播研究［D］. 汉中：陕西理工大学，2020.
⑤ 赵鑫. 曹魏史传散文研究［D］. 青岛：山东大学，2015.
⑥ 徐冲. "汉魏革命"再研究：君臣关系与历史书［D］. 北京：北京大学，2008.
⑦ 周梦梦.《汉晋春秋》与《三国志》正统观之比较研究［D］. 武汉：湖北大学，2017.
⑧ 王玫. "抑丕扬植"倾向的形成与演变［J］. 厦门大学学报（哲学社会科学版），2003（4）：49-55.
⑨ 郭燕茹. 丕植优劣论研究［D］. 兰州：兰州大学，2013.
⑩ ［英］彼得·伯克. 制造路易十四［M］. 郝名玮，译. 北京：商务印书馆，2007.

析，如以辛德勇《制造汉武帝》探析司马光对汉武帝形象之形塑①。另一方面，在中国古代文学史、艺术史中，形象史研究则与文学接受史、艺术接受史研究相互补充。以汉魏时期的形象史研究为例，陈翔华的《诸葛亮形象史研究》详考诸葛亮艺术形象历代的文本记述、艺术创作，并探求诸葛亮故事的流传及影响②；王威的《赵云形象史》也穷求诸多史籍传记之叙述、杂剧话本之艺术形象，进而探求其形象之流传与影响③；刘嘉红的《孙权形象史研究》结构亦类似，从《三国志》及裴注、唐宋诗文、元杂剧到明清小说，以此为脉络，梳理其形象嬗变之面貌、推求背后之原因④。

要之，形象史研究的主要方法以史料解析、文本细读为主，并参考相关思想史、文学史、艺术史的论述；主要内容也以呈现多面、复杂、动态的形象史为主，笔力更深者，可推求其形象转变的成因、解构形象史而得到背后思想史、观念史等结论。因此，本文也力图搜求唐以前的各家史传、笔记小说、诗赋文论等各类文献，进而呈现多面向的曹丕形象史。基于这一呈现，尝试结合汉晋六朝的思想史和文学史的论述解释曹丕形象的不同面向的成因及影响。

同时，由于曹丕文学家、文学批评家之身份，以及本文所用史传记载或存在滞后性，唐前曹丕形象史研究尚有两点需要额外说明。

首先，应谨慎注意区分曹丕其人形象变迁与其诗文的文学接受间的关系。形象史研究与文学接受史存在一定交叉重合部分，但研究旨趣终归不同。一方面，形象史研究旨在揭露各时期受众对某一历史人物、艺术形象的主观感知，而后者则旨在讨论文学作品的转化、吸收、迁移和经典化。正如王玫将人与文学创作的接受分开加以研究一样，作品在创作之后，其独特的文学气质和意义空间并不一定与其作者强烈绑定。如《燕歌行》自有《燕歌行》的接受史，其创作与中国诗歌传统中的悲秋传统、闺怨题材、代言体创作等话题关系密切，将《燕歌行》的接受史和历代的重塑与经典化全然纳入曹丕形象的探讨中，认为《燕歌行》的经典化必然意味着曹丕悲秋文人之形象的经典化，则未免失之偏颇。另一方面，文学接受的日渐深入至少可以说明作者形象的深入人心，考据清晰的仿作、化用与改写的诗歌接受至少证明其人具备相当文学地位与影响力，不容完全忽视；而由诗文而入作者文学风格的文学批评等已然由具体的篇目复归其形象中的文学面向，亦当参考。

其次，历史书写，尤其国史书写往往具有一定滞后性，因此对史料书写要区分撰述史书之作者之史论，与实录当时观念之史实。《三国志》成书于晋、沈约于齐梁才编成《宋书》、魏收入北齐方撰有《魏书》，已非当朝之史；又《晋书》《南史》《北史》等成书于唐，不仅时隔已久，而且朝代间政治立场也出现较大变动，其对史书所在之朝代的观念史研究价值确然有减损。应当指出，《三国志》所刊对曹丕之"评曰"语出晋人，便不可归诸魏人观念。但陈寿引魏蜀诏策、裴注引《魏略》等实录时人之言论，自然可以成为反映魏蜀人观念的抓手之一。虽然绝对的"实录"并不存在，再忠诚的撰述者也必然存在

① 辛德勇. 制造汉武帝 [M]. 北京：生活·读书·新知三联书店，2018.
② 陈翔华. 诸葛亮形象史研究 [M]. 杭州：浙江古籍出版社，1990.
③ 王威. 赵云形象史研究 [D]. 杭州：浙江大学，2011.
④ 刘嘉红. 孙权形象史研究 [D]. 锦州：渤海大学，2013.

对历史事实的剪裁、取舍等。但形象史研究本就无法还原绝对的历史真实，而是试图在叙述与言说中梳理形象建构的历史，故特此说明。

三、曹魏时期的曹丕形象

（一）"奕世宣明"与"酷烈无道"——魏蜀对立下的政治叙事

曹丕是曹魏政权的代表，与蜀汉、孙吴政权长期三足鼎立。政治的对立使得各方对曹丕形象的接受也均差异极大。在曹魏政权一方，曹丕形象为继承魏武遗志、顺天命民心而受禅的圣王，而在针锋相对的蜀汉政权中，却是篡逆汉室的窃国之贼。《三国志》成书于晋，其中收录了大量三国时的诏令奏议，它们记录了当时人在严肃政治议题上的立场，可供参考；裴松之注也有对当时所著《魏书》《魏略》的引文，可窥见一斑。

曹操薨逝后，汉献帝诏令称："丕奕世宣明，宜秉文武，绍熙前绪"①；《魏略》中有"令诣河东就乐详学经，粗明乃还，因设文学，由是弘农学业转兴"② 等重教化的举措记载；《魏书》中也有夏侯惇死后"王素服幸邺东城门发哀"的重情义之体现③，有曹丕对汉朝故太尉杨彪"宠异以章旧德"的诏书④，有他面对汉文故事反求诸己的内省之言"常嘉汉文帝之为君，宽仁玄默，务欲以德化民，有贤圣之风"、甚至作《太宗论》以共勉的记载⑤。汉献帝受制于曹魏自不必言，《魏书》为魏人王沈所撰，《魏略》由曹魏郎中鱼豢私撰，均以曹魏视角出发，对曹丕不免多有回护。⑥

这种政治角力在曹丕代汉之事上冲突最为明显，史传中曹丕数辞帝位，仁德敦厚、惶恐谦逊，献帝和一众劝进之臣对曹丕也极尽溢美之词。李伏上表："定天下者，魏公子

---

① （西晋）陈寿撰，（南朝宋）裴松之注，陈乃乾校点．三国志［M］．北京：中华书局，1959：58.

② （西晋）陈寿撰，（南朝宋）裴松之注，陈乃乾校点．三国志［M］．北京：中华书局，1959：514.

③ （西晋）陈寿撰，（南朝宋）裴松之注，陈乃乾校点．三国志［M］．北京：中华书局，1959：59.

④ （西晋）陈寿撰，（南朝宋）裴松之注，陈乃乾校点．三国志［M］．北京：中华书局，1959：78.

⑤ （西晋）陈寿撰，（南朝宋）裴松之注，陈乃乾校点．三国志［M］．北京：中华书局，1959：88-89.

⑥ 若单纯从《三国志》裴注引《魏略》《魏氏春秋》来看，似乎也曾对曹丕的否定评价和暗讽之语。如延康六年，魏文征吴，霍性直言劝谏，称"兵者凶器，必有凶扰，扰则思乱，乱出不意。臣谓此危，危于累卵。"曹丕不仅不虚心采纳，反而"怒，遣刺奸就考，竟杀之"。孔桂于立储之争中属意于曹植，曹丕便"甚衔之"，试图罗织罪名以报复。按，除实录事实外，原因可能有二，鱼豢私撰此史，本就受限较少、且对曹操等其他魏主之暗讽也并不少见；其次，《魏略》全书不传，唯依裴注所引等而存，故而其余对魏主的溢美赞颂之事可能与正史重合，并未再引，后来逐渐便散佚殆尽，留下讥讽之词的面貌。可参见：（西晋）陈寿撰，（南朝宋）裴松之注，陈乃乾校点．三国志［M］．北京：中华书局，1959：60，100-101.

桓，神之所命，当合符谶，以应天人之位"；陈群等合奏："殿下践阼未暮，而灵象变于上，群瑞应于下，四方不羁之民，归心向义"；献帝禅位诏云："今王钦承前绪，光于乃德，恢文武之大业，昭尔考之弘烈"① 等，不胜枚举。但从蜀汉政权的立场来看，这些行为却是"曹丕篡弑，湮灭汉室，窃据神器，劫迫忠良，酷烈无道""操子丕，载其凶逆，窃居神器"②"子桓淫逸，继之以篡"③。曹丕不过是一个乱臣贼子、叛逆汉室的形象。因政权对立而带来的政治否定的立场在《蜀书》存留的其他文献材料中亦可见其贯彻：先帝白帝托孤时直陈诸葛亮"才十倍曹丕"④；诸葛亮在邀隐士杜微出山时称"丕又大兴劳役，以向吴、楚"⑤，曹丕才不配位、劳民伤财的君主形象隐约可见。事实上，曹丕代汉正是曹魏与蜀汉在政治正统性上的最大冲突，曹魏的成立用禅让之制度宣告着刘备一系的政权合法性不再存在，因此蜀汉政权自诩绍继炎汉，极力否定曹魏禅让的合理性。

除却史官记载外，事实上，曹丕谥号之"文"正是魏国政治叙事中对他相当精炼的评价，传统谥法解释中有"经纬天地曰文，道德博闻曰文，学勤好问曰文，慈惠爱民曰文，愍民惠礼曰文。锡民爵位曰文"⑥ 等对谥"文"的解释。魏文帝之为"文"，与后世文人之为"文"相差仍大：尊教化、修德行的文治之功显然要比辞章言语更足以称之为"文帝"。此外，汉魏时期很多官员、文士的颂、铭、诔、表等的创作中也逃不开政治立场要求下的阿谀奉承。魏臣卞兰的《赞述太子赋》与曹植的《上文帝诔表》便是两篇典型代表。卞兰极尽夸饰魏太子丕的形象：

> 伏惟太子研精典籍，留意篇章，览照幽微，才不世出，禀聪叡之绝性，体明达之殊风，慈孝发于自然，仁恕洽于无外……若游海者难与论水，睹前世者不可为言，然咸归太子巍巍之美，叙述清风，言之有永，听者欣欣，忘日之夕。⑦

慈孝仁恕、聪睿过人、谦和博爱、贤能辅弼……这些形容刻画不过是慑于政治权威之下的一次次虚伪的装点，它甚至无法真实代表卞兰当时心目中的曹丕形象，而彻底沦为一种政治叙事下华美而又僵化的产物。但是，政治叙事最大的作用或许便是表明政治立场，夸耀魏文功绩便意味着对魏国正统的高度认同，因此即使过去储君之争再如何激烈，陈王曹植

---

① （西晋）陈寿撰，（南朝宋）裴松之注，陈乃乾校点．三国志［M］．北京：中华书局，1959：62.

② （西晋）陈寿撰，（南朝宋）裴松之注，陈乃乾校点．三国志［M］．北京：中华书局，1959：888.

③ （三国）诸葛亮．正议．段熙仲、闻旭初．诸葛亮集［M］．北京：中华书局，2012：15.

④ （西晋）陈寿撰，（南朝宋）裴松之注，陈乃乾校点．三国志［M］．北京：中华书局，1959：918.

⑤ （西晋）陈寿撰，（南朝宋）裴松之注，陈乃乾校点．三国志［M］．北京：中华书局，1959：1019.

⑥ 黄怀信、张懋镕、田旭东．逸周书汇校集注［M］．上海：上海古籍出版社，1995：678-681.

⑦ （魏）卞兰．赞述魏太子赋（并表）．张兰花、程晓菡校注．三曹七子之外建安作家诗文合集校注［M］．石家庄：河北教育出版社，2013：164-171.

也必须要给曹丕以赞美之辞——更甚者，或许正是因为过往曾为政敌，此时才必须发声：

> 仁风偃物，德以礼宣。详惟圣质，歧嶷幼龄。研几六典，学不过庭。潜心无罔，抗志清冥。才秀藻朗，如玉之莹。听察无响，瞻睹未形。其刚如金，其贞如琼。如冰之洁，如砥之平。爵功无私，戮违无轻。①

总之，政治叙事下立场分野带来的形象分野从此便存于曹丕的形象史变迁之中。蜀汉政权之极端指斥更深刻地影响了随后曹丕负面的政治评价的形成。

（二）"公子敬爱客，乐饮不知疲"——风流雅集中的邺下叙事

"昔文帝、陈王以公子之尊，博好文采，同声相应，才士并出，惟粲等六人最见名目。"② 在嗣位魏王、代汉立魏之前，曹丕一直是贵公子的身份，一直是邺下文人群体集会宴饮的组织者和领导者。以刘桢、应场为代表的建安文学家在此过程中不断加强彼此交互，并促进了相应的文学创作。曹丕在很多诗文创作、书信来往中的言论都是具有极强的自传性的，此时曹丕的形象不仅在其自身的诗文创作中不断形塑，而且也广泛存在于唱和的邺下文人的记述中③。

关乎曹丕耽爱游乐的诗作尤其广为流传，节录部分片段如下：

> 众宾会广坐，明镫熺炎光。清歌制妙声，万舞在中堂。④
> 明月照缇幕，华灯散炎辉。赋诗连篇章，极夜不知归。⑤
> 公子敬爱客，乐饮不知疲。和颜既已畅，乃肯顾细微。赠诗见存慰，小子非所宜。且为极欢情，不醉其无归。凡百敬尔位，以副饥渴怀。⑥

这些诗篇详细地介绍了场面盛大、奢华夸饰的宴会细节：众宾齐聚、明灯如昼、清歌曼舞、欢饮赋诗、而曹丕"极夜不知归""乐饮不知疲"，沉湎其中，是风雅文士的其中一

---

① （魏）曹植. 文帝诔. 赵幼文校注. 曹植集校注 [M]. 北京：中华书局，2016：509.

② （西晋）陈寿撰，（南朝宋）裴松之注，陈乃乾校点. 三国志 [M]. 北京：中华书局，1959：629.

③ 理论上讲，曹丕的自我书写与时人那种来自他者的书写是来自两个视角的书写，但事实上，在君臣酬答的互动中，两者往往相互交织，联系紧密。田晓菲更指出，这是君臣合作所上演的关于权力关系的戏码，在宴饮、器物、诗作中均得体现。故本文于此不强调自我书写与他者书写的区隔。参见：[美] 田晓菲. 赤壁之戟：建安与三国 [M]. 张元昕，译. 北京：生活·读书·新知三联书店，2022：17-75.

④ （魏）刘桢. 赠五官中郎将诗四首（其一）. 俞绍初辑校. 建安七子集 [M]. 北京：中华书局，2016：218.

⑤ （魏）刘桢. 赠五官中郎将诗四首（其四）. 俞绍初辑校. 建安七子集 [M]. 北京：中华书局，2016：219.

⑥ （魏）应场. 侍五官中郎将建章台集诗. 俞绍初辑校. 建安七子集 [M]. 北京：中华书局，2016：198-199.

员。除了固定地点的宴会之外，曹丕还组织文士门客进行游猎，南皮之游即典例之一。曹丕在给吴质的书信中回忆到"每念昔日南皮之游，诚不可忘……方今蕤宾纪时，景风扇物，天气和暖，众果具繁。时驾而游，北遵河曲，从者鸣笳以启路，文学托乘于后车"①。南皮和邺城几乎成为曹丕领导的文人群体宴饮游乐的核心活动地点。

欢饮的曹丕形象只是一个打开自我心灵、发扬主体情思的曹丕的外显窗口而已。一个放任情性、体悟万物的曹丕形象是更丰满的。他自己能够从世俗功名中暂时抽身出来，追逐欢娱放浪："每至觞酌流行，丝竹并奏，酒酣耳热，仰而赋诗"②。探望自己患病的挚友，他会殷勤攀谈，情动于衷："清谈同日夕，情昐叙忧勤。便复为别辞，游车归西邻"③；知交零落、知音离世后会痛心不已，难抑悲恸："昔年疾疫，亲故多离其灾，徐、陈、应、刘，一时俱逝，痛何可言邪……当此之时，忽然不自知乐也。谓百年已分，可长共相保，何图数年之间，零落略尽，言之伤心"④。从亲友逝世推广到对整个生命意识的关注和对宇宙意义的追问，曹丕与乃父一同，成为具有宇宙胸怀的魏晋文人代表。此时曹丕留下的文人形象与后世所接受的符号化的形象也有所不同，他是一个立体鲜活的生命体的形象，生年不满百，常怀千岁忧，他真实地欢欣、悲叹、伤逝，思想情感和文学才华的面向上也是多元的。同时，在参加此类集会过程中，曹丕会同一众具有文学气质的诗人到一起，担任了文坛活动组织者的身份；同时其文章也就具有了高于一般创作者的视野，故而第一篇文论专著《典论·论文》诞生于曹丕之手似乎也并不令人惊讶。

政治领域的评价自然囿于立场之限，此不足为奇。但应注意，曹魏邺下文人集团的一些奉承之辞都应理性地打上折扣。他们的赞颂之语或迫于政治压力，或源于攀附之心，并不完全是对曹丕真实形象的刻画，不可尽信。如刘桢直称"君侯多壮思，文雅纵横飞。小臣信且卤，僶俛安能追"⑤，曹丕依凭其特殊的政治地位，很大程度上也是王、应、刘、吴等人政治上的资源，众人对魏公子形象的接受也蕴含着"念蒙圣主恩，荣爵与众殊。自谓永终身，志气甫当舒"⑥、"欲因云雨会，濯翼陵高梯"⑦ 等政治目的，并不单纯。从

① 据考证，似可推得此游猎在公元 212 年，曹丕自渤海返回时途经南皮时。对南皮之游的考证，可参看：宋战利．曹丕研究 [D]．郑州：河南大学，2007．南皮之游对于后世创作的影响，亦可参看：俞绍初．"南皮之游"与建安诗歌创作——读《文选》曹丕《与朝歌令吴质书》[J]．文学遗产，2007（5）：13-20．此二引文参看：（西晋）陈寿撰，（南朝宋）裴松之注，陈乃乾校点．三国志 [M]．北京：中华书局，1959：608．

② （西晋）陈寿撰，（南朝宋）裴松之注，陈乃乾校点．三国志 [M]．北京：中华书局，1959：608．

③ （魏）刘桢．公宴诗．俞绍初辑校．建安七子集 [M]．北京：中华书局，2016：218．

④ （魏）曹丕．又与吴质书．夏传才、唐绍忠校注．曹丕集校注 [M]．石家庄：河北教育出版社，2013：110．

⑤ （魏）刘桢．赠五官中郎将诗四首（其四）．俞绍初辑校．建安七子集 [M]．北京：中华书局，2016：219．

⑥ （西晋）陈寿撰，（南朝宋）裴松之注，陈乃乾校点．三国志 [M]．北京：中华书局，1959：609．

⑦ （魏）应玚．侍五官中郎将建章台集诗．俞绍初辑校．建安七子集 [M]．北京：中华书局，2016：198-199．

曹丕的方面来看，他对这种阿谀逢迎也并不拒斥，曾经文士邯郸淳因为称许曹植而冒犯曹丕，等他"作《投壶赋》千馀言奏之，文帝以为工，赐帛千匹"①，足见曹丕对善为文者的赏识。

吴质与曹丕的交游便是暗示这种奉承攀附关系的典例。吴质其人本就"少游遨贵戚间，盖不与乡里相沈浮"，渴求浮华功名而汲汲于交游贵戚。曹丕为五官中郎将时，吴质已深受宠爱；曹丕立为世子，吴质任朝歌长、元城令，二人书信交往推心置腹、令人动容。但详考书信内容却并不全然是知音挚友之唱和。吴质来信中说："张敞在外，自谓无奇；陈咸愤激，思入京城，彼岂虚谈夸论，狂耀世俗哉?"② 迂曲表示回京之企图；而曹丕立为太子后也写信称："南皮之游，存者三人，烈祖龙飞，或将或侯。今惟吾子，栖迟下仕，从我游处，独不及门。瓶罄罍耻，能无怀愧?"③ 用自表内疚地方式许下了一定的政治承诺。紧接着曹丕即位代汉后，迅速地召吴质回洛阳，封列侯、予以重任："到，拜北中郎将，封列侯，使持节督幽、并诸军事，治信都。"④ 曹丕的特宠与重用也算得以兑现。

因此，即使是文采斐然的邺下风流与文士酬答，在特定的历史环境中仍然要受到政治立场很大的影响，此时，曹丕政治地位对其形象的增色不限于魏国国史的政治书写，也旁涉酬对的建安诗文中。

四、晋宋时期的曹丕形象

（一）"才艺兼该"与"旷大"不足——魏器禅晋后的历史评价

一般认为，晋承魏祚，故而无论在政权源头、政权获取方式以及现实政治利益考量上，都需要承认魏国的正统地位，所以晋朝对魏主的态度应该会采取较为肯定的态度。而《三国志》就是晋初突出的代表。《三国志·文帝纪》对曹丕在位期间尊孔重教、礼贤下士等行为记载得尤为清晰：

> （魏文帝）令鲁郡修起旧庙，置百户吏卒以守卫之，又于其外广为宫室屋以居学者。⑤

---

① （魏）应玚. 侍五官中郎将建章台集诗. 俞绍初辑校. 建安七子集 [M]. 北京：中华书局，2016：198-199.

② （魏）吴质. 在元城与魏太子笺. 张兰花，程晓菡校注. 三曹七子之外建安作家诗文合集校注 [M]. 石家庄：河北教育出版社，2013：150.

③ 三人盖指曹真、曹休、吴质三人，曹真、曹休因宗室之故而受爵封，故称"或将或侯"。可参看：（西晋）陈寿撰，（南朝宋）裴松之注，陈乃乾校点. 三国志 [M]. 北京：中华书局，1959：609.

④ （西晋）陈寿撰，（南朝宋）裴松之注，陈乃乾校点. 三国志 [M]. 北京：中华书局，1959：609.

⑤ （西晋）陈寿撰，（南朝宋）裴松之注，陈乃乾校点. 三国志 [M]. 北京：中华书局，1959：78.

（魏文帝）令郡国所选，勿拘老幼；儒通经术，吏达文法，到皆试用。①

在这种叙事中，曹丕是一个仍有可取之处的君王，和历史上的明君类似，他重视人才选拔，是一个符合儒教君主道德的形象。但是，也应注意，若我们将视角从《文帝纪》扩大到陈《志》全书对曹丕的呈现来看，就会发现陈寿的史笔并不是单纯沿袭曹魏时期的奉承之语，实则多有秉笔直书。老臣曹洪在曹丕少时没有借钱给他，他便"常恨之，遂以舍客犯法，下狱当死"，卞太后"责怒帝"以回护曹洪才幸免于难②；一代直臣鲍勋，在魏文受禅时进谏"唯在军农，宽惠百姓"、游猎时则力劝"况猎，暴华盖于原野，伤生育之至理"，最后却得到了"勋指鹿作马，收付廷尉"的诏书，曹丕更是拒绝众臣求情，直斥"勋无活分……当令十鼠同穴"，怒杀鲍勋③。

一方面声称要广罗人才、虚心纳谏；一方面又心量狭窄、不能从善如流，可见，陈寿《三国志》所呈现的曹丕形象复杂多面，但也已经体现其跳出三国鼎立的极端政治立场的评判，可以相对客观中立地加以对历史人物加以品评。

与此同时，这个客观中立也体现在，陈寿很重视曹丕对文学事业的贡献：

初，帝好文学，以著述为务，自所勒成垂百篇。又使诸儒撰集经传，随类相从，凡千余篇，号曰《皇览》。④

评曰：文帝天资文藻，下笔成章，博闻强识，才艺兼该；若加之旷大之度，励以公平之诚，迈志存道，克广德心，则古之贤主，何远之有哉！⑤

一方面，《三国志》肯定了曹丕创制类书之首《皇览》的重要贡献，且对其文学才能予以承认；另一方面它也委婉地批评了曹丕心胸不够开阔，德行不足。陈寿的《三国志》较成功地统一了政治立场带来的极端对立，采取相对折中公允的态度，将曹丕的文学之才能与为君之德行切分开，客观看待其功过，这一定程度上开始容纳文学之为评价一君主的特殊标准，很有价值。

但是，这种相对客观的态度却并非晋宋时的主流。与历史上大多王朝相同，晋代魏祚后也常思及魏覆灭之原因，故而晋国君臣大多对魏文不乏鞭辟入里的批判：晋武帝询问新任司徒人选时，荀勖为强调三公之职不可不慎，曾援引魏文故事，"三公具瞻之望，诚不

---

① （西晋）陈寿撰，（南朝宋）裴松之注，陈乃乾校点．三国志［M］．北京：中华书局，1959：79.

② （西晋）陈寿撰，（南朝宋）裴松之注，陈乃乾校点．三国志［M］．北京：中华书局，1959：278.

③ （西晋）陈寿撰，（南朝宋）裴松之注，陈乃乾校点．三国志［M］．北京：中华书局，1959：385-386.

④ （西晋）陈寿撰，（南朝宋）裴松之注，陈乃乾校点．三国志［M］．北京：中华书局，1959：88.

⑤ （西晋）陈寿撰，（南朝宋）裴松之注，陈乃乾校点．三国志［M］．北京：中华书局，1959：89.

可用非其人。昔魏文帝用贾诩为公，孙权笑之。"① 言语之间，曹丕不善用人，为他国耻笑的荒唐举动便映入眼帘。曾随邓艾入川灭蜀的段灼在上表进谏时对魏文的批评也不留情面，"魏文徒希慕尧舜之名，推新集之魏欲以同于唐虞之盛，忽骨肉之恩，忘藩屏之固，竟不能使四海宾服，混一皇化，而于时群臣莫有谏者，不其过矣哉！"② 这里的曹丕又是沽名钓誉、骨肉相残、不事分封的昏君。阎缵之上书也指斥其不察民情、骄奢淫逸："昔魏文帝之在东宫，徐干、刘桢为友，文学相接之道并如气类……天子之子不患不富贵，不患人不敬畏，患于骄盈，不闻其过，不知稼穑之艰难耳。至于甚者，乃不知名六畜，可不勉哉！"③

曹丕识人不明、爱慕虚名、浪荡风流、远贤近佞的负面形象不绝于西晋朝野上下。西晋官员正习惯用曹丕作为反面例子警醒君王及后人。

西晋灭亡、衣冠南渡之后，统一的局面又被打破，东晋割据江南、偏安一隅。此时，东晋史学家习凿齿提出汉晋正统论，主张以蜀汉为正统，曹魏为篡逆，东吴为割据，认为晋代应该越魏继汉——曹魏篡汉，而司马氏又倒魏继汉。晚年他曾被朝廷征召编纂国史未成，临终上疏申述自己的主张：

> 今若以魏有代王之德，则其道不足；有静乱之功，则孙刘鼎立。道不足则不可谓制当年，当年不制于魏，则魏未曾为天下之主；王道不足于曹，则曹未始为一日之王矣……自汉末鼎沸五六十年，吴魏犯顺而强，蜀人杖正而弱，三家不能相一，万姓旷而无主……以晋承汉，功实显然，正名当事，情体亦厌，又何为虚尊不正之魏而亏我道于大通哉！④

习凿齿认为，尽管横跨数州，曹魏也未曾真正为天下正统，司马氏先祖立功勋于炎汉，司马懿父子三人蛰伏于曹魏之下、有攘乱之勋业也有正统之名号。习凿齿所著《汉晋春秋》正是秉持着这一正统观念所撰写的。其书早佚，辑佚有限，今仅能从其对曹魏政权的否定以及对曹操的大肆丑化来大致推测出其对曹丕形象的描摹，而不知其具体面貌。⑤

总体而言，西晋虽然结束了三国鼎立的割据局面，却并没有完全跳脱出囿于政治叙事的评价体系。西晋时对作为"魏主"的曹丕的形象虽有肯定，但晋代君臣朝堂上开展对

---

① （西晋）荀勖．荐李胤为司徒表．（清）严可均辑．全上古三代秦汉三国六朝文·全晋文［M］．石家庄：河北教育出版社，1997：317.

② （唐）房玄龄等．晋书［M］．北京：中华书局，1974：1342.

③ （唐）房玄龄等．晋书［M］．北京：中华书局，1974：1355.

④ （唐）房玄龄等．晋书［M］．北京：中华书局，1974：2153-2154.

⑤ 习凿齿所撰《汉晋春秋》约于唐末五代就已经散佚，清汤球等有辑本，后乔治忠有以其为底本的校注，见于《众家编年体晋史·汉晋春秋》，余鹏飞又有《校补汉晋春秋》可参考。习凿齿对曹操狡诈、阴险的一面有充分披露，同时又主张曹操父子为"篡统"，故而虽无对曹丕的正面描写，亦可推断出基本负面的形象刻画。可参看：余鹏飞．习凿齿与《汉晋春秋》研究［M］．武汉：湖北人民出版社，2013：45-48.

前朝的反思，指摘前代君臣之流弊成为习惯的政治话语。王室南渡后重新确立割据局势，孕育而生的越魏继汉的正统观，几乎是更极端的否定曹魏政权的态度。基于这个预设的、多以负面为主的政治立场，曹丕更可能是逞欲无德、篡逆无道的形象，作为"帝王"的曹丕在此时的官方话语体系中，文学才干是普遍不被崇尚的君主之德行，并多成为其为君之污点。

（二）文人好拟邺下之风——文学想象中的雅集叙事

与严谨的历史书写不同，文人群体对曹丕形象的接受不仅仅局限于对君王的想象之中，他们关心的是魏文形象中承载的邺下风流和贵公子号召下云集相应的雅集活动。金谷园、兰亭等雅集，都彰显了与邺下集会相似的雅兴追求：

> 余与众贤共送往涧中，昼夜游宴，屡迁其坐。或登高临下，或列坐水滨。时琴瑟笙筑，合载车中，道路并作。及住，令与鼓吹递奏。遂各赋诗，以叙中怀。或不能者，罚酒三斗。感性命之不永，惧凋落之无期……①
>
> ……群贤毕至，少长咸集。此地有崇山峻岭，茂林修竹。又有清流激湍，映带左右。引以为流觞曲水，列坐其次。是日也，天朗气清，惠风和畅，娱目骋怀，信可乐也。虽无丝竹管弦之盛，一觞一咏，亦足以畅叙幽情矣。②

列坐、饮酒、吟咏、叙怀，在盛大的集会之后产生对生命的感慨、对虚无的思考，这表明两晋时期的文人墨客仍旧追求返归自然、超然物外，因此很容易和"清夜游西园"的邺下宴饮产生强烈的兴趣，并对宴饮罢叩问世界的喟叹和质疑产生巨大的共鸣。这种雅集的叙事可能并不是历史的真实，却是文学的想象，自两晋开始，邺下之风流便开始逐步建构起来，而较早的、最具代表性的诗歌创作实践，当属晋宋之际谢灵运所作的《拟魏太子邺中集诗》八首。他仿照曹丕、曹植、陈琳、王粲等八人的口吻，拟作了一组集诗，在集诗的序中他写到：

> 建安末，余时在邺宫，朝游夕宴，究欢愉之极。天下良辰美景，赏心乐事，四者难并。今昆弟友朋，二三诸彦，共尽之矣。古来此娱，书籍未见，何者？楚襄王时有宋玉、唐景，梁孝王时有邹、枚、严、马，游者美矣，而其主不文。汉武帝徐乐诸才，备应对之能，而雄猜多忌，岂获晤言之适？不诬方将，庶必贤于今日尔。岁月如流，零落将尽，撰文怀人，感往增怆！其辞曰……③

---

① 石崇此《金谷诗叙》今见于刘孝标《世说新语》注所引，具体可参看：（南朝宋）刘义庆撰，（南朝梁）刘孝标注，余嘉锡笺疏. 世说新语笺疏［M］. 北京：中华书局，2011：463.

② 王羲之《临河叙》（又称《兰亭集序》）今见于刘孝标《世说新语》注所引，具体可参看：（南朝宋）刘义庆撰，（南朝梁）刘孝标注，余嘉锡笺疏. 世说新语笺疏［M］. 北京：中华书局，2011：546.

③ （东晋）谢灵运. 拟魏太子邺中集诗·魏太子序.（清）顾绍柏校注. 谢灵运集注［M］. 郑州：中州古籍出版社，1987：135-136.

谢灵运的建构中，素好文学的统治者聚拢文士是渊源已久的传统，邺下雅集也并非前无古人，楚襄、梁孝、汉武的集会都是一时盛况。但他们或不事创作、或猜忌成性、无暇闲适，都不如谢灵运想象的"曹丕像"更适合招揽俊彦。他可以为了"良辰美景"难以聚齐而惆怅踟蹰，可以挥毫"撰文怀人"伤怀过往。除此序文外，该组拟诗也充分展露了谢灵运心目中七子与曹丕的互动关系：

> 庆泰欲重选，公子特先赏。不谓息肩愿，一旦值明两。并载游邺京，方舟泛河广。①
> 爱客不告疲，饮燕遗景刻。夜听极星烂，朝游穷曛黑。②
> 清论事究万，美话信非一。行觞奏悲歌，永夜系白日。③
> 朝游牛羊下，暮坐括揭鸣。终岁非一日，传卮弄新声。④

魏公子一掷千金，重赏宾客，夜以继日，日复一日，觥筹交错，宴饮清谈，泛游天地。此时对集会的想象不仅超出了传统儒家对君主道德的规范要求，而且对原来七子与曹丕唱和所及的追忆部分也进行了相当大的艺术加工。谢灵运极尽夸饰地描摹心中的曹丕，也将自己的对时间、永恒的追问寄托其中，"撰文怀人，感往增怆"已远不仅仅是所拟的曹子桓的心情，也包含了作者自己的感怆之思。风雅的贵公子曹子桓从公宴走入了谢灵运的笔墨和想象之中，日渐承载着文人贵公子的倜傥风流。

（三）妒忌狡诈与阴险暴戾——从史书到说部的细节叙事

魏晋之际，说部兴盛，一时成风。在政府官方叙事中本就毁誉参半的曹丕形象被习凿齿等一众杂史家再加渲染，变得愈发阴险丑恶。加之刘宋时距曹魏未远，野史细节十分丰富，且流传迅速，这些都被笔记小说很好地借鉴了过来，构成了以细节为主的新的曹丕形象的呈现方式。在这些笔记小说中《世说新语》最为典型。刘宋政权推翻东晋，据《宋书》记载，宋武帝刘裕是"汉高帝弟楚元王交之后也"⑤，刘宋皇室以汉室后裔自居，认为自己承西汉、东汉、蜀汉之脉络而来，认为魏晋不过篡逆之臣，基本持尊刘反曹之风潮。皇室宗亲刘义庆在写作中常常揭露曹丕的负面形象，《世说新语》对曹丕的态度并不友好，或许也与这一立场相关。《世说》凡涉曹丕处共十则，关于他好色的记载有二：

---

① （东晋）谢灵运. 拟魏太子邺中集诗·王粲.（清）顾绍柏校注. 谢灵运集注 [M]. 郑州：中州古籍出版社，1987：140.

② （东晋）谢灵运. 拟魏太子邺中集诗·陈琳.（清）顾绍柏校注. 谢灵运集注 [M]. 郑州：中州古籍出版社，1987：144.

③ （东晋）谢灵运. 拟魏太子邺中集诗·徐干.（清）顾绍柏校注. 谢灵运集注 [M]. 郑州：中州古籍出版社，1987：146.

④ （东晋）谢灵运. 拟魏太子邺中集诗·刘桢.（清）顾绍柏校注. 谢灵运集注 [M]. 郑州：中州古籍出版社，1987：148.

⑤ （南朝梁）沈约. 宋书 [M]. 北京：中华书局，1974：1.

魏武帝崩，文帝悉取武帝宫人自侍。及帝病困，下后出看疾。太后入户，见直侍并是昔日所爱幸者。太后问："何时来邪？"云："正伏魄时过。"因不复前而叹曰："狗鼠不食汝余，死故应尔！"至山陵，亦竟不临。①

魏甄后惠而有色，先为袁熙妻，甚获宠。曹公之屠邺也，令疾召甄，左右白："五官中郎已将去。"公曰："今年破贼正为奴。"②

从街谈巷议铺设开来，曹丕贪图美色的细节日渐丰富，贪恋先考宫人，被卞夫人直叱"死故应尔"。曹公召甄一条虽然叙述重点在曹操"为美色而破贼"之行径，却也侧面反映着捷足先登的曹丕比其父胸怀不足而好色更甚。除却爱好美色之外，《世说》又载：

文帝尝令东阿王七步作诗，不成者行大法。应声便为诗曰："煮豆持作羹，漉菽以为汁。萁在釜下然，豆在釜中泣；本是同根生，相煎何太急？"帝深有惭色。③

魏文帝忌弟任城王骁壮。因在下太后阁共围棋，并啖枣，文帝以毒置诸枣蒂中，自选可食者而进；王弗悟，遂杂进之。既中毒，太后索水救之；帝预敕左右毁瓶罐，太后徒跣趋井，无以汲，须臾遂卒。复欲害东阿，太后曰："汝已杀我任城，不得复杀我东阿！"④

丕植有储位之争，魏文即位后有加害曹植、曹彰之意，都是《三国志》所载的基本史实，只不过并没有《世说》般细致入微、栩栩如生。七步诗疑为后起，曹植为东阿王时曹丕已过世三年，此或是后世传闻结合曹丕气量不足之性格特点与三子内斗之史实相附会而成⑤。但总之，曹丕荒淫好色和兄弟相残的形象得益于此前的层层历史叙述，在笔记小说、街谈巷议中日渐丰富、逐步呈现夸张效果，并最终被话本所吸纳，融入《三国演义》的编撰之中，成为如今曹丕奸诈阴险的形象的源头之一。

此外，《世说新语》中还有一则关于文帝弹棋的记载值得注意：

---

① （南朝宋）刘义庆撰，（南朝梁）刘孝标注，余嘉锡笺疏．世说新语笺疏［M］．北京：中华书局，2011：578.

② 且在刘孝标注所引《魏略》《魏氏春秋》已有其本。如引《魏略》载"（袁）绍死，熙出在幽州，甄氏侍姑。及邺城破，文帝将从而入绍舍，见甄怖，伏姑膝上。五官将谓绍妻袁夫人：'扶甄令举头'，见其颜色非凡，称叹之。太祖闻其意，遂为迎取，擅室数岁。"见：（南朝宋）刘义庆撰，（南朝梁）刘孝标注，余嘉锡笺疏．世说新语笺疏［M］．北京：中华书局，2011：789.

③ （南朝宋）刘义庆撰，（南朝梁）刘孝标注，余嘉锡笺疏．世说新语笺疏［M］．北京：中华书局，2011：213.

④ 据余嘉锡按："曹植以太和三年徙封东阿，即丕死后三年……盖（曹）彰之暴卒，固为丕所杀，又实有害植之意，以卞氏不听，得免。世俗遂因其事为增饰之耳。"可参看：（南朝宋）刘义庆撰，（南朝梁）刘孝标注，余嘉锡笺疏．世说新语笺疏［M］．北京：中华书局，2011：769.

⑤ 黄永年曾通过考察《曹集》版本，指出所谓《七步诗》实系后人造造的小说，与所谓《死牛诗》相类，初不足为典要。可参看：黄永年．《曹子建集》二题［J］．陕西师范大学学报（哲学社会科学版），1992（1）：115-122. 另可看：宋战利．《七步诗》托名曹植考［J］．河南大学学报（社会科学版），2009（6）：99-102.

弹棋始自魏宫内，用妆奁戏。文帝于此戏特妙，用手巾角拂之，无不中。有客自
云能，帝使为之。客著葛巾角，低头拂棋，妙逾于帝。①

刘孝标注引《典论·自叙》"戏弄之事，少所喜，唯弹棋略尽其妙。少时尝为之赋。昔京
师少工有二焉……恨不能与之对也。"② 此前曹丕在与吴质的书信中也提及 "弹棋间设，
终以博弈"③。经过《世说新语》丰富细节之后，魏文醉心于玩物之形象已然跃然纸上。
不过，后来的传播过程中，"拂巾弹棋"的技艺逐渐被时人所青睐，反而形成了风雅不羁
之审美形象，萧绎的《谢东宫赐弹棋局启》便是典例："绎本惭游艺，弥愧拂巾……子桓
有锡，闻於遂古；季绪蒙赐，即事可传。"④

当然，弹棋之事在晋宋时期尚不一定影射着何种曹丕的形象，而且不过是个例而已。
但晋宋时期为曹丕的故事添油加醋的绝非仅《世说》一部书，崔豹《古今注》本为疏解
名物，也收录了大量时人的街谈巷议，其中亦有极力描摹魏文宫中歌舞升平、四美争宠的
叙述，"魏文帝宫人有绝所宠者，有莫琼树、薛夜来、陈尚衣、段巧笑四人，日夕在侧。
琼树乃制蝉鬓，缥缈如蝉翼，故曰蝉鬓。巧笑以锦衣丝履，作紫纷拂面。尚衣能歌舞。夜
来善为衣裳，一时冠绝。"⑤ 或许《世说》所形塑的贪色荒淫的曹丕形象便与此《古今
注》中的 "绝宠四人，日夕在侧"有关。

总的来说，晋宋时曹丕形象的呈现和三国鼎立时的形象有很大不同。虽有良史陈寿相
对客观的历史书写，作为帝王的曹丕仍然以负面评价为主，而自从习凿齿所倡导的汉晋正
统论大行其道、魏晋相继的正统观受到挑战后，其帝王形象更是日渐不堪；而且，随着笔
记小说的流行，帝王曹丕的荒淫凶残在街谈巷议中不断夸张化。同时，以谢灵运为代表的
晋宋文人受到三曹七子酬答之作的影响，不断强化着对邺下风流的畅想和文学虚构，对日
后曹丕的贵公子、文士形象在南朝的形成与发展影响深远。

五、齐梁以降曹丕形象的多维度展开

承前所述，作为帝王的曹丕在正统论和说部经典的细节叙事下变得阴险刻薄、荒淫无
道，因此，自刘宋政权之后，此类政治评价也并不在少数。齐梁时的沈约在《宋书》中

---

① （南朝宋）刘义庆撰，（南朝梁）刘孝标注，余嘉锡笺疏. 世说新语笺疏 [M]. 北京：中华书
局，2011：616. 刘孝标所注有引《博物志》、傅玄赋，且曹丕即位前丁廙已有《弹棋赋》，可知《世说》
"弹棋始自魏宫内"说不确，弹棋应为汉魏时盛行风尚，魏文亦从风俗矣。

② （南朝宋）刘义庆撰，（南朝梁）刘孝标注，余嘉锡笺疏. 世说新语笺疏 [M]. 北京：中华书
局，2011：616.

③ （西晋）陈寿撰，（南朝宋）裴松之注，陈乃乾校点. 三国志 [M]. 北京：中华书局，1959：
608.

④ （南朝梁）萧绎. 谢东宫赐弹棋局启. （清）严可均辑. 全上古三代秦汉三国六朝文·全梁文
[M]. 石家庄：河北教育出版社，1997：175.

⑤ （晋）崔豹撰，牟华林校笺. 古今注校笺 [M]. 北京：线装书局，2015：199-201.

有言："自魏氏膺命，主爱雕虫，家弃章句，人重异术。又选贤进士，不本乡闾，铨衡之寄，任归台阁"①。不仅批判其发扬文学，轻视经学、小学的作为，而且将魏初本有一定成效的选官制度也一并否定。南朝梁环境相对宽松，但萧子范在奏表中也提到"魏击之悟箧衣，事关战国；孙登之爱田苗，义属偏霸。各称小善，靡擅雕虫。子桓虽诗赋可嘉，矩范顿阙，贻讥良史"②。刘孝绰在恭维萧统时不忘贬低曹丕一通："子桓虽摛藻铜省，集讲肃成，事在藩储，理非皇贰，未有正位少阳，多才多艺者也。"③ 可见，《世说新语》与《汉晋春秋》等一众产生的曹丕形象的新定性长期盘踞在对其政治道德、政治才干的凝视中，"帝王"曹丕仍长久以负面形象为主。而且，即使沈约、刘孝绰等本身就是声名赫赫的文士，但涉及以仁人爱民为主要倡导的儒家思想体系时，仍然会贬文词之事为"雕虫"，并非皇储国君所应耽玩之事。

步入齐梁，曹丕形象几乎在上述所有的方面都产生了深入的继承与发展。其中最值得考量的则是，在对其邺下风流的追慕演化到对其诗文的仿写和拟作中，齐梁文学批评更进一步地开始自觉反思子桓之文与人的关系。

（一）邺下、南皮与西山——典故化与符号化叙事

随着时代发展，南朝文人所处的政治、地理环境已然远不同于魏晋文士。他们大多并不亲见曹丕其人其事，用于了解的资料也不出子桓自己的创作和诗文、史书与街谈巷议而已。因此，他们接受的曹丕形象必然不比七子所见时更仔细、刻镂精良、情绪复杂，甚至也不如谢康乐拟作般心理活动丰富，近乎有日趋淡化、模糊化的现象。比如，在曹丕自己的书信中，既饱含着对挚友的遥寄哀思，也有对人生苦短的忧叹，对从前游乐时光的怀念，但在南朝文人眼中或许提及曹丕便只剩下了风流于邺下南皮的剪影。

曹丕其人本来是流动性、复杂性的生命体，但他却被日渐施以定格化处理，南皮之游等活动的多面性被简化、整体化地接受。由于曹丕卓越的诗文创作和令人神往之风流雅集与出游，南朝文人并不可能完全淡忘掉他。于是，在对曹丕形象的呈现走向隐幽和模糊化之时，南朝文人心目中，曹丕其人逐渐符号化、其事其文则逐渐典故化。

齐梁文人继承魏晋风流，对上章所述魏文邺下之集、南皮之游仍旧保有着相当浓厚的兴趣。承袭谢灵运对邺下风度的痴迷，江淹更有《魏文帝游宴》全诗遍拟魏文口吻，记叙邺下宴饮之欢乐，亦颇有风韵：

> 置酒坐飞阁，逍遥临华池。神飚自远至，左右芙蓉披。绿竹夹清水，秋兰被幽崖。月出照园中，冠佩相追随。客从南楚来，为我吹参差。渊鱼犹伏浦，听者未云

---

① （南朝梁）沈约. 宋书［M］. 北京：中华书局，1971：1553.

② （南朝梁）萧子范. 求撰昭明太子集表.（清）严可均辑. 全上古三代秦汉三国六朝文·全梁文［M］. 石家庄：河北教育出版社，1997：242.

③ （南朝梁）刘孝绰. 昭明太子集序.（清）严可均辑. 全上古三代秦汉三国六朝文·全梁文［M］. 石家庄：河北教育出版社，1997：624.

疲。高文一何绮，小儒安足为！肃肃广殿阴，雀声愁北林。众宾还城邑，何以慰吾心！①

值得注意的是，江淹此《杂诗》于飞阁华池、清水幽崖极尽刻画，其间的风流七子和贵公子丕却只是"众宾"而已。人物形象不再如先前康乐《拟魏太子邺中集诗八首》般精雕细琢，岁月已逝、知己零落的伤怀也被淡化，魏文帝渐渐成为置宴酬客、仰慕风流的符号而已。

谢朓在陪侍南朝齐明帝萧宝卷的华光殿宴上，奉敕作四言诗，诗中有云："登贤博望，献赋清漳。汉贰称敏，魏两垂芳。监抚有则，匕鬯无方。瞻言守器，永愧元良"② 太子别称为储贰，汉贰即戾太子；储两亦为太子之称，魏两指的是曹丕。戾太子立博望苑以通宾客，而魏太子丕登铜雀台、游西园、命文士并作诗赋，都被谢朓称为垂范后代的盛况。

萧梁的昭明太子萧统有《宴阑思旧诗》：

余非狎异者，惟旧且怀仁。绸缪似河曲，契阔等漳滨。如何离灾尽，眇漠同埃尘。一起应刘念，泫泫欲沾巾。③

萧统虽深处江南，却也追慕河曲漳滨之宴饮酬对，而阅读到曹丕、吴质的书信后不免与曹丕产生了精神层面的共鸣，于是尽管也能有酣畅的宴会，但意兴阑珊后便不由想起离乱灾异中曹丕对应、刘等人垂泪沾尽之恳切。但这种细腻的生命体验和深刻共情只能在特定情境中存留，曹丕形象更常见的呈现方式还是符号化的转化。所以即使是"欲沾巾"的萧统，他在给湘东王的书信中的措辞也是："不如子晋，而事似洛滨之游；多愧子桓，而兴同漳川之赏。漾舟玄圃，必集应、阮之俦，徐轮博望，亦招龙渊之侣"④。将曹子桓和王子晋作为两个典故进行对举，又一次强化着曹丕典故化的贵公子形象。漳川即漳水，在邺城附近，曹丕等簇拥着而往山水间去，丰富多面的主体情思则很难全然彰显。也许这种交际属性强的书信中，符号化的曹子桓才更是当时知识群体中的共识，而《宴阑思旧诗》中萧统的深刻共情则仅能停留在他一个人的情感体验中。

---

① （南朝齐）江淹．魏文帝游宴．丁福林、杨胜鹏校注．江文通集校注［M］．上海：上海古籍出版社，2017：666-667. 一说江淹此诗为仿曹丕《芙蓉池作》作，但笔者认为，除却诗首有曹丕"乘辇夜行游，逍遥步西园"的影子，余下内容从意象、句式，到情感、主旨等均有差异，因此此说存疑而阙疑。

② （南朝齐）谢朓．侍宴华光殿曲水奉敕为皇太子作．曹融南校注．谢朓集校注［M］．北京：中华书局，2019：124.

③ 此为节选，可参见：（南朝梁）萧统．宴阑思旧诗．逯钦立辑注．先秦汉魏晋六朝诗［M］．北京：中华书局，1983：1795.

④ （南朝梁）萧统．答湘东王求《文集》及《诗苑英华》书．（清）严可均辑．全上古三代秦汉三国六朝文［M］．石家庄：河北教育出版社，1997：211.

沈约诗《解珮去朝市》有"游西园兮登铜雀""游渤海兮泛清漳"① 之语，庾信《对烛赋》在歌咏烛照之美好时称："夜风吹，香气随。郁金苑，芙蓉池。秦皇辟恶不足道，汉武胡香何物奇？晚星没，芳芜歇，还持照夜游，讵减西园月！"② 邺下西园之秉烛夜游，直令星月减色。其实此时已然很难说这种西园、清漳、铜雀台、芙蓉池的场景中必然有曹丕个人的形象，因为这种高度概括化、语典化的引用中，即使是作为宴饮主要组织者的曹丕也在淡化和退到文字背后，与其说这些记载反映了曹丕形象的面向，倒不如说它们揭示了曹丕为核心的邺下风流的经典化的过程。

同时，相比之下，齐梁文人显然对南皮之游也十分感兴趣。自谢灵运有诗"念昔渤海时，南皮戏清沚"后，沈约在《宋书·谢灵运传论》中有"缀平台之逸响，采南皮之高韵"③ 之语，将梁武王起平台而招揽天下墨客与魏文采摭应、徐之文相对举；庾信《杨柳歌》有提及"昔日公子出南皮，何处相寻玄武陂。骏马翩翩西北驰，左右弯弧仰月支"④，《冬狩行四韵连句应诏》有"鸣笳河曲还，犹忆南皮返"⑤ 等句，将一次策马游猎之行渲染地豪迈悲壮，铿锵然有燕赵之声。主持者是公子子桓，随行者是建安七子⑥。在这种集体记忆之中，曹丕之名虽然很少在文句中出现，但每句对南皮之游的回响都不可避免地强化着曹丕形象中风流恣意的贵公子之面向。

有趣的是，曹丕这种多愁善感、哀怀时光易逝、岁月不居的生命体悟，虽没有在酣饮邺下、纵辔南皮的形象中彰显，却在其一次对柳抒怀后依稀存下来一点影子。建安五年（公元 200 年），曹操与袁绍战于官渡，十余岁的少年曹丕随行军中，曾在官渡营中植柳树一棵。建安二十年，曹丕故地重游，感物伤时，作《柳赋》以抒怀，王粲、陈琳也有《柳赋》以和之。"嗟日月之逝迈，忽凛凛以征遄。昔周游而处此，今倏忽而弗形。感遗物而怀故，俛惆怅以伤情。"⑦ 曹丕对亲植之柳的抒怀实则颇似桓温"树犹如此，人何以堪"之喟叹，因而也引发了后世文人的共鸣。由南入北的庾信在《杨柳歌》中称"武昌

① （南朝宋）沈约. 解珮去朝市. 逯钦立辑校. 先秦汉魏南北朝诗［M］. 北京：中华书局，1983：1668.

② （北周）庾信. 对烛赋.（清）倪璠注，许逸民校点. 庾子山集注［M］. 北京：中华书局，1980：83.

③ （南朝梁）沈约. 宋书［M］. 北京：中华书局，1974：1778. 萧统后将《谢灵运传论》收入《昭明文选》，李善注曰"《汉书》曰：'梁孝王广治睢阳城为复道。自宫连属于平台，三十余里，招延四方豪杰.'逸响，谓司马相如之文。南皮，魏文帝所游也，高韵，谓应、徐之文也。"见：（南朝梁）萧统撰，（唐）李善注. 文选［M］. 北京：中华书局，1977：703.

④ （北周）庾信. 杨柳歌.（清）倪璠注，许逸民校点. 庾子山集注［M］. 北京：中华书局，1980：411-414.

⑤ （北周）庾信. 冬狩行四韵连句应诏.（清）倪璠注，许逸民校点. 庾子山集注［M］. 北京：中华书局，1980：303.

⑥ 此处为概称，孔融卒于 208 年官渡战前，邺城尚属袁绍，故不可能出现在曹丕主持的邺下雅集或南皮之游中。据前文所载，当时主要随从者是王粲、徐干、应玚、刘桢、陈琳、吴质等人。下文仍偶出此语，以表示所从者为闻名之重要文士，故说明。

⑦ （魏）曹丕. 柳赋（并序）. 夏传才、唐绍忠校注. 曹丕集校注［M］. 石家庄：河北教育出版社，2013：70-72.

城下谁见移，官渡营前那可知。独忆飞絮鹅毛下，非复青丝马尾垂。"① 梁陈之际的徐陵《折杨柳》借乐府旧题咏物，也引到"嫋嫋河堤树，依依魏主营。江陵有旧曲，落下作新声。"② 物是人非之间，曹丕已不再是驰骋英姿的少年，也不是雍容华贵的储君，不过是千百年来共同曾站在柳树前哀叹过时光的文人之一罢了。

《三国志·董二袁刘传第六》云："（袁尚）依西山来，东至阳平亭，去邺七十里，临滏水"③，邺城外有西山，也是曹丕等人经常游玩的场所之一。曹丕曾有诗作《折杨柳行》，借西山之游仙畅想表达对神仙的态度。节录如下：

> 西山一何高，高高殊无极。上有两仙童，不饮亦不食。与我一丸药，光耀有五色。服药四五日，身体生羽翼。轻举乘浮云，倏忽行万亿。流览观四海，茫茫非所识。彭祖称七百，悠悠安可原？老聃去西戎，于今竟不还。王乔假虚辞，赤松垂空言，达人识真伪，愚夫好妄传。追念往古事，愦愦千万端。百家多迂怪，圣道我所观。④

全诗开篇以高深之西山、莫测之仙童、神秘之丸药，营造着一种超凡绝尘、与世隔绝的意境。瑰丽的想象之中，曹丕吃下仙童之五色丹药乘浮云而观四海。但是，曹丕笔锋一转，连举彭祖、老聃、王乔⑤、赤松⑥等仙道而批驳到"达人识真伪，愚夫好妄传。"虽然曹丕个人对仙道的观念常有流变、至今学界尚有争论⑦，但至少本诗之中斥仙道为虚妄而力求观圣道的思想仍是十分显然的。

---

① （北周）庾信. 杨柳歌.（清）倪璠注，许逸民校点. 庾子山集注［M］. 北京：中华书局，1980：411-414.

② （南朝陈）徐陵. 折杨柳. 许逸民校笺. 徐陵集校笺［M］. 北京：中华书局，2008：15.

③ （西晋）陈寿撰，（南朝宋）裴松之注，陈乃乾校点. 三国志［M］. 北京：中华书局，1959：202.

④ （魏）曹丕. 折杨柳行. 夏传才，唐绍忠校注. 曹丕集校注［M］. 石家庄：河北教育出版社，2013：41.

⑤ 相传，王子乔为周灵王太子，名子乔，字子晋。刘向《列仙传》称"王子乔，周灵王太子晋也。好吹笙作凤凰鸣。游伊、洛之间，道士浮邱公接以上嵩高山。三十余年后，求之于山上，见桓良，曰：'告我家，七月七日待我于缑氏山巅'，至时，果乘白鹤驻山头，举手谢时人，数日而去。"见：（汉）刘向撰，王叔岷校笺. 列仙传校笺［M］. 北京：中华书局，2007：65-68.《文选》李善注有："《列仙传》曰：'王子乔者，太子晋也。道人浮丘公接以上嵩高山。'"见：（南朝梁）萧统撰，（唐）李善注. 文选［M］. 北京：中华书局，1977：412.

⑥ 赤松，又称赤松子，相传为神农时雨师，可见：（汉）刘向撰，王叔岷校笺. 列仙传校笺［M］. 北京：中华书局，2007：1-3.

⑦ 学界一般认为曹丕对仙道态度是持相对质疑的态度的，在其即位后颁布了大量禁绝仙道祭祀等的诏令，且诗文中也多有如《折杨柳行》般对仙道之术的嘲讽。但因《列异传》据传为曹丕所作，因而也有学者以为曹丕受到当时谈玄讲道之风浸染，也曾推崇仙道。但无论如何，曹丕的观念绝不可能仅仅是求仙问道，堕入对仙道的痴迷之中，南朝文人仅仅形成了"分丸魏帝"的仙道叙事仍是一种美丽的误读。

南朝时期玄风大倡，游仙诗更是活跃异常。任昉有《述异记·相州栖霞谷》记载到："相州栖霞谷，昔有桥顺二子于此得仙，服飞龙一丸，十年不饥。故魏文诗曰：'西山有仙童，不饮亦不食。'即此也。"① 徐陵在《玉台新咏序》有："岭上仙童，分丸魏帝；腰中宝凤，授历轩辕"②。可以看到，即使曹丕原意并非追求仙道，人们在单纯的模糊化处理中也可能会失真地将他和仙道联系起来。

总之，曹丕在南朝之接受绝非仅史书之诋毁、小说之戏谑言辞，其多样的人物面向仍是其重要的文化资源之一。邺下雅集的进一步典故化，形成南朝文人对遥远时空中的魏晋风流的集体想象；南皮之游从平凡的出游逐步上升到经典化的引据，整体化地将曹丕形象与建安文士绑定在一起，曹丕的形象在此过程中出现着模糊化和符号化的趋势，甚至出现了一些基于南朝玄风等原因的"误读"结合。

（二）"鄙质偶语"或"洋洋清绮"——拟作与文论的文学接受

当然，同样的典故化现象还出现在南朝文人大量的拟题、同题诗作之中。这种诗歌的同题创作并不同于曹丕、曹植当时对七子等自上而下的命题式要求③，而是文人自觉发掘曹丕诗歌中拥有较高价值、引起后人共鸣的内容。如果说南皮之游、邺下风流的经典化是曹丕"其人的符号化"，则对其文学风格的普遍看法则会成为对"其文的经典化"接受。一些代表作的文学接受史虽不等同于曹丕个人的形象史，但却反映着后人对曹丕文风的理解、形塑着后人对曹丕的文学批评基调，与后人对其文学成就的评价息息相关。因此，本节将略举南朝文人在创作中对曹丕诗作的接受，并结合《诗品》《文心雕龙》等文学批评专著的评价，尽可能系统地考虑南朝文人心目中曹丕形象的文学面向。

1. 拟作中的曹丕及其文学创作

对曹丕的仿作拟作并不是自齐梁文士才开始的。晋代魏祚之后，陆机、谢灵运已开始模仿。以曹丕的七言抒情诗《燕歌行》为例，陆机、谢灵运、谢惠连、萧子显、庾信、王褒等都有同题诗作。不过，随着时代发展，对《燕歌行》的创造性吸收与转换便越着南朝文人自身之特色。最初陆、谢二人的诗歌对曹子桓原诗的结构和意象的借鉴相对较多。陆机《燕歌行》诗云："蟋蟀在堂露盈墀，念君远游恒苦悲。君何缅然久不归，贱妾悠悠心无违"④，谢灵运则有："秋蝉噪柳燕辞楹，念君行役怨边城。君何崎岖久徂征，

---

① （南朝梁）任昉.述异记［M］.长春：吉林大学出版社，1992：29.

② （南朝陈）徐陵编，（清）吴兆宜注，穆克宏点校.玉台新咏笺注［M］.北京：中华书局，2017：2.

③ 曹魏时期，曹植、曹丕聚拢七子、吴质等文人，曾频繁就同一话题要求其进行命题式写作。如《玛瑙勒赋》序云："余有斯勒，美而赋之。命陈琳、王粲并作"见：（魏）曹丕.玛瑙勒赋.夏传才，唐绍忠校注.曹丕集校注［M］.石家庄：河北教育出版社，2013：83-84. 又如建安时，曹丕从曹操出游打猎，命陈琳、王粲、应玚、刘桢就游猎一事作赋。于是陈琳有《武猎赋》，王粲有《羽猎》，应玚有《西狩赋》，刘桢有《大阅赋》等。

④ （西晋）陆机.燕歌行.金涛声点校.陆机集［M］.北京：中华书局，1982：78-79.

岂无膏沐感鹳鸣"①，明显均仿"念君客游思断肠""贱妾茕茕守空房""君何淹留寄他方"等句而作。三人诗中的"寒风""落叶""明月""河汉"等也与原诗高度契合。但是，随着接受与拟作的发展，南朝文人的创造性也愈来愈强，萧绎的"横波满脸万行啼，翠眉暂敛千里结"② 对仗工整，甚有宫体风格；庾信有"晋阳山头无箭竹，疏勒城中乏水源。属国征戍久离居，阳关音信绝能疏"③ 更是加入对金戈铁马的战争场面的描写，使得诗歌的格局不仅限于闺中，又平添肃杀之气。

除了名篇《燕歌行》之外，江淹还有诗作《学魏文帝》：

> 西北有浮云，缭绕华阴山。惜哉时不遇，入夜值霜寒。秋风聒地起，吹我至幽燕。幽燕非我国，窈窕为谁贤！少年歌且止，歌声断客子。④

曹丕《杂诗》有云："西北有浮云，亭亭如车盖。惜哉时不遇，适与飘风会。吹我东南行，行行至吴会。吴会非吾乡，安能久留滞。弃置勿复陈，客子常畏人。"⑤ 同样自"西北有浮云"而起，同样都是惜时伤怀，客游他乡，不过从繁华都市的亭亭车盖转向了月起霜降的秋夜，转东南吴会为幽燕之北。由于此首《杂诗》拟作较少，很难看出南朝文人的接受流变如何，但几与江淹同时的钟嵘在《诗品》中直言"惟'西北有浮云'十余首，殊美赡可玩，始见其工矣。不然，何以铨衡群彦，对扬厥弟者耶？"⑥ 可见，魏文《杂诗》在当时人心目中仍具有较高的文学地位，甚至是其与曹植相匹的重要代表作。

2. 齐梁经典文论对曹丕文学创作的批评

自《典论·论文》以降，中国古代文学批评进入新的时代，文论家自觉地总结历代创作经验，指导之后的创作实践。六朝则为中国古典文论的一大重要时期，其中的文论经典尤以《文心雕龙》和《诗品》为代表。上述对曹丕的文学接受既含有对其七言诗的因革，也有对其五言《杂诗》的推崇与学习，如果将这些创作实践与经验性的文学批评相结合，不难发现，人们逐渐形成了对曹丕文学的风格化的理解，其文学接受的独立成型使得曹丕形象的面向更丰富。

齐梁时钟嵘作《诗品》，对曹丕毁誉参半，其整体性的概括总结如下：

---

① （东晋）谢灵运．燕歌行．（清）顾绍柏校注．谢灵运集注［M］．郑州：中州古籍出版社，1987：211.

② （南朝梁）萧绎．燕歌行．逯钦立辑注．先秦汉魏晋六朝诗［M］．北京：中华书局，1983：2035.

③ （北周）庾信．燕歌行．（清）倪璠注，许逸民校点．庾子山集注［M］．北京：中华书局，1980：407-411.

④ （南朝齐）江淹．学魏文帝．丁福林、杨胜鹏校注．江文通集校注［M］．上海：上海古籍出版社，2017：376-377.

⑤ （魏）曹丕．杂诗．夏传才，唐绍忠校注．曹丕集校注［M］．石家庄：河北教育出版社，2013：19-20.

⑥ （南朝梁）钟嵘撰，陈延杰注．诗品注［M］．北京：人民文学出版社，1980：31-32.

　　源出于李陵，颇有仲宣之体。则所计百许篇，率皆鄙质如偶语。①

　　钟嵘为当时历代诗人定品第，曹植尊在上品，而曹丕列为中品，魏武曹操属下品。他以为曹丕诗歌"鄙质如偶语"，失之鄙陋。而《杂诗》（其二）等诗却体现了其琢磨之功夫。钟嵘口中的王粲王仲宣之体"源出于李陵。发愀怆之词，文秀而质羸。在曹、刘间，别构一体。方陈思不足，比魏文有馀"②汉都尉李陵则"其源出于楚辞，文多凄怆，怨者之流。"③详考之，钟嵘在评价嵇康和应璩时也称其有魏文风格，称嵇康"颇似魏文，过为峻切，讦直露才，伤渊雅之致"④；应璩"祖袭魏文，善为古语，指事殷勤，雅意深笃，得诗人激刺之旨"⑤。

　　可见，在钟嵘看来，魏文诗风文秀有余，诗之质则贫弱无力、鄙薄轻佻，长于营造缠绵悱恻之意境，甚至有弄才之嫌。因此也能解释，为什么取义古远、轻于雕饰的《杂诗》（其二）"西北有浮云"独受钟嵘青睐。

　　钟嵘以五言诗歌为正体，因而对已然开始经典化的《燕歌行》表露不满，自然也对曹丕大量的闺中代言体诗之情思给出"质鄙如偶语"的评价。不过，钟嵘《诗品》并不非是当时全貌。几乎同时的《文心雕龙》则试图拨反，反驳长久以来"去植千里"的论调：

　　魏文之才，洋洋清绮，旧谈抑之，谓去植千里。然子建思捷而才俊，诗丽而表逸；子桓虑详而力缓，故不竞于先鸣。而乐府清越，《典论》辩要，迭用短长，亦无懵焉。但俗情抑扬，雷同一响，遂令文帝以位尊减才，思王以势窘益价，未为笃论也。⑥

　　"旧谈抑之，谓去植千里""俗情抑扬，雷同一响"从侧面反映出，当时扬植抑丕并非个别现象，钟嵘之说具有一定的代表性。更为难能可贵的是，刘勰认识到了接受者对曹丕文学接受中的偏见。在南朝《世说》等街谈巷议的细节叙事和儒家正统思想的影响下，曹丕的形象未免还是一个荒淫跋扈的"万舞在中堂"、四美待后宫的文帝，其作品总有跋扈得势之隐含意义。一个阴险狡诈的政治家夺得权势，则其诗文之古朴单纯之美便很难再代入，所以刘勰试图让读者区分其位之尊卑与才之多寡，有意识的将政治地位这一要素从纯粹的文学批评中剥离出去，避免同声相应、同气相求般"雷同一响"。

①（南朝梁）钟嵘撰，陈延杰注.诗品注［M］.北京：人民文学出版社，1980：31.
②（南朝梁）钟嵘撰，陈延杰注.诗品注［M］.北京：人民文学出版社，1980：22.
③（南朝梁）钟嵘撰，陈延杰注.诗品注［M］.北京：人民文学出版社，1980：18.
④（南朝梁）钟嵘撰，陈延杰注.诗品注［M］.北京：人民文学出版社，1980：32-33.
⑤（南朝梁）钟嵘撰，陈延杰注.诗品注［M］.北京：人民文学出版社，1980：35.
⑥（南朝梁）刘勰撰，詹锳义证.文心雕龙义证［M］.上海：上海古籍出版社，1989：1798.

然而，详考"子桓虑详而力缓""乐府清越，《典论》辩要"的评价，我们却会发现，尽管刘勰对曹丕的文学成就持基本肯定的态度，其赞许也依然是比较克制、相对公允的。才思有捷有缓，不过文气不同而已，且即使再思虑周详，魏文也不免有万虑一失，《诏策》篇称，"魏文帝下诏，辞义多伟，至于作威作福，其万虑之一弊乎"①。《乐府》篇有"至于魏之三祖，气爽才丽，宰割辞调，音靡节平。观其北上众引，秋风列篇，或述酣宴，或伤羁戍。志不出于淫荡，辞不离于哀思，虽三调之正声，实韶夏之郑曲也"②。无论是"宰割辞调，音靡节平"的评价，或是称"秋风列篇"（即《燕歌行》）等三曹乐府创作是"韶夏之郑曲"的结论，都对当时乐府从雅乐沦为流调的现象表示不满。在较强的宗经色彩笼罩下对曹丕的文学评价便显得十分克制。至于曹丕对文学批评的贡献则确如其所言，精炼简明，刘勰则确在全书中反复征引其论文之语："故魏文称'文人相轻'，非虚谈也。"③"魏文比篇章于音乐，尽有征矣。"④"故魏文以为'古今文人，类不护细行'。"⑤

同时，刘勰对曹丕的文学批评还呈现出一种比较明显的整体化倾向，他很少单独评价曹丕，更多地是将其作为建安文学的一员进行文学批评。除上引《乐府》已并举三祖之外，《明诗》和《时序》篇中有：

> 暨建安之初，五言腾踊。文帝、陈思，纵辔以骋节；王、徐、应、刘，望路而争驱；并怜风月，狎池苑，述恩荣，叙酣宴，慷慨以任气，磊落以使才。⑥
> 魏武以相王之尊，雅爱诗章；文帝以副君之重，妙善辞赋；陈思以公子之豪，下笔琳琅；并体貌英逸，故俊才云蒸。⑦

三曹纵辔领路、七子俊才争驱，除却文学批评的内容外，刘勰曹丕的五言诗、乐府诗、辞赋等，大多与七子同出，列于三曹之内。而刘勰对曹丕的肯定大多也隐匿在对建安文士整体的文风评价上，承认其慷慨磊落、体貌俊逸。这意味着，三曹七子作为建安文学的代表文人群体、作为建安风格的象征之一逐渐成型，而曹丕也逐步隐入这一群体之中，形象仍然在持续地简化、符号化。

要之，专门化的经典文学批评是对当时文坛思潮的理论化、体系化的反映，刘勰之

---

① （南朝梁）刘勰撰，詹锳义证. 文心雕龙义证 [M]. 上海：上海古籍出版社，1989：743.
② 张叹凤认为此句也表现了刘勰对曹丕乐府诗歌的推崇，详考之，实则不然。但张对《文心》中其他处对曹丕的文学批评的解读值得借鉴。具体参看张叹凤. 刘勰《文心雕龙》对曹丕的评鉴与曹丕文学的独特审美价值 [J]. 四川大学学报（哲学社会科学版），2009（4）：98-104.
③ （南朝梁）刘勰撰，詹锳义证. 文心雕龙义证 [M]. 上海：上海古籍出版社，1989：1841.
④ （南朝梁）刘勰撰，詹锳义证. 文心雕龙义证 [M]. 上海：上海古籍出版社，1989：1636.
⑤ "类不护细行"语出曹丕《与吴质书》，盖刘勰钟爱魏文议论，不独采诸《典论》。见：（南朝梁）刘勰撰，詹锳义证. 文心雕龙义证 [M]. 上海：上海古籍出版社，1989：1869.
⑥ （南朝梁）刘勰撰，詹锳义证. 文心雕龙义证 [M]. 上海：上海古籍出版社，1989：196.
⑦ （南朝梁）刘勰撰，詹锳义证. 文心雕龙义证 [M]. 上海：上海古籍出版社，1989：1687.

《文心雕龙》、钟嵘之《诗品》在彼时的影响范围或许有限，但却有力地反映了曹丕文学风格在南朝的接受中仍存在一定分歧。大略来讲，《诗品》和《文心雕龙》恰代表着对曹丕文学接受的两种态度，前者以五言古诗为正体，故轻其七言流调，而尚其"西北有浮云"等《杂诗》，江淹的《学魏文帝》正是青睐此诗下的产物。后者则反对"雷同一响"般因"位尊减才"，因此对其才华给出相对公允的肯定，直言其"洋洋清绮"，而《燕歌行》的拟作和经典化或许正是对这种"志不出于淫荡，辞不离于哀思"的风格的偏爱。

而当仔细玩味刘勰对曹丕的文学批评则会发现，他在诸多文学创作的领域已然存在被整体概括入建安文学的现象。可见上节所论符号化、典故化在文学接受的面向上也会有一定影响。

另外，值得补充的是，此后，梁陈时编纂的两部总集——梁昭明太子萧统主编的文学总集《文选》和梁陈之际徐陵主编的诗歌总集《玉台新咏》也是反映曹丕文学创作的接受的重要侧面。萧统《文选》在收录曹丕《芙蓉池作》《燕歌行》《善哉行》《杂诗》《典论·论文》等经典作品外，还尤其重视其与吴质的几封书信的往来，萧统自己也在宴饮罢常想起"一起应刘念，泫泫欲沾巾"，这些情真意切的抒怀从史注走入文集，逐步被关注到①。而除《燕歌行》外，《玉台新咏》还收录了曹丕《于清河见挽船士新婚与妻别》与《清河作》两首②，前者有后世杜工部《新婚别》之旨趣，连用数次顶真，一气呵成，既有乐府民歌之韵味，又显文人诗之雕琢，凄怆悱恻，催人泪下；后者触景生情，由喜入悲，亦是感伤悲情。这种风格自然与《玉台新咏》多收闺情有关，但也能可见，此时曹丕已是叙写缠绵情愫的文人骚客的形象，而异于阴森刻薄、奢靡成性之帝王形象。

那么，对曹丕的文学接受究竟和他的形象有何关系呢？意义在于：曹丕日益被认为是一个真正的有文学造诣的文人。他不只是作为七子应酬的对象、宴请群彦的贵公子而存在；他不只简单地接受着《三国志》里"好文学"的点评，而深化到南朝文人的拟作和文论之中。无论是被斥为"鄙质如偶语"，抑或是被许为"洋洋清绮"，曹丕文学创作的风格化都意味着其作为一个有着主体情思、独立意识、审美特点的文人的形象的确立。在这种文学接受中，虽然都是纠集文人的君主、但曹丕和汉武、梁孝不一样，他的文学造诣和后代的文学接受已经让他的文人形象取得了独立存在的地位，让人们关注到"曹丕的"文学创作而非仅仅是关注到"曹丕所纠集的文人的"创作。当然，曹丕形象逐渐模糊化、整体化的过程让他的文人形象隐匿在建安文人之中，很可能者不仅没有阻止、反而有助于曹丕文士形象的确立。这种倾向让王刘应徐等人身上的文士色彩浸染到了曹丕身上，让原来不怎么可能成为文人的君主也成了独具特色的文人群体的其中一员。

悲秋、怀远、游仙……曹丕创作的主题内容十分丰富，也或多或少都被南朝文人所接

① 曹道衡先生通过搜罗萧梁同时及以前对《文选》收录篇目的评价，指出萧统在《文选》中所收的文章大多为当时公认的名篇。据此，《文选》大体可以反映彼时对曹丕文学的接受。可看：曹道衡.《文选》对魏晋以来文学传统的继承和发展 [J]. 文学遗产，2000（1）：48-58，139-140.

② （南朝陈）徐陵编，（清）吴兆宜注，穆克宏点校. 玉台新咏笺注 [M]. 北京：中华书局，2017：63.

受。在这种自觉的仿拟之作和文学批评中，文学创作者曹丕实际上与悲秋之屈宋、怀远之陆谢、游仙之郭璞等别无二致。齐梁以降，虽然贬低曹丕为雅好雕虫、废弃章句的昏君的声音仍然存在，但是，以刘勰对"以尊减才"的批判为表征之一，曹丕形象逐渐借由其文的接受仍传承下来，逐渐与政治符号般的曹丕人物形象相分。曹丕日渐成为可以在文坛与他者平等对话的文士形象。

六、南北朝曹丕形象中的文治叙事

"盖文章，经国之大业，不朽之盛事。"作为五官中郎将、魏太子的曹子桓雅集群贤，推崇文学。然而，随着他成为曹魏开国之君，在邺下风流与政治功业高度重合于同一主体上时，魏文帝在某些场合中的象征意义已然不可能是纯文学层面的清婉骚客，也不会是单薄的刻薄寡恩或奕世宣明的一代圣主，因此，在曹丕形象的文学面向日趋深化，逐渐成为建安文学群体的一员；而政治面向日渐趋于淫乐放荡的同时，也出现了较为稳定的新的文治叙事：曹丕日渐成为了一种文士荟萃、文化繁荣的时代的象征。

公元 306 年，奉命去四川镇压叛军的李雄称帝，建立成汉政权，后立其侄李班为太子。李班雅好文学，敬重师长，并与王嘏及陇西董融等交好，曾说："观周景王太子晋、魏太子丕、吴太子孙登，文章鉴识，超然卓绝，未尝不有惭色。何古贤之高朗，后人之莫逮也！"① 孙登为东吴孙权长子，与诸葛恪、张休、顾谭、范慎等相交好，李班对魏文、孙登"文章鉴识"的仰慕青睐其实也某种程度上应用到了自己的行为之中。他与董融、文夔等文士交游，俨然有以曹丕、孙登等人自居之隐含意义。

北朝魏收所编撰《魏书·文苑列传》中有提及曹丕之处：

> 曹植信魏世之英，陆机则晋朝之秀，虽同时并列，分途争远。永嘉之后，天下分崩，夷狄交驰，文章殄灭。昭成、太祖之世，南收燕赵，网罗俊乂。逮高祖驭天，锐情文学义疏，盖以颉颃汉彻，掩踔曹丕，气韵高艳，才藻独构。衣冠仰止，咸慕新风。肃宗历位，文雅大盛，学者如牛毛，成者如麟角，孔子曰："才难，不其然乎？"②

北魏高祖即孝文帝拓跋宏，他在位期间推行政治、经济上的汉化和封建化改革，同时雅好汉族优秀的辞赋文章，故被称为"锐情文学"。魏收"颉颃汉彻，掩踔曹丕"之语自有夸饰成分存在，但仍可一窥北朝人心目中曹丕之地位。能与汉武帝相提并论，曹丕实则成为曹魏一代文化的象征。正如马、杨、班、张是汉赋的代表人物，而汉武刘彻则是汉代文化繁盛之象征。对应地，代表魏晋文学创作领域成就的，可以是曹植、可以是王、刘、应、陈，但魏晋文治昌明的代表则是魏文帝曹丕。曹丕作为素好风雅的统治者不仅自己有

---

① （北齐）魏收. 魏书 [M]. 北京：中华书局，1974：1869.
② （北齐）魏收. 魏书 [M]. 北京：中华书局，1974：1265.

着极高的文学造诣，更引领着一个"学者如牛毛，成者如麟角"的时代。因此，南北朝时，曹丕也常被许为一个国家推崇文治时的重要模范。①

在南朝梁也有曹丕形象的类似面向出现：

> （萧纲）乃于御前面试，辞采甚美。（梁）高祖叹曰："此子，吾家之东阿。"②
> （萧）续少英果，膂力绝人，驰射游猎，应发命中。（梁）高祖常叹曰："此我之任城也。"③

萧梁父子以曹植、曹彰相比附：萧纲才思敏捷、辞藻华丽；萧续勇武非常、善于驰射，梁武帝将二子比诸东阿、任城，俨然有膝下之子文武俱全的自豪之情。昭明太子萧统在《答湘东王求〈文集〉及〈诗苑英华〉书》中更称"吾少好斯文，迄兹无倦……与其饱食终日，宁游思於文林。不如子晋，而事似洛滨之游；多愧子桓，而兴同漳川之赏"④，以周景王太子晋和魏文曹子桓为理想，虽不逮前贤之风雅，也愿寄情于自然、协同自己身边的才子文士，设酺宴，游山水。在这种情形下，曹植、曹彰、曹操、曹丕等一众汉魏人物在萧梁又找到了依附。萧统和曹丕均贵为太子、又都素好文学、与一众名士相交游，因此萧统以曹丕对标自己的理想也不足为怪。萧统以曹丕自居而丝毫不涉丕植内斗、阴险狡诈之意，不过是想要如曹丕般致力于"经国之大业"——他网罗群贤、编纂《诗苑英华》与《文选》诸书，正是其致力于不朽盛事之表现。

众曹的形象在南北朝的不同割据政权中呈现着相对这一个相对统一的面向，曹丕、曹植开始出现一定程度上的形象分工，曹植可为"五言冠冕"，而曹丕需要担任整个建安文学时代的代名词，用以被后世文治之君主、贵公子所追慕。这总归是两种象征，一国国君的倡导蕴含着整个时代、整个文坛的风格气象，而其中璀璨之明珠如曹植、刘桢，国君并不必然要强行超越。从这个意义看，或许这也让曹丕形象产生了超脱于丕植优劣论外的新维度。当然，实际此处也可见曹丕与曹植给人审美体验上的不同。曹丕饮酒则"众宾会广坐"，宾朋云集，文士众多，他是集体消遣时首座的贵族公子形象；曹植才高孤绝，有"忧生之嗟"，他夺嗣失败、命悬细丝的人生经历更打动后世怀才不遇之诗人的心弦。⑤

---

① 《魏书》载："（拓跋）勰以宠受频烦，乃面陈曰：'臣闻兼亲疏而两，并异同而建，此既成文于昔，臣愿诵之于后。陈思求而不允，愚臣不请而得。岂但今古云殊，遇否大异，非独曹植远羡于臣，是亦陛下践魏文而不顾。'（魏）高祖大笑，执勰手曰：'二曹才名相忌，吾与汝以道德相亲，缘此而言，无惭前烈。汝但克己复礼，更何多及。'"北魏高祖与彭城王拓跋勰借丕植故事相调侃、自省，亦足见彼时北朝和成汉的曹丕形象并不以文治之君为全貌，丕植立储之争也使得曹丕在江南以外仍难逃嫉贤妒能、心狠手辣之形象。见：（北齐）魏收．魏书［M］．北京：中华书局，1974：384.

② （唐）姚思廉．梁书［M］．北京：中华书局，1973：109.

③ （唐）姚思廉．梁书［M］．北京：中华书局，1973：413.

④ （南朝梁）萧统．答湘东王求《文集》及《诗苑英华》书．（清）严可均辑．全上古三代秦汉三国六朝文［M］．石家庄：河北教育出版社，1997.

⑤ 实际上，这种审美期待上的不同正是后来"抑丕扬植"的批评偏好的原因之一，具体可参看：郭燕茹．丕植优劣论研究［D］．兰州：兰州大学，2013.

可见，尽管在文学的层面上，曹丕文学创作的文学接受使得其常常被列入建安文学群体之内，形成对建安文学的整体感知，但是当步入文学史的言说时，或者李班、魏收、萧统需要一个或太子或君主身份，同时又致力于文化事业、关心文学发展的形象时，曹丕往往是相当合适的人选。

随着三曹七子建安文学的影响日渐扩大，"公子敬爱客"的恣意解放、"文雅纵横飞"的风流韵味引导着萧梁、成汉、拓跋等割据政权都相继追求着魏文背后的文章之为"经国之大业，不朽之盛事"的价值。更进一步，成汉有成汉的"曹丕"、北魏有北魏的"曹丕"、萧梁有萧梁的"曹丕"……当地域迥异的不同政权最终选择着同一套话语体系、同一个"曹丕"形象来比附着当下的储副或君主、来言说着各自的文化理想，讲述着各自的"曹丕"时，也意味着他们对大一统的文脉传统的向往。他们都仰慕汉魏传统，都以高度认同感追求的文化一统。

颜之推和李谔等也注意到了统治者之为"文人君主"的群体，并在这些"尚文词"的统治者中，不断强调曹魏三祖之"皆负世议""忽君人之大道"：

> 自昔天子而有才华者，唯汉武、魏太祖、文帝、明帝、宋孝武帝，皆负世议，非懿德之君也。[1]
>
> 降及后代，风教渐落。魏之三祖，更尚文词，忽君人之大道，好雕虫之小艺。下之从上，有同影响，竞骋文华，遂成风俗。（李谔《上隋高祖革文华书》）[2]

颜之推对"天子而有才华者"提出了一个系统性的归纳，他认为文人天子，皆背负世俗争议而并不保有美德。换言之，"才艺兼该"的价值取向是皇帝的价值中不被承认的，它甚至大多数时候影响到对他们的道德评价。这高度总结了魏晋以降，自司马炎、段灼、阎缵至后来沈约、刘孝绰等对"帝王"曹丕风流成性、才薄德浅的所有批评[3]，但也从侧面上肯定着曹丕等文人君主"下之从上，有同影响，竞骋文华，遂成风俗"般对社会风气的普遍影响。

我们应当认识到，在统一的大王朝、儒家传统的"君君臣臣"的正名思想居于绝对的统治地位之时，对这种对"天子而有才华者……非懿德之君"的价值判断或许长期是主流。然而，文学从经学领域中逐渐解放出来时，一种由文章上升到文治、由文学上升到文化的潮流或可以形成另一种意义上的反哺：这何尝不是作为"文士"的曹丕向作为"帝王"的曹丕的反哺？以文闻名的曹丕形象更何尝不是号召后来者追索文脉、注重教化治理的一种隐喻？

---

① （北齐）颜之推撰，王利器集解. 颜氏家训集解 [M]. 上海：上海古籍出版社，1993：222.

② （唐）魏征等. 隋书 [M]. 北京：中华书局，1973：1038.

③ 不过，颜之推和李谔的论调不能证明隋唐一统之后，六朝时期曹丕形象的多元展开和深入探讨便会被官方的话语权所彻底取代。应当发现，作为残酷妒忌、政治角逐的曹丕；作为文人骚客、宴饮公子的曹丕；作为文人君主、锐情文学的曹丕逐渐定型，三者都仍存在于唐人乃至唐之后的人们的口中笔下。具体可参看：姜骁函. 曹丕诗歌在唐代的接受研究 [D]. 大连：辽宁师范大学，2021.

结　语

整体而言，唐前曹丕的形象有丰富的面向，在各个面向都达到了相当深入的程度，并逐步产生了符号化的倾向，而各个面向之间的关系也从不稳定、纠葛不清的黏连逐渐走向相对稳定与清晰。

首先，曹丕的帝王形象的政治评价最早深陷于国史叙事的对立中，在曹魏则为"奕世宣明"的圣主，而蜀吴叙事中却"酷烈无道"，这一争论的矛盾在后世受曹魏与蜀汉何者代表正统的分歧影响，习凿齿《汉晋春秋》视蜀汉为正统、视曹魏为"篡统"即可见一斑。又随着晋宋君臣对前朝政治反思的展开，以及《世说新语》等逸闻野史的渲染，狡诈阴险、刻薄寡恩的曹丕形象中的政治面向便日益强化。

其次，曹丕形象的文学面向则与邺下风流和建安文学的发展密切相关。最初在南皮之游、邺下宴饮等唱和之中，曹丕呈现出"乐饮不知疲"的贵公子形象；后在南朝谢灵运等的文人的拟仿与文学批评的定位中逐渐成为了建安文学群体中的一员、甚至是典故化的纵辔领路者。虽然这一过程中曹丕的形象或多或少存在着模糊化和符号化的倾向，但终归反映出曹丕作为"文士"被后世同为文学创作者、文学批评者的群体所接受。且虽则文论评价有粗鄙与绮丽之别，他们却均承认其对建安文学传统的代表性，看到了曹丕文学作品的地位与影响日益增大。

再次，作为"文士"的曹丕和作为"帝王"的曹丕彼此间存在巨大张力，两种面向间的互动也十分频繁。曹丕身份的多重性、时代的特殊性使得其政治地位对文士形象有影响，一方面是曹魏时期的因权势声名而聚拢才士、留下的爱才好客、洒脱不羁等文学作品中的形象；另一方面则是被刘勰称为"位尊减才"的现象，人们在接受诗歌时同情弱者、青睐曹植，导致一定时期内抑丕风气的盛行。

反过来看，曹丕的文学才能对其帝王形象的塑造也是双重的：一方面以诗文盛名而变魏晋文风、成文治盛世，可以成为诸多文治叙事中的文化高度发展时代的象征，甚至常与汉武、梁孝齐名；另一方面，陈寿委婉批评其"若加旷大"、阎瓒以其与徐刘等人之交游"不知稼穑之艰难"等的评语，本质上都反映了，魏文帝的雅好文学也使得其政治上的劳民妒才、骄奢淫逸等缺点被放大，一度成为唐前评价作为帝王的曹丕的重要内容。

但是，曹丕形象在六朝时期发生了较为复杂的转换和分化，从整体的趋势来看，仍然可以认为作为"文士"的曹子桓与作为"帝王"的魏文帝粘合和互相依赖在不断消减。总强调在曹丕形象史中其文学面向与政治面向的密不可分、乃至反向的发展趋势，也是有失妥当的。因为，六朝时期曹丕的诗文创作的流传、接受史是日渐与其人的形象相分离的。国史的书写并不全录其诗文、文论，即使《三国志》也不过是聊记"自所勒成垂百篇"而已，但在经由六朝文人创造性学习、《文选》《玉台新咏》等陆续收录和刘勰等文论家的批评后，这些诗文的传习不依赖于政治力量、也很少因为政治因素而被文士所厌弃。这种与政治评价体系相分离的过程可以刘勰"不以尊位减才"的呼吁为代表，政治上的盖棺定论受到政权正统论和统治者好恶影响较大，而其文学史上的形象却在是独立地在文本中构建出来的，这种构建的标准只关乎巧丽或清绮。

这些表现本身便是"文学自觉"时代的标志之一，从形象史上来看，这种日渐将政治人物的政治性抛诸脑后不谈的接受方式，侧面反映了六朝文人对文学自觉的深化。《三国志》的国史书写、晋宋政坛的反思评价中，即使再博洽诗赋、奖励文学，曹丕的形象也只可能是"魏祚中的文帝"。六朝的文学自觉的深化中，曹丕也日渐可以成为"魏帝中的文人"，或许魏文荒淫刻薄、玩物丧志之论调仍在官方话语体系中经久不衰，但文士形象之成熟，依旧不可小觑。相对于东汉对汉武、汉末对桓灵的评价，作为文人雅客的曹丕在此文学自觉时代里，"逐渐在得到着"以往文人帝王都不曾完全得到的，"泾渭分明"的权力。

◎ 参考文献

一、古籍

［1］（汉）曹操，（魏）曹丕撰，黄节注．魏武帝魏文帝诗注［M］．北京：人民文学出版社，1958.

［2］（汉）曹操等撰，余冠英选注．三曹诗选［M］．北京：人民文学出版社，1956.

［3］（汉）孔融等撰，俞绍初辑校．建安七子集［M］．北京：中华书局，2016.

［4］（汉）祢衡等撰，张兰花，程晓菡校注．三曹七子之外建安作家诗文合集校注［M］．石家庄：河北教育出版社，2013.

［5］（魏）曹丕撰，夏传才，唐绍忠校注．曹丕集校注［M］．石家庄：河北教育出版社，2013.

［6］（魏）曹植撰，赵幼文校注．曹植集校注［M］．北京：中华书局，2016.

［7］（西晋）陈寿撰，（南朝宋）裴松之注，陈乃乾校点．三国志［M］．北京：中华书局，1959.

［8］（西晋）陆机撰，金涛声点校．陆机集［M］．北京：中华书局，1982.

［9］（西晋）崔豹撰，牟华林校笺．古今注校笺［M］．北京：线装书局，2015.

［10］（东晋）葛洪撰，王明集释．抱朴子集释［M］．北京：中华书局，1986.

［11］（东晋）谢灵运撰，（清）顾绍柏校注．谢灵运集注［M］．郑州：中州古籍出版社，1987.

［12］（南朝宋）范晔等撰，（唐）李贤等注．后汉书［M］．北京：中华书局，1965.

［13］（南朝宋）刘义庆撰，（南朝梁）刘孝标注，余嘉锡笺疏．世说新语笺疏［M］．北京：中华书局，2011.

［14］（南朝齐）江淹撰，丁福林、杨胜鹏校注．江文通集校注［M］．上海：上海古籍出版社，2017.

［15］（南朝齐）谢朓撰，曹融南校注．谢朓集校注［M］．北京：中华书局，2019.

［16］（南朝梁）萧统撰，（唐）李善注．文选［M］．北京：中华书局，1977.

［17］（南朝梁）沈约．宋书［M］．北京：中华书局，1974.

［18］（南朝梁）萧子显．南齐书［M］．北京：中华书局，1971.

[19]（南朝梁）刘勰撰，詹锳义证．文心雕龙义证［M］．上海：上海古籍出版社，1989.

[20]（南朝梁）任昉．述异记［M］．长春：吉林大学出版社，1992.

[21]（南朝梁）钟嵘撰，陈延杰注．诗品注［M］．北京．人民文学出版社，1980.

[22]（南朝陈）徐陵编，（清）吴兆宜注，穆克宏点校．玉台新咏笺注［M］．北京：中华书局，2017.

[23]（南朝陈）徐陵编，许逸民校笺．徐陵集校笺［M］．北京：中华书局，2008.

[24]（北魏）崔鸿撰，（清）汤球辑补，聂溦萌等点校．十六国春秋辑补［M］．北京：中华书局，2020.

[25]（北齐）魏收．魏书［M］．北京：中华书局，1974.

[26]（北齐）颜之推撰，王利器集解．颜氏家训集解［M］．上海：上海古籍出版社，1993.

[27]（北周）庾信撰，（清）倪璠注，许逸民校点．庾子山集注［M］．北京：中华书局，1980.

[28]（唐）姚思廉．梁书［M］．北京：中华书局，1973.

[29]（唐）房玄龄等．晋书［M］．北京：中华书局，1974.

[30]（唐）魏征等．隋书［M］．北京：中华书局，1973.

[31]（清）严可均辑．全上古三代秦汉三国六朝文［M］．石家庄：河北教育出版社，1997.

[32]逯钦立辑校．先秦汉魏南北朝诗［M］．北京：中华书局，1983.

[33]黄怀信，张懋镕，田旭东．逸周书汇校集注［M］．上海：上海古籍出版社，1995.

二、专著

[1]郭沫若．历史人物［M］．北京：人民文学出版社，1979.

[2]鲁迅．而已集［M］．北京：人民文学出版社，1980.

[3]河北师范学院中文系古典文学教研组．三曹资料汇编［M］．北京：中华书局，1980.

[4]朱一玄，刘毓忱汇编．三国演义资料汇编［M］．天津：百花文艺出版社，1983.

[5]陈翔华．诸葛亮形象史研究［M］．杭州：浙江古籍出版社，1990.

[6]汤用彤．魏晋玄学论稿［M］．上海：上海古籍出版社，2001.

[7]孙明君．汉魏文学与政治［M］．北京：商务印书馆，2003年.

[8]［英］彼得·伯克．制造路易十四［M］．郝名玮，译．北京：商务印书馆，2007.

[9]余鹏飞．习凿齿与《汉晋春秋》研究［M］．武汉：湖北人民出版社，2013.

[10]辛德勇．制造汉武帝［M］．北京：生活·读书·新知三联书店，2018.

[11]［美］田晓菲．赤壁之戟：建安与三国［M］．张元昕，译．北京：生活·读书·新知三联书店，2022.

三、学位论文

[1]王玫．建安文学接受史研究［D］．福州：福建师范大学，2002.

[2]宋战利．曹丕研究［D］．郑州：河南大学，2007.

[3]徐冲．"汉魏革命"再研究：君臣关系与历史书写［D］．北京：北京大学，2008.

［4］孙娟．曹植诗歌接受史研究［D］．青岛：中国海洋大学，2010.

［5］王威．赵云形象史研究［D］．杭州：浙江大学，2011.

［6］刘嘉红．孙权形象史研究［D］．锦州：渤海大学，2013.

［7］王津．唐前曹植接受史［D］．济南：山东大学，2014.

［8］祖秋阳．曹操诗歌唐前接受研究［D］．长春：吉林大学，2015.

［9］王扬．近三十年来曹丕研究中的几个问题［D］．长春：东北师范大学，2012.

［10］郭燕茹．丕植优劣论研究［D］．兰州：兰州大学，2013.

［11］郭威．曹丕人格与其文学创作研究［D］．西宁：青海师范大学，2013.

［12］范瑶琦．魏晋六朝文人笔下的曹丕［D］．哈尔滨：黑龙江大学，2015.

［13］赵鑫．曹魏史传散文研究［D］．济南：山东大学，2015.

［14］周梦梦．《汉晋春秋》与《三国志》正统观之比较研究［D］．武汉：湖北大学，2017.

［15］刘晗．三国"魏主"形象的生成与传播研究［D］．汉中：陕西理工大学，2020.

［16］姜骁函．曹丕诗歌在唐代的接受研究［D］．大连：辽宁师范大学，2021.

四、期刊论文

［1］龚克昌．论汉赋［J］．文史哲，1981（1）：61-70.

［2］章新建．曹丕诗歌与乐府［J］．安徽大学学报，1984（2）：73-76.

［3］程天祐．试论曹丕对文学革新的贡献［J］．社会科学辑刊，1986（5）：91-97.

［4］张少康．论文学的独立和自觉非自魏晋始［J］．北京大学学报（哲学社会科学版），1996（2）：75-81.

［5］许善述．"子桓以下，纯乎魏响"——也谈曹丕诗风之变［J］．安庆师院社会科学学报，1997（2）：46-51.

［6］黄永年．《曹子建集》二题［J］．陕西师大学报（哲学社会科学版），1992（1）：115-122.

［7］曹道衡．《文选》对魏晋以来文学传统的继承和发展［J］．文学遗产，2000（1）：48-58，139-140.

［8］王玫．"抑丕扬植"倾向的形成与演变［J］．厦门大学学报（哲学社会科学版），2003（4）：49-55.

［9］赵敏俐．"魏晋文学自觉说"反思［J］．中国社会科学，2005（2）：155-167，207-208.

［10］童瑜．20世纪后二十年曹丕研究综述［J］．哈尔滨学院学报，2005（12）：66-70.

［11］俞绍初．"南皮之游"与建安诗歌创作——读《文选》曹丕《与朝歌令吴质书》［J］．文学遗产，2007（5）：13-20.

［12］［美］田晓菲．诸子的黄昏：中国中古时代的子书［J］．中国文化，2008（1）：64-75.

［13］张叹凤．刘勰《文心雕龙》对曹丕的评鉴与曹丕文学的独特审美价值［J］．四川大学学报（哲学社会科学版），2009（4）：98-104.

［14］宋战利.《七步诗》托名曹植考［J］.河南大学学报（社会科学版），2009（6）：
　　99-102.

［15］王莉.萧统《文选》选录曹丕、曹植诗文比较论［J］.西部学刊，2015（12）：38-
　　42.

流动人口、教育外部性与政府投入

——基于"两基国检"政策的准实验

邹　旭

（武汉大学　弘毅学堂，湖北　武汉　430072）

【摘要】 教育是一种重要的公共产品，也是地方财政支出的重要组成部分，而教育的外部性可能导致地方政府的投入激励不足。随着中国经济社会的发展，流动人口大量增加，这进一步放大了教育的空间外部性。该现象与中国现有的财政分权体制和地方政府竞争结合，可能加剧政府教育财政投入不足的问题。基于上述背景，本文尝试从人口结构角度进一步讨论教育财政投入问题。本文使用 2000—2010 年 275 个地级市面板数据，以"两基国检"政策作为政策变量，构建双重差分与三重差分模型，检验政策背景下流动人口数量差异对地方教育投入的影响。研究结果表明：①在不考虑流动人口差异时，"两基国检"政策对于地方教育投入并不存在显著的影响；②考虑人口流动差异后，本文发现随着流动人口的增加，地方政府在执行政策的过程中倾向于减少教育投入；③流动人口对不同学段的教育投入的影响存在异质性：空间外部性更强的中学投入显著减少，而小学投入则没有明显差异。本文的研究对于进一步理解地方教育财政投入与教育外部性具有借鉴意义。

【关键词】 教育投入；教育外部性；人口流动；两基国检

【作者简介】 邹旭，武汉大学弘毅学堂 PPE 方向 2019 级本科生。

一、引　　言

教育对于经济建设与社会发展具有基础性作用。教育可以有效提升人力资本规模与质量，支撑产业转型与经济发展，促进中国由"人口大国"向"人才强国"转变；另一方面，教育还能促进阶层流动，保障社会公平，维持社会稳定。新中国成立以来，中国的教育财政制度历经多次变化，并在 21 世纪初逐步确立了"省级统筹，以县为主"和"中央地方分担"的财政投入模式。但从政策的具体执行情况来看，"基础教育由地方负责、分级管理的原则"没有改变，地方政府在承担与分拨教育经费时发挥主体作用，其制定的政策会直接影响所辖地区的教育供给与产出。

尽管中央始终大力增加教育投入、改善教育质量，但大量文献从实证角度表明，中国的地方政府教育投入不足（乔宝云等，2004；傅勇，2010）。这既体现在经费规模的总量不足与教育产出的质量不足，还体现在各学段教育的结构性失衡中。传统的公共选择理论认为，教育等公共物品的外部性是导致地方政府投入激励不足的原因之一。基础教育作为一项公共品，无法大规模市场化，因此只能由政府提供。而教育较强的正外部性可能导致地方政府间互相"搭便车"，进而导致教育投入走向"竞次"；同时，中国独特的财政分权体制与政府竞争关系则很可能加剧了这一现象。现有文献表明，在官员晋升锦标赛与绩效考核等政治激励模式下，地方政府出于取得较高位次的动机，在可支配的财政投入中表现出对经济建设等目标的倾向性。这对教育等民生投入产生"挤出效应"，扭曲了地方的公共财政结构（周黎安，2007）。

21世纪以来，中国的流动人口快速增长，劳动力跨区域流动明显加快，大量人口涌入经济发达地区从事社会生产，流动人口的教育供给问题成为关注重点。有观点认为，流动人口会带来"税基效应"，增加地区税收与土地财政收入，因此地方政府存在对流动人口教育的供给激励（夏纪军，2004；王清，2011）；但同时，有观点认为，人口的流动会加剧部分地区的教育供给压力（Wildasin，1988；Wellisch，2000），导致地方对流动人口设置公共品服务障碍。还有观点指出，地区间的人口流动造成了基础教育投资在地区间的外部性，导致人力资本回报与教育供给脱钩，进一步削弱地方的供给激励（丁维莉和陆鸣，2005；Guo，2016）。在中国特殊的财政分权体制下，人口流动、教育外部性与政府竞争相结合，可能会进一步影响政府教育财政投入。但就目前研究而言，其影响程度与机制还尚不明确。

基于此，本文尝试进一步探究流动人口对于中国地方教育投入的影响。本文以2004年颁布《国家西部地区"两基"攻坚计划》作为政策自然实验，使用275个地级市2000—2010年的面板数据进行分析。本文首先采用DID模型分析"两基国检"政策对于地方教育投入的影响；随后，本文进一步使用DDD模型检验流动人口数量差异对于政策实行的影响。结果发现：在未考虑流动人口数量差异时，政策并未导致"攻坚计划"重点地区地方教育投入产生显著的变动。然而，这种平均效应掩盖了重要的异质性。将流动人口因素纳入模型后，地方的教育投入产生了显著的变化，具体表现为流动人口的净流入显著减少了地方的教育投入；同时，地方教育投入的影响又呈现出结构性差异：随着流动人口的集聚，地方在政策执行过程中显著减少了教育空间外部性更强的中学投入，而外部性较弱的小学投入则没有显著变化。

本文的主要贡献与意义可以大致概括如下：（1）本文进一步拓展了地方政府教育财政投入的影响因素研究。既往文献对流动人口与教育财政关系研究相对较少，且对流动人口对教育投入的影响范围与程度不够明确，本文将流动人口直接作为主要变量进行研究，佐证了地方政府对流动人口设置公共服务障碍的现象。（2）本文进一步加深了对于教育外部性的理解，尤其强调了教育的空间外部性与地方教育投入的互动关系。教育空间外部性导致教育供给与教育回报脱离，这可能会导致地方政府的供给激励不足。而地方政府对于小学与中学的投入差异则表明，当外部性与政府间竞争相结合时，地方更偏向于投资劳动力外流不明显的教育阶段，从而导致地方教育投入的结构性差异。（3）从现实角度而言，本文从人口流动视角揭示教育投入中存在的规模性与结构性缺陷，为促进教育服务均等化提供经验支持。

二、文献与政策回顾

（一）文献回顾

以教育投入为代表的地方公共品投入问题一直以来受到关注。以 Hayek and Friedrich（1945）、Tiebout（1956）为代表的第一代公共品供给理论认为，地方政府在公共品的提供中具有信息优势，且居住于辖区的居民能够根据公共服务的提供情况"用脚投票"，最终有利于公共供给种类与质量的"竞优"。但许多发展中国家的实际情况证明，因经济发展水平（Triesman，2000）、流动限制（Faguet，2004）、管理水平（Bardhan，2002））、腐败程度（Mauro，1998）等不同，地方政府的存在反而可能对教育供给产生负面效应。

研究表明，中国的地方政府对于教育财政投入也存在不足。一方面，这种不足体现在财政规模与结构上。乔宝云（2004）利用 1979—2001 年的省级财政投入面板数据，将小学入学率与省级财政投入作为被解释变量，发现地方财政对义务阶段财政投入不足。李祥云和陈建伟（2010）则将这一结论进一步拓展至县级政府层面。同时，基础教育的投入缺口大于高等教育，导致教育体系的"头重脚轻"（王蓉，2004；张光和尹相飞，2015）；另一方面，地方政府在面对中央下达教育政策与下拨资金时，也存在选择性、变相执行以减少教育投入的倾向（黄斌，2009；丁冬和郑风田，2010；龚锋和卢洪友，2013）。

有观点认为，中国独特的财政分权与政府竞争模式是导致地方教育投入的不足的重要原因。分税制改革后，地方政府在财政收入相对有限的同时又具有较大的财政自主性。上级政府常常使用 GDP 等经济性指标对官员进行相对绩效排名并决定晋升（周黎安，2004）。在此基础上，地方政府可能会对经济性和非经济性公共品呈现出截然不同的兴趣（傅勇，2008；丁菊红和邓可斌，2008）。在经济分权与垂直的政治治理体制紧密结合下，地方出于取得更高位次的动机，会更加重视经济性指标的投入，对教育等公共服务的投入产生"挤出效应"（傅勇和张晏，2007；周黎安，2007）。

也有观点从教育的外部性视角进行分析。其中一种解释是基于教育供给的非排他性。Wildasin（1988），Wellisch（2000）建立政府间博弈模型，认为地方政府会存在"搭便车"的倾向，希望其他地区增加公共物品的供给，以减少本地的公共物品的投入。同时他们还指出，地方政府会设置公共服务障碍，避免因非本地居民涌入造成公共服务的"拥挤效应"。

另一种解释则将人力资本的空间外溢视作教育的外部性（罗伟卿，2010；张同功等，2021），此时流动人口成为了教育空间外部性的载体。但这种解释对财政投入的影响机制存在一定分歧。夏纪军（2004）从地方财政收入角度指出，流动人口会带来"税基效应"，增加地区税收，因此地方政府存在对流动人口教育的供给激励；王清（2011）也指出，政府的"土地财政"模式可能会促使政府改善公共服务以吸引流动人口。但是，Hoxby（1996）认为，若人口流动没有解决给当地公共教育带来负外部性的问题，那么人力资本对城市财政的溢出效应并不会对地方政府带来太高的激励。部分学者则从教育供给与人力资本回报"脱钩"的视角进一步提出（丁维莉和陆鸣，2004；Guo，2016），人口流入地虽然未对流动人口进行基础教育投资，但却享有了这部分人口的人力资本回报；而人口流出地的政府未能充分享有流出人口的人力资本回报，这都会导致教育投入的积极性不足。

综上，人口的流动放大了教育的空间外部性，但对于地方教育投入的影响则存在多种可能。现有文献多从理论模型上提出解释，较为缺乏实证检验。同时，也缺乏文献将教育的空间外部性与中国独特的财政分权和政府竞争模式结合研究。在此基础上，本文运用基于政策自然实验下的双重差分（DID）与三重差分（DDD）模型，刻画地方贯彻中央政策时，流动人口对于政府教育财政投入的影响。

（二）政策背景

本文选取"两基国检"政策作为自然实验。"两基"指基本普及九年义务教育、基本扫除青壮年文盲两项任务。2004 年 2 月，国务院转发教育部等部门《国家西部地区"两基"攻坚计划（2004—2007 年）》的通知，该计划的主要任务是改善西部重点地区基础教育条件，促进地方教育公平，并投入专项资金，从 2004—2007 年，用四年时间使西部地区尚未实现"两基"的 372 个县（市、区）以及新疆生产建设兵团的 38 个团场达到国家"两基"验收标准。在资金层面上，中央政府除划拨一定资金支持地方教育基础设施建设外，还要求地方配套资金以保障政策的可行性与持续性。

而针对流动人口而言，非户籍儿童的教育经费主要由所在地政府承担。中央转移支付的义务教育管理经费是根据户籍人口下拨，大量涌入的农民工子女由于没有户口，并未被列入当地的教育发展规划之中。农民工子女的教育经费没有得到中央财政的转移支付资助，也没有户籍所在地的拨款，完全靠流入地政府进行财政补助（李芳，2010）。

因此，尽管国家提出专项政策支持重点地区教育发展，但是地方财政在实际中仍具有相当大的投入责任与自主性。同时，政策的施行时间恰好与"外出务工潮"重合，地方政府又面临新的支出责任。人口的流动作为一种异质性特征，很有可能影响了政府对政策的执行。

三、研 究 设 计

（一）回归模型

本文利用双重差分（DID）与三重差分法（DDD），以"两基国检"作为政策背景，控制外生变量与各类固定效应，研究地方贯彻中央政策时，流动人口对于政府教育财政投入的影响。具体回归模型设计如下：

（1）"两基国检"政策的影响。随着《攻坚计划》政策的实施，重点县所在的地级市加大了义务教育投入。因此，本文首先检验政策对于义务教育投入的改善情况。本文将重点县所在的地级市设为处理组，其他地级市设置为对照组，建立双重差分模型。其设定如下：

$$Y_{it} = \beta_0 + \beta_1 \text{time} \times \text{treat} + \text{treat} + \lambda X_{it} + \alpha_i + \alpha_t + \alpha_{pt} + \varepsilon_{it} \quad (1)$$

其中，i 代表城市，t 代表时间，Y_{it} 为当年当地的教育事业费支出。time×treat 为城市 i 在时间 t 是否实施了"两基国检"政策的虚拟变量。time 在 2004 年后等于 1，否则等于 0。为了更加精确的衡量政策效应，本文将 treat 设置为"两基"重点县人口与所属地级市总人口之比，其取值在 0 与 1 之间，若地级市所辖范围内不存在两基国检重点县，则为 0；若均为两基国检重点县，则为 1。因此，参数 β_1 表示实施《攻坚计划》后，地级市的教育投入是否存在显著的差异。X_{it} 为一系列控制变量，α_i 为城市固定效应，α_t 为时间固定效应，α_{pt} 为年度与省份的联合固定效应。为了保证实验组与对照组的稳定性与可比性，本文删除了直辖市和在 2000—2010 年间发生行政区划变化的地级市样本。

（2）流动人口数量差异。"两基国检"政策的时间恰好与 21 世纪以来中国的外出务工潮时间重合。而流动人口的增加或减少可能会影响地方教育投入的策略。基于此，本文构建了包含流动人口数量差异的三重差分模型，检验流动人口的差异是否显著影响了政策实施的效果。本文构建的三重差分模型（DDD）的设定如下：

$$Y_{it} = \beta_0 + \beta_1 \text{mobile} \times \text{time} \times \text{treat} + \beta_2 \text{mobile} \times \text{treat}$$
$$+ \alpha_t \times \text{mobile} + \alpha_t \times \text{treat}$$
$$+ \lambda\, X_{it} + \alpha_i + \alpha_{pt} + \varepsilon_{it} \tag{2}$$

其中，mobile 表示各地级市各年度常住人口与户籍人口之差。本文最关心的核心系数为 β_1，即在中央下达"两基国检"政策后，流动人口是否显著影响了地方政府对于政策的贯彻（即对教育的投入）。在三重差分模型中，除了需要控制一次项之外，还需要控制三个变量的两两交乘项。本文参考了 Ashraf et al.（2020）构建的模型，采用不同的联合固定效应来吸收这些交乘项。其中，α_t×mobile 吸收了二次项 time×mobile，α_t×treat 吸收了二次项 time×treat。

（二）指标与变量

（1）教育投入指标。本文使用的衡量教育投入的核心指标为"教育事业费支出"，教育事业费指用于维持教育经常性活动所必须的费用，包括教师工资、津贴与除基础设施建设外的其他维护性费用等，基本能够反映到财政转移支付后地方政府对于教育的投入（王蓉，2008）。此外，在进一步分析中，本文还使用了"小学学校数""小学专任教师数""普通中学学校数""普通中学专任教师数""小学师生比""中学师生比"7 项指标。

（2）流动人口指标。本文所采用的流动人口指标等于当年地级市辖区常住人口数与辖区当年户籍人口数之差。常住人口包含本地常住户籍人口与在辖地居住年限大于一年的非户籍人口。

（3）"两基国检"指标。根据《攻坚计划》的政策安排，本文将重点县所在的 107 个地级市设为处理组。但因为各个地级市内的县经济发展也可能存在较大的差异，并非所有辖县均划为了重点县，政策的处理效应并不能完全反映到地级市层面。因此，本文将"两基国检"指标定义为 2003 年重点县户籍人口与地级市当年户籍人口之比，若地级市所辖县都不属于重点县，则取值为 0；若都是重点县，则为 1。这样的处理可以将政策效应更加精确的反映到模型之中。

（4）时间指标。该政策由中央统一发布，并在全国范围内同步推行，所以政策发生的时间具有自上而下的统一性。政策在 2004 年年初发布，且文件中明文强调 2004 年为政策的起始年，因此，本文设定时间变量 time 在 2004 年及以后为 1，其余时间为 0。

（5）控制变量。考虑到"两基国检"政策所选取的重点县并非随机，且流动人口、教育财政投入、经济发展水平等变量之间内生性较强，为了排除政策实验的非随机性，模型控制了若干变量：①政策制定变量。根据《攻坚计划》，"人均收入""少数民族聚居""地方财政""教育投入"是设立"两基"重点县的重要参考指标。人均收入与人均 GDP 高度相关，地方财政与地方 GDP 高度相关。因此，本文控制了当年地级市人均 GDP 对数值、地级市中少数民族聚居县数量、地级市 GDP 对数值。②城市经济变量。除控制 GDP 与人均 GDP 外，既有研究表明农业占比较高的辖区对于人力资本的需求与其他地区不同，可能导致对教育的重视程度和公共教育投入都比较低（王蓉和杨建芳，2008）。因此，本文还控制了地级市层级每年的农业产值占总 GDP 的比重。③教育规模变量。"两基国检"将入学率纳入考核标准，在某种程度上会刺激地方以达到入学率标准为目标政府扩大财政支出。辖区内学龄儿童数量的差异可能会影响这一标准的达成，干扰识别。因此，本文控制了地级市小学在校生人数、中学在校生人数。此外，教育事业费通常是全口径指标，这意味着与政策无关的高等教育投入可能也被纳入了统计中。为了规避这一影响，本文还控制了高等学校的在校生人数。④人口变量。为了使流动人口指标真实的反映当地的人口流动状况，模型需要控制当地人口的自然增长率。⑤工资水平变量。在稳健性分析中，本文以地级市当年最低工资标准与职工平均工资之比控制政府对流动人口的正向激励。

（6）固定效应。地级市的一些未能观测到的特征可能会影响地方政府的教育投入行为。为了尽可能减少政策实施过程的其他外生因素干扰，本文控制了时间固定效应、城市固定效应。在"两基"政策的实施过程中，一些省级的教育政策可能会导致其下属地级市教育事业费产生与"两基"政策无关的波动，进而影响回归结果；并且，同一省份中的地级市在财政支出上可能存在模仿效应（周黎安，2007；张晏等，2010），因此本文还控制了时间与省份的联合固定效应。

在数据来源上，少数民族聚居县数量为查阅相关资料手动匹配，常住人口数据来自万德（wind）数据库。因数据库中缺失值较多，本文还根据 2000 年、2010 年人口普查数据与 2005 年 5% 人口抽样调查数据，综合省级流动人口面板数据，加权补足了缺失值；人口自然增长率来自于国泰安数据库；地级市最低工资标准来源于朱军（2017）的整理。其他数据均来自于《中国城市统计年鉴》与《中国区域经济统计年鉴》，少数缺失值通过查阅地方统计年鉴补全（见表 1）。

表1　　　　　　　　　　　　　　　描述性统计

指标	观测数 （1）	平均值 （2）	标准差 （3）	最小值 （4）	最大值 （5）
教育事业费（亿元）	3099	12.62	13.836	0.061	136.627
流动人口（万人）	3039	0.079	72.677	−250.44	777.33

续表

指标	观测数 （1）	平均值 （2）	标准差 （3）	最小值 （4）	最大值 （5）
重点县人口（%）（%）	3039	6.4	16	0	88.7
lnGDP	3039	15.237	1.005	12.097	18.493
ln 人均 GDP	3039	9.442	0.852	6.539	12.818
少数民族县数量（个）	3039	0.555	1.431	0	9
人口自然增长率（‰）	3233	5.632	4.176	-7.66	49.25
职工平均年工资（元）	3058	17485.107	8672.62	4046	54494.11
最低年平均工资（元）	3058	5071.292	1662.033	1830	11190
第一产业占比（%）	3038	17.342	10.128	0.07	51.8
小学教师数（万人）	3039	1.752	1	0.04	5.67
中学教师数（万人）	3039	1.47	0.86	0.06	4.629
小学学校数（所）	3039	1185.187	910.658	20	5579
中学学校数（所）	3039	235.68	131.154	9	725
小学学生数（万人）	3076	34.571	22.785	1	150
中学学生数（万人）	3077	25.591	16.341	0.77	230.51
高校学生数（万人）	3069	4.746	9.888	0	88.143
小学师生比（%）	3034	5.5	1.8	0.2	48.2
中学师生比（%）	3035	6.1	2	0.9	68.7

资料来源：《中国城市统计年鉴》《中国区域经济统计年鉴》、笔者整理等

四、实 证 结 果

（一）双重差分回归结果

双重差分方程（1）的回归结果见表 2。列（1）是控制了城市和时间固定效应的回归结果，列（2）则进一步控制了省份与时间的联合固定效应，列（3）的回归中控制了lnGDP、ln 人均 GDP、少数民族聚居县数量、地方产业结构、人口自然增长率、各学段在校生人数等变量，同时，所有回归均在城市层面进行聚类。尽管在列（1）中的系数值显著，但加入更严格的条件与控制变量后，系数值不再显著，且符号也发生了变化。因此，回归结果表明"两基国检"政策对于重点地区的教育财政投入没有显著的影响。

表2   双重差分回归结果

	教育事业费		
	（1）	（2）	（3）
time×treat	−5.144***	0.147	0.944
	（1.902）	（1.629）	（2.048）
constant	22.45***	−100.8	18.84***
	（0.510）	（119.1）	（1.632）
α_i	Y	Y	Y
α_t	Y	Y	Y
α_{pt}		Y	
X_{it}			Y
观测值	3035	3035	3035

注：***、**、* 分别表示 1%、5%、10% 的显著性水平；圆括号中的数字为标准误；回归结果都聚类到城市层面。下同。

（二）三重差分回归结果

双重差分模型表明，两基国检政策并没有显著刺激地方教育财政投入的增长。但是，两基国检政策的执行时间正好与"外出务工潮"时间重合。2010 年中国流动人口为 2.6 亿，比 2000 年人口普查时增加约 1.2 亿，流动人口规模惊人。人口的大量增加或减少会影响辖区内的教育需求，也会导致政府的教育财政投入产生变化。但双重差分模型只考虑了政策变量，忽略了流动人口对政策的异质性影响。因此，本文将地方的净流入人口纳入回归中，建立了三重差分（DDD）模型。

三重差分方程（2）的回归结果见表3。其中，mobile×time×treat 的回归系数表示地方贯彻"两基国检"政策时，流动人口对于政府教育财政投入的影响。列（1）表示控制时间与流动人口、时间与政策的联合固定效应后的回归结果，列（2）则进一步控制了城市固定效应、省份与时间的联合固定效应，列（3）在列（2）的基础上进一步控制了其他变量。回归结果显示，mobile×time×treat 的系数均为显著为负，表明回归系数稳健。综合方程（1）、方程（2）的回归结果，本文发现，在未考虑流动人口数量差异时，"两基"政策并未导致重点地区地方教育投入产生显著的变动；但将流动人口纳入考察时，地方的教育投入出现了变动：随着流动人口的增加，地方在政策背景下显著减少了教育财政投入。

表3   三重差分回归结果

变　　　量	教育事业费		
	（1）	（2）	（3）
mobile×time×treat	−0.337***	−0.352***	−0.317**
	（0.0947）	（0.119）	（0.125）
constant	20.85***	17.12***	−62.94
	（1.176）	（2.059）	（55.74）
$\alpha_t \times$ mobile	Y	Y	Y
$\alpha_t \times$ treat	Y	Y	Y
α_i		Y	Y
α_{pt}		Y	Y
X_{it}			Y
观测值	3035	3035	3035

（三）稳健性检验

（1）平行趋势检验。双重与三重差分模型要求实验组与对照组在政策发生前趋势一致。上文的回归结果证明"两基"政策并未刺激地级市层面的教育财政投入，地方政府在流动人口增加的情况下反而减少了财政投入。但是，国家在 2000 年和 2001 年分别出台了支持西部教育发展的"西部大开发"政策和明确流入地对流动人口教育管理责任的"两为主"政策，这些政策在"两基"政策前颁布，且涉及本地和流动人口教育资金，可能会影响政策开始前实验组与对照组的趋势。

因此，需要检验三重差分模型中的平行趋势，确保重点县所在的地级市与其他地级市在政策发生前特征一致，不受外部政策或特征的干扰，检验的回归方程为：

$$Y_{it} = \beta_0 + \sum_{t=2001}^{10} \beta_t \text{mobile} \times \text{treat} \times \alpha_t + \beta_2 \text{moblie} \times \text{treat} +$$
$$\alpha_t \times \text{mobile} + \alpha_t \times \text{treat} + \lambda X_{it} + \alpha_i + \alpha_{pt} + \varepsilon_{it} \quad (3)$$

其中，以试点前的 2000 年作为基准年，β_t 表示为三次交乘项在 2001 年至 2010 年的估计值，其余变量定义与模型（2）相同。

图（1）绘制了 90% 置信水平下 β_t 的估计结果。图中可发现，在政策开始前的 2001—2003 年，重点县所在的地级市与其他地级市在教育事业费投入上均不存在明显的差异，满足平行趋势假设。此外，从 2004 年开始，其估计系数由正转负，并在 2007 年开始显著。这说明流动人口数量与地方政府执行教育政策存在负相关关系，具有一定的滞后性。

（2）政策稳健性检验。教育事业费作为政府财政投入的重要组成部分，在制定与实施过程中可能受到多种因素的干扰，基于表 3 列（3）的基准回归结果，本文进行了稳健性检验，具体结果见表 4。其中列（1）为基准回归结果。

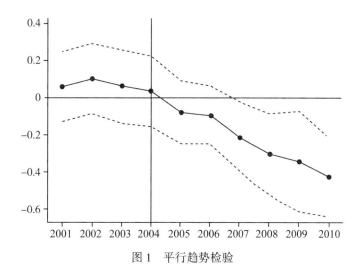

图 1   平行趋势检验

流动人口作为一种人力资本，是重要的经济要素。因此，人口的跨区域流动可能会对流入地与流出地的经济发展产生影响，影响地方财政收入，并最终影响地方教育财政投入。为了规避这一可能的内生性问题，表 4 列（2）控制了流动人口与 GDP、人均 GDP、地方经济结构的交乘项 $X_{it} \times mobile$。

此外，地方出于发展经济的动机，仍可能主动吸引流动人口（夏纪军，2004）。为了将政府对流动人口的正向激励排除，表 4 在列（3）中控制激励变量 incentive，以地级市当年最低工资标准与职工平均工资之比表示，刻画政府对流动人口的吸引措施。其理由是，最低工资标准会对附加值较低的劳动密集型企业工资产生影响，这些企业正好是吸纳流动人口的大户。地级市政府可以在每年修改最低工资标准，这在一定程度上体现出对流动人口的关注程度。但是，此标准对代表平均收入水平的城镇普通职工工资影响不大。列（3）的回归结果表明，此正向激励并不显著。其可能的原因在于，与目前各城市掀起的"抢人大战"不同，"两基"政策的实施过程中出现的大量人口迁徙并不依靠政府政策优惠，而更多是地方经济发展不平衡所导致的[①]。

一些相关政策也可能对教育财政投入产生影响。在两基计划实行的过程之中，国家对西部地区还实行了大量并行的支持性政策，扶持西部教育发展（陈启斐和王双徐，2021），这些辅助政策可能会对政策效应产生干扰。因此，列（4）设置了西部地区的虚拟变量 west；

列（5）则放宽了基准回归中对政策的识别条件。基于对政策效应更精确的估计，基准回归将政策变量处理为重点县人口在地级市总人口中的占比。列（5）将 treat 由连续变量转换为虚拟变量，地级市中若包含有一个及以上的重点县记为将 1，反之则为 0。结果表明，mobile×time×treat 在保持一定显著性的同时，其绝对值明显减小，意味着政策效应

---

① 事实上，若正向激励真的存在，则基准回归中流动人口对教育财政投入的负向扭曲反而被低估，并不会对核心结论产生影响。

被低估。

表 4 的回归结果均表明，解释变量与教育事业费仍然存在稳定的负相关关系，进一步证明了基准回归结果的可靠性。

表4   稳健性检验：三重差分

	教育事业费				
	（1）	（2）	（3）	（4）	（5）
mobile×time×treat	−0.317**	−0.250**	−0.317**	−0.317**	−0.117***
	（0.125）	（0.115）	（0.125）	（0.125）	（0.0260）
constant	−62.94	−69.42	−62.94	−62.31	−72.73
	（55.74）	（50.23）	（55.74）	（55.45）	（54.08）
$\alpha_t \times$ mobile	Y	Y	Y	Y	Y
$\alpha_t \times$ treat	Y	Y	Y	Y	Y
α_i	Y	Y	Y	Y	Y
α_{pt}	Y	Y	Y	Y	Y
X_{it}	Y	Y	Y	Y	Y
$X_{it} \times$ mobile		Y			
incentive			Y		
west				Y	
观测值	3035	3035	3035	3035	3035

（3）安慰剂检验。为了验证异质性是否在政策中真正发挥了作用，是否有未观测变量和随机变量对结果产生了影响，本文参考 Li et al.（2016）的做法，通过将政策效应随机赋值给地级市的方法，构造城市层面的随机试验。本文进而按照表3的第（3）列进行回归，根据虚假实验得到基准回归估计系数的概率来判断结论的可靠性。

为了进一步增强安慰剂检验的效力，本文将上述过程重复500次，最后绘出估计系数 mobile×time×treat 的分布图，以此验证教育财政投入是否受到除政策和流动人口数量差异之外的其他因素的影响。图2汇报的估计系数分布图可看出，虚假的三重差分项的估计系数集中分布于0附近，且综合表3的第（3）列的回归结果可看出，真实估计系数与虚假估计系数差距较大，这都表明在模型设定中并不存在严重的遗漏变量问题，核心结论依然稳健。

五、进一步分析

前文的实证结果已经表明，流动人口作为一种异质性特征，会在地方政府执行教育政策、规划教育财政投入的过程中产生显著影响，地方在各个学段的财政投入可能存在结构

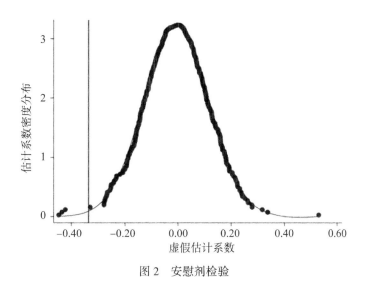

图2 安慰剂检验

性的差异。但是，目前对教育结构性投入差异的研究主要集中在义务教育与高等教育之间，而忽略了基础教育学段不同的教育投入的差异性。事实上，在高等教育之前的各学段教育投入基本上都是由地方政府主管，而且不同学段的教育具有一定的外部性差异（罗伟卿，2010）。这种外部性差异与政府公共品供给策略相结合，可能会造成政府对于不同学段教育投入的差异。

基于此，本文进一步探究在政策背景下，流动人口对地方小学和中学教育投入存在的差异。因为教育财政投入一般不根据学段进行划分，所以很难获得不同学段的教育财政投入数据。但是，教育财政投入的很大一部分资金会用于学校建设和教师工资支付之中，地方教育财政投入的变动会反映到当地学校数量与教师数量上。因此，本文采用小学与中学阶段的学校与教师数据作为被解释变量，代入方程（2）进行分析。表5中的列（1）、列（2）分别报告了小学学校数与小学教师数的回归结果，列（4）、列（5）分别报告了中学学校数与中学教师数的回归结果。

除此之外，教育产出状况能从侧面反映出地方教育财政投入供给情况，并展现地方教育的供给效率（傅勇，2010）。许多文献都将师生比作为衡量教育产出的关键指标（Barro，1991；Eckaus，2005）。因此，本文还将小学和中学的师生比指标作为被解释变量进行分析，表5中的列（3）、列（6）分别报告了回归结果。

表5   进一步分析结果

变量	小学 学校数	小学 教师数	小学 师生比	中学 学校数	中学 教师数	中学 师生比
	（1）	（2）	（3）	（4）	（5）	（6）
mobile×time ×treat	0.000922	5.795	0.000845*	−0.0120***	−1.265***	−0.000546***
	(0.00282)	(5.037)	(0.000444)	(0.00280)	(0.486)	(0.000165)

变量	小学学校数	小学教师数	小学师生比	中学学校数	中学教师数	中学师生比
	（1）	（2）	（3）	（4）	（5）	（6）
constant	0.897	1，534	0.198	0.815	−35.04	0.0508
	（1.690）	（2，475）	（0.141）	（1.528）	（157.5）	（0.189）
$\alpha_t \times$ mobile	Y	Y	Y	Y	Y	Y
$\alpha_t \times$ treat	Y	Y	Y	Y	Y	Y
α_i	Y	Y	Y	Y	Y	Y
α_{pt}	Y	Y	Y	Y	Y	Y
X_{it}	Y	Y	Y	Y	Y	Y
观测值	3024	3024	3022	3024	3024	3023

表 5 的结果表明，不同学段的教育投入情况确实存在显著的差异。当小学的教育投入与产出指标作为被解释变量时，mobile×time×treat 的系数均不显著；而中学的三个教育指标则与三次交乘项呈现显著的负相关。这表明，在"两基"政策背景下，流动人口对于地方政府的小学教育投入并没有显著的影响，但导致了地方政府对中学的教育投入显著减少。

传统的教育供给外部性、"拥挤效应"、教育供给与人力资本回报脱钩等理论无法准确解释地方政府投入的结构化差异，但教育的空间外部性与政府间竞争相结合能够一定程度上解释此现象的出现。教育具有较强的外部性，这种外部性不仅对本地经济增长、产业升级具有促进作用，而且会在受教育人口流动的过程中产生空间溢出效应，促进人口流入地的经济发展。中国在 1986 年颁布《义务教育法》，确定了九年义务教育制度。适龄青少年在小学毕业后需要继续进入中学接受教育。因此，小学阶段学段相对较早且需继续接受教育，教育的空间外部性较小。而中学毕业后可以不再接受教育，大量中学生在完成学业后便自由流动，此时人口流动的概率相对较高，教育的空间外部性大幅增加。21 世纪以来，中国经济的高速发展背后就有大量流动的年轻人口推动。

而这种人口的流动往往伴随着高度的流动性与不确定性，通常也不会给本地的经济发展带来长期的作用。而基于中国特殊的官员激励体系，政府间存在竞争关系。在财政分权的背景下，一方面，在有限的财政预算中，政府大力发展经济的同时"挤出"教育投入；另一方面，当教育财政投入并不能改善以经济发展为主的绩效目标，反而可能随着导致人口流动改善其他地区的经济绩效时，政府有动机减少教育投入。并且，随着学段的延后，受教育人口从事社会生产和发生流动的可能性逐渐增强，因此政府减少教育投入的动机也会增加。

六、结论与政策建议

流动人口作为一种重要的经济与社会特征，会对地方教育投入产生影响。本文采用"两基国检"政策作为政策变量，运用 DID 与 DDD 模型探究流动人口在地方贯彻教育投入时的影响。结果发现，当不考虑流动人口特征时，"两基国检"政策并未显著影响重点地区的地方教育投入；而将流动人口纳入考量后，本文发现随着流动人口的增加，地方在执行政策的过程中显著的减少了教育事业费投入。本文还将教育投入按学段划分分析其异质性，结果发现：流动人口并未对小学教育投入产生影响，但与中学教育投入呈现出显著的负相关关系。

本文分析认为，教育的空间外部性导致了地方教育投入的扭曲。不同于既往研究中对教育财政投入的"挤出效应"与公共品服务可能产生的"拥挤效应"的解释，本文认为地方政府在政府竞争与教育产出外溢的双重背景下，会对空间外部性较强的学段的教育进行投入"歧视"，并且这种投入的歧视随着空间外部性的增强而增强。因此，本文将教育财政投入、政府竞争、教育外部性相结合，提供了一种解释地方政府教育投入行为的视角。

综合上述的研究结果，本文认为中国现行的教育财政投入机制还存在以下改进空间：①完善人口流入地对流动人口教育财政的投入管理机制。教育经费的投入不应当只根据辖区户籍人口进行确定投入规模，政府尤其是人口流入地政府应主动承担支出与管理责任，确保教育财政将所有在读学生平等地纳入保障范围；②完善官员绩效评价与考核机制。只有增强教育等民生绩效在官员考核中的地位，才能减少地方官员的"短视"行为，改善地方教育投入的扭曲状况；③探索教育投入的统筹协调机制。人口流动是经济发展带来的必然产物，在财政分权的制度背景下，中央政府需要通过转移支付、管理权限上移等手段，促进教育"财权"与"事权"的统一，使教育投入真正惠及每一位学生。

◎ **参考文献**

[1] 乔宝云，范剑勇，冯兴元. 中国的财政分权与小学义务教育 [J]. 中国社会科学，2005（6）.

[2] 傅勇. 财政分权，政府治理与非经济性公共物品供给 [J]. 经济研究，2010（8）：4-15.

[3] 周黎安. 中国地方官员的晋升锦标赛模式研究 [J]. 经济研究，2007，42（7）：36-50.

[4] 夏纪军. 人口流动性、公共收入与支出——户籍制度变迁动因分析 [J]. 经济研究，2004（10）：56-65.

[5] 王清. 地方财政视角下的制度变迁路径分析——以当代中国城市户籍制度为例 [J]. 武汉大学学报（哲学社会科学版），2011，64（3）：90-97.

[6] Wildasin D. E. Nash equilibriain models of fiscal competition [J]. Jounral of Public Economics，1988，35（2）：229-240.

［7］ Wellisch D. Theory of public finance in a federal state ［M］. Cambridge University Press, 2000.

［8］ Hoxby C M. Are efficiency and equity in school finance substitutes or complements? ［J］. Journal of Economic Perspectives, 1996, 10 (4): 51-72.

［9］ Guo G. Domestic migration, benefit spillovers, and local education spending: evidence from China 1993-2009 ［J］. Asia Pacific Journal of Education, 2016, 36 (4): 488-504.

［10］ 丁维莉, 陆鸣. 教育的公平和效率是鱼和熊掌吗 ［J］. 中国社会科学, 2005 (6): 47-57.

［11］ Hayek, Friedrich A, The Use of Knowledge in Society ［J］, American Economic Review, 1945, 35: 519-530.

［12］ Tiebout, C. A Pure Theory of Local Expenditures ［J］, Journal of Political Economy, 1956, 64 (5): 416-424.

［13］ Musgrave R A. The theory of public finance: a study in public economy ［M］. Kogakusha Co., 1959.

［14］ Treisman D. Decentralization and the Quality of Government ［J］. Unpublished Paper, Department of Political Science, UCLA, 2002.

［15］ Faguet J P. Does decentralization increase government responsiveness to local needs?: Evidence from Bolivia ［J］. Journal of Public Economics, 2004, 88 (3-4): 867-893.

［16］ Bardhan P. Decentralization of governance and development ［J］. Journal of Economic Perspectives, 2002, 16 (4): 185-205.

［17］ Mauro P. Corruption and the composition of government expenditure ［J］. Journal of Public Economics, 1998, 69 (2): 263-279.

［18］ 李祥云, 陈建伟. 财政分权视角下中国县级义务教育财政支出不足的原因分析 ［J］. 教育与经济, 2010 (2): 51-56.

［19］ 王蓉. 教育水平的差异与公共教育资源分配的不平等 ［J］. 北大教育经济研究, 2004, 4 (9): 1-22.

［20］ 张光, 尹相飞. 流动人口与地方教育财政投入——基于 2000—2011 年跨省数据的实证分析 ［J］. 教育与经济, 2015 (6): 3-10.

［21］ 丁冬, 郑风田. 撤点并校: 整合教育资源还是减少教育投入?——基于 1996—2009 年的省级面板数据分析 ［J］. 经济学 (季刊), 2015, 14 (2): 191-210.

［22］ 黄斌. 关于中国地方小学教育财政支出的实证研究 ［J］. 教育研究, 2009, 30 (5): 47-57.

［23］ 龚锋, 卢洪友. 财政分权与地方公共服务配置效率——基于义务教育和医疗卫生服务的实证研究 ［J］. 经济评论, 2013 (1): 42-51.

［24］ 周黎安. 晋升博弈中政府官员的激励与合作——兼论我国地方保护主义和重复建设问题长期存在的原因 ［J］. 经济研究, 2004, 6 (33): r40.

［25］ 傅勇. 中国的分权为何不同: 一个考虑政治激励与财政激励的分析框架 ［J］. 世界经济, 2008 (11): 16-25.

[26] 傅勇，张晏．中国式分权与财政支出结构偏向：为增长而竞争的代价 [J]．管理世界，2007, 3（4）：12.

[27] 丁菊红，邓可斌．政府偏好、公共品供给与转型中的财政分权 [J]．经济研究，2008（7）：78-89.

[28] 罗伟卿．财政分权是否影响了公共教育供给——基于理论模型与地级面板数据的研究 [J]．财经研究，2010, 36（11）：39-50.

[29] 张同功，张隆，赵得志等．我国公共教育支出经济绩效空间溢出效应研究 [J]．教育与经济，2021, 37（3）：20-30.

[30] 李芳．对"两为主"政策实施情况的调研与反思 [J]．教育发展研究，2010（3）：48-53.

[31] Ashraf N, Bau N, Nunn N, et al. Bride price and female education [J]. Journal of Political Economy, 2020, 128（2）：591-641.

[32] 王蓉，杨建芳．中国地方政府教育财政支出行为实证研究 [J]．北京大学学报（哲学社会科学版），2008, 248（4）：130-131.

[33] 朱军．技术吸收、政府推动与中国全要素生产率提升 [J]．中国工业经济，2017（1）：5-24.

[34] 张晏，夏纪军，张文瑾．自上而下的标尺竞争与中国省级政府公共支出溢出效应差异 [J]．浙江社会科学，2010（12）：20-26, 74, 125.

[35] 陈启斐，王双徐．义务教育均等化与西部地区经济增长：基于"两基"计划的研究 [J]．教育与经济，2021.

[36] Li P, Lu Y, Wang J. Does flattening government improve economic performance? Evidence from China [J]. Journal of Development Economics, 2016, 123：18-37.

[37] Barro R J. Economic growth in a cross section of countries [J]. The Quarterly Journal of Economics, 1991, 106（2）：407-443.

[38] Eckaus R S. Some consequences of fiscal reliance on extrabudgetary revenues in China [J]. China Economic Review, 2003, 14（1）：72-88.

编后语（一）

　　弘毅学堂文科学生必须撰写学年论文，这是文科责任教授商议后共同作出的决定。

　　这一决定跟文科生的核心素养有关。文科生应该抓住"三头"：心头、口头和笔头。心头要能想，口头要能说，笔头要能写。心头能想，可以从经典文献和生活现象中找到有待解决的问题，在学术共同体已有的基础上，给出自己的理解和方案。口头能说，通过人际交流，说服别人接受自己的理解和方案。笔头能写，把自己的理解和方案清晰而准确地写下来，将想法固定住，为观点的交流传播和迭代改进打下基础。心头不能想，人云亦云；口头不能说，有货倒不出；笔头不能写，迭代无条件：对文科生来说，这是大患。

　　在弘毅学堂的培养方案中，我们把学年论文的写作放在大二下学期到大三上学期。每学年都写不切实际。大一新生刚刚入校，要紧的是完成从中学到大学的转变。就写作而言，在有感而发的中学作文基础上，另有一些学术性要求，比如，观点要以前人成果为基础，而不能闭着眼从零开始，假装自己是思考这个问题的第一个人。单要做到这一点就很难，得阅读大量专业文献。大四毕业生按规定会写毕业论文，自然不必写学年论文。这样可供选择的学年就只剩下大二和大三了。我们没有直接从大二上学期开始，这是因为，随着武汉大学培养方案的调整，大学一年级侧重于跨学科的通识教育和学科内的大类平台教育，经过这样的培养，学生也许可以写学术散文，写学术论文则显得装模作样，像小孩子学大人说话，形似神不似，除开极少数例外，纵然内容有趣也会略显牵强。

　　最终我们决定学年论文的写作从大二下学期开始。经过大一通识教育和大类平台教育，以及大二上学期较为专门的学术训练，专业阅读有了一定的积累，对学术写作有了更多的认识，在学术导师一对一指导下，撰写学年论文是可行的。学年论文不同于课程小论文，它篇幅较长，弘毅学堂的文科培养方案都是跨学科的，同学们的课业极为繁重，因此必须留够写作时间，于是我们把学年论文的答辩放在大三上学期。这一安排还有一个附带的好处：经过学年论文写作，为同学们随后的毕业论文写作和出国留学论文写作打下了基础。

　　弘毅学堂对学年论文的要求跟对毕业论文的要求大体相似，评价标准略有降低。流程如下：学生根据自己的学术兴趣选择指导教师，在教师的指导下完成选题和开题报告，然后大致用一个学期的课余时间撰写论文，弘毅学堂在大三上学期集中组织论文匿名评审和校内答辩。在这里要特别感谢武汉大学本科生院的慷慨支持。弘毅学堂文科生的学年论文得到的支持力度跟本科毕业论文相当。

　　本次出版的论文，是从2018级和2019级文科学年论文中挑选出来的。论文答辩完成后，在尊重作者意愿的前提下，我们推荐了32篇优秀论文再次参加外审。外审由中国人民大学和湖南大学两个跨学科教授团队完成。为了公正起见，除了召集人之外，弘毅学堂并不清楚外审团队的组成名单。根据外审团队的排序意见和图书容量，我们选择出版其中的 13 篇论文。这些论文的作者来自于文学、历史、哲学、国学、英语和 PPE 专业。

应该说，校内外评审的意见都积极正面，无论是论文的写作角度，还是分析的细致程度，都得到了较高评价。在校外评审中，个别论文甚至被评价为"说它们乃出自成熟的学者之手，亦不为过"。我们当然知道，这都是些鼓励的话。而且关于文科论文，见仁见智的时候多，我们更看重学生从学年论文写作中受到的学术训练。

在选编论文集时，我们特别要求，一定要最大限度地保留学年论文答辩时的原貌，能不修改就不作修改。我们把这本文集看成是同学们的作业，也是弘毅学堂的作业。好是这个样子，差也是这个样子。这是同学们个人成长的记录，也是弘毅学堂文科培养的记录。同学们当然应根据评审和答辩意见作出修改，这些修改会让论文质量更高。但这些修改反映的是学年论文之后的进步，而不是学年论文中体现的进步。一些同学坚持另找渠道公开发表修改后的论文，因而放弃了入选文集的机会。我们尊重这些同学的意见。

论文集的选编原则跟我们对弘毅学堂文科学生的要求一脉相承：相信质朴和真诚的力量。自然一点，清新一点，远离装腔作势。永远只说自己懂的话，同时也让受众懂。不深刻没有关系，别穿上花里胡哨的概念外衣假装有思想。为自己的立场提供事实和道理的支持，同时回应可能的质疑。在解决问题时，绝不利用修辞回避要害误导读者。关于这些，有很多名人名言。我在这里就不一一引用了。从纯粹学术的角度看，一句话之所以重要，是因为这句话本身重要，而不在于是谁在什么时间说出了它。

感谢张欣然同学带领的《珞珈人文》编辑部团队。他们在 2022 年的寒假做了所有的初编工作。这个寒假有许多挑战，疫情达到峰值，期末考试推迟到下个学期，大家心情忐忑。但他们克服了这些困难。我想，有了这次的经验，下一本论文集可以让同学们参与得更多一些。教师是论文的指导者和质检师，其余的工作都可以交给同学们来做。

最后，感谢所有论文指导教师的辛勤付出。感谢校内外评审专家的工作。感谢家长对弘毅学堂的信任。

下一本论文集将会更好。我们相信未来。

苏德超

2023 年 3 月 14 日

编后语 (二)

作为武汉大学弘毅学堂人文科学试验班学刊《珞珈人文》的主编，很荣幸能够带领编辑部的同学们参与到《武汉大学弘毅学堂优秀学年论文集（2018/2019 文科）》的编辑工作中。这是一件光荣的工作，我很高兴在这里写下他们的名字：马赫阳（2021 级弘毅学堂汉语言文学方向）、张刘宸湘（2021 级弘毅学堂 PPE 班）、陈子扬（2021 级弘毅学堂哲学方向）、吕诗佳（2022 级弘毅学堂 PPE 班）、钟誉（2022 级弘毅学堂汉语言文学方向）、谌诺（2020 级历史学院中国史方向）、孙成诚（2020 级历史学院中国史方向）、高梓皓（2021 级历史学院世界史方向）、王立平（2021 级历史学院世界史方向）、曾侯胤（2022 级历史学院基地班世界史方向）。

3 个月前，当苏德超老师把希望《珞珈人文》编辑部来初编论文集的决定告诉我们时，大家都诚惶诚恐。我们这些编辑仅仅是一群从大一到大三年级的十一名本科生，除个别同学外，没有写作学年论文的经验。面对这样一本承载了学长学姐心血的文集，我们是否具有足够的学术素养以最好地呈现出学长学姐的作品呢？在我们在初编的过程中是否能做到万无一失呢？

怀着对学术文字的尊重与敬畏，根据出版社提供的书例与格式要求，先后三次进行更改校对，对 13 篇论文的注释格式做了统一处理，力求在保证格式严谨规范的同时又做到观感的工整美观。经作者校对确认后，我们和老师沟通了目录的编次，最终整合成书，作为书稿发于武汉大学出版社。

编辑工作在文本内容到格式的方方面面都高度追求准确严谨，这无疑会有着枯燥乏味的一面。但如果最终能够为读者提供良好的阅读体验，使其在阅读中不致被不和谐的符号和排版扰乱，我们的努力就是值得的。学生参与编辑工作，绝非仅是"为他人做嫁衣"。在将近三个月的编校中，我们在这十余篇学年论文中穿梭，汲取文章中闪烁的才思与创见，每每被学科所具有的广阔视野与深沉力量所感动、震撼。也祝愿广大读者能够在阅读本论文集时有所收获，以他者的观点为窗，明人之优劣，知己之得失。

在此，感谢石兢院长、苏德超老师和易栋老师明灯般的指导与建议，感谢论文作者们对编辑工作的配合与协助，感谢《珞珈人文》编辑部同学的辛勤付出。

张欣然（弘毅学堂人文科学试验班国学方向 2021 级本科生）

2023 年 2 月 21 日